武汉大学文科基础学科振兴行动计划资助出版

明清两湖地区乡村社会史论

杨国安 著

商務印書館
创于1897 The Commercial Press
2016年·北京

图书在版编目（CIP）数据

明清两湖地区乡村社会史论 / 杨国安著. — 北京：商务印书馆，2016
（珞珈史学文库）
ISBN 978 - 7 - 100 - 12719 - 6

Ⅰ.①明… Ⅱ.①杨… Ⅲ.①乡村—政治制度—社会变迁—研究—湖南—明清时代②乡村—政治制度—社会变迁—研究—湖北—明清时代 Ⅳ.①D676.4②D676.3

中国版本图书馆CIP数据核字(2016)第274160号

明清两湖地区乡村社会史论

杨国安　著

商务印书馆出版
（北京王府井大街36号　邮政编码 100710）
商务印书馆发行
三河市尚艺印装有限公司印刷
ISBN 978 - 7 - 100 - 12719 - 6

2016年12月第1版　　开本 710×1000　1/16
2016年12月北京第1次印刷　印张 31 1/2

定价：92.00元

总　序

“珞珈史学文库”是武汉大学历史学院教师学术研究成果的结集。第一批推出的是二十多位教授的文集。以后将根据情况，陆续推出新的集子。

武汉大学历史学科具有悠久而辉煌的历史。早在1913年，武汉大学的前身国立武昌高等师范学校就设置历史地理部。1930年武汉大学组建史学系，1953年改名历史学系，2003年组建历史学院。一批又一批著名学者，如李汉俊、李剑农、雷海宗、罗家伦、钱穆、吴其昌、徐中舒、陈祖源、周谱冲、郭斌佳、杨人楩、梁园东、方壮猷、谭戒甫、唐长孺、吴于廑、吴廷璆、姚薇元、彭雨新、石泉等，曾在这里辛勤耕耘，教书育人，著书立说，在推动武汉大学历史学科和中国现代史学发展、繁荣的同时，在武汉大学和中国史学史上也留下了嘉名。其中，唐长孺、吴于廑两位大师贡献最为卓殊。

改革开放30年间，武汉大学历史学科建设成效显著。1981年，中国古代史和世界史获得全国首批博士学位授予权。1987年，历史地理学获得博士学位授予权。1988年，中国古代史被列为国家重点学科。1995年，历史系被批准为国家文科基础学科人才培养和科学研究基地。1997年，获得历史学一级学科博士学位授予权。1999年，建立历史学博士后流动站。2001年，中国古代史再次被列为国家重点学科。2007年，中国古代史第三次被评为国家重点学科，世界史新增为国家重点学科。2008年，历史学一级学科入选湖北省重点学科。2001年，以中国古代史为核心的国家“211工程”二期建设项目“中国文明进程与世界历史整体发展”启动。2008年，分别以中国古代史与世界史为中心的“211工程”三期建设项目“新资料整理与中国古代文明进程研究”与“世界历史整体发展中的社会转型与文化变迁研究”启动。目前，历史学院设有历史学、世界历史、考古学三个本科专业；史学理论及史学史、考古学及博物馆学、历史地理学、历史文献学、专门史、中国古代史、中国近现代史、世界史、中国文化史、中国经济史、国际关系与中外关系史和地区国别史等12个二级学科。在研究机构方面，设有中国三至九世纪研究所、世界史研究所、历史地理研究所、中国文化研究所、中国经济与社会史研究所、15—18世纪世界史研究所、第二次世界大战与战后世界研究所，以及简帛研究中心、科技考古研究中心。在前一辈学者奠定的基础上，经过后继者的持续努力，逐步形成了严谨的学风和优良的教风，确立了理论探讨与实证研究相结合，断代史与专门史、地区史与国别史相结合，传世文献与出土资料并重的学术特色，成为武汉大学在海内外学界具有重要影响的学科之一。

历史学院的老师，在辛勤教书育人的同时，也为科学研究倾注了大量心血，在各自从事的方向或领域，推陈出新，开拓前行，撰写了一大批有价值的专著和论文。学院决定编撰教师个人的学术文集，是希望各位老师把自己散见于海内外各种出版物上的代表性论文加以整合。这样，通过一种文集，可以约略体现教师本人的研究历程和领域；而于整体方面，也可在一定程度上展示武汉大学历史学的学科格局和学术风格。

每本文集的选篇和修订，由作者各自负责。学院教授委员会对入选文集进行遴选，并提出一些指导性的建议。

“珞珈史学文库”的出版，得到了国家“211 工程”三期建设项目的支持，得到了武汉大学“基础学科振兴行动计划”的支持，得到了商务印书馆各位领导和相关编辑先生的支持。在此致以诚挚的谢意。

2010 年 2 月

前　言
区域社会经济史研究：对象与方法

近年来，国内外史学研究的“地方化”倾向十分明显。历史总是发生在一定的地域内，是时空的统一，不可割裂。传统史学注重历史的“时间”，岁月流逝，王朝更迭，反映了以“历时性”为基础的史观。然而，历史在“空间”的横向扩展，也极大地促进了人类文明的相互流动和融合，因此，我们需要从“历时性”和“共时性”两个维度来构建新的史学理论体系。此外，以往的中国通史过于强调全国的统一性，忽视了不同地区应有的内在发展的主体性、能动性和可能性，即“国家经济史掩盖了区域差异的过程与模式，创造了一个比现实根据更均质的构想”①。众所周知，中国幅员辽阔，地形多样，南北之间横跨数个气候带，东西之间社会经济发展水平也参差不齐。史学界对于历史发展的地区性差异的重视，以及学术对于微观整体史的追求，必然导致区域社会经济史的兴起。

一、“地方化”取向：区域社会经济史的勃兴及意义

自20世纪六七十年代开始，美国汉学界提出了“中国中心观”，

---

① 〔英〕阿兰·R.H.贝克著，阙维民译：《地理学与历史学——跨越楚河汉界》，商务印书馆2008年版，第196页。

反对以往的“欧洲中心论”，尝试进入中国的细部，从而使得美国的中国史研究领域中区域史、地方史研究开始流行，特别是年轻一代学者，逐渐将研究的焦点从过去的“整体研究”转到地方史的研究上来，从以他者的眼光，关注影响中国历史重大政治、军事和外交事件的对策性研究，转向以中国为中心，关注中国内部的经济、社会及其区域差异性的研究，从而引发中国“地方史”的浪潮。其标志性的作品是1964年前后，施坚雅以地方志为史料来源，以四川盆地为核心，以市场为基础撰写的《中国农村的市场和社会结构》，以及1977年施坚雅主编的《中华帝国晚期的城市》。在这些论著中，施坚雅运用德国地理学家克里斯塔勒的中心地理论学说，对中国进行了区域经济史研究，并按照分水岭将中国划分成九大区域。与此同时，孔飞力（Philip A. Kuhn）在1970年出版了《中华帝国晚期的叛乱及其敌人》，该书从中国内部事件引起的社会构造的变化来探究中国近代的起始，其研究的空间集中于华南和华中地区，运用地方志等材料分析了团练组织和地方社会权力的演变。

这种地方化、区域性的研究迅速成为美国的中国史研究潮流，区域经济史与区域社会史的成果大量涌现，如黄宗智对于长江三角洲和华北小农经济的研究、濮德培对于清代湖南农业开垦与环境变迁的研究、罗威廉对于清代汉口的商业贸易与城市冲突的研究、曾小萍对于四川自贡盐业的研究、马立博对于帝制晚期华南的环境与经济的研究；而且美国的中国史研究还呈现一种由区域政治、经济向区域社会文化的转变过程[①]，其中关注地区性的社会动乱，关注普通民众的生活与习俗，以及倡导从地方的民众运动去理解革命，成为研究的潮流，如孔飞力对于乾隆年间爆发于江南地区的“叫魂”的妖术的研

① 详情可参见王日根、肖丽红：《20世纪70年代以后的美国中国地方史研究》，《华中师范大学学报》2010年第6期。

究、周锡瑞对于辛亥革命在两湖地区的研究以及山东义和团运动起源的研究、魏斐德对于晚清地处“大门口”的华南社会动乱的研究、裴宜理对于淮北叛乱与社会生态环境的研究、罗威廉对于地处大别山区的麻城地区近七百年的民众运动与暴力文化的研究、韩书瑞对于清代华北的八卦教起义与山东王伦起义的研究、孟德卫对于山东天主教的研究、邓尔麟对于明末清初嘉定忠臣的研究等；乡村社会史的研究包括杜赞奇对于近代华北乡村社会的权力文化网络的研究、史维东对于晚清基督教与江西乡村社会的冲突与适应的研究等；此外，对于城市史的研究，尤其是城市社会群体的研究大量涌现，其中有梁元生、贺萧、叶凯蒂等对于上海城市道台、妓女、知识分子与城市文化的研究；斯特兰德关于北京黄包车夫的研究；赫沙特关于天津工人的研究；韩起澜关于上海的苏北人以及上海棉纱女工的研究；梅尔清对于清代扬州文化的研究等。此外还有其他诸如艾尔曼有关常州的经文学派的学术、家族与地方社会的互动关系的研究；贝蒂对于清代安徽桐城士绅的研究；萧邦奇对于近代浙江地方精英的研究；穆黛安关于华南海盗的研究；包筠雅对于清代以来福建建阳书籍印刷的研究；等等。

日本的中国史研究，自20世纪80年代开始，也在怀疑“普遍”的历史法则的基础上，摆脱亚洲停滞论，转向注重中国社会固有的特色，转向地域社会的研究。这期间森正夫的倡导起到了举足轻重的作用。1981年，森正夫发表了《中国前近代史研究的地域视点——中国史研讨会（地域社会的视点——地域社会与领导者）基调报告》，强调以综合地把握人类社会的基本场所（广义的再生产场所）为目的的方法概念。嗣后，一群志向相同的日本学者纷纷展开中国不同地域的研究，包括斯波义信对于宋代江南经济研究；片山刚对于清代广东珠江三角洲图甲制的研究；森田明对于清代水利与区域社会的研究；滨下武志对于清末海关财政与通商口岸地域市场圈的研究；山田贤对于清代四川移民秩序的研究；岸本美绪对于明末清初江南地方社会的研究；濑川昌久对于华南宗族的研究；滨岛敦俊对于江南民间信仰的研究；川胜守对于明清江南农业经济史研究；上田信对于浙江山区的研究；山本英史对于清代浙江地方势力的研究；铃木博之对于徽州村落的研究；中岛乐章对于徽州乡村纠纷与秩序的研究；涩谷裕子对于清代徽州棚民的研究；田仲一成对于明代江南宗族与戏剧的研究；菊池秀明对于太平天国前夜的广西地方社会的研究；三木聪对于清代福建山区基层权力的研究；等等。以上是日本学者研究传统中国区域的大致情况。

国内史学界亦呈现区域化研究的倾向，由于学者和机构众多，兹不一一详述，举其大略，如中山大学陈春声、刘志伟，厦门大学郑振满等对于华南宗族与乡村社会的研究；北京大学赵世瑜对于华北庙会的研究；南开大学魏宏运、常建华、李金铮、张思等对于华北地区家族与乡村的研究；清华大学李伯重、南京大学范金民、复旦大学樊树志、苏州大学吴建华和徐茂明等对于明清江南社会经济史的研究；西南大学蓝勇等对于西南历史地理研究；山西大学行龙等对于华北水资源利用问题的研究；陕西师范大学朱士光、侯甬坚等对于西北历史地理与环境的研究；复旦大学历史地理研究所王振忠、安徽大学徽学研究中心卞利等对于徽州文书与徽州地方社会的研究；江西师范大学梁洪生等对于江西区域社会史研究；武汉大学张建民等对于长江中游水利与地方社会的研究；等等。这种“区域化”的趋势和分工，一方面固然有着现实的技术上的考量，如相对有限的空间较容易理解和把握，以及资料搜集、田野考察和地方性知识获取等地利之便等；但另一方面最重要的还是学术理路上的考虑。

20 世纪 70 年代，台湾地区一批历史学者组织了一个集体研究计划——“中国现代化的区域研究”，以当时正流行的“现代化”观念为研究架构，分全国为十七个区域（省份）进行研究。负责湖南研究的学者张朋园在序言中曾经阐发了当时的动机所在："有鉴于中国幅员辽阔，区域特征各异，发展先后迟速又复参差，若循中央入手之研究方式，固然可以得到整体综合性的观察，然了解难于深入。不如从地区入手，探讨细节而后综合，或可获得更为具体的认识。"[①]此计划的要义在于首先讨论区域性的发展潜力，其次是地区性发展迟速不同的原因所在，两者皆统之于中国"现代化"的概念之下。

当然，这种整体与部分、国家与地方的观念，在某些学者看来是贬低了区域性研究的价值和意义。他们反对将区域性研究视为全国性研究的附属物，指出微观研究在史学研究中具有重要意义，而并非"个别"与"整体"的关系。史学研究无论是全国性的，还是区域性的，从认识论上看，都是利用有限的史料重建无限的历史，把握普遍的历史规律的过程。[②]而且当我们认为"区域史"不同于"地方史"，区域史研究的对象必须是有着历史的内在脉络，以及其经济、社会、文化、历史等特征的一致性，那么很多尽管研究对象是一定地理空间的研究成果，并不能都归于区域史研究的范畴。

总体而言，区域社会经济史研究，对于理解一定区域内部影响历史进程的诸多因素之间的相互关系、从总体上把握该区域社会经济发展的内在逻辑和历史脉络，具有其他研究方法所无法取代的意义。易言之，区域社会经济史研究比较容易探索出一定地域社会经济发展模式和地域特征，以丰富大历史之细部。因此，在未来可以预见的一段时间内，推进中国社会经济史研究不断深入发展的学术路径有可能如下：在总体史的关怀下，致力于区域社会经济史研究，力图通过加深对传统经济与社会的区域性特征的了解和认识，达到对传统中国社会经济的整体性理解。

---

① 张朋园：《湖南现代化的早期进展（1860—1916）》，岳麓书社2002年版，第1页。

② 叶显恩、陈春声：《论社会经济史的区域性研究》，载叶显恩主编：《清代区域社会经济研究》（上册），中华书局1992年版，第23页。

二、何为"区域"？从"地理空间"到"活动空间"

区域，既是一个客观存在的，又是抽象的人们观念上的空间概念。不同的学科对于区域的含义有着不同的回答。比如地理学强调"区域"的自然地理特征，即内部组成物质的连续性特质与均质性特征来划分，如沙漠、山区、平原等；政治学则将"区域"视为主权国家管理与控制的行政单元，强调行政权力覆盖范围与边界，如省、市、县等；社会学则将"区域"视为相同语言、信仰和民族特征的人类社会群落，如民族、语系等。

对于"区域"的理解的不同，直接影响着"区域"的设定和划分。考虑到中国是皇权笼罩下的社会，政治因素对社会的影响较为深远，因此传统上习惯以行政区划为区域选择的主要标准，最初的地方史研究表现得尤为突出。而且此种划分带来的另一个便利条件之处，即我们现行的经济体制，也是以行政区划为基础，从资政的角度言之，如此则可以使得研究成果的借鉴作用得到充分发挥。

但我们也知道，经济的发展往往不是行政命令或者行政区划硬性划分所能割裂开的，也就是说经济区和行政区并非完全重合，所以从经济发展的角度出发，按照自然经济条件划分也许更为恰当。这种见解首先体现在冀朝鼎依据农业生产（灌溉）条件与运输（水利）设施条件的优劣，提出的"基本经济区"这一重要概念。以后由施坚雅做出系统的理论阐述，并按照分水岭将中国划分为岭南、东南沿海、长江下游、长江中游、长江上游、西北、西南、华北、东北八大地区。

从20世纪80年代开始，学者们越来越倾向于采取多元标准，根据研究问题的不同而选择相应的研究区域。比如按行政区划，如湖北、湖南、江西等，这主要是考虑到政治、政体、政策、制度等因素对社会经济发展的影响和制约，在讨论政治、社会问题似乎较多采用；也有按照山脉走向划分，如秦巴山区、大别山区、武夷山区等，这主要考虑到山区地形地貌对于社会经济发展的影响；还有按照江河流域来划分，如黄河流域、长江流域、汉水流域、珠江流域，以及太湖、洞庭湖、鄱阳湖等，如此划分，可以突出流域对于地方社会的影响。其他还有诸如按照经济部门进行划分：如农耕区、畜牧区、渔业区、工矿区等。在每一个部门经济区内部又可以细分，如农耕区又可以分为稻作区、旱作区、经济作物区等。经济作物区内部又可以分为棉业区、烟草区、玉米区等。这样的划分是为了便于研究每一个产业经济部门的发展状况。其他还有如按照经济发展程度划分为，发达地区、已开发地区、不发达地区等；按照民族成分划分，如土家族、苗族、壮族经济等。目前选择最多的可能是按照地理环境、市场网络、人文风俗等综合因素来划分的区域，如江南、珠江三角洲、华北、东北等。

以上的划分原则，无论考虑行政、语言、自然等，背后在一定程度上都有依照地理空间来划分的价值取向，即这个地区必须具有地理上的完整性，必须是一个自然—生态条件相对统一的地域。换言之，在其外部应有天然屏障将它与毗邻地区分割开来；而在其内部，不仅应有大体相同的自然—生态条件，而且最后属于同一水系，使其内部各地相互发生紧密联系。但地理上的划分是否能够提供令人完全满意的体系，是存在问题的。例如江南是否形成了一个可以认识的单一的历史单位，是自身无法证明的。此外，把某些区域当作孤立的地区来讨论的趋势，其结果必然会倾向于把这个区域同总的历史割裂开来，从而在一个本来就已经支离破碎而苦恼不堪的学科内部产生出新的专门研究部门。

从历史的角度来看，地理环境远不止于舞台背景的角色，而是真正参与到创造历史过程之中的。仁者爱山，智者乐水。不同的地理环境在一定程度上决定了不同的生产方式，进而影响到不同的经济形态和社会结构，并塑造出不同的群体心理和性格特征。因此，在历史地理的区域研究中，有学者就强调了区域的“综合性”：区域历史地理研究在根本上把“区域”看作具有历史发展的共同性和某种经济文化特征的、被人类活动改造了的及熟化的自然综合体，受经济发展的自然条件影响的区域劳动分工与经济文化形态是形成历史地理区的基本要素。因此，区域历史地理研究不仅包括区域历史自然地理与人文地理面貌的特性、变迁及其相互关系的探讨，最重要的是要把它当作一个有机的整体。①

在强调区域的“综合性”的同时，也有学者指出了区域的“动态性”。西方学者 H. 布劳德就认为：“区域是动态的，不仅因为与一系列特定识别标准相关的边界是变化的，而且因为用于识别区域相关同质性的标准也在变化。”马歇尔则提倡将“区域”视为人类活动以及人类活动史的空间架构。②

在此就出现了一种“区域”由自然的“地理空间”向人群的“活动空间”的学术转变。人地关系是人类起源以来就客观存在的关系，人类为了生存和发展，不断扩大和加深对自然环境的利用，增强适应自然的能力，改变着自然的地貌和景观。与此同时，地理环境也在影响着人类活动，塑造着地域特征和地域差异，也就是说，人与地是一个动态的过程。当我们将研究的目光和对象由“地”转向地域中活动的“人群”的时候，也就是关注“人”的活动的区域，那么随着“人群”的流动，区域也是流动的，区域的边界并非僵硬的

① 鲁西奇：《历史地理研究中的“区域”问题》，《武汉大学学报》（人文科学版）1996 年第 6 期。

② 〔英〕阿兰 · R.H. 贝克著，阙维民译：《地理学与历史学——跨越楚河汉界》，商务印书馆 2008 年版，第 196—197 页。

地理界线，研究区域是研究区域中活动的人，这些人居住在一个我们所观察到的很小的地理空间之内，但他们的活动范围常常超越其居住空间，他们要与外界进行经济系统的求学、通婚、经商、考试等。区域的内涵可以小到一个村落，但随着村庄的人群流向外界，又可以大至整个世界。

在这种“动态”的区域视野下，有学者提倡“区域是一种历史的建构”的观点。此种学术理论和见解，在华德英（Barbara Ward）、华琛（James Waston）、施坚雅（William Skinner）等人类学家，以及具有历史人类学倾向的学者如科大卫（David Faure）、萧凤霞（Helen Siu）、陈春声、刘志伟、赵世瑜、郑振满等的研究中已经淋漓尽致地表达出来。如萧凤霞指出：因为区域发展的动力看起来来自单维的经济发展。经济因素很重要，但人是有历史经验、文化价值观和想象力的，这些因素往往与经济利益纠缠在一起。一旦这些演员上场，与国家话语及其制度形成想象与互动，“区域”就构成了一幅多层面的、有意识的图画。这是一个结构化过程（a structuring process）。郑振满教授也认为：在一个地区我们看到的是很多不同的时代，而不仅仅是某一个时代。在地方史研究中，要具体去看这个地区在不同的时代分别增加了什么，改变了什么；在断代史研究中，要具体去看这个时代在不同的地方分别增加了什么，改变了什么。通过对地方史的比较研究，找到不同时代的特点和变化的脉络，这可能才是最重要的问题。[①] 而赵世瑜则将区域社会史研究理解为一种方法论，因为他的目的并不在于区域或者地方，而在于通史——它体现了一种重写通史的努力，即从地方的视角去重新理解中国和世界。[②]

毫无疑问，区域是由一层层的社会、经济、文化等因素造成的。

① 〔美〕萧凤霞、包弼德等：《区域·结构·秩序——历史学与人类学的对话》，《文史哲》2007 年第 5 期。

② 赵世瑜：《叙说：作为方法论的区域社会史研究》，载《大历史与小历史：区域社会史的理念、方法与实践》，生活·读书·新知三联书店 2006 年版，第 4 页。

日本学者森正夫就认为，“地域社会”作为广义再生产场所的人类基本生存圈，通常由三方面构成：即生命及物质财富的生产和再生产——经济，政治权力的生存基础——政治，占支配地位的主义——思想，这三个方面。但也不应忽视以下两个层面：其一，由习俗、伦理、价值观等为中介构成的秩序意识“场”；其二，“场”并非独立存在的客体，而是在指导者的指令下所构成的统合场，由场内交往的人们自觉创造、维持。森正夫强调的“场”是由经济、道德等构成的综合体，即一个社会所有方面的总和，而其间维系各方面、作为阐释社会形态关键的是由统治者领导、大众自觉维系的社会秩序。在此，“地域社会论”与“秩序论”合二为一，密不可分。这种“秩序场”有着可变性，因此地域社会也就不必属于现实的“具体的地理界限”。①

从区域观念本身来看，有学者甚至提出了“感觉文化区”的概念，即通过山川、方言、风俗等因素的感知，对他们心目中的空间作为感觉上的区域划分。② 最近，文化史学者将地方视为文化构建的过程。他们主要关注以下几个方面：其一，他们努力把地方的社会构建当成地方意象的一个组成部分；其二，他们的研究显示地方是如何被用来产生认同感以便联合一个地方的居民，并把他们和别处的人群区别开来的；其三，他们探寻地方认同对政治和社会活动的重要性；最后，他们还考察以地方为基础的认同和组织模式与传统的由家族和政府组成的认同方式之间的矛盾。③

也有学者指出：既然区域是长时期历史因素积淀下来的，关系

---

① 〔日〕森正夫：《森正夫明清史论集》第三卷《地域社会·研究方法》，汲古书院 2006 年版，第 7 页。

② 张伟然：《唐人心目中的文化地域观念及地理意象》，载李孝聪主编：《唐代地域结构与运作空间》，上海辞书出版社 2003 年版，第 307—412 页。

③ 〔美〕包弼德：《论地方史在中国史研究中的地位——以欧美近十多年的研究为例》，载复旦大学历史地理研究中心、哈佛大学哈佛研究学社编：《国家视野下的地方》，上海人民出版社 2014 年版，第 11 页。

着地方性观念、国家意识形态与制度的互动过程，并且在人们心目中形成多层次、多向度的指涉，那么，区域研究就不应该是先划定地理范围，再作茧自缚的研究类型。从某种角度上看，真正区域研究的取向应该是反过来的，即首先要追问我们何以认为这样的划定是合理的？这样的划定关系着怎样的历史建构过程？通过对这些问题的回答，达致对地方性传统与王朝观念、制度互动过程的深入了解，简言之，理解区域历史即意味着理解整个中国的“大历史”。这样的研究旨趣超越了“个别—一般”的预设，也超越了明确的边界锁定，从而解构了国家与地方的二元对立。①

概而言之，“区域”既可以是一种实体概念，如地理范围、行政区划等；也可以是一种方法论概念，指准确把握史学研究对象的方法，亦即综合把握人类赖以生存的物质与社会生活范畴的方法。区域的结构是多层次的，有物质的，有精神的；有自然的，有社会的。因此，社会经济区域的概念，应当是社会经济有机环境、行为和价值三个层次有机结合的地域组合。只有进行多层次全方位的综合考察，复原其表层的——社会经济活动联系和深层的——经济价值体系和社会价值体系的联系所结成的、复杂的网络系统，才能达到社会经济史的区域研究目的。②同时，区域是一个动态的历史建构过程，是作为人们的一种生存方式和社会关系网络的生活空间而存在。如此，则研究者似乎就不必过分拘泥于某种僵硬的地理界限与时间界限。对于近代区域社会经济史而言，正如章开沅大力提倡的那样，不能人为地以1840年为界限，割裂中国历史传统与近代的关联，把近代的问题当

① 黄国信、温春来、吴滔：《历史人类学与近代区域社会史研究》，《近代史研究》2006年第5期。

② 杨国桢：《清代社会经济区域划分和研究架构的探索》，载叶显恩主编：《清代区域社会经济研究》（上册），中华书局1992年版，第35页。

成仅仅是近代的“革命史”或者“现代化”的问题。[①]

三、综合性、全球性及其他：区域社会经济史的若干理论与方法

著名经济史学家吴承明主张“史无定法”，并倡言：“一切史学理论都可视为方法论：思维的方法论或者论证的方法论。”[②] 同样，英国当代著名历史学家杰弗里·巴勒克拉夫，也将地区史或区域史视为一种历史研究的手段和方法，他在《当代史学主要趋势》中论及区域史的时候曾云：“归根到底，最好是把‘地区研究’或‘区域研究’看作是通往规模较大的世界历史观念道路上的一个阶段，看作是一种把那些相互有关的研究单位中的历史知识组织起来的实际手段。这种手段在有些地方可以派上用场，但在另一些地方则不那么有用。这些地区研究或区域研究补充了国别史的研究成果，而且在一定程度上纠正了国别史的错误。但是，它们并没有取代在精神上和概念上都属于全球性的历史学。这种历史学的眼光越过了地区史的界限，并且对一切地区和一切时代都进行了考察。”[③]

区域社会经济史研究是在一定时空坐标中，探讨某一空间范围内的经济发展和经济结构，并在此基础上，分析其社会构成与发展，以便我们对整个社会的经济与社会现象有更为深入的了解。相对于以往的国家层面的社会经济史研究而言，区域社会经济史的一大优势就

---

① 章开沅：《境界——追求圆融：21世纪中国近代史研究走向笔谈之一》，《史学月刊》2004年第6期。

② 吴承明：《经济史理论与实证：吴承明文集》，浙江大学出版社2012年版，第311页。

③ 〔英〕杰弗里·巴勒克拉夫著，杨豫译：《当代史学主要趋势》，上海译文出版社1987年版，第242页。

在于其空间的有限性，即在相对有限的空间内，进行多种因素的综合性考察，以实现总体史的史学理念。换言之，区域史为总体史研究提供了可能。总体史是法国年鉴学派代表人物之一布罗代尔的史学理念。在他看来，总体史至少包含三个方面：(1) 主张跨学科的研究，超越专题研究的限制；(2) 提倡从多层次、多角度来探讨和观察历史现象，并且尽量地把所观察的时间拉长、空间拉大，以便进行比较性的研究；(3) 强调透过时间（三种历史时段）和空间（地理史学、经济世界）的整合，来探究历史的多重复杂面向。[①]

尽管布罗代尔的总体史受到一些学者的质疑，认为总体史是难以实现的虚幻，它只是表达出要提供更完整视角的野心。的确，历史是多层面多角度的，单一的主题和单一的学科分析，必然会遗漏许多重要的层面。但总体史的目的不在于描述该主题内的所有事项和维度，而是要透过多层面多角度，把所分析的题材呈现得更加充分和完整。而从研究的手段和技术层面言之，在相对有限的区域空间内，是比较容易实现综合性的总体史的学术追求。反过来，综合性就成为区域社会经济史研究的一大特征。

黄宗智在分析近三十年间（20 世纪 60 到 80 年代）美国的中国史研究时，指出美国第三代中国史研究的一个比较主要的共同方向就是综合性的地方史研究："在历史研究题目的选择中，一个主要的倾向是以空间而不以专业来限制研究对象的范围。理想的成果是对一个地方做出综合性的研究，把自然、地理、经济、社会、政治、文化作为一个体系来分析。"[②] 前揭日本学者森正夫在概括地域社会论的研究路径时也说："以综括地把握人类生活的基本场所（广义的再生产场

---

① 赖建成：《布罗代尔的史学解析》，浙江大学出版社 2009 年版，第 21 页。

② 黄宗智：《三十年来美国研究中国近现代史（兼及明清史）的概况》，《中国史研究动态》1980 年第 9 期。

所）为目的之方法概念。”① 所以，我们在选取一定区域进行微观视域的研究之时，应该将地方社会看成一个整体而加以综合研究，即将地方社会视为一个整体，其中既有官方的渗透，又有民间的根底；既有文人书面文化，也有从民俗文化中产生的社会价值观和群体规范，它们相互作用，相互渗透，呈现为总体架构。因此，尽管我们在研究中不得不选择不同的区域，但是一个总的理念是：一个地方社会是一个整体，这一原则必须贯穿于区域社会经济史研究中，对这种整体性的认识和坚持，也将是我们在方法上进行综合性研究的前提。

就已有的学术成果而言，综合性的区域社会经济史研究至少包括如下五个层面的内容：（1）一定地域空间范围内的人群存在和依赖的自然和生态环境；（2）人类为了生存和发展而改造自然环境所从事的生产活动和生计方式，并进而形成一定的经济结构和经济形态；（3）在生存的基础上，人与人相互交往而产生一定的社会关系网络和社会组织，进而发展成为具有一定规则和秩序的社会形态；（4）在社会之中，为了财产的占有和分配而产生阶层和阶级，不同阶层之间建立一种权力格局与政治架构；（5）因长期的生产、生活和社会交往，而产生的系统的地方性的习俗、知识、技术与思想，如此等等。以上诸多方面的综合研究，就能实现在一定地域空间范围内，环境史、经济史、社会史、文化史甚至政治史的内在贯通和有机整合。

在区域社会经济史追求区域内部的社会经济发展诸多因素综合性的基础上，我们还必须重视外在的国家权力与制度的影响作用，不能在关注区域社会经济发展之时，将国家视为彼岸的东西。由于区域社会经济史研究比较重视强调“本地人群”在地方经济活动或地域社会历史进程中的主体作用，同时也关注地方或者地域环境在“本地人

---

① 〔日〕森正夫：《森正夫明清史论集》第三卷《地域社·研究方法》，汲古书院 2006 年版，第 8 页。

群”的形成过程中所发挥的作用，由此很容易在有意无意之间忽视了外在的、来自国家的权力、制度的影响。山田贤在反思日本地域社会论的困境之时，就认为存在一种国家与社会的二元分离，地域社会论关注的是不受国家支配的“地域”的自律性，将国家统治或国家本身看作是存在于地域之外的事实，这样的研究是不完整的，难以真正揭示中国社会的结构特点。

对于具有上千年中央集权统治、高度政治制度文明的中国传统社会而言，区域社会经济史研究须放在国家政治制度史的格局下进行研究，我一向以为，中国传统社会是政治优先，而非经济优先。包括历史上的西北屯田与开发，很大程度是王朝统治者出于军政控制之目的，当然在客观上也促进了边疆区域开发。在此就不得不考虑王朝统治与边疆地方社会之间的互动关系。于是汪荣祖在“论中央史与地方史的重新整合”时曾经指出：“地方史包含某时某地的社会经济结构和日常生活，固然有其特殊性，然也必须在整体的格局中来观察，故又不能不注意中央与地方之间在史观上的循环互动关系。国史从地方史入手，基础才稳固；而地方史又须从国史的大格局中去理解，才有意义。这两个方面互动关系的厘清，当有助于国史的重新整合。”[①]这里的中央史与地方史的划分大概是从传统政治的角度出发。从现在严格的学术理路而言，地方史和区域史是有区别的。[②]区域，仅仅是为了深入研究的需要，却不应以此为由而画地为牢、故步自封。区域史同样也不应作为国家史的附属，在某种程度上言之，区域往往拥有比国家更长的历史，虽然它只是国家的一部分。更为重要的是，区域史

---

① 汪荣祖：《史学九章》，生活·读书·新知三联书店2006年版，第109页。

② 严格而言，地方史和区域史是有差别的，地方史往往“画地为牢”，局限于某一地方，将此地方之外的其他地方排除在外，将注意力更多地放在关注地方特色、地方典型性等问题上。而区域史关注的是内在的历史脉络，是为了揭示社会、经济与人的活动的内在运行机制。

能够传达连续与变化的真实感觉。

国家视野下的地方或区域研究，需要我们将国家典章制度与地方社会实践结合在一起。传统的制度史研究的弊端就在于仅仅关注制度条文本身，缺乏对于制度在地方实施的过程和效果的考察，我们需要从国家与地方的互动视野，将制度与实践结合起来，走向“活”的、“实践”的新制度史研究。正如有学者指出的那样，就20世纪50年代的法国乡村史研究而言，其有一个共同的目的：确定国家的社会经济与政治观念与实践扩散（并被采纳与调整）到法国各省区的途径和程度①，这种途径和程度，可以称之为国家制度的地方化过程，区域史研究的目标之一就是找寻国家制度在不同区域之间实施的差异性，这种差异性背后是一个动态的博弈与调整的过程，这种差异性也是区域历史特征所塑造而成的。当然，在强调国家的影响的同时，我们也必须认识到，区域不仅应当被视为对外部因素、国家因素的被动回应，而且应被视为正在积极地创造其本身的历史。地方上的人群世世代代生活在这一区域，他们为了生存与发展，不断创造并改变其所处的环境，摸索并建立适合自身的生存和发展所需要的社会组织与社会制度，并不断形成具有自身特色的地方性知识。

除了国家视野外，区域社会经济史研究还必须具有全球史视野，特别是对于明清以来的社会经济史研究而言，必须从世界的视野考察各区域的经济社会发展，在宏观上发现中国区域发展的多样性、不平衡性以及在国外相关经验参照下凸显出来的特殊性。“全球化”是当今国内外学术界使用频率最高的术语之一，也是当今国际社会科学领域研究的重要课题。经济全球化一般认为是15世纪末诞生于欧洲，而在李伯重看来，欧洲之外的亚洲，包括中国，在经济全球化过

① 〔英〕阿兰·R.H.贝克著，阙维民译：《地理学与历史学——跨越楚河汉界》，商务印书馆2008年版，第196页。

程的出现和发展过程中，也起到了非常重要的作用。与传统的闭关自守的偏见不同，明清时期，中国与外部世界的联系空前加强，不仅邻近国家与中国保持传统的朝贡贸易，或者以走私贸易作为补充，而且遥远的欧洲国家，如葡萄牙、西班牙、荷兰以及它们在亚洲和美洲的殖民地都要卷入与中国的贸易之中，使得以生丝与丝织品为主的中国商品遍及全世界。[①]因此，从“全球化”的视野来观察明清时期的中国，会给当今的中国人带来更多新的启示。试以穆素洁的《中国：糖与社会——农民、技术和世界市场》为例，作者通过将中国的蔗糖生产史置于全球的框架中，试图研究长期的经济变化和分析中国乡村日常生活、食品和农业技术的结构，是以哪些方式与国际商品流通、远方的经济决策和欧洲内部贸易对抗交织在一起的。该书着眼于蔗糖的历史，但实际上却是在全球的视野下对区域经济史进行了重新解构，试图揭示资产与生产的联系，以及国家在其中所发挥的作用。[②]

应该看到，区域社会经济史作为一门新兴学科，在许多方面还不成熟，尽管成果大量涌现，但未能形成多数史学家认同的一致的学科体系和学术规范，包括区域的界定、区域社会经济史研究的对象、所采取的研究方法等。但有几点还是逐步被大家所接受和认同的，其一，就区域的界定而言，区域史不同于地方史，应该以研究的对象和方法，以及历史的内在逻辑一致性来界定区域，而不仅仅是地理的范围划分。其二，就研究方法而言，既然区域社会经济史是综合性的整体史研究，其研究的内容涵盖了经济、社会、文化等多层面，就应采取多学科交叉渗透融合的方法，如经济学、社会学、地理学、人类学、人口学、生态学、民俗学等，一切学科方法都可以成为其方法，

---

① 李伯重：《早期经济全球化进程中的中国》，载清华国学院编：《全球史中的文化中国》，北京大学出版社 2014 年版，第 105—106 页。

② 〔美〕穆素洁著，叶篱译：《中国：糖与社会——农民、技术和世界市场》，广东人民出版社 2009 年版，第 13—14 页。

一切都以是否有助于我们理解历史、揭示问题为圭臬。其三，历史必须以史料为前提，对于区域社会经济史而言，除了官方典章制度方面的文献之外，走向田野，大力挖掘、整理地方文献和民间文献就显得尤为重要。而且在“找文献”的同时，我们必须将收集到的地方文献置于当地的社会生态环境中去“读文献”，只有将地方文献置于地方性知识和地方历史发展脉络之中，才能真正做到“了解之同情”。

目录 Contents

册书与明清以来两湖乡村基层赋税征收

一、引言

赋税是维持政府正常运转的经济基础，在我国传统社会，历代政权对于赋税的征收莫不极力讲求，并制定了种种严密的制度。明太祖朱元璋建政之初即在丈量土地、清查人口的基础上制定了鱼鳞图册与赋役黄册制度。黄册以人户为中心，册上登载各户人丁及财产状况，鱼鳞图册则以田地为主，两者相互参照、互为经纬，构成国家征派赋役的重要依据。

与此同时，朱元璋还在全国各地建立里甲制度。里甲组织既是明代乡村中的准基层行政组织，负有维持地方秩序、推行教化、劝课农桑、兴修水利等职责；同时它又是明代的一种役制单位和赋役征派机构，负有向官府征收赋税、征派徭役等职能，而且后者较前者更为重要。这其中，编制赋役黄册即是里甲的一项重要职能。为了适应编造、审核、保管赋役册籍等工作的需要，于是在里甲组织中就产生了册书一类职役。

册书最初的职责主要是管理册籍，并协助里长攒造黄册、稽核钱粮，最初一般称作里书。以后随着时势的推移，不同区域叫法各异，比如在河北等地一般称作社书，在江浙一带则有书手、图书、算手、壕手、扇书、区书等名目。而在两湖地区又有屯书、村书、庄书等称谓。清初实行自封投柜之后又有柜书之职。从上下级的关系而言，在里甲组织之上，两湖县级衙门中还对应设置有粮书、总书、户书等职位。鉴于这些人员都是基层田赋征收中的书差，而且后来有混同的趋势，为了研究的方便，现依民国《蓝山县图志·财赋》中所云“凡承充粮册、分掌各甲粮户谓之册书”，以册书统称之。[①]

由于册书只是基层赋税征收中的“小人物”，而且有关册书一类人物的史料极其零星分散，故而目前学界对于它的研究尚不多，但也决非空白。诸凡有关明清时期赋役制度史的著述中多有涉及：如韦庆远《明代黄册制度》、栾成显《明代黄册研究》中都曾提及在编造黄册之时里书作弊的种种不法行为[②]。梁方仲在《明代粮长制度》中也曾提到过这些专吃钱粮饭的所谓“粮书”、“册手”等人的世袭化倾向：“他们世代相传，俨然具有专业化的性质，他们把田赋征册收藏起来，视为枕中密宝，不肯示人，州县政府催征田赋时非依靠他们不可。他们盘踞征收机关，虽驱之不去。”[③]杜赞奇在《文化、权力与国家——1900—1942 年的华北农村》中则将这些乡村中的赋税中介人形象地比作“经纪人”，并认为他们有赢利型与保护型两类。[④]

此外在袁良义所著《清一条鞭法》、从翰香主编的《近代冀鲁豫乡村》及其他相关著述中对里书等也有所提及，但多一带而过，语焉不详。[⑤]对于册书的专门研究，据笔者有限的搜寻，仅见日本学者佐

---

① 在两湖地区，除了征收钱粮的册书之外，有些州县还有其他名目的书办，如经常兴修水利之县一般设有“工书”或“堤书”，负责摊派和征收修筑堤防之费。在蕲州甚至还有“礼书”，协助办理祭祀、县考事宜。

② 详情参见韦庆远：《明代黄册制度》，中华书局 1961 年版，第 130—142 页；栾成显：《明代黄册研究》，中国社会科学出版社 1998 年版，第 365—369 页。

③ 梁方仲：《明代粮长制度》，上海世纪出版集团 2001 年版，第 11 页。

④ 〔美〕杜赞奇撰，王福明译：《文化、权力与国家——1900—1942 年的华北农村》，江苏人民出版社 1996 年版，第 37—49 页。

⑤ 袁良义：《清一条鞭法》，北京大学出版社 1995 年版。从翰香：《近代冀鲁豫乡村》，中国社会科学出版社 1995 年版。

伯富《清代的里书》一文，佐伯富以侵吞里役所出的粮食等弊病为中心，叙述了里书与官吏、胥吏的关系。[①]

总体来看，以前有关册书的研究只是在讨论相关赋役史时附带提及，故而失之简略。加之没有结合当时的社会背景进行深入研究，因而不可能揭示出册书特有的历史地位和作用，以及造成这一局面的根源。而笔者以为，通过对册书一类小人物的探讨，不仅可以自下而上地揭示出基层赋税征收方面的诸多问题，而且还能通过他们透视出国家政权在乡村社会中的演变情况。本文即以两湖地区为例，从明清地方志、民国时期田赋调查资料以及其他相关史料出发，对上述问题进行初步探讨，以就教于方家。

二、官册之失与私册的出现

黄册制度是明代实行的一项重要的赋役制度，它既是明代的赋役之法，也是明代的户籍制度。它实行“人户以籍为定”，对全国人民进行最严格的人身控制；同时通过与里甲组织的结合来有效地为政府提供赋税和徭役。[②]登载人丁、事产的黄册是政府征派赋税徭役的重要凭证和依据。为了能够及时跟踪、反映民户人口与财产的消长，明初即制定了每十年一大造的黄册编造制度，并对册籍的样式、攒造、汇编、解送、收贮、驳查等都有严格的规定，其目的就在于政府能有效地控制赋税资源。

---

① 原文笔者未能见到，仅据〔日〕山根幸夫主编《中国史研究入门》（增订本，社会科学文献出版社 2000 年版，第 814 页）得知。另，国内对册书较系统研究的还有张宁《明清至民国前期的册书——以江浙地区为重点》，武汉大学硕士论文（未刊稿），1999 年。承蒙吴剑杰先生惠赠，谨致谢意！该文以江浙地区为中心，重点讨论了册书的包役化、经纪化及在赋税失控中的作用。本文对此多有参考。

② 栾成显：《明代黄册研究》，中国社会科学出版社 1998 年版，第 360 页。

但到了明中后期，随着农民负担的加重，赋役不均现象日益严重，建立在小农经济基础之上、整齐划一的里甲制度逐步趋于瓦解。特别是自上而下各级官吏的营私舞弊、因循窳败，使得黄册制度出现了愈益严重的紊乱和废弛的现象。有学者已指出：在人丁方面，生者未补入，死者不予勾销，壮者未转入正图，老者亦不注明免役；在事产方面，民间发生的买卖、抵押、析产、继承、赠送等诸多变动在黄册中也未能得到及时的记载。[①] 总之，黄册逐渐脱离实际情况而演变为徒具虚名的“伪册”。政府逐渐失去了对基层税源的有效管理与控制。

在两湖地区，官方册籍之“失”表现在两个方面，其一是官册失实，其二是官册丢失。对于官册失实之情形，兹略举几例，在人丁方面，据万历《慈利县志》云：“吾闻慈户口攒造，巨奸蟠穴于其中，固有族繁千丁而户悬数口，又有家无孑遗而册载几丁。”[②] 又嘉庆《宁乡县志》载：“明时户丁，论赋有增无减，甚至人已亡而不肯销册，子初生而责以当差，沟中瘠骨犹是注定之丁，掌上娇儿便入追呼之籍。”[③] 这一方面反映出明代赋税不断加重的事实，另一方面也暴露出赋役黄册在编纂上已日益混乱、严重失实。在田地事产方面亦是虚应故事，在巴东县，“隆历以来，虽屡经申饬，丈量之法废格未行。止以浮粮故事加摊，虚存鱼鳞户口之册。至万历三十年，犹然袭故，攒造无大更效”[④]。

更有甚者，在两湖地区，这些严重失实的官册后来由于种种原因居然大量丢失，使官方陷入无籍可查的尴尬境地。据两湖方志中的记载，在明末清初的战乱之中，由于历经兵燹，官方所掌握的册

① 韦庆远：《明代黄册制度》，中华书局 1961 年版，第 179 页。

② 万历《慈利县志》卷 8《户口》万历元年（1573 年）刻本，天一阁藏明代方志选刊，上海古籍书店 1964 年影印，第 3 页。

③ 嘉庆《宁乡县志》卷 4《赋役》嘉庆二十一年（1816 年）刻本，第 42 页。

④ 同治《宜昌府志》卷 5《赋役志》同治五年（1866 年）刻本，第 39 页。

籍失毁较多。在湖南新宁县，“顺治年间，时新宁库册毁于兵燹，文卷无凭，吏胥于征收时，遂缘以为奸，诸弊丛生”①。在湖北大冶县，“国朝顺治七年平图时，兵燹之后，人户流亡，里役重困，又册籍散失，豪民猾胥飞诡为奸”②。以致到咸丰八年五月，时任巡抚的胡林翼亦曰：“湖北屡经丧乱，鳞册无存，不得不凭总书、册书、里书之颠倒影射。”③看来湖北官方册籍之失是普遍存在的。以至民国年间缪启愉被派往湖北进行田赋调查时，认为湖北自明以来并无鱼鳞图册存在。④抛开这种怀疑与争议，至少有一点可以明确，就是湖北在相当长的时段里是缺乏政府所控制的所谓“官册”。

那么两湖地区在实际征收赋税过程中使用的是何种册籍呢？由史料我们发现，在明末和清代，两湖地区出现过一种称为“廒经”的征收册籍。按字面意思推断，廒是古代贮藏粮食用的仓库，那么廒经应该是一种粮册。从目前资料来看，崇祯五年，湖南浏阳县已经开始用廒经登记丁粮。嘉庆《浏阳县志·艺文志》云：“（崇祯五年）浏邑廒经所载有粮百石而止数丁者，有粮无升合而多至十余丁者。”到了清代，廒经的使用范围在扩大，在湖北监利县，王柏心在《上胡中丞书》中云：“按敝邑素乏鱼鳞图册，以廒经征籍为凭，故积习相沿，

① 道光《宝庆府志》卷109《政绩》清道光二十九年（1849年）刻本，第11页。

② 同治《大冶县志》卷4《田赋志》同治六年（1867年）刻本，第3页。

③（清）汪士铎辑：《胡文忠公抚鄂记》卷3，岳麓书社1988年版，第146页。

④ 民国初年，缪启愉在《武昌田赋之研究》中认为湖北并无鱼鳞图册，其理由有二：“考鱼鳞册仿自南宋州县，间有攒造，未尝遍行。洪武中始厉行之。但史书仅明言南畿及浙江成册，未闻他处。万历时虽曾遍造，鄂省曾否完成，恐成问题。盖鱼鳞图之特点在积度弓亩，地次字号。畿浙及湖北同罹洪祸之变，而前者亩号独多并存，后者独并缺之，岂其时未尝图田编册乎？此余疑鄂省前无鱼鳞图者一。再就武昌市底册观之，签条原叠三数分，其册非口可知，但亦不载亩分地号，岂尚有其他底册乎？籍曰有之，若辈又何能十百年独秘亩号，不使阅邑人知？此余疑武昌前无鱼鳞册者又一。”见萧铮主编：《民国二十年代中国大陆土地问题资料》第25辑，（台北）成文出版社有限公司，（美）中文资料中心1977年版。

飞洒为多。”[①] 这说明两湖许多地区开始用廒经替代鱼鳞图册。

而廒经是怎样一种粮册呢？乾隆十年四月，协办大学士讷亲等在议覆湖广总督鄂弥达所奏《剔厘里书册书积弊》中有：“查粮册为征粮实据，岂有官册不详，转凭私册之理。应拘出里书收藏廒经，与在官之实征逐一查核。”[②] 据此可知廒经是里书所编造收贮的一种民间私册。

另，在湖南长沙所属各县，清初征收册籍一度使用康熙年间编纂的蓝花册籍，但历经兵燹之后，这种蓝花册籍也散佚殆尽，征收无凭，只得转资旧时粮书所藏之私册为征收依据。1934 年李之屏所著《湖南田赋之研究》的相关史料记载如下：

> 查（长沙）各县田赋征收处，原用之征收册籍大抵为前清康熙五十三年（1714）编纂之蓝花册籍。印刷之格式用蓝色，详载花户姓名，故曰蓝花册籍。每本共有二百五十项。每页载一户地名、按亩科银、旧管、新收、开除、实在等条目。但因兵灾迭经，蓝花册籍散佚殆尽，偶有收藏至今者，亦受虫蚁之剥蚀，毁坏不全，遂致征收田赋无所凭籍。各县有以旧时粮书所藏之秘本为根据者，有参考历年券票存根办理者。在当时固属权宜之计，厥后历年编造征册皆以此为根据。此项征册只载花户姓名，正银若干两，小数至厘位为止。及花户、地名，其用堂名别号者甚多，而真实姓名者实属寥寥之无几也。[③]

因此，入清以后，两湖地区的官册要么如上所述毁于战火，要

---

① 同治《监利县志》卷 11《艺文志》，同治十一年（1872）刻本，第 18 页。

② 《清高宗实录》卷 239，乾隆十年四月癸亥，中华书局 1985 年版，第 76 页。

③ 李之屏：《湖南田赋之研究》，载萧铮主编：《民国二十年代中国大陆土地问题资料》第 11 辑。

么因记载失实、弊窦丛生而不足为凭。官府已经不得不大量依赖于里书所藏之私册，如廒经等。在江夏县，自清中叶以后，征收亦凭册书所藏之私册。缪启愉载："明洪武中，上谕户部覆实天下土田，图编鱼鳞图册。江夏县据胥吏所言亦曾奉编成册，惟太平乱起，尽毁于兵燹，其后矢石数弭。惟以册书私藏底册为征收蓝本。现存征册、纪簿皆出若辈之手。"①

三、赋役失控与册书的包役化

明初建立的里甲制度不到几十年便已破绽百出，到明中后期，更是逐步趋于解体。随着赋役的货币化，以及一条鞭法、摊丁入地等措施的推行，里甲逐渐由一个社会基层组织蜕变为一种户籍登记和征收赋税的系统。②这在两湖方志中有具体反映，如道光《宝庆府志》载："村团既设，里甲仅为收丁粮之统率。而并丁于粮之后，民间且不复知有里甲矣！"③而许多地区则干脆以钱粮为单位来划分里甲。在湖北京山县，"（顺治年间）东十五里，五百石为里，五十石为甲；西十六里，三百三十石为里，三十三石为甲，一时有均平之称"④。其他如潜江县以 43 石为一里；孝感县以 56 石 5 斗为一甲，565 石为一里；麻阳县以 23 石为一甲，230 石为一里。⑤可见两湖地区的里甲已演变为赋税征收单位。

---

① 缪启愉：《武昌田赋之研究》，载萧铮主编：《民国二十年代中国大陆土地问题资料》第 25 辑。

② 韦庆远、叶显恩主编：《清代全史》第五卷，辽宁人民出版社 1991 年版，第 419 页。

③ 道光《宝庆府志》卷 9《疆里志》，道光二十九年（1849 年）刻本，第 1 页。

④ 光绪《京山县志》卷 3《赋役》，光绪八年（1882 年）刻本，第 29 页。

⑤ 康熙《潜江县志》卷 9《赋役志》，光绪五年（1879 年）经书院刻本传，第 43 页；光绪《孝感县志》卷 21《艺文志》，光绪八年（1882 年）刻本，第 41 页；康熙《麻阳县志》卷 1《都甲》，康熙二十四年（1685 年）刻本，第 12 页。

由于里甲性质的变异，这就造成了作为纳税单位的里甲与实际地域范围的脱离，同治《浏阳县志》即云："土人率以乡分直呼村庄地名，多不知都甲，惟征收粮册例载之。"[①]里甲编排既不以现实存在的村落组织为基础，也就不构成严密的地缘性组织实体，更不具有村社共同体的性质和职能，只能是"一种政府在登记户籍，征收赋税时唯一可以作为依据的系统"[②]。但在这一征税系统中重要的官方赋役册籍又因上节所言的失实而不能反映真实的人丁事产，从而导致政府对田地赋役的失控。这种赋役失控的局面使得官府只能通过专业化的册书才可以完成赋役征收，握有私册的册书于是成为联系国家与乡村社会之间重要的赋税中介人。

而册书对于册籍的垄断也使其很容易走上世袭化和包役化的道路，况且在中国传统社会，一向有"钱粮难算农家愁"之说。在乡村社会中识文断字者就已不多，会统计算账者则更少了，而明清赋税征收中的项目、税则、科则之繁琐令现代学者都感到茫然不知所措，因此册书之职并非任何普通农民都能担任。这也是其走向专业化的原因之一。

在清初，两湖地区的册书就已经不是一年一换了，据康熙六年应城知县樊司铎所言，当时里书之弊就在于盘踞太久。他主张要每岁更换以杜其弊，其文曰：

> 黄册房为里书，其实则弊薮也，始有推收，继而飞诡，终而欺隐。此黑粮之弊源也。此辈盘踞愈久，锢弊愈深。譬犹硕鼠之穴，狡兔之窟，急宜每岁更换，则弊浅而易察。[③]

---

① 同治《浏阳县志》卷2《舆地志》，同治十二年（1873年）刻本，第5页。
② 韦庆远、叶显恩主编：《清代全史》第五卷，辽宁人民出版社1991年版，第419页。
③ 光绪《应城县志》卷8《职官志》，光绪八年（1882年）刻本，第16页。

在清代两湖地区并非没有撤换里书的记载。同治七年，湖南桂阳县因里书彭茂林、彭仁清、彭长秦、彭涣湘、彭盛春及户书彭盛邦、彭际春等父子叔侄等欺侵育婴公田，并借采买兵谷之际，预收勒索钱粮无数，最后激起了全邑居民的公愤，被告到县衙。县令于是将其私册归公，并革去彭氏等人里书之职，另选他人接替长一里、宁四里、宁一里、东四里、汝三里等里书之职。为此事县令还特意出示布告以诏示全县里民知悉。①

但纵观湖南桂阳县革除彭茂林等里书、户书的事件我们不难发现：首先，在该县户书、里书等职此前长期是由彭氏父子叔侄所把持。这说明已经出现了家族世袭的倾向。其次，倘若不是由于彭氏集团种种不法行为激起公众义愤，其被革之事能否发生就很难说，特别是他们居然敢在采买兵谷上舞弊侵渔，这恐怕是县令下决心革除他们的一个重要因素。最后，革除一个小小的里书居然要公示于众，以免民众因循误交钱粮，这恰恰说明该里书在乡村赋税征收中的垄断地位已开始确立。

里书在明代不过是里甲组织中的一种职役。而且我们并未在两湖方志中发现知县任命或罢免里甲长的告示。这说明至清代，里书在当时官府和民间的影响已相当大，地位已开始上升，其职务轻易难以替代。桂阳县令之所以张榜公布，其原因之一就在于避免当地花户继续交钱粮于被革里书。

因此就两湖地区而言，自明末清初开始，随着官方册籍的丧失，册书手中的私册就逐步成为征收赋税的唯一凭证。册书成为官府所倚重的对象，并逐步走向世袭化和包役化。这在晚清至民国尤为突出。

在两湖里书中，我们也发现过因完不成任务而致家破人亡的事例。在湖南茶陵州，州民邓狗保的祖父曾充任里书，后因管粮失数，

① 同治《桂阳县志》卷7《建置》，同治六年（1867年）刻本，第36页。

押赔无主粮十四石三斗七升，最后导致“陷父死母嫁，兄卖弟鬻、合户逃散”的悲惨结局。[①] 此事发生在康熙十一年（1672 年）以前，可见当时担任里书也是有一定风险的。但这只是极个别的事例。大部分里书都会对民户的钱粮考核精细，而且他们因贴近民间，能随时跟踪人户田地转移买卖的情况，因此民户可以欺官府，却不可以瞒里书。以慈利县为例：

> 里书视册为世守，考核精绝，百姓无敢隐粮，故架粮之病少。架粮者，粮户展转逃匿，但存空券，莫能得当粮人主名数等虚悬，故名。清以往，凡架粮由粮吏弥缝，官征银额无厘毫短。[②]

毫无疑问，晚清至民国初年，册书已经不同于明代及清前期的乡里基层组织中的职役角色，而是演变为以征税为职业的赋税中介人。咸丰年间，胡林翼即指出：“查湖北近年钱漕征解多不足额，各州县因循怠玩……征收大权一寄诸总书、册书、里书之手。”[③] 而且册书因与钱粮有涉而变为奇货可居的肥缺和美差。承充者亦不仅仅只是乡间民户，还包括缙绅和书吏。在沔阳州，光绪年间，“下乡收钱粮曰里书、块差，均系缙绅子弟买缺承充。署内并无卯名卯册，钱粮府册皆在里书、块差之手”[④]。在黄安县，“旧有五十会，每会的完粮册籍（地丁、漕米、屯饷），分别由 100 多家册书经管。这些册书，有各房书办兼充的，有专门经管的，某家管某干户柱（一个户名谓之一柱），计丁漕银米若干，各有详细记载”[⑤]。可见册书已经普遍包役化。

---

① 嘉庆《茶陵州志》卷 8《田赋志》，嘉庆十八年（1813 年）刻本，第 38 页。

② 民国《慈利县志》卷 8《财政》，民国十二年（1923 年）铅印本，第 9 页。

③ 《胡林翼集》二，《批札》，岳麓书社 1999 年版，第 975 页。

④ （清）李辀：《牧沔纪略》卷下，转引自武汉大学历史系中国近代史教研室编《辛亥革命在湖北史料选辑》，湖北人民出版社 1981 年版。

⑤ 吴端伟：《从黄安县的县衙门谈起》，载《湖北文史资料》1990 年第 4 辑（总第三十三辑）。

由于册书走向职业化和世袭化，其收藏的私册自然也就成为传家之宝。一般都是秘不示人，即便示人，也因其从中舞文弄墨，让别人无从识别。以下是民国年间李之屏在《湖南田赋之研究》中对湖南册书在粮册上作弊及秘册传嗣诸情形的记载：

> 粮书收藏粮册秘本，畏人照抄，往往秘不示人。始示人时，其亩数区域皆不详载。其姓名大都笔画之最简者，如丁、王等姓。其秘密记号，有十字者、有斜点者。各县局勒令交出，无论其照缴与否，即照缴亦无从识别。甚至残编断简、散佚不全。有子孙者将其内容授予子孙，子孙以有业可承，往往不求知识，惟究舞弊之技。故以知识言，子不如父，孙不如子；以舞弊言，子精于父，孙又精于子。无子孙者则传之门徒。充当门徒者，先须厚纳修金，为之服务数年，始将其内容传授。承其传授后，大抵舞弊伎俩不患不青出于蓝而胜于蓝也。①

以上所反映的当是册书发展到极致时的表现。但这一进程自明清即已开始。而地方官员之所以在税粮征收上依赖于册书，一方面在于上述所言他们手中掌握有征收册籍，另一方面还在于册书征收在某种程度上可以保证赋税的足额完成。以湖南蓝山县为例，该县“凡征赋田地分民、屯、徭、庄四种，取赋轻重不同，因之转业拨粮亦异，要其事例，载在粮册，历由各里甲册书掌之。其收除方法，诸管册人往往视为秘宝”。但官府对此并不介意，因为征收赋税，“稍有不符，册书是问”；“若总粮册所载尚不足额征总数，仍以问之册书，此蓝山赋额一万一千二百七十一两一钱三分三厘之数，相沿至今无有逋之

---

① 李之屏：《湖南田赋之研究》，载萧铮主编：《民国二十年代中国大陆土地问题资料》第11辑。

者，经管柜册慎重之效也”。[①]可见官府一任册书包揽钱粮，一则征收之事付诸册书，于已省事；二则赋税可足额完成，何乐而不为。

宣统三年（1911年）所编《湖南财政说明书》中也曾分析了湖南盛行的几种征收方法，即书征书解、书征官解和官征官解。各征收方法及效果对比如下：

> 书征书解，官只望得平余，亏欠皆书包缴。此等州县大都年清年款，毫无蒂欠。然所有飞洒之来历、隐匿之处所及逃亡、故绝之不尽无著该书，均有密籍而为之。州县者转莫得而考察，只知年得平余若干，不知平余之何以有若干也。
>
> 书征官解与书征节解大略相同，不过既征之后，胥缴于官，听官之自行批解而已。
>
> 官征官解则征收用款一切皆取之官，书受工食、分串票之利。所有亏欠，书无责成。此等处往往民欠甚多。
>
> 故论征收之法，官征官解便于民而不便于官，盖民不畏官之催科而畏书之勒索，且书之从中隐匿包庇亦有焉；书征书解便于官而不便于民，官倚书为包纳，书即视花户为产业，官坐享成功，而书之侵渔含混，厚利加收，流弊有不可胜言者。[②]

通过以上的对比，我们可以看出，以上湖南三种征税方法中，前两种方法，即“书征书解”与“书征官解”实际都是由册书征收，即册书包役化。而这种方法能做到“年清年款，毫无蒂欠”。相比之下，“官征官解”既费钱又致民欠甚多。而在中国古代，官吏能否按时按额完成赋税征收是官吏考核升迁的一项重要指标，特别至清中叶

---

① 民国《蓝山县图志》卷18《财赋》，民国二十一年（1932年）刻本，第12页。

② 宣统《湖南财政说明书》，《湖南丁漕总说》，宣统三年（1911年）铅印本。

以后，国家财政日窘，对赋税的需求愈急，地方官吏为了完成任务自然只好求助于册书，对于册书的贪污中饱也就只能听之任之。

所以明中叶以后，地方官员事实上处在两难的境地：从解除农户的苛派勒索方面而言，应革除册书，由官府征收。但官府因不了解民间实情，难免征收不齐，而且官府依然需要运用吏胥为之，依然难免苛索侵渔。从完成额赋的角度出发，最便捷的途径还是依靠册书，这就是册书之所以能长期存在下去的原因之一。

明清以来，有鉴于册书的种种侵吞行径，革除册书之议屡兴，但都归于失败。如道光十一年，京山知县黄承祁改钱粮为官征官解，册书们隐匿粮册，致其因征收亏欠，被罢官。史载如下："黄承祁……改钱粮为官征官解，由是经书革逃迨尽，鱼鳞图册隐匿不呈，京山钱粮之飞洒、倒黑，自道光十年始。是年以册不齐，征收所亏甚巨，参任去官。"[①] 再如道光十七年，林则徐也曾上奏曰：

> 楚省粮书、工书等名目混称者多。凡在各乡分催钱漕，经手推收过户者，皆假借书吏名色哄惑乡农。其实则与局役相同，并非在内署科房办事。而人数甚众，大县竟以千计，实属骇人听闻。从前里书、册书之名，叠经奏明禁革，而若辈互为鬼蜮，总以里粮底册私相授受，故有官革而私不革之谣。[②]

可见，人人皆知册书征收之弊，但在国家赋役失控的情况下，要想革除册书又实非易事，故而两湖地方上才会流传所谓"官革而私不革"之谣。至咸丰年间，胡林翼亦云："此时府州县之受病，总以册籍无凭，欲姑容册书粮书耳。"[③]

---

① 光绪《京山县志》卷9《名宦列传》，光绪八年（1882年）刻本，第12页。

② 《林则徐集（奏稿）》中册，中华书局1985年版，第428页。

③ 《胡林翼集》二，《批札》，岳麓书社1999年版，第966页。

四、册书征收之流弊

册书原本只是管造册籍、协助官府推收的一种里甲职役。但时易势移，其职权不断扩大，地位日渐上升，最后成为垄断乡村赋税征收的关键人物。随着官方册籍的丢失，即便存在也因前后相袭的官僚作风而逐渐与实际情况不符，不可能成为可靠的征收凭借，而册书则因其身处乡村，有随时跟踪知晓乡村人口、土地转移消长的地利之便，其所掌握之钱粮底册也就成了他的私产，而官府不可能对星散的农户直接征税，因此，册书成为官府与乡村社会之间不可或缺的赋税中介人。而他们又非正规公务人员，当然无薪给，因此在征税过程中上下其手、中饱私囊也就在情理之中。

册书作弊贯穿于整个征税过程，各种史籍记载很多。首先在推收上，按例民间买卖田产，双方须在赋役册籍上进行登记，办理税粮过户，并要上报官府，政府通过这一手续可以跟踪地权变动情况，保证赋税不致流失。业户也通过推收过割获得对所买土地的合法所有权。而推收之权实操之册书等人手中，他们借端苛索，致人户视推收为畏途。明末，在湖北应城县，农户想要推收，“每正米一石勒银十两，方许推收，稍不遂欲，冤载由单陷民两处当差”[1]。在湖南长沙各州县，同治年间，人们为避免册书的盘剥，往往田土买卖并不登记注册，致使国家税源流失，同时也使民间田产纠纷四出，据史载：

> 查各州县年终攒造花名实征册，此册由里书造送。其里中田产买卖无不深知。凡有推收过割者应听从民便，查各该管经

① 光绪《应城县志》卷3《经政志》，光绪八年（1882年）蒲阳书院刻本，第5页。

承，遇有过割辄行需索，稍不遂欲，则以验契为词，及至投契又以印契粮名生法苛剥，不准推收。于是民间视推收为畏途。多有以本人之田地仍寄原主之粮户，一有告讦，皂白不分。奸徒乘机影射，或致因此失业，真伪互争，评讼不已。是始因经承之需索终贻官民无穷之累也。①

在湖北省推收过程中，人们为避免官府的税契，只潜往里书处登记。里书私下推收过割而不告之官府，致使官府对于民间田产转移情况茫然不知。咸丰年间，胡林翼在批札中即曰："查湖北恶习，往往买田数年或数十年，竟不赴房推收过割，只潜赴里书处开一户名，私相授受，更有田已更易数主，变产已经数世，而粮名未换，仍在旧户下完纳者，而官与粮书皆昏然不知。"②里书在推收过割中的私相授受，也是造成官册不实、官府赋税流失的一个重要原因。只有里书手中的私册真实可靠，因此这也是官府征税必须依赖册书的一个重要因素。

编撰粮册本为册书之职责，但在湖南长沙，册书也借此机会敛派工食。同治《长沙县志》云："里书之设原为攒造实征、稽查粮户之用，若辈因而指称造册，纸张饭食等费，无一不籍端敛派，假其名曰工食，每里派银若干，著为常例。州县官以若辈为寄耳口之人，明知故纵，致若辈恣行无忌，敛派日增，小民苦累不堪，无从控诉。"③

至于在征税过程中册书作弊的手法更多，其惯用伎俩无非飞洒、诡寄、花分、虚悬，移丘换段、挪移户口等几种，兹以湖南册书为例以窥其一斑：

---

① 同治《长沙县志》卷19《政绩》，同治十年（1871年）刻本，第33页。

② 《胡林翼集》二，《批札》，岳麓书社1999年版，第977页。

③ 同治《长沙县志》卷19《政绩》，同治十年（1871年）刻本，第37页。

所谓飞者，系以已收应完粮户之银额，移报于准蠲免钱粮，不再征收之名项下，而将其所收之银，饱入私囊是也；所谓洒者，以已收之钱粮侵蚀入己，而以其数分别加诸其他名户，以备其不足是也；所谓诡者，系以熟田报作荒田，以偏灾作普灾，或以重灾报轻灾，或上年成灾本年不成灾，仍然报灾，是为例灾，或实已受灾，故不报告，是为匿实，无论以熟报荒、以偏报普、以重报轻、以无灾报例灾、以有灾报无灾，均有可以肥己之处；所谓寄者，多以已征钱粮吞没而报为未征也。[①]

另外在嘉庆《荆门直隶州志》中，时人蔚钟颖在《除里书序》中对乾隆年间荆门地区里书的种种不法行为也进行了全面深刻的揭露：

里书者何？催科之胥徒也。胥徒众矣，何疾乎里书？曰里书者，百弊之所滋也，百姓之所仇也，爱民者之所痛而惩之者也。何言之？荆门八山二湖，赋三万而余。而分地以村列，村以图掌之册书。其初不过便稽查，识逋欠而已。因沿既久，百弊丛生，推收则任意增减，飞诡则恣情废置，花户之赋税，遂为私家奇货，互相授受，恬不知怪，体制奚存乎？且花户之完纳也，春则输银，银之外无责焉；秋则纳米，米之外无费焉。民便甚也。自册书既立，有耗羡之派，有规礼之收。民之完正供者有限，而饱奚壑者无穷。又当开征之期，巧设机械，勒以卡票，得所欲者俾令先登，失其求者迟以日月，使终不得不惟

① 李之屏：《湖南田赋之研究》，载萧铮主编：《民国二十年代中国大陆土地问题资料》第11辑。

命是从，而民于是困甚矣！[1]

此外，两湖地区滨江滨湖之州县土田时淤时崩、变化无常。这种特殊的地理环境也给册书作弊制造了机会。在孝感县，有近湖之地，先为湖田，后被藩府大量起科，但所纳之粮很轻，于是“工于作弊者或籍口卖田，遂贿嘱册书，将所卖田地尽作民田，除粮净尽，自后遂籍口淤潞以盖有田无粮之脚”。[2]在鄂西郧县“造册之年，里书贿弊，将粮飞洒别户，或将粳米改作米粟之粮，以至查册不对而皆失原额之数者，又地被水崩河塞，先勘免征，图而连畔混告，贿勘并蠲。故先崩塞而后成熟，仍瞒官不报，蠲免如故者，此其弊种种难悉也”[3]。

册书往往还伙同当地官吏绅衿朋比勾结、共同作弊。乾隆九年（1744 年）一月，湖北巡抚晏斯盛奏称：“楚省征催钱粮，每乡每里各有里书、册书，盘踞乡曲，包揽侵收，飞洒诡寄，以及需索册费等弊。前署荆门知州高世荣纵用里书，朋比为奸……”[4]这说明贪官是册书舞弊的有力后台，而乾隆年间，黄州府广济县库书周锡琏等人轮充粮库总书，岁岁加派，私征分肥，其重要原因也在于“历任知县均有分肥情弊”[5]。猫鼠同眠，投鼠忌器。这也是册书能盘踞其间的一个重要原因，胡林翼在谈到湖北各州县钱漕弊端时云：“（册籍）书办曰散失无存，官亦曰散失无存，于是听其颠倒户名，而不知完欠之为谁矣。书办曰板券烦重难稽，官亦曰烦重难稽，于是听其改用活券，而

---

① 嘉庆《荆门直隶州志》卷 36《文苑》，嘉庆十四年（1809 年）刻本，第 37 页。

② 光绪《孝感县志》卷 3《赋役志》，光绪八年（1882 年）刻本，第 19 页。

③ 万历《郧阳府志》卷 11《食货》，万历六年（1578 年）刻本，台湾学生书局 1987 年影印本，第 384 页。

④ 《清高宗实录》卷 209，乾隆九年正月戊申，中华书局 1985 年版，第 694 页。

⑤ 《清高宗实录》卷 545，乾隆二十二年八月丙戌，中华书局 1985 年版，第 934 页。

不知催比之何据矣。欺侵锢蔽，百弊丛生。官不过稍分余润，而小民之脂膏遂尽归书役之中饱，而国赋转致虚悬。”①

册书作弊无非是为了捞钱肥己、中饱私囊，直接造成以下两方面的后果：一方面是国家赋税流失，收入日减；另一方面是农户浮费增加，负担日重。在道光年间，两湖地区农户往往正额一石被浮收至三石，折色收银部分，每县浮费亦多至数千两、数万两不等。但真正上交国家者尚不及额定之一半。真可谓官民俱受其害，而册书独享其利。胡林翼在回复江陵县批札中即云：“该县钱漕积弊，全在册书里书，以致官民交困，殊堪痛恨。”②

五、结论

册书之所以能在国家与乡村的赋税征收系统中发挥作用，从客观上讲，主要在于国家对基层赋税的失控。单就传统乡村社会中最重要的土地资源而言，从明朝洪武年间到清朝嘉庆时期，全国人口增长数倍，各种史料文献也纷纷反映大量荒地被垦辟殆尽，但官方掌握的在册土地数字不仅不见增长，反而减少。而在征税过程中，花户的真实姓名、田土坐落等官府更是无从知晓。已有学者证实在广东清代图甲制下的“户”实为一种纳税的登记单位，在这一虚构的姓名下往往包含着一个家族或特定的群体。③

这种黄册登记的人丁事产与实际情形相背离的现象在两湖地区也普遍存在，在湖北潜江，“甚至户口仍洪武之旧，而数人共顶一户，

① 《胡林翼集》二，《批札》，岳麓书社 1999 年版，第 975 页。

② 《胡林翼集》二，《批札》，岳麓书社 1999 年版，第 966 页。

③ 刘志伟：《在国家与社会之间——明清广东里甲赋役制度研究》，中山大学出版社 1997 年版，第 252—258 页。

得射阙以遂其奸谋”[①]。在湖南湘乡，“册上多寡之数非真数也，有合族之人而共作一户者，又有名是而实非者，又粮已卖散而原主之名尚未更者。孰能尽悉乎？即悉之，能尽除此弊乎？”[②]这些都表明官方册籍已不能反映实际人口、田产的变动情况，政府对赋役失控。于是册书所掌握的私册就成为征税的重要依据，他们乘机垄断册籍，父子相继，世代以包揽钱粮为业，成为连接政府与乡村社会的重要赋税中介人。

当时各级政府对于册书包揽钱粮所带来的中饱私囊、赋税流失、官民交困等弊端并非没有认识，禁革册书的举措也屡有发生。但册书是禁而不止，革而未绝。从某种程度上讲，官府缺乏真实的册籍是其直接原因，如前揭胡林翼即云："此时府州县之受病，总以册籍无凭，欲姑容册书粮书耳。”但我们进一步分析会发现，基层政权组织的松弛涣散，国家对乡村社会控制能力的弱化才是根本原因。

我们知道，明中叶以后直至清朝，虽有里甲、保甲组织，但大多名不符实或有名无实。而各种地方共同体却开始蓬勃发展，国家权力渗入和控制基层社会的方式更为复杂化，并逐渐形成一种间接控制体制，也就是说国家已无力直接跟踪控制各地花户的纳税情况。因此地方上绅衿、书差等中介势力的作用显得更为重要。[③]而赋税是体现国家权力下行程度的重要体现，王朝官府一贯禁止绅衿染指钱粮事宜。于是里甲制虽已变质，里甲组织虽已废弛，但册书却得以延续并在征税中发挥着重要的中介作用。

所以乡村基层行政组织的涣散、国家对乡村社会控制能力的削弱是册书得以长期在基层赋税征收中发挥作用的深层次原因。而官

① 康熙《潜江县志》卷3《舆地志》，光绪五年（1879年）传经书院刻本，第32页。

② 同治《湘乡县志》卷3《赋役志》，同治十三年（1874年）刻本，第46页。

③ 韦庆远、叶显恩主编：《清代全史》第五卷，辽宁人民出版社1991年版，第423页。

方册籍的失实、政府对赋役的失控则为册书的包役化和世袭化提供了可能。

而另一个根本原因则涉及交易成本问题。由于在传统小农经济下，国家征收的对象——花户极其繁多和分散。而在以农业经济为主体的农业社会中，国家财政以农业税为主要支柱，其增长是缓慢和有限的，不可能支撑过于庞大的官僚集团。这也就是传统中国为何正规官僚体制设置到县一级就停止的原因所在。于是国家在征税过程中不可能直接面对每一个农户，只能是依靠一些不拿官俸的中间阶层。而册书因其职务之便就在一定程度上充当了“经纪人”的角色。以后进入民国时期，随着国民政府大规模乡村政权的建设，国家的权力开始渗透到乡村，特别是田赋整理工作的展开，国家重新获得了真实可靠的赋税册籍，册书也就失去了赖以生存的客观条件而不得不退出了历史舞台。

（原载《中国经济史研究》2005年第3期）

清康熙年间两湖地区的土地清丈与地籍编纂

一、问题的提出

户口与土地是古代官府征发赋役的主要依据。官府总是希冀通过人口调查和土地清丈，编制详尽的户籍和地籍，掌控户口和土地的实态，以确保财政收入。就中国赋役史沿革而言，自汉迄唐，政府比较重视人口，对户籍的编制最为重视，户籍是当时的基本册籍。关于土地，只是作为附带项目而登记于户籍册中。自唐中叶以后，作为户调制物质基础的均田制渐趋废止。尤其是宋代以后，私有土地日益发达，土地分配日益不均，因而土地对于编排户等高下的作用愈形重要。[①] 明代一条鞭法实行摊丁入地以后，地籍——鱼鳞图册等便成为赋役征派的主要依据，而例行编纂的户籍——赋役黄册实际已经退居次要位置了。毕竟土地改变的情形较人口变动还是要缓慢得多，隐瞒地亩比隐瞒人口也困难一些。

至清代，随着人口流动的加剧，通过"编审户则"来征派赋役更加困难，于是出现了"就地问粮"的趋势，官府对于土地的清理也更为重视。不过，土地丈量，特别是全国规模的土地丈量绝非易事。有明一代，至今能见到大量实证资料的只有洪武、万历两次而已。而

---

① 梁方仲：《中国历代户口、田地、田赋统计》，上海人民出版社 1980 年版，第 10 页。

且何炳棣通过爬梳相关史料认为，以前学界认为的洪武一朝由国子监生履亩丈量编制而成的鱼鳞图册也仅限于两浙地区，包括湖南在内的广大地区其实采用的是历代通用的全民自实原则或因袭宋元的数据。[①]的确，无论是从人力、物力还是技术手段而言，在古代乃至现在，全国性、彻底的土地清丈都是不太可能实现的。

但必须认识到，土地清丈在古代并不仅仅是一个测绘与计量学上的技术问题，更是一个政治与社会问题。土地既然是官府征派赋役的主要依据，在赋税定额化的趋势下，其丈量的主要目的则是赋役的整顿而已，即清田是为了均粮，地籍是否符合实际情况倒并不重要。我们也许需要追问的是，国家出于何种目的、通过何种方式来掌握土地情况，并进而确定征派赋役的原则和方式。依何炳棣所言，全国性、大规模、精确的土地丈量不存在，但这并不表明局部地区、以其他变通方式进行的土地清丈不存在。[②]同时，土地丈量中的技术手段固然重要，围绕土地丈量背后的利益纷争、地籍编纂和赋役调整更不容忽视。

所谓“湖广熟、天下足”，湖南、湖北在明清时期是国家重要的粮食产区之一，其田赋税粮之征收于国家财税意义重大。而明末清初的战乱造成两湖地区鱼鳞图册等赋役册籍普遍散失，遂致飞洒诡寄，百病丛生。[③]就赋税征收而论，其结果是“国库损于上、人民怨于下”。同时，在“江西填湖广”的移民浪潮中，两湖地区在明清时期亦是移民流入最为集中的区域之一，移民的进入固然使得明末以来荒

---

① 何炳棣：《中国古今土地数字的考释和评价》，中国社会科学出版社1988年版，第48页。

② 近年来，学者通过对徽州文书的研究表明，明末清初该地区是开展了较为充分的土地丈量活动。权仁溶：《从祁门县“谢氏纷争”看明末徽州的土地丈量与里甲制》，《历史研究》2000年第1期；夏维中、王裕民：《也论明末清初徽州地区土地丈量与里甲制的关系》，《南京大学学报》2002年第4期。

③ 杨国安：《册书与明清以来两湖乡村基层赋税征收》，《中国经济史研究》2005年第3期。

芜的田地得以迅速垦辟，但也导致荒熟混淆的局面，更引发了土著与移民之间因亩亩纳税不均所带来的矛盾与冲突等等。

清初两湖民众既苦于经界不清和田赋不均，则实行土地清丈势所必然。而土地清丈往往伴随着地籍的重新编纂，进而确立新的田赋征收标准。本文拟以两湖地区为中心，对围绕土地丈量的相关问题，特别是清丈之后丈量册、鱼鳞册等实征地籍册的编纂等问题进行初步考察，以就教于方家。①

二、清初土地清丈的缘由与区域背景

清代顺治元年（1644 年）户部下令各省清查地籍，由于当时战事未靖，各地是否切实推行以及进展如何是大可怀疑的。学界一般认为顺治一朝多是恢复万历旧制，康熙初年各地开始清丈土地。②还有人认为清初各省都没有进行土地丈量，册籍编造都是抄袭明代旧册。③就中国疆域之广，各地社会经济发展水平之不平衡，任何中央制度的实施都有一个“地方化”的过程。而且由于各地面临的问题不尽相同，其政策执行的过程难免出现偏差或变异。因此，对于清初的土地清丈问题，不可以偏概全，必须分区域、分情景、分时段来看。

就两湖地区而论，清代顺治年间大部分地区仍处于战火之中，清廷的统治秩序未能有效建立。鄂东以“蕲黄四十八寨”为代表的地

① 目前学界有关明清土地清丈问题比较重视明代的洪武、万历两次，比较轻视清初的土地清丈。并且在区域上也多集中于江南和徽州地区，对于其他区域的研究成果也较为少见，仅见汪庆元：《清代顺治朝土地清丈在徽州的推行》，《中国史研究》2007 年第 3 期。

② 赵冈：《简论鱼鳞图册》，《中国农史》2001 年第 1 期。

③ 何炳棣著，葛剑雄译：《明初以降人口及其相关问题 1368—1953》，生活·读书·新知三联书店 2000 年版。陈支平：《民间文书与明清赋役史研究》，黄山书社 2004 年版。

方武装一直坚持到顺治六年（1649 年）才被清廷镇压。鄂西“夔东十三家”则在李自成余部李锦、刘体纯、李来亨等领导下，一直坚持抗清到康熙三年（1664 年）。随之是康熙十二年（1673 年）至康熙二十年（1681 年）长达八年的吴三桂叛乱。当时清军以湖北荆州为中心，吴三桂以湖南常德为中心，双方大致以洞庭湖及长江沿线为锋面，陈兵两岸，两湖地区成为双方厮杀和争夺的战场。

因此，在顺治年间至康熙初年，两湖深陷“西山之役”与“三藩之乱”的战争漩涡，土地清丈工作实难全面展开，其赋役全书的编纂主要是以恢复万历旧制为主，即照抄明代原额。同治《通城县志》卷八《田赋志》记载，“顺治五年知县赵齐芳奉例清丈，田地塘粮税俱如前”。而据康熙《应山县志》、康熙《武昌县志》所载之清初田赋亩数亦直接抄录“原额”，连“奉例清丈”的官样套话亦省略不记。[①]

两湖地区主要的清丈活动出现在平定三藩之乱后的康熙年间，如潜江、监利、沔阳等州县都曾经在康熙年间开展过较为全面细致的土地清丈活动。其他如黄陂、京山、麻阳等则开展了以清田均粮为主要内容的赋役整顿活动。这些土地清丈的背后，除了有“奉行”朝廷的旨意的因素外，其实更包含有各自复杂的区域性社会经济原因，其最核心的还是欲解决“经界不清”、“地粮分离”、“赋役不均”等问题。

中国传统社会的土地制度和赋役制度是密切联系的。一般而言，赋役的不均多半来源于土地占有的不均。兹就两湖地区论之，清初造

---

① 同治《通城县志》卷 8《田赋》，同治六年（1867 年）活字本，第 10 页；康熙《应山县志》卷 2《钱粮户口地苗丁徭》，康熙十二年（1673 年）刻本，第 1 页；康熙《武昌县志》卷 4《赋役志》，康熙十三年（1674 年）刻本，第 1 页。当然，在其他局部地区，即便是在战乱的顺治年间，亦有进行土地清丈的少许事例。比如据同治《崇阳县志·食货志》（同治五年活字本）记载，崇阳县在顺治十一年，知县贾汉谊就曾经“禀承宪檄，率土莫不清丈。乃敢矢公矢慎以从事。五阅月而草册始投，三阅月而履亩始遍，又两阅月而鳞册汇正，大邱册亦次第就绪”。又据康熙《广济县志·宦绩》（康熙三年刻本）载，顺治十六年，孙谦亨任广济知县，“适县方奉令丈量。公遂毅然行之，再四算核，务求田与税当而后矣”。

成土地占有不均，进而导致赋役分担不均的情况大体有以下三种。

其一，由于地理环境的变化，沧海桑田，土地的自然属性可能发生根本性的变迁，导致原有的膏腴之地有可能被江河侵蚀和冲刷甚至淹没成沼泽湖区，耕地根本荡然无存。与此相对，许多原本为湖区水面、岸滩芦地，随着泥沙淤积而逐渐成为膏腴之地，进而被居民开垦成良田。前者造成了“地去粮存”的窘境，后者则出现“有地无粮”的局面。

明清时期，江汉——洞庭湖平原在长江、汉江以及其他诸多河湖的水文、地质因素的影响下，其地形地貌的变迁使得该地区的赋役不均现象较为突出。雍正十年（1732 年），时任沔阳知州的禹殿鳌在《清丈致同事各委官书》中即指出：

> 沔虽泽卤，然幅员广轮数百里，岁出财富数万有奇，实江汉之奥区也。独其误公累官冤民者，则莫如田赋之不清。盖沔自明兴以来，厥田有粮有渔。旧额粮、渔皆有上中下水乡四则，创始者法非不善。迨历年既久，陵谷变迁，向之黄壤，今为潴矣，且有沦为巨浸者矣。而其田每亩仅以七八分为率。向之低洼者，今则周原朊朊芜芜矣。且或以些征水稞，一望而畇畇渺渺，阡陌绣错矣。豪强之兼并割据厚利丰殖宴然无税可籍者所在多有。[①]

由上可知，由于洪水泛滥，河流淤积，地形地貌变化太大，陵谷变迁，沔阳州原来之耕地后来沦为“巨浸”，而以前低洼之地，最后则演变为阡陌之区。由此造成田地与税粮严重脱节，出现“有粮无地”和“有地无粮”的现象。而据刘佐国记述雍正年间沔阳州清丈之

---

① 光绪《沔阳州志》卷 4《食货志》，光绪二十年（1894 年）刻本，第 37 页。

过程的《清丈录》所言，当地民众渴望清丈土地的心情是迫切的：

吾沔本称泽国，淤沈不一，沧桑屡更，有昔本上粮而今为湖野，有向称荒塌而近成膏腴，完无田之差者所在多有，享无粮之土者不一而足。田之赖于丈、民之欲其清也，急急矣。①

以上所言为沧海桑田给田地赋役造成的不清，非丈量不足以解决问题。故上谕亦云："湖北沔阳州，地势低洼，为诸水汇归之地，以致田亩坍塌，淤涨靡常，小民苦乐不均，积有逋赋。迨雍正十二年，该督题请丈明，按实在地亩输纳，民累顿除。"②

而长江沿岸的州县因为堤岸崩溃所造成的田地废除现象亦为惊人。以濒临长江边的石首县为例，顺治十年（1653年），该县乡官夏晫、生员刘元隆、刘志尚等通邑耆老里排具呈堤溃田崩情形称："嗣经上委兴山县知县刘元祯踏勘崩溃处，所目击昔之堤即今之北岸，昔之田即今之中流。如罗童垸、藕池，其崩卸田地八百八十八顷九亩七分；陈公堤调弦，其崩卸田地九百六十三顷八亩八分；杨桃垸、港口等处，其崩卸田地一千四百一十一顷八十一亩五分。以上其崩沙米麦七千六百六十六石有零。"③据此统计，仅顺治十年前后，石首一县崩溃田地即达3254顷98亩之多，由此带来7666石米麦税粮无着。倘若不进行田地清丈，以均其赋役，则必将导致"上欠国税，下累百姓"之局面。

其二，由于田地科则轻重不一，抑或是由于胥吏、册书等在土地买卖过割中营私舞弊、上下其手，抑或是清初战乱导致两湖册籍尽失，或者根本就没有册籍，或者地籍管理、赋役征收十分混乱，凡此

① 光绪《沔阳州志》卷4《食货志》，光绪二十年（1894年）刻本，第39页。
② 《清高宗实录》卷65，乾隆三年三月丁丑，中华书局1985年版，第58页。
③ 同治《石首县志》卷3《民政志》，同治五年（1866年）刻本，第6页。

种种，人为导致民众赋役分摊不均，急需官府为之清田均粮。

两湖地区存在着军田与民田，渔粮、芦课与田粮等不同田地类型和征税标准，这些为胥吏和权贵移花接木、移丘换段、上下其手提供了可乘之机。而且在清初战乱之际，两湖赋役极其繁重，民众苦不堪言。[①] 比如通城县在康熙年间，适逢三藩之乱，吴三桂盘踞岳州，距离通城仅一百六十里，受战乱冲击影响，赋役繁重，最终不得不进行丈田均粮：

> 其时（指三藩之乱期间——引者注）军需繁重，未及清查。奸猾册书任意飞寄，或将自己重税田秋换愚民轻税地麦。追呼之厉，日积月累，深致民间。有田亩一石，秋粮亦一石者。有司按册比征，不堪箠楚，往往挈家远逃。逃绝无征，遂摊派里甲花户，波累亲族赔纳。其时田地求人受管当差，即以粮折价，无庸买卖，尚不肯受。至康熙四十三年，士民控恳知县辛禹昆详准清丈，丈田均粮，丈地清麦。上不缺额，下不加税，而逃绝无征之害永除。[②]

除了战乱的影响导致赋役繁重外，更多的情形则是由于豪强兼并，或胥吏、册书等基层赋役经手人等在田粮买卖过割中行诡寄、飞洒之弊，欺隐田粮，导致人地分离，里甲税粮众寡不均，里甲赋役体系紊乱。如清康熙年间孝感县士民公呈《为恳行丈量清田定赋以足正供以救民生事》中描述该县清初田赋弊端情况如下：

> 盖经界必始于均平，斯赋役可归于划一。乃孝邑之瘠薄堪

---

① 杨国安：《明清两湖地区基层组织与乡村社会研究》，武汉大学出版社 2004 年版，第 161—169 页。

② 同治《通城县志》卷 12《职秩 · 善政附》，同治六年（1867 年）活字本，第 37、38 页。

> 怜，而田亩之混淆尤甚。或顶黑米而代纳，问之本身，不识所从来；或包细户以自膏，求之黄册，竟无其名目；或卖田者以少作多，坚执旧额之难除；或买田者以多作少，明作居奇之胜算；或此里已过，彼里不除，名为鸳鸯之重纳；或米系李四，册注张三，实同桃李之代僵。推其弊端伊始，盖自明季以来，兵火之余，版籍残而册书便于飞诡。逃亡者众，井里墟而豪强易以并兼。①

以上所言，即为孝感县清初土地买卖过程中的种种弊端，其结果是田亩混淆、赋役不均，里甲紊乱。此种现象在各地都普遍存在，如湖南麻阳县清初里甲赋役系统中的田地、税粮亦参差交错："邑之所称都甲者，零落参差矣。有彼都之甲分搀入此都者。有此都之田户坐入彼都者。又有六卫屯田互相坐落者。弹丸封域几何不可问也。"②

其三，两湖地区属于战乱之后大规模移民迁居的重要省份之一，移民的大量涌入增加了当地的劳动人手，加之清初政府推行的鼓励垦荒政策，使得战乱造成的荒地很快得以垦辟成熟。随着荒田的渐次开垦成熟，特别是优免升科期限的来临，必然带来如何对这些新开垦成熟的田地升科征税的问题。无论是以新垦之地补充原额，即"除荒征熟"，还是新旧税额重新调整，都需要进行土地清丈。

两湖地区在清初的垦殖活动中成绩较为显著，据彭雨新先生的统计，仅康熙二年（1663 年）湖广报垦额为 27248 顷，到康熙中期以后历年报垦为 66160 顷。③按规定，除了零星田头地角官府明确

---

① 康熙《孝感县志》卷 6《田赋》，故宫珍本丛刊，第 108、109 页。

② 康熙《麻阳县志》卷 1《方域志·都甲》。《稀见中国地方志汇刊》第 40 册，中国书店 1992 年版，第 846 页。

③ 彭雨新：《清代土地开垦史资料汇编》，武汉大学出版社 1992 年版，第 148—149 页。

规定免于起科外，其余大面积开垦成熟的田亩在新垦之后的二三年或五六年，还是需要向国家纳税升科的。问题随之产生，如何向新垦田亩征税？特别是“荒熟混淆”的情形下。雍正四年（1726年）三月二日，湖南巡抚布兰泰即云：“湖南垦荒田粮，苦乐不均，急宜清厘。”①

对官府而言，对垦荒成熟田地进行清丈是为了重新掌握确切的土地数目，以便有效征税。对于清初由于战乱导致田地荒芜，税粮失额较多的情形下，此种丈量当然是以恢复“原额”为目标。而对于民众而言，清丈也未尝不是确定其对新垦土地拥有土地所有权的途径之一。事实上，在湖南许多地方发生过逃亡的原主返乡后和开垦之新户发生土地产权纠纷，以及新垦之地遭“豪强侵占”的事情。只有通过清丈，编制鱼鳞图册，向官府缴纳赋税，无主之地才能永为己业。对于新垦土地清丈之事，同治《平江县志》记载如下：

> 康熙五十七年，将届升科之期，预请颁丈。时澧州州判慕乾生署县事，通邑编为八十六区字号，委耆调丈，逐日报册，捲土施弓。至五十九年，丈竣。知县杨世芳莅任，立局调算如左：成熟田三千五百九十四顷三十一亩……包赔虚额七百三顷六十四亩。②

要之，清初两湖的土地清丈，其主要缘由，一则是由于水患等自然灾害和平原湖区的特殊地形地貌，陵谷变迁，沧海桑田，导致田地崩塌，税粮失额。同时，湖区淤积新垦，经界不清，迫切需要清丈田地。二则是由于两湖清初战乱导致田地荒芜，政府推行垦荒政策，

① 雍正《朱批谕旨》布兰泰奏折，转引自彭雨新：《清代土地开垦史资料汇编》，武汉大学出版社1992年版，第432页。

② 同治《平江县志》卷14《赋役志一·田亩》，同治十三年（1874年）刻本，第6页。

大量的新垦田地在升科之时亦需要清丈。三则是由于胥吏营私舞弊，田地买卖过程中的飞洒、诡寄等弊端，或者是明末清初赋役征派的繁重，导致里甲赋役之间分担不均。凡此种种，使得各地开始了方式不同的清田均役活动。

三、土地清丈的组织、方式与纷争

顺治至康熙初年，朝廷颁布了一系列有关土地丈量的规定。比如顺治十年（1653 年）户部复准："直省州县鱼鳞老册，原载地亩、丘段、坐落、田形、四至等项，间有不清者，印官亲自丈量。"康熙四年（1665 年）复准："丈量弓尺，均照旧式，如各州县有私自更改者，该督抚指名题参。"[①] 其中，顺治十二年（1655 年）户部更规定了各种地亩不清应行丈量的详细情形：

> 凡丈量之制，州县册籍原载丘段四至不清者，丈。欺隐牵累，有地无粮、有粮无地者，丈。亩步不符，赋则或浮者，丈。熟荒相间，旗民盐灶以及边地民番相错者，丈。壤界相接，畛域不分者，丈。荒芜招垦，寄粮分隶者，丈。水冲、压沙、分占，应抵应豁者，丈。濒江、濒海之区，五年一丈，视其或涨或坍，分别升免。[②]

两湖方志所见之清丈事例较多，其中有比较详尽的清丈组织与过程者，也有仅仅表明进行过清丈，但并无详细记载者。还有一些

---

① 光绪《大清会典事例》卷 165《户部·田赋·丈量》，台北新文丰出版公司 1976 年版，第 9 册，第 7261 页。

② 《清朝文献通考》卷 1《田赋一》，浙江古籍出版社 1988 年版，考 4858—考 4859。

并非履亩清丈，而仅仅是以均平图赋为宗旨的均粮活动。兹以康熙二十五年（1686 年）孝感县、康熙四十三年（1704 年）通城县、康熙五十三年（1713 年）衡山县清丈事例为个案，对两湖土地清丈的组织、方式及围绕清丈引发的利益纷争进行探讨。

（一）土地清丈的组织

实地丈量往往需要各类专管专业人员，比如负责组织管理的图正、精于算法的算手、脚力较好的弓手以及负责绘图的书手等等，不一而足。更为重要的是，土地丈量牵涉赋役，必然和里甲等基层组织发生关系，在此基础上构建土地清丈组织。两湖地区各地情形既有相同之处，亦有不同之处。兹以三个县的情形为例，窥其一二。

1. 湖北孝感县　康熙二十五年（1686 年），时任孝感县知县的梁凤翔应绅民熊祚永、胡必选、程大单、武之亨等约二十五人呈请，决定在孝感推行土地丈量。考虑到“孝邑幅员辽阔，山湖田地不一。若烦在上履亩丈量，不惟往来劳顿，窃恐旷日迟延”，梁凤翔充分利用现有的乡里基层组织，并进行广泛的社会动员。孝感县的乡里组织为“会”，可能缘自明末防御盗匪时的民众自卫的一种会社。清初有白云乡、郭下乡、洪乐乡、广阳乡、诸赵乡等五乡，下辖 360 会。梁凤翔据此规定曰：

> 本县□额原有五乡，每乡各数十会。今令各会烟民自投毛田丘数，分立界畔，眼同互丈。每乡选忠诚正直一人董率其事。熟娴算法并健步弓手数人，以助其成。大约以各会之人丈各会之地，则费省而事易。以本乡之人稽本乡之田，则力少而功多。庶得速沾鸿慈，不至稽迟劳扰。[①]

① 康熙《孝感县志》卷 6《田赋》，故宫珍本丛刊，第 110 页。

据此，康熙二十五年（1686年）孝感县土地清丈的具体执行者为算手、弓手和董事者。其选拔标准，据《清丈条例》所载为“各会公同选拔公直、老成、公正二名承理丈量外，用健步弓手一名，往来走报弓数”。同时，“各乡各会开报精明算法者一名，听候出题考验。其情愿急公者，许自行报名投考，听拨入会”。① 可见每会有两名公正之人主持丈量活动，每会下面又有体健能跑腿的弓手一人，精于算法的算手一人，而且以上清丈人员都有必要的选拔和考核程序。

另外，根据该县后面《丈量条例》的相关条款还可以发现，参与丈量的还有“湾长”之人役，如“临丈一家之田，必湾长邻右眼同亲丈。丈毕，则公正面取甘结。不得私栽湾长名目，以滋推诿”、“丈各业户之田，公正同湾长眼同开明”等等。“湾长”应是孝感地区自然村湾的头人，这表明孝感县的土地丈量是充分利用了乡土资源。

2. 湖北通城县　康熙四十三年（1704年），通城县士民控恳知县辛禹昆详准清丈。辛禹昆规定该县参与清丈田亩的人役如下：

> 按照县治东、西、南、北，编列乾、坎、艮、震、巽、离、坤、兑、中九宫大图，各举端方一人为大图长。每大图之内，照乡村段畈各举明干一人为小图长，各分管小图界限清楚。每小图立书手二人，算手一人，丈手一人，丘正一人，丘副一人。②

通城县的清丈组织似乎较为庞大，全县按九宫图式分成九方，每方设立一大图长。其下则依据自然地理、乡村聚落、耕地形制划分为小图，各设立一小图长。每小图中又立有书手二人，算手一人，丈

---

① 康熙《孝感县志》卷6《田赋》，故宫珍本丛刊，第111页。

② 同治《通城县志》卷12《职秩·善政附》，同治六年（1867年）活字本，第38页。

手一人。除此而外，还有丘正、丘副的设立，组织甚为严密，分工极为细致。由于通城地处鄂东南，宗族势力较强，因此清丈中亦动员“户长”加入。

3. 湖南衡山县　衡山县地处湖南中部偏东，湘江中游西岸，因境内有南岳衡山而得名。地形以丘陵为主。清代顺治四年（1647 年）始入清版图，隶属于衡州府。康熙四十三年（1704 年），知县李长祚“废甲编区”，将衡山县原有的六乡十六都一坊改编“朝、宗、于、海、九、江、孔、殷、沱、潜、既、道、云、土、梦、作、又”17 个子字，下共设 437 个区。清初由于战乱而导致衡山县田地荒芜较多，赋粮缺额较巨。嗣后经过开垦，但荒熟混淆，为了税粮足额和均平赋役，康熙年间进行了一次较全面的清丈措施。

据载，其清丈人役如下："通县一十七字号，每字号中必须遴选一二公直老成者为图正。四百三十七区，每区中必须择一精明算法者为算书。又须觅一朴实健步者为弓手，方堪委任。"[①] 据此可知，衡山县康熙年间的清丈组织是由图正、区正、算手、弓手构成。每字号遴选公正老成之人一二充当图正，则有正、副之别，全县合计有图正 17—34 人。每区有区正一人，能精通算法的算手一人，朴实健步的弓手一人，则区正、算手、弓手各 437 人。如此则衡山县此次参与清丈人役约有 1345 人。衡山县清丈三年才告竣，最后共计丈量田地 771102 亩，则平均一区丈量的田地面积约为 1764 亩。

由以上三个县的情形来看，两湖土地清丈组织的核心还是由图正、算手、弓手等专业人员组成，他们共同合作，完成具体的清丈任务。其组织层级则和乡里基层组织基本对应，比如公正、区正、图正人役等。有一点值得注意的是，在专业人士之外，清丈还广泛动员社会力量，包括湾长、户长以及绅民邻佑等。由于清丈涉及每家每户的

---

① 乾隆《衡山县志》卷 7《赋役志・田土》，故宫珍本丛刊，第 88—89 页。

经济利益，在许多先自报、后清丈的模式下，实地清丈所涉及的州县民户几乎都卷入到该活动中。

（二）清丈程序与方法

清丈过程大体分为清丈之前的准备工作、正式清丈和清丈之后的绘图编纂工作。

清丈之前，往往需要置办必要的工具，比如纸张的置备、测量工具的校准等等。为了保证清丈的准确，在孝感县，知县梁凤翔对于测量工具——弓口的式样标准有详尽的规定："各乡各会甲俱照布政使存库部颁弓口式样，备造弓口一张，用铁包裹断笱之处，本县亲书花押登记，毋得那移出入，致滋弊窦。"[①] 这里按布政使库部式样制造的铁制弓尺其实主要是制定一种标准，想必实际清丈时各会甲都会照此标准制造更多的弓尺。考虑到成本和使用方便，通城县即是"以木为弓代之"。

对于弓口的使用时限与方法，各地也有一定的规定。如衡山县《丈量条款》即有：

> 一，限时。凡开丈、调丈，俱要四百三十七区同日发弓。所丈弓口即填注印册，比日计程缴县。区正止留副本在手，以俟对验。其邮递印册，每十里一铺，无分昼夜传送到县。如有稽延，即行究治。
>
> 一，丈法。凡下弓口，不得任意低昂。田形有合图式，有不合图式者，务宜斟酌盈虚，以求允协。更须粮必归区，毋致紊乱疆。[②]

---

① 康熙《孝感县志》卷6《田赋》，故宫珍本丛刊，第111页。

② 乾隆《衡山县志》卷7《赋役志·田土》，故宫珍本丛刊，第89页。

通城县于康熙四十三年（1704 年）清丈时对于丈量之法亦有较为详尽的规定：

> 丈量之法，六尺为一步。今以木为弓代之，便于丈手轻快。凡步外零尺，每一尺以一分呼之。每横一步、直二百四十步为一亩。横一丈，是二步，直六十丈亦为一亩。若丈路，三百六十步为一里。[①]

这里的丈量规制“横一步、直二百四十步为一亩”和顺治十一年（1654 年）官方制定的州县地用步弓广一步纵二百四十步为一亩是相吻合的。该县还有详细的算数方法，比如“丈田塘积亩定用四归一遍、六归一遍，算手人役苦于烦恼，另有飞归捷法，以一遍代四六归之二遍也。以一万二千三百四十五步六分七厘八毫九丝为法。曰一百二十五为期，二十四上一翻飞，见一加三，隔位四九十六……”等等。[②] 总之，非精通算法者不可。

清丈首要之处在于确定田地经界，所谓“经界不正，井地不均。盖一邑有一邑之经界，一字号有一字号之经界。一区有一区之经界，一田有一田之经界。务使四抵分明，高竖牌椿为识，以便清丈”[③]。由于明代里甲编排主要以户口为主，到清代以后，随着赋役由户丁向田粮的转移，里甲的编排开始向以地粮为主。因此，清理经界实际成为确定乡里区划地理空间边界的一种方式和方法。据康熙《孝感县志》记载：

---

① 同治《通城县志》卷 12《职秩·善政附》，同治六年（1867 年）活字本，第 42 页。

② 同治《通城县志》卷 12《职秩·善政附》，同治六年（1867 年）活字本，第 41—42 页。

③ 乾隆《衡山县志》卷 7《赋役志·田土》，故宫珍本丛刊，第 88 页。

> 示阖邑会甲公正人等各就近踏勘，先定本县与别属之界，次定五乡之界，次定各会之界。于界所高筑土墩，树立木牌，书明四址。其各业户田地山塘各于本会界内钉立小木桩。自开姓名民藩田赋，以便清丈。①

孝感的清丈经界，首先就是明确县、乡、会之间的地界，即"各会先定大界，或以山，或以路，或以河，或挖峰墩，或立界杆，务期四界明白，以杜混杂之弊"。由此将乡里区划落实到地理空间，为田粮的归区打下了基础："如人居此会田坐彼会者，相应于彼会随田立户造册。"②

为了保证清丈的全面彻底，在各县中不分官田、民田等不同性质的田地一体测量，不容遗漏。如衡山县规定："田有军田、民田、僧道田，各项夹杂，俱照民田一起挨顺栉比鳞次丈去，但于册内各自注明，不得跳越次序，混淆丈法。"③ 孝感县亦有类似的规定："颁发字号某乡某会自某字一号起至某字几号止。挨顺编定，栉比鳞次，毋得遗漏。其遇犬牙相错之处，地形斜直方圆不等，亦须多打小椿，以绳径圆，编顺字号，不得跳越次序，混淆丈法。"④ 这在一定程度上弥补了万历清丈中不敢涉及官田，特别是王府庄田的不足。

对于田地测量的具体程序与实际场景，不妨以康熙年间通城县为例窥知一斑：

> 先令小图长逐烟户查取田地土名报册。次立搜田户长，逐加搜寻。如有欺隐不报者，治之以法。报册汇齐，方饬大小图长、

---

① 康熙《孝感县志》卷6《田赋》，故宫珍本丛刊，第111页。
② 康熙《孝感县志》卷6《田赋》，故宫珍本丛刊，第112页。
③ 乾隆《衡山县志》卷7《赋役志·田土》。故宫珍本丛刊，第89页。
④ 康熙《孝感县志》卷6《田赋》，故宫珍本丛刊，第112页。

丘正、丘副、书手、算手人役一同按册踏亩丈量。承泉源塘堰水荫注者为中田，承天水者为下田。书手草册绘成田形，登记中下则号。丘正以次立定中长广阔地位，丘副对面立牌，丈手执六尺为一步之弓，对丘正、丘副所立之地位量去几十几弓。不满一弓者，即以一尺为一分。假如四尺，丈手则呼四分以报之书手，算画田图，登记中长若干步数，一阔二阔各若干步数。其法如田一丘或三四丘合丈，亦有山垄小田十数丘合丈者。除田埂不量外，用截盈补虚之法，俱先量其田中长步数为实，次以一阔二阔之数合用二归算法折之，得若干数为法，以乘中长之实数若干为主，以四归算之，又以六归算之。其数积成田亩。①

以上引文不仅为我们记述了康熙年间通城县丘正、书手、丈手等绘图、测量的实际操作过程，而且也记载了各种田地面积的计算方法。其他地区还有清丈时必须接受群众监督的规定，如衡山县“凡临丈一家之田，必须左右邻□□齐，眼同观丈”②，孝感县“临丈一家之田，必湾长邻右眼同亲丈”③。另外，雍正十二年，湖北沔阳州知州禹殿鳌《清丈致同事各委官书》，述及该州清田之程序，谓：

每临一院，五日前先谕六役，传集业户，发给册式，公同覆丈。号次不清者，令挨序编顺之；等则不确者，令速行改正之。……凡附近之院，度其大小，或十日以前，或一月以前，先为晓谕，亦无不可。盖查勘一院，咸相观仿。今皆令其先事遵照办理，则我于临时稽察，自易为力。故一临该院，按册查号，按号查则，使号无错乱，则无混淆，民情相安，众口如

① 同治《通城县志》卷12《职秩·善政附》，同治六年（1867年）活字本，第41页。
② 乾隆《衡山县志》卷7《赋役志·田土》，故宫珍本丛刊，第89页。
③ 康熙《孝感县志》卷6《田赋》，故宫珍本丛刊，第112页。

一，则此院之田无庸过疑，即令造明提户大总，核算无讹，以成信册。[①]

履亩清丈完毕后，为了保证清丈的公正公平，官府往往要求参与测量的公正、图正等签下并无作弊情形的甘结状，而知县则通过下乡抽丈勘察的方式，对于册籍上的登记田亩进行核查。而衡山县则更甚，丈完后，通过抽签的方式，换区异地复丈："通共一十七字号，四百三十七区，俱以丈毕。然后齐集公堂，掣签调拨复丈。亦如从□□丈此区此丈彼区之法，且不时听候本县□□亲临抽勘。"[②]

概言之，两湖土地清丈程序，先是由民户自报，如孝感县即为"业户投递毛册开载本名下田地山场汇入乡田"，这里的"毛册"当是指民众自己填报的稿本。然后针对民户自报的材料，官府再组织人役按册履亩丈量，最后编纂成册。就当时的物力、人力和测量水平而言，应该说在已知的几个州县中，由于知县的细心筹划下，制定了各种清丈条款，尽可能地保证了清丈活动的公正与公平。

（三）清丈经费来源

土地履亩清丈费时、费钱是众所周知的，这也是许多地方不愿意履亩丈量的主要原因之一。明清时期两湖地区社会财富的积累一直较薄弱，史籍中多有"鲜素封之家"、"室鲜盖藏"、"少积聚"等记载。而刚刚经历了明末清初战乱影响的两湖地区，社会经济凋敝之至，更无雄厚的财力支撑大规模全面的土地清丈，因此不难发现，几个清丈活动开展较为彻底的州县，在经费上更多的是有赖于官府的帮扶。

---

① 光绪《沔阳州志》卷4《食货志》，光绪二十年（1894年）刻本，第35页。
② 乾隆《衡山县志》卷7《赋役志·田土》，故宫珍本丛刊，第89页。

比如康熙年间衡山县的清丈似乎主要得益于知县葛亮臣的大力支持。乾隆《衡山县志》其传云："葛亮臣，号黼皇，河南商丘人。丙戌进士，甲午令衡山。下车承上檄清垦民田地。……立法清丈，复履亩细勘，劳勩弗避。阅三年竣事，一洗包赔欺隐诸奸，如风扫落叶，诸州县莫逮也。"[①] 其制定的《清丈条款》明确规定了丈量不派累百姓：

> 禁派累。凡丈量，诸有事人所有日用饮食□□□听业户自便。至于算书、弓手，除应得工食□□□□他并不得□□□即本县临田□指之日□人役口粮及马匹草料俱系本县□□□支给，并不秋毫骚扰地方。[②]

这里清丈人役的工食是否是阖邑摊派，因字迹模糊不得而知，至少知县下乡抽丈所需的费用是不用百姓承担的。而康熙年间孝感县知县梁凤翔则显得更为慷慨，该县清丈所需之纸张、弓尺等概由知县梁凤翔捐给：

> 会甲弓算人役，今议本日丈，业主公同备伙二次。止用菜腐鱼鲜，不许豪棍需索酒肉。其弓尺、册纸等费，丈毕，各会甲从实估计，听候本县照数捐给，不许派累小民。[③]

这里，民众清丈时除了自备伙食之外，其余材料、工具等费用基本由知县捐廉解决。同时，知县梁凤翔在亲临抽勘之日，跟随人役口粮及马匹草料俱系他自备盘费支给，并不秋毫骚扰地方。这似乎体

---

① 乾隆《衡山县志》卷9《秩官志·知县列传》，故宫珍本丛刊，第214页。
② 乾隆《衡山县志》卷7《赋役志·田土》，故宫珍本丛刊，第89—90页。
③ 康熙《孝感县志》卷6《田赋》，故宫珍本丛刊，第112页。

现出一种“有钱出钱，无钱出力”、官民协助、公同参与的清丈模式。囿于财力，这大约也是已有的清丈州县需要广泛动员各种社会力量，包括乡里基层组织、村落中的社会力量如湾长、户长等原因之一。由此也表明，丈量与否、丈量的效果如何，全在于地方官员的贤能与否，甚至他们是否具有奉献精神。这就使得两湖部分地区的清丈更多的具有“道德”的色彩和“人治”的特征。

（四）清丈过程中的相关争议

在清丈过程中，不同的阶层与群体由于立场和角度的不同，对于清丈活动持有不同的意见。

首先就清廷而言，似乎处于一种两可与两难之间：在战乱之后，地荒丁亡，为了掌握田地的真实数据以便征税，需要进行清丈。但在兵燹之后，民生凋敝，正需要与民休养生息，因而深恐清丈滋扰百姓，失去民心。兹先引《清实录》康熙年间上谕一则：

> 四川巡抚年羹尧陛辞。上谕之曰：四川苗民杂处，性情不一。务须殚心料理，抚绥得宜，使之相安。比年湖广百姓多往四川开垦居住，地方渐以殷实。为巡抚者，若一到任，即欲清丈地亩，增加钱粮，即不得民心矣。湖南因丈量地亩，反致生事扰民。当年四川巡抚噶尔图曾奏请清丈，亦未曾清楚。尔须使百姓相安，钱粮以渐次清查可也。此为四川第一要事。①

与两湖地区相似，四川也是由于明末清初战乱导致田地荒芜、移民大量涌入，田地垦辟较快。康熙帝在给年羹尧的上谕中有几点值得注意：

① 《清圣祖实录》卷239，康熙四十八年九月己酉，中华书局1985年版，第385页。

其一，康熙帝清醒地认识到，倘若清丈以增赋为目的，会不得民心。而且这也与其高扬的“轻徭薄赋”的政策是相违背的。事实上，在顺治年间开始颁布清丈时，清廷即重申了一个清丈原则：

> 州县钱粮与原额相符者，勿再纷更。其缺额地方，于农隙时，州县官亲率里甲丈量，上官以次受成，不得差委滋扰。①

这个清丈原则的核心就是“不得扰民”。依前揭所引户部规定更可知晓，官府规定只有当赋税缺额、钱粮册籍与原额不符，或淤涨、坍地、荒地等几种情形下才进行必要的清丈。所以清初没有全国性的清丈，而是依据各地区实际情形，按需进行了地区性清丈田亩活动就不足为奇了。对于像四川、两湖等垦辟荒地较多的省份，康熙帝并非不要清丈，由“尔须使百姓相安，钱粮以渐次清查可也”中可以明白康熙帝的真实意图是，对于新开垦的地区，要等民力恢复后再行清丈。而且为了均平赋役，康熙帝认为清丈是必须的，这在其与湖广总督郭琇的一段对话中即有所体现：

> 湖广总督郭琇陛辞。奏曰：皇上命臣选奏丈量地亩官员，有武昌道庄播、衡永郴道董廷恩、长沙府知府王益曾三人才堪委任。但湖南民稀地广，所以民或不能完课，遂致逃避者有之。清丈之后，则钱粮似较前差减矣。上曰：约减几何？郭琇奏曰：大约减十分之二。上曰：果于民有益，所减虽倍于此，亦所不惜。若不清丈，以荒田着落他人，征收钱粮，有累穷黎，断不可也。此事甚重，保题丈量官员，尔具疏来，照所请行。②

---

① 光绪《大清会典事例》卷165《户部·田赋·丈量》，台北新文丰出版公司1976年版，第7261页。

② 《清圣祖实录》卷197，康熙三十九年正月乙酉，中华书局1985年版，第7页。

在康熙帝看来，为了减轻百姓赋役不均之苦累，即便是清丈之后，钱粮减少也在所不惜。可见清初的土地清丈，主要还是以弥补和恢复“原额”为目的，并非溢额求功。所以在一些州县，尽管清丈之后，溢出了大量的新垦田地，但政府依然按照原来税额征收。比如在湖北沔阳州：

> 户部议覆、湖北巡抚钟保疏言：沔阳州清丈田亩，较原额共增出一万一千五百五十一顷五十四亩有奇。请免增赋，按照上中下则，将通属额征摊派起科。又沔阳卫实丈田亩，亦照各则均摊起科，应如所请。从之。[①]

以上沔阳州清丈之后，新增田地一万余顷，但却免予增加赋税。正是清廷两可与两难的考虑，我们会发现一个有趣的现象：此地官员上奏请求丈量，清廷一般会应允；而彼地官员上疏恳请停止丈量，清廷亦从之。这看似矛盾的背后其实可能就涉及该地区是否需要丈量的考量和权衡。

其二，该上谕专门提到湖南因丈量而导致民怨之事，可见湖南清丈在当时引起的震荡不小。其实早在康熙四年（1665年），湖南巡抚周召南就已经意识到了土地丈量所带来的各种弊端，并提出清丈易滋流弊，不如改令隐漏者自首免罪。兹不妨将其《请停丈量疏》节录如下：

> 为遵谕呈言事。康熙四年三月二十八日接吏部咨，令在外巡抚条奏民隐，臣即参酌时宜，无如停止丈量一案。……臣思

① 《清高宗实录》卷32，乾隆元年十二月乙丑，中华书局1985年版，第632页。

一县之中，果有奸猾之民，不过屈指数人，一望而知其实老幼无倚穷苦无告者成千累万，户户皆是也。恐今日之丈量未必尽清其奸猾，而已先累其穷苦。何以见先累其穷苦？如一县之中造册，纸张数千万，丈地，弓手数十百人，写算手数十百人，催督衙役稽查官吏层层逼迫，夫此人工饭食、纸张、算写皆里下穷民摊派倩雇而成事也。如臣痛其摊派而参拿官吏，又无县官自赔饭食、纸张、工价之例。既急急以勒成其事，而又察察以苛刻其细，有是理乎？此穷民之必受其累者也。何以见其狡猾者未必尽清其弊。夫狡猾者谋略多端，一闻丈量，百计弥缝，能倩算手，能倩书手，能倩弓手，此间能必县官心眼俱到、铁面无私、毫无渗漏者乎？如其不然，是狡猾者未必能清，而贫苦者实受其累也。为今之计，欲清豪猾之弊，而苏穷民之累，莫如停丈量一案。丈量一停，一切繁费俱止，钻营俱息。如臣所言，一县之中可以屈指算出豪猾者严令自首免罪，即将首出之田作丈出之田，按亩起科；仍取“尽首无隐，本人与邻里甘结”并县官“稽查甘结”报部。如再蒙混，许邻里举首，臣等访拿参处亦足惩一儆百矣。[①]

周召南顺治十八年（1661 年）任偏远巡抚（后改为湖南巡抚），康熙四年（1665 年）有感于湖南清丈过程中暴露的种种弊端，如饭食、纸张、工价等费用太高，而奸猾之徒依然得售其奸，是贫者受累而奸猾未清，所以请求停止清丈。与周召南持有相同意见是茶陵州的彭维新。彭氏为康熙丙戌科进士，曾先后任翰林院检讨、都察院左都御史、户兵刑三部尚书，任协办内阁大学士。在《与朱参议书》一文中，彭维新也是极力反对清丈。他指出：

① 同治《长沙县志》卷 19《政绩一》，同治十年（1871 年）刻本，第 14—15 页。

自来清赋之法甚多，何由遽议勘丈。勘丈不善，非惟不能清赋，适以扰民而已矣。夫清赋之法，以镇静为本，以精到为用，以符合为程。而勘丈则一一反。是以监司而自欲履亩，弥滋纠纷。苟冒然一举，弊有不可胜言者。盖用独堕，用众乱，证难、凭多难，偏散难，稽时难，待暑雨难，麾供用难，给事绪难。终必使一人之身百役具备而后可。不则，需人不得不众，必使禹皋为官，伊周司书，杨震、吴隐之诸贤充弓手各役而后可。不则，蒙混贿赂必不免，必使王烈、陈实之流为族长、乡保里邻田邻而后可。不则，互相朋比，售其欺谩；更必与地谋，必使田户地亩无多，举目易竟而后可。不则，阡陌交错，识察不周，又必使田地片段止一二处，别无畸零而后可。不则，假借影射，顾此失彼。①

彭维新所论甚多，概其所言，主要是认为清丈必须具备天时（天气晴朗易于办事）、地利（地亩平直易于测量）、人和（清丈人役正直能干）方能成事。但其中肯定会有环节出问题，于是难以达到“以镇静为本，以精到为用，以符合为程”的清丈目标。与周召南的主张相似，他也认为应该先让民户自行丈量上报，然后官府抽丈即可。这一点似乎最终为朝廷所采纳。史料记载：“康熙三十八年，以湖南幅员辽阔，履丈难遍，先令民自丈出首，官查抽丈，如有隐漏，治罪。”②

民众对于清丈显然也有不同看法。在赋役不均的地区，“地去粮存”者，即原有粮田坍塌、经界不清者自然希望官府清丈以解其倒

① 同治《茶陵州志》卷20《艺文志》，同治十年（1871年）刻本，第33—34页。

② 《清朝文献通考》卷2《田赋考》，浙江古籍出版社1988年，考4867。

悬。但其他如霸占他人土地或蒙混渔利的既得利益者是反对清丈的。同时，在赋税不均现象不太严重的地区，民众乐于维持现状，不愿清丈以徒生滋扰，比如在监利县，“田亩自明万历时两次清丈，田粮俱有成数。崇祯末，邑经兵燹，版图毁失。国初起科，多凭报亩。康熙四十六年，邑侯王公奉文清丈，民噪而止”①。据此可知，监利县曾经欲在康熙四十六年（1707 年）推行的清丈活动因民众的反对而搁浅。

事实上，正因为不同地区、不同阶层的不同声音，所以清代的土地清丈活动表现得异彩纷呈，千姿百态，各具特色。有的地区进行了较为彻底的履亩清丈，而有的地区则完全没有进行清丈，更多的地区则是采用了民众自首、官府抽丈等较为灵活、省事的方式。其实，在笔者看来，只要不拘泥于统计学，而是从解决社会问题的角度出发，只要能达到“均平赋役”的目的，是否实施土地清丈，以及土地清丈是否彻底、全面并不重要。清丈土地终究只是清初整顿赋役不均的手段之一，而非目的。

四、清丈后册籍的编纂：丈量册、鱼鳞册、归户册及其他

清初土地清丈的重要原因之一，就在于明清鼎革之际许多赋役册籍的缺失或失实，由此带来官府赋役征派的紊乱。因之，在土地清丈之后，重新编纂土地册籍就成为一项重要的内容。无论是先让百姓自报田亩然后按册清丈，还是官府颁发册式清丈后填报，最后都是需要汇总成册，并成为日后征税的主要凭借。

如衡山县在康熙年间清丈田亩时，对于清丈过程中册籍的填报制度做了严格的规定：“所丈弓口即填注印册，比日计程缴县。区正

① 同治《监利县志》卷 4《田赋志》，同治十一年（1872 年）刻本，第 6 页。

止留副本在手，以俟对验。其邮递印册，每十里一铺，无分昼夜传送到县。如有稽延，即行究治。”[①]在清丈之后，衡山县更编纂了详尽的丈量册，乾隆《衡山县志》所载《丈量条款》中《立图系》条所云：

> 凡丈过田地山塘，俟成册后，即刊□图□粮号。册印上载某字某区第几庄业户其领户某，田种若干，纳租若干，塘池若干，屋基若干，山林若干，共计若干丘，丈作若干号，共粮亩，内上则若干，中则若干，下则若干，系某永住荫给，区正手照依所投区册有几十几户，即领几十几串填载弓口，分给业户□□存照，嗣后授受皆以此串为凭。[②]

据上可知，其《丈量条款》所言填报的图册内容包括各类田地面积以及纳税数量、山林、塘池、屋基等相关财产数量等。这些规定是否得到落实？答案是肯定的，因为湖南省图书馆古籍部恰好收藏有此次清丈后编印的《衡山县丈量册》。此丈量册的封面注明为“康熙伍拾陆年　月　日”，此年恰是该县丈量竣事之期。因为考之衡山县丈量活动应是康熙五十三年（1714年）开始，历时三年结束，主持此次丈量的知县即为前面已提及的葛亮臣。

葛亮臣于康熙甲午，即康熙五十三年任衡山知县。下车伊始，即开始“立法清丈”，经过履亩细勘，“阅三年竣事”，则衡山县于康熙五十六年完成此次土地清丈任务。而且此次清丈应该比较详尽和成功，为“诸州县莫逮也”。[③]如此，则湖南省图书馆所藏之康熙《衡山县丈量册》封面注明的“康熙伍拾陆年”正好是衡山县历经三年后

① 乾隆《衡山县志》卷7《赋役志・土田》，故宫珍本丛刊，第89页。
② 乾隆《衡山县志》卷7《赋役志・土田》，故宫珍本丛刊，第90页。
③ 乾隆《衡山县志》卷9《秩官志・知县列传》，故宫珍本丛刊，第214页。

土地清丈结束、开始编纂册籍的时间。[①] 如此，则现存之《衡山县丈量册》当是当年清丈后编纂的册籍无疑。兹将康熙《衡山县丈量册》记载的部分内容转录如下：

> 于字第六区第五十七 庄恭户 僧续光
>
> 今将丈过本名下各则田地山塘号次及丘段坐落形式弓数逐图核算布亩均平理合造册呈齐备案。须至册者：
>
> 计开
>
> 上则田伍丘，上则弓步粮柒分伍厘肆毫肆丝。
>
> 中则田壹拾丘，中则弓步粮壹亩肆分壹厘柒毫叁丝玖忽。
>
> 下则田叁百叁拾壹丘，下则弓步粮壹拾陆亩玖分肆厘壹毫伍丝贰忽。
>
> 下下则田无丘，下下则弓步粮。
>
> 地无块，三折地粮。
>
> 水塘贰口，三折塘粮叁厘陆毫伍丝。
>
> 南竹伍百根，该竹粮壹百伍分。
>
> 以上共丈过弓步粮贰拾亩零陆分肆厘玖毫肆丝壹忽。
>
> 共计田叁百肆拾陆丘，塘贰口。
>
> 共丈作壹百伍拾贰号 坐落地名塘冲处。
>
> 佃户 曾云飞
>
> 左田邻 艾玉先
>
> 右田邻 罗祥伯[②]

在上述文字记载之后，《衡山县丈量册》还附有大量土地清丈

① 康熙《衡山县丈量册》，康熙五十一年登记本，湖南省图书馆藏，不分页。

② 康熙《衡山县丈量册》，康熙五十一年登记本，湖南省图书馆藏，不分页。

后绘制的鱼鳞图册：内容包括田地形状：如圭形、箫形、蛇形、直形、碗形、梯形、弧矢形等；田地的直径与宽广、系则、面积、税粮等等。

康熙《衡山县丈量册》以后成为该县土地买卖过割、缴纳赋税的重要凭借，属于实征册。清丈后，其“步”的数字清楚地登载在图册上，一般240步为一亩，弓步粮当是“积步”后的税亩。土地种类不同，税则不同。而且各地土地肥瘠不同，纳税亦不同，于是广泛存在折亩现象。[①] 至于两湖地区各地土地清丈过程中的亩额计算标准和田、地、塘、山林的换算折亩等还有待进一步的考察。

而康熙二十五年（1686年），湖北孝感县在进行土地清丈之后，知县梁凤翔还进一步编纂有归户册、鱼鳞册和块册，《块册序》有云：“余丈量之举，册有三：一曰鱼鳞册，一曰归户册，而此块册也。”[②] 孝感县的鱼鳞图册是在田亩清丈之时，根据丈量的数据和绘制的田形编纂而成。梁凤翔在《集庙公议劄》中曰：“凤翔详请上宪举行丈量，痛革前弊。今幸各乡山塘田地俱经清丈，图形编号造具鱼鳞细册。”[③] 而根据康熙《孝感县志》所载，其清丈之时的鱼鳞图册册式如下：

> 计开
>
> 一 册页上写某乡某会东西至某会为界，南北至某会为界。
>
> 一 会大册多者分为几本订载，上写第一二三本不等。每册首用白纸一页，上写

---

① 有关清代折亩问题，可参见何炳棣：《中国古今土地数字的考释和评价》，中国社会科学出版社1988年版；陈锋：《清代亩额初探》，载《陈锋自选集》，华中理工大学出版社1999年版。

② 康熙《孝感县志》卷6《田赋》，故宫珍本丛刊，第124页。

③ 康熙《孝感县志》卷6《田赋》，故宫珍本丛刊，第114页。

某会某甲会甲某

公正某

弓手某

算手某

今将本县鱼鳞丈过田地亩逐一开报

共 民粮田若干丘，计顷亩若干。

民年底粮地若干丘，计顷亩若干。

民粮山若干丘，计顷亩若干。

共潞楚淤庄租田若干丘，计顷亩若干。

共潞楚淤庄租山河地若干丘，计顷亩若干。

共柴山若干，计顷亩若干。

总共田地顷亩若干。

总共柴草山顷亩若干。

一 细户鱼鳞图册填写式

某字几号业主某 土名某 系某粮 田地。

照本会大例每田地一石几升几合载粮，或遇潞楚淤庄田地则写载银谷若干。

图形照依田式画明上写某形。

东横若干

西横若干

南横若干

北横若干

直若干

如遇截形，先将正形横直填写，后写截横若干。

截直若干。[①]

---

① 康熙《孝感县志》卷6《田赋》，故宫珍本丛刊，第113—114页。

以上鱼鳞册所载和前揭衡山县丈量册内容大体相同，包括税粮和图形以及四至的距离。但这只是某一块田地的面积和税粮，而一户往往有多处田地。官府按照每户进行征税，因此田亩全部清丈完毕后，需要将所有该户的田亩统一到该户名下，以户为单位征税，如是就有“归户册”的编纂。[①] 就清代赋役制度而言，鱼鳞图册为“经册”，所重在土地的地理位置和产权归属；归户册为“纬册”，所重在税收。

孝感县人户和田地亦有分离之情形，如“田在东隅而粮寄西图，或米系赵甲而户具钱乙，以致李代桃僵，久之田荒户逋，民累赋亏”。故梁凤翔在丈竣之后亦进行了田地税粮归户的工作，据其所言：

> 今科粮毕，除一面造具块册，详报上宪外，诚恐居民辽阔，其本身名下山地丘田，并科米数目不能悉知。本县仍行捐备纸张，印发小单，户给一纸，以凭查据。合行出示晓谕为此示，仰五乡各会甲人等知悉。本县现在捐发刊刻印单，分散各业户收领查照。俾家喻户晓，了若指掌。[②]

据此，梁凤翔自己捐备纸张，发给花户一纸赋役清单，将该户名下所有的山地丘田和科米数目开载一起，使之能清楚明白每户名下所拥有的田亩和应缴纳的税粮。而梁凤翔对于归户册亦有界定：

> 则壤科粮，撮田从户，会各一册。开载业主、花户田地若

① 依栾成显所言：“所谓归户册，即是将同一业户所有的分散于不同都图、不同地点的各色田土，都汇集到该业户名下而攒造的一种土地文书”。参见该氏著：《明代黄册研究》，中国社会科学出版社1998年版，第169页。

② 康熙《孝感县志》卷6《田赋》，故宫珍本丛刊，第120页。

干，正米若干。阖邑秋粮数万石，归之烟民数万家。如众壑支流之归海也，故曰归户册。[①]

按归户册其实就是将全县的赋税按照“撮田从户”的方式，一一细分到每家每户，以便于每家知晓并照此缴纳赋税。在鱼鳞册和归户册之后，梁凤翔还在孝感县推行独具特色的田赋册籍——“块册”，据其《块册序》云：

第归户之后，田有交易，人有迁移。恐相沿日久，户册既有纷更，鳞册必致弁髦。若不永定规式，为善后之策，安知不有猾胥豪右，如曩时之飞诡并兼而为无畴者耶。查孝邑五乡二十三里一百七十八会，以里统会，大者五六会为一里，小者十数会为一里。以一会为一块造册，各二本，胪编花户的名田粮确数，总散分合，务期相符。存县一本，每里选德行一人为耆约，给一本，使收掌之。俾编氓周知，自某年始订立章程，如树之根不可动摇。后有交易者，但缴知单，更换姓名。田坐、处所不许那移。总使此会之田不得跳入彼会，此块之米不得飞入彼块。以人从田，不以田从人。即有豪强凭何兼占？即有奸宄从何欺隐？每年终，将授受开收之户，另造更名析户册各二本，收掌如前例。俾内外划一，历年不替。虽百世以后，溯流穷源，可按籍而考也。节岁开征，各会发单一张给里约，使里约传催会甲，会甲传催烟民。如身之使臂，臂之使指，不烦差比，人乐输将。此周礼均土之法、同井之意，故曰块册。[②]

---

① 康熙《孝感县志》卷6《田赋》，故宫珍本丛刊，第124页。

② 康熙《孝感县志》卷6《田赋》，故宫珍本丛刊，第124—125页。另，梁凤翔之《块册序》又被见载于《清朝经世文正续编》卷31《户政·赋役》，广陵书社2011年版，第320页。

这里的“块册”是在鱼鳞册和归户册基础之上，为了杜绝以后土地买卖过程中产生的人户与田亩、田亩与税粮混淆的局面，而采取按区域进行攒造册籍，其核心和关键之处在于“以人从田，不以田从人”，实行“一会一块也，一里一块也，一乡一块也，一县一块也。扩而极之，天下一大块也”。[①] 据此，今后征税，就地问粮，而不论其地上之人户变动如何，以此来杜绝各种飞洒之弊端。此种“以人从田”的编纂册籍原则基本是与清初摊丁入亩的赋役改革相适应的，即征收依据由人丁向田地转移。

以上清丈之后编纂的丈量册、鱼鳞图册等赋役册籍应该是比较接近真实的，并且在康熙之后成为地方基层社会征收赋税的重要凭借之一。因为有证据表明，这些编纂的册籍在清末民初依然在湖南各县市沿用。据 20 世纪 20 年代地政学院对湖南田赋问题的调查研究，其基层社会征收册籍的实际情形如下：

> 查各县田赋征收处原用之征收册籍，大抵为前清康熙五十三年编纂之蓝花册籍。印刷之格式用蓝色，详载花户姓名，故曰“蓝花册籍”。每本共有二百五十页，每页载一户、地名、按亩科银、旧管、新收、开除、实在等条目。[②]

以上史料明确指出，其征收的册籍“蓝花册籍”为康熙五十三年所编纂，结合前揭湖南在康熙五十三年前后所进行的土地清丈和册籍编纂活动可知，这些“蓝花册籍”大抵就是丈量之后编纂的征收册籍。蓝花册籍登记的内容和前揭康熙年间湖南衡山县的丈量册记载的

---

① 康熙《孝感县志》卷 6《田赋》，故宫珍本丛刊，第 125 页。

② 李之屏：《湖南田赋之研究》第 5 章《征收制度》第 4 节《征收册籍》，载萧铮主编：《民国二十年代中国国大陆土地问题资料》，成文出版社有限公司、（美国）中文资料中心印行，第 5588 页。

内容大体相同，只是增加了旧管、新收、开除、实在等条目，这也是在以后土地买卖过割环节中必然出现的情形。因此我们可以认为，清初康熙年间进行的土地丈量以及地籍的编纂为以后的两湖地区确立了一套征收标准和征收系统。

五、结语

清代的土地清丈活动，就官府而言，主要目的是恢复原额、均平赋役。如此说来，土地清丈只不过是清初政府用来调整和整顿赋役的手段，而非目的。因此丈量或是不丈量，抑或是变通方式丈量，更多的表现为不同地区、不同情形下的一种地方性选择。因之，考察清代土地丈量的实际情形当在地方基层社会。

两湖地区因濒江、滨湖地区田亩易于坍塌，亦因战乱导致众多赋役册籍被毁，或胥吏营私舞弊致使赋役征收体系混乱，更由于移民大量涌入而开垦荒地较多、荒熟混淆，常常征不足额。凡此种种，使得该区成为清初土地清丈的重要区域之一。就本文考察的若干清丈事例来看，在部分贤能州县官员的大力支持倡导下，依靠既有的乡里基层组织系统和吸纳包括族长、村长、生员等地方精英的参与，许多州县的确进行了较为全面的田地丈量，有效地调整和整顿了紊乱的里甲赋役体系。当然这期间由于立场、观点和利益的不同，对于清丈亦杂有反对的声音，以及不同利益的交锋。

就已经进行全面清丈的地区而言，一般清丈之后都进行了丈量册、鱼鳞册等各种赋役册籍的编纂。这些册籍的攒造，一方面是重新确立一套相对公平、公正的纳税标准和纳税凭借，在一定程度上消除了原有田界不清、赋役不均的混乱局面；另一方面，更为重要的是弥补旧有册籍丢失或脱离实际情形之不足，建立一套相对符合真实情况的赋役册籍。换言之，即在全国性的赋役全书之外，编纂了更为真实可靠的实征册。

如果说清代全国性编纂的赋役全书是指导性、原则性的赋役册籍[①]，是确定田赋征收的原则，即该征收多少额度的赋税——在清代就是维持明代万历原额，是“务虚”，其真实性与否并不重要。那么地方性编纂的丈量册、鱼鳞册等实征册则是基层社会实际征收过程中使用的征收册籍，是将赋役全书所确定的赋税额度落实到实处，确定该向谁征收赋税的重要凭借，是“务实”的。因此，它是否接近真实情形就很重要，至少地方民间社会能够通过这些册籍将赋税有效地征收上来。如此说来，“赋役全书”主要是确定某地区该“征多少”税粮，而丈量册、鱼鳞册等“实征册”则解决“向谁征”的问题。故《清史稿·食货志》即云，丈量册、鱼鳞册等与赋役全书互为表里，所言不无道理。只是这真假、虚实之间的两本账如何互为表里倒是值得继续探究下去。

（原载《中国史研究》2011 年第 4 期）

① 有关清代赋役全书的编纂及相关情形，可参见陈锋：《清代财政政策与货币政策研究》，武汉大学出版社 2008 年版，第 146—164 页。该书指出，清代赋役全书编纂的政策导向是逐步走向规范化和简明化。在笔者看来，这也就意味着更加“虚化”，即离实际征收情形更远。

主客之间：明代两湖地区土著与流寓的矛盾与冲突

明朝建立之初，为了有效地控制人口、征收赋役，明太祖朱元璋制定了种种严密的规章制度，这包括编制赋役黄册和鱼鳞图册，前者以人丁事产为主，后者以土地为主，两者相互参照、互为经纬。在此基础上又组建里甲制度。政府通过“人户以籍为定”，对全国人民实行最严格的人身控制，同时把各种人户无一例外地编入里甲组织之中，由里甲长带领着轮流应役当差。但这种貌似严密的制度经过不到几十年便已破绽百出，到明中叶以后更逐步趋于瓦解。这其中主要的表现就是人口的大量逃移。明中后期出现的流民运动对明初里甲制户籍管理产生了强烈冲击，造成了户籍的混乱，更加深了各种社会矛盾。这在流民客户较为集中的两湖地区就有所体现。以前学者对于外来移民在明清两湖经济开发活动中所起的巨大作用论述较多，但对该地区长期存在的主户与客户因赋役分摊不均所引发的各种矛盾与冲突却着笔甚少。本文即以“主客之争”为线索，分析流民客户的大量存在对当地社会经济生活所产生巨大的影响，以期深化明清两湖地方史的研究。[①]

---

① 本文所论述的“主户”与“客户”仅就户籍制度而言。这里的“客户”不同于粤、闽、赣一带的“客家”，后者带有强烈的文化心理色彩。客家人和客家文化因而也成为华南一带显著的历史文化现象。由于有极强的族群意识，华南一带的客家人与土著之间的

一、明代两湖外来人口的移入与主客之分

宋元时期，湖广还是人口相对稀少的地区。加之元末明初的战乱，人口进一步凋落，闲田旷土较多，开发程度也较低，因而成为吸引流移的重要因素之一，对此两湖方志中多有记载，如同治《汉川县志》云："（元末）川沔一带，烟火寂然，至明初仍是土旷赋悬，听客户插草立界。"[①] 又据道光《安陆县志》载："（元末）兵燹以来，晨星而列雁户者又几何，闻之老父，言洪武初大索土著弗得，惟城东有老户湾屋数楹，而无其人。乌兔山之阴穴土以处者几人而无其庐舍，徙黄麻人以实之，合老妇孺子仅二千余口，编里者七。"[②] 在湖南醴陵县亦是"醴陵各姓率多聚居，在数百年前皆客民也……元明之际，土著存者仅十八户。湘赣接壤，故是时迁入者，以赣西赣南一带之人为多"[③]。与人口稀少相对应的自是闲田旷土的大量存在，明人包汝辑在《南中纪闻》中即感慨："海内旷土总不如湖广之多，湖广真广哉！"[④]

除当地土著人口稀少之外，两湖地区优越的自然环境也成为吸纳流移的重要原因之一。江汉—洞庭湖平原水土资源丰富，湖泊众多，交通便利。湖区还有大面积肥沃的淤积滩地，土质松软，易于耕

（接上页）冲突更为尖锐，甚至发展到大规模的械斗。对于这些区域土客冲突的研究可参见曹树基《中国移民史》第六卷，福建人民出版社 1997 年版，第 207—214、248—260 页。黄志繁《国家认同与土客冲突——明清时期赣南的族群关系》，《中山大学学报》2002 年第 4 期。此前对两湖流民客户问题有所探讨的文章见张建民：《明代湖广人口变迁论》，《经济评论》，1994 年第 2 期。本文对此多有参考。

① 同治《汉川县志》卷 22《杂记》，同治十二年（1873 年）刻本，第 36 页。

② 道光《安陆县志》卷 3《疆里》，道光二十三年（1843 年）刻本，第 5 页。

③ 民国《醴陵县志》，《氏族志》，民国三十七年（1948 年）铅印本，第 1 页。

④ （明）包汝辑：《南中纪闻》，丛书集成初编，商务印书馆 1936 年版。

种。而且从本区气候条件来看，位于亚热带季风气候区，四季分明，雨量充沛，有利于谷物的生长。这些使之成为明代极具潜力的新兴农业开发区。即便是湘鄂西山区，也因其山大林深、开发较晚，拥有丰富的野生资源和山林草地。明弘治八年，竹溪知县曾熙曾指出："荆襄迤西多长川大谷，土壤肥沃，物产富饶，寒者易以为衣，饥者易以为食，此天地自然之利，民必趋之，往岁流民潜聚，去而复来，因其所也。"① 这些自然优势对外地流民客户而言都极具吸引力。

土地资源的充裕以及当地人口的稀少使得明清时期外省人口大举流入两湖，其中尤以江西人为最多，这即是人口史上的所谓"江西填湖广"，对此已有众多学者进行过研究②。而对于移民的时代问题，谭其骧先生在其《湖南人由来考》中认为："湖南人来自历古，五代、两宋、元、明居其什九；元、明又居此诸代之什九；而元末明初六七十年间，又居元、明之什九。"③ 但由于谭先生依据的主要是方志中的《氏族志》，所研究的主要是"族"而非"人"，所谓"湖南人由来考"实际成为"湖南族由来考"，而族有大小之分，所以导致结论存在某种偏差。此后曹树基在《湖南人由来新考》对此进行了重大修正，他在收集更广泛地区的家族资料基础上，确立了湖南不同类型移民区中族与人口之间的数学模型，对湖南人口的由来做出了更为准确的统计和判断："湖南全省人口中，56% 左右是元以前移民后裔；35% 左右是元代及明初移民之后裔；9% 左右是明初以后移民之后裔。"④

无论如何，两湖地区在明代显然属于典型的移民型社会，那么

---

① 同治《竹溪县志》卷 12《艺文》，同治六年（1867 年）刻本，第 3 页。

② 相关研究成果，仅就专著而言就有：张国雄《明清时期的两湖移民》，陕西人民教育出版社 1995 年版；曹树基《中国移民史》第五卷、第六卷，福建人民出版社 1997 年版；张建民《湖北通史 · 明清卷》，华中师范大学出版社 1999 年版。

③ 谭其骧：《湖南人由来考》，《长水集》上，人民出版社 1987 年版。

④ 曹树基：《湖南人由来新考》，载《历史地理》第九辑，上海人民出版社 1990 年版。

我们该如何划分明代两湖地区的土著和流寓呢？因为从严格意义上讲，如果以明初洪武年间为限，真正的土著应是在明代以前就已在当地生活了三十年以上的住户。但诚如前面所引方志资料中揭示的情况，这类真正的土著在明初数量并不庞大。不过，在元末明初外地移民大量落居两湖之时，恰好遇上明初推行里甲编户制度，一般是采取“令民自实”的户籍登记方法。这就为洪武年间的流移正式定居本地提供了一次机会。对民户而言，编入里甲应差纳粮就等于取得了官方的正式认可。所以这批在洪武年间承籍立户的民户相对于以后陆续迁来的流移，特别是长期并不入籍的流民而言，他们在当地俨然已经成为“土著”。

因此就本文而言，土著既包括明以前的老土著，也包括明初即已承籍纳粮的民户，因为随着他们在迁入地的入籍，实际已成为了土著。而且在文献中，这些被编入里甲户籍、承担国家赋役的人户一般称为“主户”。而在明中后期因贸易或承佃或逃避赋役以及其他种种原因迁徙至两湖地区，但又长期并不在当地入籍承粮的人户一般称之为“流民”或“客户”。除去感情色彩，仅从户籍身份的角度而言，客户、流民、流寓并没有什么差别，在我们的论述中他们也是相通的。

所以，依笔者看来，主户与客户、土著与流寓的主要区别并不在于居住的长久，而在于前者已经在当地立户入籍、承差纳粮，而后者则游离于里甲组织之外，没有取得户籍，因而也不承担赋税徭役。[①] 本文用主客之称只是想区分两类不同社会地位、不同身份的人群，也即是里甲户籍之中的编户“主户”与里甲户籍之外的无籍之民“客户”之间的相互关系问题。

---

① 我们也注意到，在少数方志中并非如此界定客户，而是沿用当地传统习俗观念，将外来移民概称为客户，而不管其是否入籍。这类情况需要我们加以辨认。但大多数情况下，明代的客户主要是指未入籍者。

二、明代两湖地区的“主客之争”

对于外来移民在明清时期两湖地区经济开发过程中所起的巨大作用，以前学者已经作了详尽的论述，本文对此从略。在此我们想从另一个侧面来探讨一下外来客户的大量涌入给当地社会带来的其他方面影响，特别是那些并未入籍的客户和当地的主户之间所发生的一些利害冲突。

在明代，两湖地区之所以存在大量游离于里甲组织之外的客户，其原因之一就在于他们中大部分本来都是迫于原籍沉重的赋役而逃脱里甲户籍的约束，走上“亡命逋逃”的道路。在明代“有身必有赋”的情形下，出于逃避赋役的目的，他们自然不愿再忍受户籍的束缚而甘为“化外之民”。其原因之二则在于明宣德以前，政府对于逃户的政策基本上以勾取回原籍复业为原则，一般也不允许流移在新居住地落籍编户，即便有允许附籍的，都有苛严的条件。这也是造成两湖地区存在大量无籍客户的原因。

客户在进入两湖之初，往往先为人佃耕。在明初土旷人稀的情况下，土著也乐于招人承佃。据严如煜所载：“老林未辟之先，狐狸所居，豺狼所处，虎祸尤多，土著人少，所种者十分一二招外省客民，纳得数金，辄指地一块，立约给其垦种，客民亦不能尽种，转招客佃。”[①]但移民的素质一般较高，在中国古代安土重迁的习俗下，敢于冲破习俗和里甲的篱樊是需要勇气和胆识的。因此随着时间的推移，反客为主的事情时有发生，以下是长沙府主客之间的关系：

---

① （清）严如煜：《三省边防备览》卷11《策略》道光十年（1830年）刻本，第19页。

> 长沙土野沃衍，下有洞庭之输，泉源奋出山泚，故鲜水旱，称善郡。其民□□而事钱镈以殖衣食，无所仰于四方。乃他方游民徙手张颐就食其间。居停之家初喜其强力足以任南亩，往往僮仆畜之，久而游民多智辨过其居停主人。其主人亦逊谢以为不及，因请诸赋役与共治。或就硗确荒芜田予之垦，而代缮租赋，不以实于官。及其久也，游民或起家能自稼穑。异时居停者或稍凌替，致相倾夺。间有田归游民业也，而赋役皆主者任之。故上户强则役客，客户强则累上，于狱兴而不可已者，其来渐也。[①]

这则史料很详尽地介绍了主客之间的相互转换关系：主户先则藉客户以助已耕，这当为明初土地资源较丰富的时期。此时大多是主强客弱，所以主户对客户“僮仆畜之”。但也有下面这些情况，如客户依靠自己的才智或独自起家，与主户分庭抗礼，脱离了主户的控制，甚至有的反客为主，将主户田地侵夺。所以“上户强则役客，客户强则累上”是对主客关系最好的说明。

就社会地位而言，主户作为入籍之民，作为国家正式的编户齐民，享有官府赋予的诸多权力，比如求学考取功名的资格等。在江西，土著与客户就曾围绕着“棚籍”与“学额”而引发大规模的冲突。[②]因此从身份和社会地位而言，主户应在客户之上，有籍与无籍应是有差别的。

在明代荆襄地区就发生过一场“称谓之争”。荆襄作为明中叶流民之“薮渊”，后经原杰安抚，附籍者众多，但依然有许多并未附籍者。于是在已附籍与未附籍之间、附籍者与土著之间就产生了矛盾，

---

① （清）顾炎武：《天下郡国利病书》第24册《湖广上》，续四库全书本，上海古籍出版社2001年版，第161页。

② 参见曹树基《中国移民史》第六卷，福建人民出版社1997年版，第248—260页。

这种矛盾非常有趣地体现在对各自群体的称谓上。据杨睿在《题为议事·湖广事宜》中记载：

> 切照南阳、荆襄、德安、安陆、沔阳等府州县所在流民，今官府文移及上下军民不分伊曾无附籍，悉称以“流民”名目。其已附籍者羞恶“流民”之名，概自称曰“下户”。而本境之内，世居之家无所分辨，故别称为“老户”。辞义不顺，名称俗陋。不惟告争等件及案牍之间开写欠美，抑且已经附籍与未附籍流民混淆无别。令同钦差分守右参将都指挥同知王信议得合将前项州府原有土民人户称为“旧民”，逃来附籍人户称为“新民”，其奸顽展转不愿附籍者仍前目为“流民”。如此则事寓劝惩，而漏籍转徙者愧耻，且格辞有分别而文籍开载者平顺可观。[①]

这种称呼上的区别其实体现着对各自身份的确定和认同。土著对附籍者、附籍者对未附籍者都力图通过称谓来使该群体与其他群体区分开来，以显示其不同于他人的特殊身份与地位。附籍者认为自己既已入籍，承担了国家的赋税徭役，获得了合法正式的户籍，官府就不应当仍称之为“流民”，于是自己统一称为“下户”，以区别于流民。而世居之家相对于这批新附之民又有一种优越感，故称为“老户”。这种“老户”——“下户”——“流民”等不同称谓，其实就体现着土著——新附籍——未附籍三种社会群体在社会上不同地位。这种称谓同时也意味着对各自群体的内部认同和对外部的排斥。至于官府试图通过“旧民”——“新民”——“流民”来规范这一民间称

① （明）杨睿：《题为议事疏》，《明经世文编》第1册卷92，中华书局1962年影印版，第818页。

谓其实也含有认同三者差别的成分，并希望通过称谓上的差别来让流民自感愧耻促其入籍。

抛开这种称谓之争，就经济情况而言，客民的生活并不较主户差，甚至更为轻松富裕和逍遥自在。在两湖方志中经常出现“主瘠客富”的情况，客户没有入籍尽管在名分上形同于流民，没有社会地位，但是同时也有一个最大的好处，就是不承担赋役。相对于主户而言，客户因新垦土地没有税收和不负担迁入地的赋役而获得了经济上的优势。在沔阳州，人们在分析主贫客富的情况时即指出：“客常浮于主，然客无定籍，而湖田又不税亩，故有强壮盈室而不入版图，阡陌遍野而不出租耨者。”[①] 可见主弱客强的关键在于赋役负担的差别，这种差别也是引起主客之间矛盾的主要因素。在潜江县“占田多者皆流寓豪恣之人，土著者反为其佃仆，贫弱受累，赋役不均”[②]。

据万历《承天府志》所载：“濒年积荒，困于供亿，而土著之民，贫者或逋窜转徙物故，而司籍莫为损削……况在沮洳之乡，淤水成腴，而浮食奇民，操其重赀，乘急贳货，腾踊其息……故丁壮盈室，而籍口客丁，免于编列。夫已擅地利长子孙矣！而客之也可乎？嗟呼，弊也。”[③] 这种抱怨显示出主客关系的紧张，显然主户对客户不承担赋役并且利用高利贷来敲诈土著的行为深感不满。

客户的众多，特别是主客赋役的不均，甚或客户致富后盘剥、倾夺土著田产，造成了土著的大量流亡，所谓“以流寓而累土著，久之，而土著转为流寓”[④]。这直接影响到两湖里甲的数量，在常德府，时人在分析里甲数量减少原因之时就归结为是江西流移而来又不入籍的客户所致，史载：

---

① 嘉靖《沔阳州志》卷9《食货志》天一阁藏明代方志选刊本，第17页。

② 万历《湖广总志》卷35《风俗》，四库全书存目丛书，史部第195册，第193页。

③ 万历《承天府志》卷6《民数》，日本藏中国罕见地方志丛刊，第101页。

④ 光绪《沔阳州志》卷4《食货志·户口》，光绪二十年（1894年）刻本，第4页。

> 版籍每十年一更，制也。吾郡屡更屡诎者，何哉？土民日弊，而客户日盛。客户江右为多，膏腴之田、湖泽之利皆为彼所据。捆载以归，去住靡常。固有强壮盈室而不入版图，阡陌遍野而不出租粮者矣！[①]

所以我们看到，尽管外来客户大量移入，但两湖大部分地区的里甲数目却一直呈下降趋势。其中以正德、嘉靖年间为最，如浏阳县“洪武初编七十五里三坊，粮堕民困，嘉靖间已并为四十八里二坊”[②]。这些与主客之间的赋役不均、土客之间的利益倾轧导致土著的没落及逃散不无关联。

可以说大量籍外之民的存在对在籍之民是一种威胁和冲击，这种威胁一方面在于赋役的不均[③]，另一方面则表现对资源的争夺上。客民在定居的过程中，不断地和土著居民为争夺垦地或江边湖畔的低湿地彼此竞争。在平原湖区，主户与客户都进行着围堤筑垸的工程以从事垸田生产，由此主客之争就体现在主堤与客堤的矛盾上：

> （沔阳）自洪迄成化初，水患颇宁，其后佃民估客日益萃聚，闲田隙土易于购致，稍稍垦辟，岁月浸久，因壤为业。又湖田未尝税亩，或田在数十里而租不数斛，客民利之，多濒河为堤以自固，家富力强则又增修之。民田税多徭重、丁口单寡，其堤坏者多不能复修。虽垸必有长，以统丁夫主修葺。然法久

① 嘉靖《常德府志》卷 6《食货志·户口》，天一阁藏明代方志选刊本，第 1—2 页。

② 同治《浏阳县志》卷 2《舆地》同治十二年（1873 年）刻本，第 4 页。

③ 必须指出，客民并非是造成赋役不均的唯一原因。在两湖地区，远多于其他地区的王府庄田和卫所屯田也是一个重要因素。他们大肆兼并土地，转嫁赋税，造成了两湖民户田赋负担加重、赋役不均。

弊滋，修或不以时，故土未坚实；丁夫或非其数，故工尚卤莽。夫垸益多、水益迫。客堤益高，主堤益卑。故水至不得宽缓，湍怒迅激，势必冲啮。主堤共受其害。由是言之，客非惟侵利，且贻之害也。[①]

由于客户往往资财丰厚，或人丁强壮，其所修堤坝比主堤坚实，所以每到洪水期，主堤往往先受其害。难怪时人惊呼“客非惟侵利，且贻之害也”。这表明主客之间的矛盾已经由赋税上的不均发展到客户的争利行为危及土著的生产和生活安全，造成对资源的破坏，加剧了两湖平原地区水患灾害。在湖南攸县亦有类似的抱怨：

迩来闽粤之民侨居吴楚，自吉、袁至楚南各郡县所在皆是。以为主户则本非土著，以为客户则已无他徙。而其人又皆居山而不居泽，凿冈伐岭，水心叶氏所云锄耨无穷，地力竭而不应，盖不免焉！然动损地气所关尚浅，惟是其性桀骜，其俗犷悍，若置之户口之外，视同狉獉，恐不免为土著之累。[②]

这里人们认为客户的生产造成地方衰竭，动损地气，而且认为客户桀骜不驯的性格会连累土著。这种情况主要发生在明中后期至清代，这说明随着移民的大量涌入，闲田旷土大部分已被开垦，土地资源紧张的问题开始显现。

客户对当地社会秩序也会造成一定的影响。由于客户中主体为流移之民，其成分繁杂，有躲避赋税者，有谋取利益者，其间更不乏“骄黠不逞”、“脱罪亡命”之徒。而且他们脱离了里甲的控制，因此

① （清）顾炎武：《天下郡国利病书》第25册《湖广下》，续四库全书本，上海古籍出版社2001年版，第175页。

② 同治《攸县志》卷7《户口》同治十年（1871年）刻本，第6页。

流移的大量存在也就成为影响当地社会安定的重要因素之一。荆襄地区就是一个典型地区，史称“四方流移杂处，醇梗相半，其地多崇岗山箐，民事慓悍而恒拘狎。虽岁时群处，往往以财才雄长，有侠风。四方游民其琐尾流离与铤而走险者多逸其中，久而滋煽，因易为乱，承平以来，剧盗数起”[①]。其他各地也是“盗寇”频发，此伏彼起。这些与流移杂处不无关联。

另外流寓的移入对当地社会风气的影响也很大。在东湖县，“彝陵自设府以后，流庸浮食者众，五方杂处，风俗大变。……凡健讼犯科者多系流寓浮籍，土著者稀焉”[②]。在京山县亦是“游居之民则犷悍律讼”[③]。当然我们不能将所有的坏影响都归于客户的存在，从理论上讲，人类的迁移与交往对传播文明、促进民族融合都是有重大意义。[④]在湘鄂西山区，流民的进入带来先进的耕作技术，对开发山区都做出了重大贡献。限于篇幅和主旨，本文仅就某一方面进行论述。

三、问题的解决

随着土客矛盾的渐趋激烈，特别是土著对于客户占据膏腴之田、湖泽之利，却借口客民，不承担任何赋税的行为深为痛恨。客处之民由此被视为两湖地区的“三蠹”之一。这种主客之间因在赋税负担上的不均最后导致政府不得不进行人口和赋役制度方面的调整。这就是人口附籍和土地清丈活动的推行。

---

① （清）顾炎武：《天下郡国利病书》第24册《湖广上》，续四库全书本，上海古籍出版社2001年版，第157页。

② 同治《续修东湖县志》卷5《疆域下·风俗》，同治三年（1864年）刻本，第2页。

③ 万历《承天府志》卷6《风俗》，日本藏中国罕见地方志丛刊，第100页。

④ 张建民：《明代湖广人口变迁论》，《经济评论》1994年第2期。

到明中后期，政府逐步调整了人口政策，即由一律遣回原籍改为允许客户在新居住地落籍入编，就地安置。两湖地区办法有二：一是对大量流民聚集区编制新里甲，甚至设立新的州县，荆襄流民的处置就是一例：设置郧阳府，添立竹溪、郧西两县等。二是就地纳入当地里甲中去，填补逃亡里甲中的空缺或设立客民里。

早在明成化年间，随着土著的外逃及原有里甲的松弛和萎缩，两湖地区就有不少官员主张以流移来附籍填充，如丘睿在其《江右民迁荆湖议》中就有鉴于“江右之人群于荆湖，既不供江右公家之役，而荆湖之官府亦不得以役之焉，是并失之也”的局面，提出将这些流移收编管理。其议曰：

> 臣请立为通融之法，凡江右之民寓于荆湖多历年所，置成产业者则名以“税户”之目，其为人耕佃者则曰“承佃户”，夫贩易佣作者则曰“营生户”，随其所在，拘之于官，询其所由，彼情愿不归其故乡也（不愿者勿强），则俾其供词，具其邑里，定为板册。[①]

吴桂芳在处置陆续而至的郧阳流民时也提出“收集流寓以实逃亡里甲”的主张，其方法是：“除旧已附籍及暂时未住贸易，或工匠杂共赁店民住者不得妄行骚扰外，其余娶有室家、置有房屋、典种田地，营运年多，势在重迁者，务要挨门逐户，从实开报到官，令其附籍本住里下，填补逃亡甲首格眼，遗下逃亡田亩，即拨领种认粮。如本里空格填满，则另拨别里。通县空里补满则另立新里。”[②]

① （明）丘睿：《江右民迁荆湖议》，《明经世文编》卷72，中华书局1962年影印本，第609页。

② （明）吴桂芳：《条陈民瘼疏》，《明经世文编》卷342，中华书局1962年影印本，第3663页。

这里共同点都是力图使流民客户重新回到官府里甲控制之下。但有一点我们需注意，这里的附籍都对田产提出了要求。其原因在于里甲实质是一种役制单位，里甲中的“户”的内涵应该就是与土地相结合的人口，即“人丁事产”。[①] 据此可推断，并非所有的客户都能被允许入籍。不过，既然主客之争的焦点就在于这些已垦耕田地却不承担赋役之客户，那么他们的户籍对于解决赋役不均现象是大有裨益的，即所谓“使客丁必登籍而复其常役，则口增而民徭之偏重可省也，湖田必税亩而修其常，则赋增而民租之积逋可杀也。如是则主不常贫，而客亦可以久富”[②]。

在流民客户附籍的同时，两湖地区在绅民的强烈呼吁下曾多次进行过清田均赋的举措。特别是明万历年间，张居正推行一条鞭法，同时实行丈田均税运动，清出了许多隐漏之田。这也在一定程度上缓和了“客富主贫”及赋役不均的局面。至清初，这一活动仍在继续。在黄梅县，康熙年间邑令吴景恂在《均役碑记》中即云，丈田均役的目的在于：“察主户、客户苦乐之分，酌上地、中地、下地之差，折衷于差役、雇役之两法，剂其盈虚，权其缓急，安其土著而保聚其流移。”[③]

应该说随着客户的逐渐入籍，以及土地丈量的推行。主客之间因赋役不均所引发的矛盾与冲突也就逐步得以缓和。而且随着岁月的推移，客户居久了自然也就土著化了。特别是到了清代，随着保甲制的推行，由于它是以维护地方治安为主旨，不似里甲编排要涉及田产赋税，其编查对象是辖区内所有的人户，因此不论土著、流寓，有无田产都一例编入，主客之间在户籍身份上更无差别。所以清代两湖方志

① 刘志伟：《在国家与社会之间——明清广东里甲赋役制度研究》，中山大学出版社1997年版，第9页。

② 嘉靖《沔阳州志》卷9《食货志》，天一阁藏明代方志选刊本，第18页。

③ 光绪《黄梅县志》卷35《艺文志》，光绪二年（1876年）刻本，第47页。

中记载主客矛盾的内容渐少，诚如光绪《湘阴县图志》所言，“明世黄册尚有土著、客户之名，而税稍均矣，其后亦遂无主客之分焉”[①]。

四、由“主客之争”看明代户籍赋役制度之演进

户籍制度在中国传统社会中一直扮演着重要的角色，这是因为它不仅仅只是一种人口统计方法，更具有政治、经济、社会等多重功能。对于明代中后期户籍赋役制度的变化，刘志伟根据广东的研究成果已经指出表现在赋役的折银化和定额化，以及赋役对象由人丁和土地的结合到以土地为唯一的征派对象。在此基础上他进一步指出里甲制中的“户”逐渐演变成一个单纯的税额登记单位。这也就导致了清代广东的图甲制实质上成为赋税征收系统。[②]那么两湖地区的情形又是怎样的呢？

由两湖地区主客之争及其最后的平息我们发现，明代的户籍赋役制度经历了一个由户籍与赋役相结合到户籍与赋役相分离的过程，其中赋役征派对象的转变是关键。明初设立的里甲户籍制度，其根本目的即在于向编户齐民征调赋税和征发徭役，所以户籍与赋役是紧密相连的、合二为一的，有身必有役。因此明初国家征派赋役的主要依据是赋役黄册（户籍），鱼鳞图册（地籍）只是作为一种佐证和参照。这种户籍赋役制度是与当时小农经济相适应的。也就是说，稳定的小农是里甲制的社会基础，载入黄册的土地是里甲制的经济基础。里甲制的稳定与否取决于农民与土地结合的紧密程度。

到了明中后期，随着吏治的腐败、赋役征派的加重，以及商品

---

① 光绪《湘阴县图志》卷21《赋役志》，光绪六年（1880年）刻本，第3页。

② 刘志伟：《在国家与社会之间——明清广东里甲赋役制度研究》，中山大学出版社1997年版，第9—10、238—243页。

经济的发展，土地兼并的加剧，使得作为两湖地区里甲户的主户日益贫困，并逐步失去土地，于是人户与土地出现了分离，传统的里甲制也就难以维持了。与此同时，两湖地区大量存在的客户尽管占有大量的土地，但由于无籍而并不承担当地的赋役。因此主客之争表面上看来主要是由赋役不均所引起，其实背后隐藏的却是土地占有的日益不均，这才是矛盾的根源所在。

因而土地对于编排里甲、征发赋役的作用日显重要。所以自一条鞭法和摊丁入地之后，土地便成为征税的主要依据。而且在两湖地区，里甲的编排也逐步转向以田粮为主，如万历十年（1582 年），大冶县知县吴仁即以每甲 72 石为准均粮。[①] 在清初，京山县“（顺治年间）东十五里，五百石为里，五十石为甲；西十六里，三百三十石为里，三十三石为甲，一时有均平之称”[②]。其他如孝感以 56 石 5 斗为一甲，565 石为一里；麻阳以 23 石为一甲，230 石为一里。[③] 这种以税粮为标准划分里甲的方法实际上也使清代两湖地区的里甲制性质发生变化，即逐步演变为一种征税的单位与符号。这种里甲性质的变异最终导致了清代里甲制向保甲制的嬗变。[④]

由于保甲制下的户籍编审制度与赋役无关，所以老百姓也不至

---

① 同治《大冶县志》卷 4《田赋志》，同治六年（1867 年）刻本，第 3 页。

② 光绪《京山县志》卷 3《赋役》，光绪八年（1882 年）刻本，第 28 页。

③ 光绪《孝感县志》卷 21《艺文志下》，光绪八年（1882 年）刻本，第 41 页；康熙《麻阳县志》卷 1《都甲》，稀见中国地方志汇刊，第 847 页。

④ 对于清代里甲制与保甲制的相互关系与演变，目前学界还众说纷纭。本人根据对两湖地区的研究发现，经过赋役改革，里甲逐渐由明初的集户籍管理、赋役征收、治安教化为一体的基层组织收缩蜕变为单一的赋税征收单位，它的各项职能被架空，所能做的仅是作为一种纳税单位而保留在册籍之中。而随着赋役的定额化、折银化以及自封投櫃等缴税方式的实施，保甲开始起到催征的作用，从而逐渐由以前单纯的治安联防组织扩展为集治安、编户、催征于一身的基层组织。这一退一进之间就实现了清代里甲与保甲在组织上的嬗变。也就是说里甲演变为赋税征收单位和征税系统是理解里甲向保甲转化的关键。对此刘志伟在前揭书中已经作过充分的研究，但学界对于清代里甲性质的变异似乎没有给予足够的重视。

于过分躲避编查，人口隐匿现象相对于明代里甲制下大为减少。在湖南攸县，时人曾云："核户口于往代（明），因赋而漏，因赋而耗，版籍适为空簿；校户口于今时（清），田赋自为田赋，户口自为户口，家给人口，粲乎隐隐各得其所。"[①] 正是由于户籍与赋役的分离，明代两湖地区突出的主客之间因有无户籍所导致的赋役不均在清代保甲制下也就不复存在。

（原载《中国农史》2004 年第 1 期，人大复印资料《明清史》2004 年第 3 期全文转载）

① 同治《攸县志》卷 7《户口》，同治十年（1871 年）刻本，第 6 页。

社会动荡与清代湖北乡村中的寨堡

寨堡是古代乡村社会中人们为躲避战乱而修筑的一种防御工事。其形式可上溯至魏晋时期的坞堡。当变乱或外患骤生之际，百姓为避灾远祸，以谋求自身的安全，除组成自卫的武装组织之外，还会选择形势险峻的地方作为避祸与作战的根据地。为了发挥最大的御敌效果，在选择据点时，多半遵循“高山结寨，平地筑堡”的原则，也就是在平原地区连结数十个村落为一体，而选择形势险要、地理适中之地筑堡、扎寨，并储备银钱谷米、衣服细软等物，贼寇来犯，则将老弱妇女领入堡中避难，由丁壮恃险守御。高山地区则在险峻及要冲之地，采木石筑碉堡，随地形结寨而守。至于湖泊水泽之地，亦扎寨其间，恃险抗敌。[①]

两湖地区自宋代以来，每逢兵荒马乱之世，即有大批民众依山结砦自保，并且逐渐由仅是依靠天然洞崖避乱发展到大规模人工修筑寨堡自卫。这种情况到清代发展到高潮，这无疑与当时动荡不安的时局有关。两湖地区先有明末清初的农民起义，继之以三藩之乱、白莲教起义、湘西苗民起义、太平天国运动、捻军起义等等，兼之各地大小不等的各类骚乱，使得整个两湖乡村社会长期处于激剧的社会动荡

---

① 黄宽重：《从坞堡到山水寨——地方自卫武力》，载杜正胜主编：《吾土与吾民》，台湾联经出版事业股份有限公司 1982 年版。

之中，乡民人心思定，故兴建寨堡之风盛行，明末清初湖北就以“蕲黄四十八砦”而闻名天下。清中后期随着白莲教起义的爆发，地方团练之兴起，与之相配的团寨在两湖地区更蓬勃发展，寨堡制度也更加严密规范。寨与堡为动荡中的百姓提供了安身之所，并在基层社会控制方面发挥着相当大的作用。对其进行考察有助于我们了解动荡中的两湖乡村社会秩序。

一、明末清初湖北山寨的兴起

许多史料表明，元末湖北已经兴建了一批寨堡，黄冈县：“神峰山，城北一百三十里，元末乡人在此筑堡以御流贼。”① 蕲水县：“大灵山……自元以来建堡者屡矣。”② 但大规模的修筑则是在明末清初。当时湖北叠逢兵燹，李自成和张献忠领导的明末农民起义军先后多次在湖北作战。崇祯十六年，李自成一度以襄阳为都城，建立自己的政权，并控制了湖北的大部分地区。张献忠也频繁地在鄂东北及鄂西一带活动。一时间军兴孔亟、匪盗肆虐、民不聊生，社会处在激剧的动荡之中。由于农民起义危及地主豪绅的利益，在明朝统治摇摇欲坠，国家已无力行使其保护职责之时，他们纷纷结寨自保，因而湖北各地寨堡林立。

在明末清初的社会动乱中，湖北以鄂东蕲黄一带山寨数量最多，影响也较深远，并以“蕲黄四十八砦”而闻名天下。③ 史载：“（崇祯

---

① 光绪《黄冈县志》卷1《地理志·山川》，光绪八年（1882年）刻本，第26页。

② 光绪《蕲水县志》卷22《艺文志》，光绪六年（1880年）刻本，第34页。

③ 日本学者谷口规矩雄曾在《关于明末清初的堡寨》中对蕲黄四十八砦的抗清斗争有所探讨。可惜原文未能寻到。参见〔日〕山根幸夫主编，田人隆等译：《中国史研究入门》下册，社会科学文献出版社2000年版，第683页。

八年）官军迭败气夺，曹伍嬉狎而不救，居民惶然，乃各结砦自保，是为蕲黄山砦之始。”[①] 蕲黄四十八寨究系哪些寨很难考证。笔者在湖北省图书馆曾翻阅到罗田王葆心所著《罗田靖乱记》，其中收录了黄冈吕德芝《晋起堂遗集》中的《黄州四十八寨记》，该记载有其中四十二寨之寨名，分布于黄冈、麻城、罗田，兹列表如下仅供参考：

蕲黄四十八砦砦名一览表

地区	寨名	合计
黄冈	马家谭寨，张家寨，金盆寨，波金寨，白云山寨，何家山寨，蚊虫山寨，天马山寨，淋山河寨，城山寨，愿期山寨，石人寨，大崎山、小崎山两寨，刘婆崖寨，桃花洞寨，河畈、松湖两水寨	18
麻城	石子寨，观音寨，得胜寨，五岼寨，东义洲寨，苏石崖寨	6
罗田	天堂寨，周家山寨，里木崖寨，银山寨，古蒙寨，尖棚寨，石柱寨，雪牙山寨，豪猪山寨，八龙寨，狮古火寨，光山寨，观音山寨，大罗寨，仁守寨，雁门寨，涂字寨，扬旗寨	18

资料来源：王葆心：《罗田靖乱记》卷4，《黄州四十八寨记》。

由于中国古代社会有一种数字崇拜，诸如十八、四十八、一百零八等等。因此，“四十八寨”很可能只是一种概称。事实上从各种史料分析，蕲黄一带实际的寨堡数远不止四十八座，王葆心在所著《蕲黄四十八砦纪事》中即云：“蕲黄有山砦三百有奇，名砦四十八。”同时此书又载有：“自蕲黄上接之德安、汝宁等处山砦又有四百八十九。”仅此已近800座山寨。而蕲黄与河南商城、固始以及安徽霍山等地同处三省交界的大别山区，当时整个山区众多山寨，互为犄角，互通声息，形成一片庞大的寨堡群，因此我们可以推断蕲黄四十八砦已成为当时整个大别山区成百上千座山寨的统称。如此众多山寨的形成，一方面与当时遭遇战乱，局势动荡不安有关，另一方面也得益于大别山险要之地势。史书载：

① （清）王葆心：《蕲黄四十八砦纪事》卷1《鄂砦篇》，民国三年（1914年）铅印本，第10页。

> 鄂之蕲黄麻罗，皖之潜太英霍，豫之兴固商汝，皆阳渎而阴岳，左扬而右荆。积旁薄之万山，势绵亘而不绝。其高者或插天汉，其出入径道隘仅错趾，悬崖左右，列河环之，路阻谷深，摇骇心目。其山巅或平衍饶水泉竹石之居。其河入江淮，有航帆运输之便。平时可为乐国，乱世亦保障之资焉。[①]

当地士绅豪族也正是藉此地利之便，先以对抗农民起义军为目的，并且得到明朝官方的支持。其主事者“先则有启祯名臣甘肃巡抚梅之焕开之，继则有福王之三省总督张缙彦投身入之，唐王之兵部尚书周损亦率所部赴之，桂王之兵部尚书凤阳总督王鼎则居中主持之”。他们“或则假史阁部之声称，或则假隆武之年号，或则遥奉永历之正朔，或则各奉一二失位之藩封”。[②]因此蕲黄四十八寨并非只是民间用来自卫的一种防御工事，而是在前明官员和地方缙绅的领导下，以这些山寨为根据地形成的一股抗拒农民起义军的基层武装组织，即所谓“山兵”。他们力图维系明王朝的统治地位，而当地百姓则“困于野掠，思少保安宅”，被其纳入寨堡之中。

当清兵入关之后，一方面出于“遗老遗少”们对前朝的眷念之情，另一方面则主要是清王朝有关剃发等伤害民族感情的政策，促使蕲黄四十八寨将斗争的矛头转向清军。因此我们可以发现蕲黄四十八寨的任务，经历了三次演变：即由最初的民众防匪自卫转变为打击农民起义，保卫明朝；后随着清兵入关，复变为抵御外侮的武装团体。其抗清斗争持续了数十年，给清军极大的威胁。顺治二年（1645年）十二月在黄冈之白云寨、顺治五年（1648年）七月在麻城之打

---

① （清）王葆心：《蕲黄四十八砦纪事》卷1《形势篇》，民国三年（1914年）铅印本，第6页。

② （清）王葆心：《蕲黄四十八砦纪事》卷1《大势篇》，民国三年（1914年）铅印本，第1页。

虎寨，当地民众曾大败清军，使其伤亡惨重。[①]清军对这些山寨进行多次围剿，据称顺治四年即已荡平四十八砦。[②]但直到顺治后期，蕲黄一带的抗清活动并未停止，甚至到乾隆十七年（1752年），还发生了马朝柱在罗田天堂寨叛乱之事。但随着清王朝统治地位的确立，蕲黄四十八砦也渐趋沉寂下来。

除蕲黄四十八寨之外，明末清初在鄂西山区也修筑了许多寨堡，据郧阳府志所载："白马山，城西南百里，高数千仞，四面壁立，西临堵水，北望黄龙，上有泉三。明时修砦于此，名曰金鞍，可容万人。"[③]"黄杨坪堡，北百十里，明末乡民筑，今址尚存，梅字铺堡，东北百四十里……明末乡民筑，今址尚存。"[④]另据明末高斗枢记载郧阳一带山寨的情形：

> 若郧之六属，房县、竹山、竹溪、上津、郧西、保康，并城郭俱已平夷，城址俱一片蓬蒿，居民仅存者，俱觅山之高而上有平岗者，结寨以居。大县可三十寨，小县不过十余寨。寨之大者可二百人，小者不满百人，各垦寨下之田以自给。县令至者，亦居寨上。[⑤]

可见在战乱之际，鄂西山区百姓不得不"结寨以居"，并从事必要的耕垦活动以维持生计，嗣后许多战时避乱的寨堡最后演变为村落名称或一级基层组织，如竹溪县："旧分九社，自明季遭寇，土人各据险以避乱，而九社之地，遂析为寨。旧志所载凡二十有

---

① 张建民：《湖北通史·明清卷》，华中师范大学出版社1999年版，第213页。

② 光绪《蕲州志》卷8《名宦》，光绪八年（1882年）刻本，第21页。

③ 同治《郧县志》卷2《舆地志·山川》，同治五年（1866年）刻本，第20页。

④ 同治《郧阳志》卷1《舆地志·关隘》，同治九年（1870年）刻本，第2页。

⑤ （明）高斗枢：《守郧纪略》，载《虎口余生记》（外十一种），明代野史丛书，北京古籍出版社2002年版。

四。”[①]同样以寨为乡里名称的还有竹山县。因此可知鄂西山区寨堡的修筑是极普遍的。除以上山区而外，湖北其他平原地区如孝感、安陆等地也有筑寨堡的记载，但总体而言不如山区普遍，特别是蕲黄四十八寨因其带有政治色彩而闻名于全国。

二、清中后期两湖地区的团寨

以保护乡里为主要职责的军事性团体，如果缺乏必要的防御工事，仍然无法起到护卫家园的效果。换言之，有了团练，必须以“团寨”与之相配，才能起到相辅相成的作用。[②]因此两湖地区在大兴团练的同时，团寨的修筑也在各地铺陈开来。

早在嘉庆年间，当鄂西北地区爆发白莲教起义时，政府在下旨让民间倡办团练的同时，也纷纷下诏行坚壁清野之法以对抗起义军。嘉庆年间，大学士德楞泰上《筑堡御贼疏》云：“为今之计，莫若劝民修筑土堡，或十余村联为一堡，或数十村联为一堡，贼近则更番守御，贼远则出入耕作，各保身家，自必奋勇。”这一建议得到了鄂西北民众的响应，据同治《房县志》载：

> 乡村修筑砦堡所以备不虞。自嘉庆年间，流逆窜房，焚戮掳掠，民遭蹂躏，近年匪纵窜扰，为官亦然。乡村士庶离城较远者，寇至则趋避山砦、石洞、崖房，或苦奔无所，离散饥寒，艰苦何可胜道。爰择便利之区，筑土城，储粮物，避贼乱，便耕稼，捐造鸟枪、过山鸟兵刃等项以防贼攻，堵御之。

---

① 同治《郧阳志》卷2《建置志·里社》，同治九年（1870年）刻本，第4页。

② 陈宝良：《中国的社与会》，浙江人民出版社1996年版，第258页。

坚壁清野，护良捕逆，是诚万全之策也。[①]

而据该志后载，其东种堡、水田堡、大本砦等皆为嘉庆五年（1800年）所筑，显然与白莲教起义相关，而且嘉庆年间的坚壁清野之法的确收到了成效。至太平天国运动兴起，倡议修筑寨堡之议又大兴。在湖北创办团练的过程中，即有人指出："办团练而不结寨谓之虚团。"[②] 胡林翼抚鄂之后，不仅要求筑寨堡，还"饬办碉卡"，据光绪《罗田县志》载：

是时益阳胡文忠公事抚楚，乃奏请于各郡邑边境建立寨卡、碉楼以资捍御。其平地筑墙如城者曰寨，因险立栅设兵逻守者曰卡，寨卡之外凭高建楼，楼中空而四面设炮以制敌者曰碉，盖即仿古人坚壁清野之法。[③]

在湖南则有巡抚骆秉章大力倡导，骆秉章在《并村结寨谕》中对寨堡修筑的样式、管理方法、经费的筹措等都进行了详尽的规定，并针对湖南多聚族而居，"各族必有祠堂，必有老屋，各团必有公庙"的形势，提出修筑寨堡的简便之法：

即以祠堂老屋为一族公堡，庙宇为一团公堡，房屋即可居住，只须在外面掘壕筑墙，一如碉堡之法，免致搭盖草棚，更属省事，听尔等自为之，均无不可。[④]

---

① 同治《房县志》卷3《砦堡》同治四年（1865年）刻本，第12页。

② 民国《湖北通志》卷74《武备志十二·兵事八·乡团》，民国十年（1921年）刻本，第1875页。

③ 光绪《罗田县志》卷2《建置志·碉卡》，光绪二年（1876年）刻本，第28—29页。

④ 同治《长沙县志》卷15《兵防》，同治十年（1871年）刻本，第27页。

但另一位地方大员曾国藩对于筑堡并不热心，他认为并村结寨、筑墙建碉，费钱多民不乐从。反之则费钱少而民乐从，这也是他提倡团与练分离模式的原因之一。因此同治《桂阳直隶州志》云："州砦堡近岁大工也。自乾嘉时平三省叛寇，以坚壁清野收效，咸丰初闻寇起，内外言兵者尤喜言砦堡。团练大臣号知兵者，胡林翼、骆秉章建言立令所在立砦堡，惟曾国藩疑焉，不甚和倡。"[①] 也许正是由于曾国藩的"不甚和倡"，所以笔者在检阅湖南地方志时发现除了乾嘉时期在镇压苗民起义后在湘西修筑有大量的边墙、碉卡以"治苗"[②] 而外，湖南有关团寨的记载远较湖北为少。

湖北大部分团寨集中于咸同年间，以孝感县为例，在同治年间，先后修建了白云寨、安庆堡同乐堡等共计 127 处之多[③]。但更多的寨堡是在旧址上重建的，因而出现屡废屡建的情形。如广济县："灵山，明末有砦，邑人重建曰永安砦……后峰山，观音山，明末皆有砦，同治五年重修。"[④] 再以保康县五峰寨为例，据清同治五年（1863 年）所立的碑刻记载：

---

① 同治《桂阳直隶州志》卷 6《工志》，同治七年（1867 年）刻本，第 47 页。

② 清朝乾隆末年至嘉庆初年，在湘西及毗邻的黔、川边苗族地区，爆发过一次大规模的苗民起义。清廷先后调动七省近二十万大军进剿才得以将起义平息。为了有效地治理苗疆，曾任凤凰厅同知，并"总理边务"的傅鼐在湘西修筑了长达三百余里的"边墙"，并辅之碉堡哨卡，来遏制和防御苗族的反抗，道光《凤凰厅志》卷 8《屯防志》载："计凤凰厅境内设堡卡碉台八百四十八座，乾州厅汛堡碉卡百八十八座，永绥厅境内汛堡碉卡百二十七座，古丈坪连保请县境内汛堡碉楼六十九座，各处相其地形，棋布星罗。"各类防御工事互相作用："关墙则以严边疆界，炮台则以为堵截、攻战之所，哨台则以为巡逻瞭盟望之所，屯堡则以为边民聚卫之所，卡碉则用以守、亦以战，遏苗之来，截苗之归，均在此也。"第 3 页这些防御工事在加强对苗民的控制和防范的同时，也意味着广大苗族人民被套上了沉重的枷锁，完全是一种囚笼政策。

③ 光绪《麻城县志》卷 6《建置志 · 碉堡》，光绪《孝感县志》卷 1《封域志》光绪八年（1882 年）刻本，第 30—33 页。

④ 同治《广济县志》卷 1《地理志 · 山川》，同治十一年（1822 年）活字本，第 4、7 页。

五峰砦者，古名砦也。自前明李闯作乱，诸人创修此砦，至今遗址尚存，但门楼无形，城头崩塌，越我清朝，白莲教张濮潮叛逆，于嘉庆初年众人等复修城楼，钻补城墙，避乱于兹。越数十余年，不无风雨摧折。道光年间，赵金龙叛逆作，观城时复崩，众姓再为补修，勒有碑石。越咸丰初年，红巾长毛并起烟尘，避乱者目睹城楼门瓮间有毁坏，恐不坚牢，重捐资财□□十分稳固，不为纪之于前，难以传之于后，□□□匠勒石以垂后世云尔。①

由五峰寨碑刻资料可知，该寨创修于明末李自成起义，以后又重修于嘉庆白莲教起义、道光赵金龙叛乱、咸丰太平天国起义等不同时期，这典型地反映出湖北寨堡战乱时修筑、承平时废弃的情形，其军事防御功能十分明显。其他如罗田县49寨中旧寨14，竹溪县60寨中老寨31，除鄂西北由于白莲教起义的缘故老寨较多外，更多的区域是清后期新修的，并且与团练互为表里，如京山县，“东十团平安砦，距城十五里，砦长都司衔王李、廪生王罗义；石桥团天申堡，距城五十里，砦长军功周恭先，监生廖位材……”②。基本是一团一堡，这即表明团练与团寨是相互配合。以下是根据各地方志所统计的清代湖北部分地区的寨堡数：

清代湖北寨堡数

地名	孝感	麻城	蕲州	罗田	襄阳	应城	枣阳	宜城	南漳	光化	谷城	均州	房县	竹溪	竹山	应山
寨堡数	127	101	52	49	95	19	22	28	15	19	28	11	43	60	156	96

资料来源：光绪《罗田县志》，同治《竹山县志》，光绪《麻城县志》，光绪《蕲州志》，光绪《应城县志》，同治《房县志》，光绪《襄阳府志》，光绪《孝感县志》，同治《竹溪县志》，光绪《京山县志》，同治《应山县志》。

① 叶植主编：《襄樊市文物史迹普查实录》，今日中国出版社1995年版，第844页。

② 光绪《京山县志》卷18《武备》，光绪八年（1882年）刻本，第1页。

从寨堡分布来看，主要集中于鄂东及鄂西北一带，这些区域同样也是团练分布较集中的地区。因此，与团练相应的团寨的大量兴起是清中后期湖北寨堡数量剧增的重要原因之一。

三、寨堡的修筑及其与士绅的关系

在社会动荡之时，要组织广大乡民自发修筑防御工程，所面临的困难是极其艰巨和繁杂的。首先是经费问题，在湖南，尽管有骆秉章大力呼吁，但受经费所困，实际执行者寥寥，诚如同治《桂阳直隶州志》所云："骆秉章初颁图式，饬州县督乡人结砦，建碉堡，欲令富民出米谷、木石材用，贫者役工，月给谷四升，是时长沙米一升十七钱，谷率斗四五十钱，故其说如此，令下无应者，秉章久亦忘之。"① 但这显然不是湖南团寨较少的根本原因，关键还在于以曾国藩为首的少数大吏的不热心所致，加之作为湘军的后方基地，湖南在太平天国运动的中后期较少遭受战乱的骚扰，民众对于寨堡修建的紧迫感和积极性不似湖北强烈。

从湖北的情况来看，修筑寨堡的经费来源有三：一是士绅官僚捐资；二是民众合资；三是按亩派工。由于社会动乱对士绅的冲击最大，所以一般士绅都乐于捐资兴建寨堡，在蕲黄四十八寨中，几乎都是豪家右族出资修筑。他们"或独立自营一砦，或公资合营一砦，如英山郑天人之天人山砦（以其名名砦），罗田胡海若、雷正显等之李蟒崖云峰山砦是其例也"②。有些大家族甚至自家独自修寨自保，如保

① 同治《桂阳直隶州志》卷6《工志》，同治七年（1867年）刻本，第48页。

② （清）王葆心：《蕲黄四十八砦纪事》卷1《规律篇》，民国三年（1914年）铅印本，第9页。

康县之明石寨即系秦正恒一家于咸丰八年（1858年）所修并独家拥有。[①]在清代团寨硐卡修筑中也多有士绅捐资，如蕲州崇居、大同两乡，绅士共121人捐田课1019石作为硐卡岁修之费。[②]

另外在方志中，许多寨堡仅写明为乡民修建，估计多为共同集资所为。而按亩派工这种修建方式则并不需要出钱，只是将各种材料折算成工值然后计亩派工。现以襄阳为例，其方法是“先将土工估计若干，次将寨门、堡门所需砖料石灰等项估计若干，作为土工计算（如土工一个值钱一百文，火砖二十五块亦值钱一百文），再计濠墙挖占地亩应补价值若干，亦作为土工计算，再计团内地亩若干，每亩应派工若干”[③]。

无论是众人合资，抑或按亩派工，都须有人牵头筹划主事才行，蕲水县孝廉汪鸿在《大灵山建堡记》中即云：“窃以建堡之难，难于行军。军中令出法随，堡则乡之父老子弟、亲故友朋，恩结之不能，威胁之不可。严则敛怨，宽则弛事。以涣散之人情，未经训练，强为约束，一旦有急，能保不解体乎？”[④]因此若非平时素孚众望之士绅难成其事。事实上，在清代湖北寨堡的修建过程中，绝大部分都是由士绅倡导完成的。据统计，在麻城县101座寨堡中89%都是生员等人倡导修建而成的。这种情况在其他地区也普遍存在。这充分表明士绅在乱世中肩负起了乡村守望之责。

湖北各砦都设有砦长之职，而充当此任者亦非士绅莫属。在明末清初的“蕲黄四十八砦”中，“砦有长充之者，大都缙绅儒流”[⑤]。

---

① 叶植主编：《襄阳市文物史迹普查实录》，今日中国出版社1995年版，第756页。

② 光绪《蕲州志》卷4《建置志·关卡》，光绪八年（1882年）刻本，第31—38页。

③ 民国《湖北通志》卷74《武备志十二·兵事八·乡团》，民国十年（1921年）刻本，第1894页。

④ 光绪《蕲水县志》卷22《艺文志》，民国三年（1914年）铅印本，第11页。

⑤ （清）王葆心：《蕲黄四十八砦纪事》卷1《鄂砦篇》，民国八年（1919年）刻本，第2—10页。

而清中后期京山县所建的138座砦堡中，先后有272人充任砦长。据笔者统计，其中监生23人，贡生12人，廪生5人，文童25人，武生（童）24人，生员54人，耆民98人，其他署名都司衔、守备衔以及军功、职员、武监、武举、副榜等14人，无任何头衔者仅11人。[①] 也就是说，士绅的比例高达96%！

清代两湖乡村中寨堡的形式不一，大体是高山结寨、平地筑堡。与前代稍异的是在筑寨堡之时，又建有碉堡关卡以资保卫。一般而言，寨堡多仿照城池，四周筑以石墙，墙体设有垛口，寨堡四周环以深濠。在湖北保康县还有大量的洞寨，如胡家洞寨，主要利用天然溶洞作掩体，地形隐蔽，地势险要，环境幽静。洞内土灶、石凳、碗盆等至今依然存在，相传为白莲教起义时，四周百姓躲乱于此。[②] 方志中对两湖各地寨堡的结构样式各有详略不等的记载，兹以襄阳县团练章程中所定修筑寨堡之制为例，窥其一二：

寨堡之大小以人数之多少为定（寨堡大人少不能守，寨堡小人多不能容）。堡身高二丈或一丈八尺（高山修寨比堡稍低亦可）。脚宽四丈，顶宽一丈五尺，垛高五尺，中开一孔以便窥望。垛身之内用砖砌基一层，宽二尺，高二尺，垛勇登台便于击贼（垛不高则不能躲人，太高又不便击贼，故垛身内砌基）。濠宜宽，宽则难越。宜深，深则难填。不能开濠之外，应于墙外修敌台（即空心炮台也，又名碉）。敌后台一面靠堡前，一面用砖石砌左右两面，多开空眼以便施放枪炮。眼之高低似乎打贼身为定（太高则枪子冒过，太低则不能远击）。台之远近以彼台此台枪炮子可以相接为定（太近则对放炮自击，台身太远则

① 光绪《京山县志》卷18《武备志·砦堡》，光绪八年（1882年）刻本，第2—10页。
② 叶植主编：《襄樊市文物史迹普查实录》，今日中国出版社1995年版，第756页。

击贼不中）。中分两层，以木板为楼，用梯上下。台上盖瓦，贼逼墙下则两台左右夹击，虽无濠亦可保无虞。①

以上对寨堡大小，样式的规定可谓是相当详细和完备。除了据险设寨之外，各寨堡之间还相互配合，形成结寨之法。在湖南，按骆秉章所述，其结寨的形状，“或如梅花形，或如品字式，或如连珠形，亦随地形为之。”②

四、寨堡的组织管理及其功用

在明末清初蕲黄四十八寨中，各寨都制定了一些规则，其管理可称得上是井然有序：

有严检疠疫以保安宁之法，凡染疫之人例弃野外，如英山傅为相之母居朝阳砦，病疫即移出砦外是其例也：有条别秩序，严立分数之方法，如舒城山砦之黄景恒等累男女数万皆秩然分别，绝无淆乱是其例也；有慈善之周济如萧熹恤疾病饥苦于仙女砦，郑万合收邑宰尸于张家砦是其例也；烽燧中不废教育，如朱统奇始授徒于三尖砦……此皆山砦自纳于规律之尚可考见者也。③

① 民国《湖北通志》卷74《武备志十二 · 兵事八 · 乡团》，民国十年（1921年）刻本，第1894页。

② 同治《长沙县志》卷15《兵防》，同治十年（1871年）刻本，第24页。

③ （清）王葆心：《蕲黄四十八砦纪事》卷1《规律篇》，民国三年（1914年）铅印本，第9页。

其他如保康县的五峰寨，当时为避白莲教之乱，众人捐资修建，并于嘉庆四年（1799 年）制定有寨规："此寨不论贫富只要安心经帮者论上中下，愿上寨者向首人说明先去然后上寨平场起屋。两张皮不许上寨，恐作内应误事不小；强盗不许上寨，恐失寨中立场。"[①] 更为详尽的寨堡管理规条出现在鄂西北山区的竹溪县曾家寨。由于特殊的地理位置和极其脆弱的社会秩序，加之连绵不断的各种动乱，使得明清时期鄂西山区一带的寨堡修建极为盛行，并且由临时性的避难之所演变为有组织、有计划、有管理的寨堡制度：从防御各类骚乱和进攻，到组织民众生产、生活，提供社会救济、文化教育等。以下是在 20 世纪 80 年代，经过当地文物工作者的普查，发掘出的两块清代石刻寨规民约。寨规主要内容分为《防寨内之事》和《防寨外之事》，这些禁条在一定程度上再现了身处混乱年代的人们为维持自身生存和维护社会秩序所做出的种种努力，为我们了解动荡之际寨堡的管理形态提供了较原始、直接的文献资料。

曾家寨碑文中《防寨内之事》的主要内容为：注意安全，防火防盗，不准牲畜禽兽入寨乱窜，不准私自乱动寨内机关和泄密，不准抹牌，不许男女混杂，不准喧哗闹嚷，不准乱堆乱放柴禾杂物等，是对寨堡内部居民日常生活的一种行为规范。其详情如下：

> 禁寨内不许茅草稻草藁杆等物夹篱盖物，恐一处点火连累众寨遭殃，不须贼攻，比拟殆有甚焉。万不许伊人入寨，寨外可以夹篷。
>
> 禁不懂人事之妇女生产，未曾满月，泾渭不分，臭气未脱，隐瞒不明不白，竟敢冲入寨内，厌秽一寨不利，查获定不宽饶。

① 《"五峰大寨"碑》，载叶植主编：《襄樊市文物史迹普查实录》，今日中国出版社 1995 年版，第 844 页。

所修寨费一切要伊交出，不许入寨，寨外可以夹篷。

禁不许牛马猪羊禽兽之物入寨。修寨原是与人避难，非□□马猪羊之处，寨外搭篷可也。

禁周围左右素日来往有家室者可以上寨，不宜发动旁人轰轰烈烈邀约逃难，殊不知内有奸细，从来贼欲攻寨，必有内贼相应，或装客商，或算命，或雇工，或惊或恐或吓或诈，此细故悉难枚举，必须寨首昼夜严纳□逐，如若懈怠，不衿□所行者，一寨性命丧失而不觉矣。

禁寨内不许抹牌赌博，此等愚夫只顾用意在兹，最不知关系甚大。每日盘粮挑水，检垒石堆垛口、冲火药、办枪炮，有备无患，何有游闲作乐？上寨之人，大齐关顾，和气为本，纵有私忿，不可为仇。

禁寨内不许男女混杂。尔家我家，谨以义命自安，虽云一寨犹□一家，同渡之人，系皆五百年所修，同寨之人亦应如是□□爱我，特使聚晤一团和气，尚有不遵礼法，孤行徇党者不许入寨。

□□等之人被难时，使妇女上寨，男不归寨者，未见贼来与不□先以谣言惊惑人心，临时呐喊，俗言为之诈妙，使其上下左右逃走不在家者，逞隙挨洗什物器具等项。挖人之肉补己之身。此等匪恶，实属可恨，以被捉获者有赃归赃，无赃寻主，逐赶别方可也。

禁寨上关锁门户宜早不宜迟，夜后不许私出私入毫无□□□或有事归家，即速早还。若挨至酉时不到者，不许入寨，□□寨外歇，休怪锁钥不开，有暗炮，恐误蹈之而伤人也。□□□能依尔听其方便。

禁寨所有东西二门乃紧要之处，非老诚练达之辈谨□□□之人不能经管理料二门，若浮华之辈谓之朽柴乱□□□可用。

如用，失之不浅，后悔何及。

禁寨内于贼来之时，不许男女喧哗闹嚷，仓皇不定。然以□□为福，以免贼匪观其动静。若何踩探虚实，若何只管稳坐□山守寨志坚，任尔百般叫骂，势焰滔天惊恐吓诈，寸步不移，扛死莫动，千摇百震而不惊者，贼智自穷也。如果不退，不必胆寒，谨之，与贼决一雌雄可也。

禁一寨中众姓难调，一木焉能撑起大厦也，务宜各□□□计议，雄才勇略、方叔元老，克壮其猷之人，多约几个□□□士经管料理可也。若庸碌之才，畏首而又畏尾，伸之□□首偾事之徒，不可与尔当之，恐有失事矣。

禁勿论军民人等，或有大炮小炮过山鸟火药，凡弹旗号军火器械等物，既已入寨，永远为用，不许取回。□至别寨者，加至数赔归赎可也。再者，同寨之人，是柴是草，物各有其主，不准偷窃。若如偷窃犯规者，拿获追赃，逐赶别方，境内不许留存。倘若由赖者与偷窃亦然。

曾家寨碑文中《防寨外之事》则是告诫寨内人防垛口、防寨门、防止炸城入内攻破寨门，严防小人内外勾结，以致丧失堡寨和生命财产等，体现出寨堡的防卫功能。其条例如下：

从来贼之将至，必须掳掠为先，理以然矣。开寨，早以安排盘粮上寨，油、蜡、器具等物周围左右尽行盘空，所有柴草远送荒郊，使其贼无粮马无草，不能久停，坚壁清野之法第一善处之良策也。

防垛口，第一紧要之处，将垛口外面每垛口，均横木二株，谓之奈何木，其形耙齿相似，□上钢钉两排，如无钢钉，竹钉亦可，只在一尺余宽，钢钉锋刃使下，贼不能攀援于上，又不能飞越而入。再者，一头系茨一束，一头缚石板一块，茨绳要长，石绳要短，石向外而茨靠里，安其活款。消息贼来攻城，必须用云梯，一行移动，叠石下坠，茨木随落，自取其伤矣。

防寨门，出入之所谨防细密之处，靠门外筑一陷马坑，宽狭与门相等，不可太过，深一丈余尺，底宽而口面窄，底内置一□锥板□木二寸厚钢钉二尺□锋刀使其上□平铺坑内。无事，用坚木搭上跳板；有急，掣去跳板，用芦席虚盖浮土。贼入辄陷，周围多挖马蹄坑、孔明炮、弩弓百备，使贼难入，再者各置鸟枪火药丸弹防身保命，不可轻□依靠于人。

且反贼之计诡谲多端，不得不谨守细密以防之矣。防水、防火、防门、防墙、防垛、防奸细、防小人里应外合、防诈门、防诡冒、防暴□、防假冲官员、防假冲官兵、防装客商、防假意逃难、防风雨雪晦、防佳时令节、防敌逃而实进、防敌去而复来、防敌攻东而□西、防贼求和挟诈、防隙地、防火变、防火燃烧草场、防埋伏，种种情由殊难枚举。虽云避难，愚夫不知其故者甚多，此其大略而言，不能尽叙其明，凡百君子各宜遵守维命，不可懈怠从事，不可胶柱鼓瑟。书不尽言，言不尽意，鄙俚之语，毋以此为荒唐也。[①]

以上这些寨堡条规无疑是当时约束寨堡内之民众、维护寨堡内之秩序的一种历史明证。与承平之时的乡规民约不同，它更多的是在特殊的动荡时期，性命攸关，民众出于防御的目的，制定禁约。其约束力会较平时更加强化，但持续的时间和有效性可能会与社会危机的程度相关联。

---

① 《竹溪县曾家寨碑文》，现存于湖北省十堰市竹溪县双竹村曾家寨东门内侧。十堰市博物馆《竹溪县文物普查资料》中有所收录，本文所引之碑文系2004年11月4日鲁西奇、杨国安、江田祥等在曾家寨田野考察时抄录。

清代以前，乡村修筑寨堡仅是村民避乱的一种临事之举，多属自发的局部行为。而在清代，由于官方将寨堡作为配合团练以行坚壁清野对抗农民军的一种策略，因而各级地方官吏和士绅对于寨堡从修筑到管理都制定了一套严密的制度，襄阳因地处战略要地，长期处于战乱之中，故而寨堡修筑较早，史载：“嘉靖丙辰，邪匪滋事，发难于荆襄，蔓延于随枣。焚原赫野，老弱暴骨。大师奉命征剿，下地方官加意抚绥，并申坚壁清野之议，令各村落阻险为固，结寨自卫，于是川陕楚豫大小寨栅星罗棋布矣。”[①] 闻钧天在《中国保甲制度》中亦认为清代堡塞首先始于湖北襄阳、孝感，随后向陕甘湘广等省扩展。因此，对襄阳寨堡制度的探讨有助于我们了解整个清代寨堡管理的情况。

民国《湖北通志》和同治《襄阳县志》中都详细记载了当时的襄阳团练章程，其中有寨堡修筑和管理的条例。仅就寨堡的管理一项而言，从慎防守、浚井泉、恤困穷、查奸细、勤侦探、分信地、设游兵、防火变，到戒疏懈、防诡诈、心要齐、胆要壮、声要静、神要定、脚要稳等等不一而足。如对贮藏粮食的规定：“粮多者应于堡内修盖仓屋，收获后将粮食运存堡内；粮少者，贼去一百五十里外将粮食运存堡内，贼在百里内壮丁无论良民、游民一概入堡，如有警时，粮食不入堡者查出充公，人丁不入堡者，以通贼论。”寨堡内还设有望楼，派人轮流望，并规定：“昼有警则摇旗，夜有警则挂灯，庶四门垛勇一望而知。”对于寨堡的防守人员也作了详细的安排：“团勇守垛，每垛多则三四人，少亦两人，庶可轮流歇息。若一人一垛则精力易疲。”并有团总、团佐对其进行督率稽察。由于寨堡中堆积有大量柴草，极易失火，因此又配备有救火夫，专司救火。对于守寨的战略要领也作细致的交代，如“声要静”一条即有“墙上喧闹，则号令不

① 光绪《襄阳府志》卷8《建置志·堡砦》，光绪十一年（1885年）刻本，第5—6页。

闻，心志不一，目力不专，此败道也。务要肃静，不许喧哗，即被炮子打伤亦不得高声大叫”。[①]由此可以看出当时寨堡的管理是极其细致和严格的。因而在战乱时，其捍卫之功效也很显著，史书中屡有“乡民赖以存活者众多”的记载。

两湖寨堡的普遍修筑是社会大动荡的自然反映。和团练一样，也是基层社会高度军事化的具体体现。上层政权腐败衰弱，面对起义浪潮一筹莫展，而宗族士绅所控制的基层社会在特定的条件下所凸显的强大的凝聚力与向心力，使乡村普遍性的结寨自保成为现实，并且成为清代实行地方控制以及对抗农民起义军的重要手段之一。对此严如熤曾经做出了充分的阐释："寨堡之设，固是保民，于剿贼机宜亦大有裨益。贼匪奔窜山谷，不由路径，官兵尽力穷追，相距总隔一二日程。以其前无阻截之者也。寨堡既成，加以团练，贼至据险以拒，大兵跟击得及。鲜不获大胜者。”[②]从这个意义而言，两湖乡村社会中的寨堡在清代并非仅仅如魏晋的坞壁或宋代的山水寨是作为乡民躲乱之场所而存在的，它更带有强烈的政治与军事色彩。

（原载《武汉大学学报》（人文科学版）2001 年第 5 期，
被人大复印资料《明清史》2002 年第 2 期全文转载。
收入本文集时略有修改）

① 同治《襄阳县志》卷 4《武备志·团练》，同治十三年（1874 年）刻本，第 71—72 页。
② （清）严如熤：《三省边防备览》卷 11《策略》，道光十年（1830 年）刻本，第 31 页。

社会动荡与清代两湖地方士绅阶层

——以咸同年间团练为中心的考察

一、引言

越来越多的学者通过研究表明，作为官民的中间阶层，明清以来的地方士绅在国家与社会之间占有举足轻重的地位[①]，特别是在地方社区中的作用日益突出。在此值得一提的是韩国学者吴金成对明代士绅的研究。他在广泛考察了士绅在地处长江中游的湖南、湖北、江西三省农村社会，特别是水利工程中的作用后指出：明代士绅继承了宋代士大夫的传统，但两者存在巨大的差别：一，明代士绅以其故乡作为地方基础，而宋代士大夫的概念没有这一前提。二，明代士绅包括有当官经历的人和广大的有功名者，如生员、监生、举人等。而宋代只限于那些曾经当官的人。三，明代士绅发挥着广泛的社会作用，这是宋代士大夫做梦也不敢想的。[②]

毫无疑问，明清时期的地方士绅以自己家乡的福利增进和利益

---

① 有关士绅研究的专著有：张仲礼：《中国绅士——关于其在 19 世纪中国社会中作用的研究》，上海社会科学院出版社 1998 年版。王先明：《近代绅士——一个封建阶层的历史命运》，天津人民出版社 1997 年版。

② 〔韩〕吴金成著，渡昌弘译：《明代社会经济史研究——绅士层的形成及其社会经济作用》，东京：汲古书院 1990 年日文版。

保护为己任，他们通过充当公益事业的倡导者和管理者，在诸如铺路架桥、赈饥救灾、兴修水利、创建学校、调解纠纷等日常事务方面发挥着重要作用，从而扩展了自己对乡村社会的影响，进而获得地方性权威，即绅权。从某种程度上而言，士绅在事实上支配着传统乡村社会的经济生活，所以一些西方社会学家称中国为“士绅之国”，中国的传统社会为“乡村绅治”。

但从乡村社会权力结构而言，绅权并非是唯一的，而且专制政权也不会容忍任何无视其权威的社会力量的发展。就明清时期而言，里甲、保甲制度就是国家在基层社会普遍推行的准基层行政组织，它们是国家政权在乡村社会的延伸，是皇权的象征。在中央集权强盛的清前期，国家曾大力整饬推行保甲制度，使之遍布全国乡村的各个角落。在执行征收赋税、维护治安的同时，保甲组织也试图抑制士绅在乡村社会中的地方权威，以确保中央对农村基层社会的控制。

到了清中后期，随着吏治的腐败、社会矛盾的激化，社会进入动荡时期，特别是太平天国运动的爆发，充分显示出旧秩序的脆弱，国家对乡村社会控制能力大为削弱。此时基层社会的秩序稳定更多倚重于地方士绅，他们组织并统率民众进行地方防御，甚至国家对起义军的镇压也须仰仗于地方士绅的支持。士绅的权力也就较承平之时迅速膨胀。这在两湖地区最为明显，它们是近代中国绅权势力最重的地区，其根源即在于清朝咸同年间，在镇压太平天国运动的过程中，当地士绅以兴办团练为契机，攫取了超乎平常的地方权力，从维护治安到征收赋役，最终形成以团练为中心，达到全面控制乡村的目的。绅权的扩张也改变了十九世纪中叶以后两湖乡村社会的权力结构，乡绅在基层政权中的支配地位得以正式确定。

与前此学者静态考察承平之时士绅在地方社会的作用不同，本文主要关注社会动荡之际两湖地方士绅所扮演的重要角色，特别是他们在创办团练活动中的所作所为，并据此考察绅权在动荡中的扩张及其对十九世纪中叶以后两湖乡村社会权力结构的影响。对于清代团练组织的研究，以前学者已有涉猎[①]，但国内学者多集中于其内部结构、组织形式以及经费来源等方面。美国学者孔飞力在其名著《中华帝国晚期的叛乱及其敌人》一书中则通过对团练及其他地方武装的研究，探讨了晚清地方军事化过程及社会结构的变化。[②]尽管另一美国学者对其“持续发展的地方军事化”观点提出异议[③]，但其分析方法和思考角度对我们无疑具有重要的启发意义。

二、社会动荡与两湖地方士绅“武化”现象

清朝在经历康雍乾三朝繁盛之后迅速走向衰落。嘉庆年间漫延于川、鄂、陕、甘、豫五省的白莲教起义即是其由盛转衰的重要标志和分水岭。长期养尊处优的八旗、绿营等经制之师在此次战争中即已暴露出颓废堕落、不堪一用的虚弱本质。此后内地的秘密会社、沿海的盗贼和各地的农民起义此伏彼起，层出不穷，日益显示出旧统治秩序的脆弱。清末咸同年间爆发的太平天国运动更是将清王朝拉到了崩溃的边缘。严重的社会危机迫使清廷不得不另谋他径，即放手让士绅组建地方武装——团练——来对抗农民军，从而导致士绅染指军事，

---

① 相关论文有：郑大发《太平天国时期的湖南团练》，《湖南师大社会科学学报》1986年第4期；米镇波《论咸丰朝地方团练的经济来源及影响》，《历史教学》1986年第12期；杨奕清《咸丰初期的团练及其与湘军崛起的影响》，《求索》1987年第1期；郑亦芳《清代团练的组织与功能》，《中国近现代史论集》第28编，台湾商务印书馆1987年；〔韩国〕都重万：《嘉庆年间广东社会不安与团练之发展》，《清史研究》1998年第3期。

② 〔美〕孔飞力著，谢亮生等译：《中华帝国晚期的叛乱及其敌人》，中国社会科学出版社1990年版。

③ 〔美〕爱德华·麦科德著，周秋光译：《清末湖南的团练和地方军事化》，《湖南师大社会科学学报》1989年第3期。

即士绅的“武化”现象[①]。

民国时期著名历史学家雷海宗先生在《中国文化与中国的兵》一书中曾批评说：“每次天下大乱时，士大夫无能为力的情形便暴露无遗”。并归纳其行为不外三种：结党误国、清谈、当汉奸。[②]但太平天国时期，以生员层为主体的两湖地方士绅则不尽然，他们在曾国藩、胡林翼、左宗棠等人的号召下，或通过在家乡创办团练来维护地方秩序；或投身行伍，组建湘军，以武力维护摇摇欲坠的传统王朝统治，最后以书生而建立了亘古未有之功勋。

咸同年间，两湖地区以生监阶层为主体的广大士绅积极创办团练的事例不胜枚举，如湖北黄冈县道观河区生员洪钧、陶时敏，徐古区生员陶昌云等，新集区生员李学畅，下谢店区贡生梅发魁，易家河区监生邹禧，嘉鱼村区生员朱福源，三店区副榜黄炳珩，柳子港区从九胡国安、副榜徐万炯等纷纷组织团练以对抗农民军。[③]潜江县早在嘉庆元年（1796 年），以长湖垸诸生吴树柄、长乐院武举人朱诚为首领，集乡团数千，助剿白莲教匪。至咸丰二年（1852 年），太平军攻入湖北，当地士绅更是“群起而攻之”，“先是西乡绅董唐廷鉴、董熹国、戴自培等奉谕办团防，召集长乐镇十五垸绅耆会议，议分六团，团有首。每团十旗，旗有长，每旗百人。群推董熹国总其事”。[④]

湖南在曾国藩的号召鼓动下，传统士子们创办团练的活动更是如火如荼地展开。巴陵县“咸丰二年，生员李春沂与生员李承虬、文童李巨典等创行团练。岳州失守，土匪四起，焚署劫饷，合邑骚然。

---

① 熊志勇：《从边缘走向中心——晚清社会变迁中的军人集团》，天津人民出版社 1998 年版，第 41、42 页。

② 雷海宗：《中国文化与中国的兵》，商务印书馆 2001 年版，第 113 页。

③ 民国《湖北通志》卷 74《武备志 · 团练 · 黄冈团练始末》，民国十年（1921 年）刻本，第 1878 页。

④ 甘鹏云：《潜江旧闻录》卷 7《潜江乡团防堵发匪记》，湖北地方古籍文献丛书，湖北教育出版社 2002 年版。

春沂等遇贼于河溪，擒贼赵捷权等，会官军至，土匪悉平”[①]。这些书生对于创办团练可谓处心积虑、不遗余力。以宁乡县廪生黄懋寅为例，“咸丰二年，洪军袭长沙，即解围遁。懋寅谓寇势浩大，去必复来，请大吏檄乡练团，不省。归则召里人议筑堡为坚壁清野计，里人笑为狂。四年，宁乡复陷，破湘潭。懋寅徒跣遍告，舌敝足茧，始集勇二百。器械、糗粮粗具，日夜训练”[②]。

这些读书人在战乱中充分显示出卓越的组织才能，如平江县“黄崇策，字画三，邑诸生。有智略，饶口辩，长于应变。咸丰初，粤寇起，首练乡兵。协防西界，寻移防东北界，兼习军需局。每遇贼警，筹饷、筹兵皆赖决策，为地方官所借重”[③]。而且许多生员在斗争中丧命，各地方志中的忠义传对于战死者的记载可谓连篇累牍。据统计，仅广济一县在咸丰三年至同治六年间与太平军作战死亡的生员就多达 225 人[④]，据此我们可以推断出当时参加的生员人数将会是这个数目的好几倍！可以说以生员为主体的下层绅士在创办团练、镇压农民起义的斗争中发挥着主导作用。李元度在《求忠书院记》中形容当时的情形是：自从“粤西盗起”后，“湘中士大夫号召忠义，争治乡兵杀贼。……各率其生徒子弟，冒白刃赴公家难”。[⑤]是什么原因使这些文弱书生在社会动荡之际，置生死于不顾，奋迹于大办团练活动中去呢？

从文化层面上讲，是受正统儒家思想的影响，自觉充当维护传统王朝统治的卫道士。作为中国传统社会自科举制以来产生的一个独特的社会阶层，士绅承担了在文化上传承、弘扬儒学正统价值观念的

① 光绪《巴陵县乡土志》上册，《兵事录》，乡土志抄稿本选编本，第 248 页。
② 民国《宁乡县志》，《故事篇 · 先民传五十九》，民国三十年（1941 年）活字本，第 4 页。
③ 同治《平江县志》卷 47《人物志 · 武略》，同治十三年（1874 年）刻本，第 11 页。
④ 同治《广济县志》卷 8《人物志 · 忠烈》，同治十一年（1872 年）活字本，第 7—10 页。
⑤ （清）李元度：《天岳山馆文钞》卷 16《求忠书院记》，《天岳山馆文钞诗存》，岳麓书社 2009 年版，第 380 页。

任务，因此对各种异端邪说持一种敌视态度。曾国藩曾对太平天国信奉的拜上帝教大加鞭挞，认为它是“举中国数千年礼义人伦、诗书典则，一旦扫地荡尽，此岂独我大清之变，乃开辟以来，名教之奇变。我孔子、孟子之所痛苦于九原。凡读书识字者又乌可袖手安坐而不思一为之所也”。[①] 湘军的另一员悍将李元度在《招石逆降书四千言》中也抨击拜上帝教即是西方的天主教，而“天主教有兄弟而无父子君臣，以妻为妹，以母为妹，灭绝伦常，真无人理。中国能行此道乎？”[②] 可见三纲五常对传统士子们的禁锢之深。

从社会经济角度而言，是为了保护自己的性命财产和既得利益。在传统社会，士绅享有各种特权，是地方社会的领导阶层。而太平天国试图建立一种没有士绅的社会秩序，致使士绅地主集团的根本利益面临严重威胁。特别是下层士绅大多居住乡村，身处农民起义的漩涡之中，所受冲击最大。而清中后期，农村的阶级矛盾已极其尖锐。乾隆末年，湖北孝感农民因灾荒抢粮，结果发生了绅衿梅调元活埋村民刘大幺、张又咏等共三十人的惨案。[③] 所以农民起义矛头直指这些妄张威福的地主士绅，给他们以沉重打击。在根本利益受到严重威胁而清政府又无力提供强有力保护的情形下，迫使他们以武力自卫。

具体到两湖地区，尤其是湖南士绅，显然深受乾嘉经世致用思想的影响。嘉道间湖南善化县人贺长龄、安化人陶澍等一批学者即大力提倡一种经世致用的学风，培植了湖南士子不尚空言、力倡务实的风尚。已有学者指出：湖南士子与江南其他学人相较，前者健于行，后者善于思。在商业气息的重染下，江南文人养成了懦弱、奢华的习气，善思辨而好清谈。湖南儒生则仍在“修身、齐家、治国、平天

① 《曾国藩全集》第 14 册《诗文 · 讨粤匪檄》，岳麓书社 1984 年版，第 232 页。

② 转引自赫治清：《李元度与招石逆降书四千言》，载《中国农民战争史论丛》第四辑，河南人民出版社 1982 年版。

③ 中国第一历史档案馆：《乾隆末年湖北孝感富户活埋抢粮农民案》，《历史档案》1997 年第 2 期。

下”的传统道德指引下满怀着强烈的政治责任感。[①]这种“入世”的观念使得他们在兵荒马乱的时期即肩负起地方守望之职和维护正统之责。加之明清两湖地区经过“江西填湖广”的大移民运动，形成了劲勇、剽悍之民风。

两湖地方士绅热衷于团练活动还有一个更深层次的原因，即创办团练使下层士绅获得了应试之外的另一种晋升的机会与途径。众所周知，在承平之时，读书应试几乎是众多士子文人跻身宦籍的唯一途径。而随着社会教育的逐步推广和普及，至明清时期，生员阶层已相当庞大。韩国学者吴金成认为明末生员已超过50万人[②]，最近陈宝良撰文认为已达60万以上[③]。至清朝，据张仲礼的估算，太平天国前文武生员更高达74万人。而清朝正式官吏还不足3万名（其中文官2万，武官7千）。因此在承平之时诸生通过应考跻身宦途的概率极低，可以说明清以来，文人士子阶层的不断壮大与官僚集团有限的容量之间的矛盾日趋尖锐。生员层中的绝大部分不得不沉淀在乡村之中，成为一股不可忽视的社会力量。虽说经世致用的思想使他们以积极的人生态度介入到社区生活中去，但他们渴望上升的意愿依然存在，因此封官叙奖的手段对那些没有做官的下层绅士还是极具诱惑力的。[④]

---

① 参见茅海建：《也谈近代湖湘文化》，《湖南师大社会科学学报》1989年第1期。

② 〔韩〕吴金成著，渡昌弘译：《明代社会经济史研究——绅士层的形成及其社会经济作用》，东京：汲古书院1990年日文版，第106页。

③ 陈宝良：《明代生员新论》，《史学集刊》2001年第3期。

④ 笔者注意到日本学者山根幸夫在《明末农民起义与士绅阶层的反应》（《晋阳学刊》1986年第2期）一文中考察了明末农民起义之际，以生员为中心的部分下层绅士投降农民军的过程。认为他们抱有强烈向往权力的观念，但又没有可能以生员或举人的身份达到他们的愿望，于是尽管是农民政权的伪官也要当一次。我们不排除清末太平天国运动中也有这种现象发生，因为士绅阶层并非铁板一块，内部上下层之间也存在着矛盾，在社会动荡之际，不同阶层、不同人物会有不同反应。比如在江南地区就有不少文人投靠太平天国担任官职的。这些恰恰证明了士子文人对权力的强烈向往，因此政府与农民军对于他们都有一个相互争夺和利用的问题。但相对于明朝统治者对士绅力量的漠视而言，清朝统治者显然政治经验更为成熟，他们通过封官叙功等多种手段，充分调动了地方士绅的积极性，从而帮助自己渡过了难关。

清廷显然深谙此道，为了鼓励各地兴办团练，咸丰帝曾下诏说："凡办团练出色者，地方官即申详大吏，据实奏闻，朕必立加奖叙。"同时许诺一旦团练奏功，出力之士绅，"文武举人赏给进士，贡监生员赏给举人"。[①]这些都给正途无望的低级士绅提供了另一种晋升的机遇，所以他们纷纷投笔从戎，去实现自己升官的理想。以湖南新宁县江忠源为例，他出身书香门第，自幼饱读诗书，但却科场失意。最后却通过经营团练，先被擢为知县，后累迁道员、湖北按察使、安徽巡抚等要职。他的发迹史无疑给湖南广大士绅以极大的启示和鼓舞。知识分子的"武化"之举可谓其乱世中晋升的阶梯和法宝。

另外，在兵荒马乱的社会动荡之际，士绅所创导的地方武装也能在一定程度上起到保卫乡梓的作用，因此他们也能获得当地民众的支持。根据社会心理学家施克特的研究，恐惧会使人产生强烈的合群倾向，乡里民众对团体的归属感和依赖感，在社会动荡时期尤其强烈。[②]士绅以其在乡土社会中惯有的权威，自然成为组织地方武装的创立者和领导者。雷海宗也分析认为："在一盘散沙的社会状态下，比较有组织的团体，无论组织如何微弱，或人数如何稀少，都可操纵一般消极颓废的堕民。中国社会自汉以下，只有两种比较强大的组织，就是士大夫和流氓。"[③]

三、地方士绅经营团练之一例：鄂州王家壁

以前学者对于两湖团练的研究多集中于组织结构与功能方面，

---

① 《咸丰东华续录》卷 20，咸丰三年二月辛巳续四库全书本，上海古籍出版社 1995 年版，第 369 页。

② 程歗：《晚清乡土意识》，中国人民大学出版社 1998 年版，第 220 页。

③ 雷海宗：《中国的文化和中国的兵》，商务印书馆 2001 年版，第 112 页。

对于地方士绅的具体活动则着笔不多或过于笼统。这固然是囿于传统的研究方法和研究视角，更主要的可能还是受史料的限制。笔者现依据曾经参加过镇压太平天国运动的鄂城文人王家壁所遗留下来的有关书信、文稿[①]，简要勾勒出在社会动荡之际，在创办团练活动中，一位传统士子文人的作用和影响。

王家壁（1814—1883年），字孝凤，号连城。湖北武昌县（今鄂州市）人。出身于世代书香的地主家庭。九岁时，其父因应乡试时触犯律例而被发配云南充军，王家壁哭求随行侍奉，被乡里目为孝子。嗣后他苦读寒窗，奋疾为学，于道光二十四年（1844年）中进士。先后任兵部主事、武库司行走、实录馆校对官等职。

太平天国起义爆发后，迅速向北进军，于咸丰二年（1852年）底克湖南岳州，直叩湖北大门。此时王家壁正供职北京兵部，他虽身在千里之外，但对于南方的紧张局势，特别是他的家乡武昌县即将面临的战乱心急如焚，忧心忡忡。

出于统治阶级的立场和一个传统士子的政治责任感，王家壁积极为清政府策划江防要务，不断上书朝廷和清军将帅，为之出谋献策，妄图将起义的烈焰扑灭。在咸丰二年（1852年）十一月二十日所上的《通筹御贼急务密奏》中，他已经预见太平军将东下南京，“现既窜入湖北，则两江一带，可以浮江而下”。因此提出要扼守鄂东各要隘：“沿江一带，如江夏之青山，黄州之阳逻、团凤、三江口，武昌之樊口，大冶之道士洑，蕲州之州城，广济之田家镇、武穴，皆为扼要地方；黄州府城、武昌县城，皆宜派得力将弁，带兵固守。”[②]

同时，他也深知此时太平军气势正盛，所向披靡，“军兴以来，

---

① 参见皮明庥等编：《出自敌对营垒的太平天国资料——曾国藩幕僚鄂城王家壁文稿辑录》，湖北人民出版社1986年版。以下简称《文稿》。

② 《通筹御贼急务密奏》，由于他的官阶较小，此奏折是通过太常寺少卿雷以缄（雷为湖北咸宁人，两人交往甚密）代为上奏的。见前揭《文稿》第15页。

贼过则陷”。家乡难免兵燹之祸，不可不早为防备。因此在家书中，他殷切劝导乡里民众不论贫富，抛开各分畛域、家自为守之狭见，要守望相助、互为犄角、彼此救应：“所望我里父兄子弟不存私心，不持偏见，同心协力，从长定算，庶保无忧耳。”并劝导其父筹办团练。在自己南归未果之际，他举荐孝廉周柏香赞襄此事，认为他“果毅惇笃，明于大义，我邑如办团练，真良助也”。对团练所需之器械，主张：“经费若足，自当宽备炮械，否则守具宜多备碎石及石灰瓦罐，懦夫妇孺皆能用。攻御之具，则滇中所用之傈僳弩，孝感吴丈全所言之竹矛木盾，皆利用而工不费，可照式多制而预教之；余则或梃或刃，随各家之所有、各人之所习而用之。”[①]

咸丰三年（1853年）底，王家壁因丁母忧，回归武昌故里。此时正值太平军西征湖北，于是从咸丰四年到咸丰十一年的七年间，王家壁留在老家武昌县（今鄂州市）全身心投入到举办团练和厘局的活动中，协助清军镇压农民起义。

在籍的王家壁首先联络当地乡绅范庶、常鸣躏在武昌建立了一个融血缘与地缘于一体，组织严密、统属明晰、训练有素的团练组织。这集中体现在王家壁所拟定的《武昌县公议团练章程》中。

首先，他确立了“以乡团为经，族团为纬”的办团方针，并对各团组织结构规定如下：

> 乡团则本县八乡编为八团，每团各公举廉能、素有乡望者一人为团总，三四人为团佐；每里举一人为团正，数人为团副；余则每十人立一什长，每五十人立一队长；街有街长，村有村长，堡有堡长，甲有甲长，小街附于正街，小村附于大村；甲长、堡长即以团副兼充之，递相统率。族团则合族立一

① 《上家大人书》，见前揭《文稿》第11页。

户长，各房立一房长。族团仍统于乡团，而皆受节制于印官。务使长知勇之强弱，勇知长之号令，体统相维，彼此相识，不致临期错乱，难于调遣。[①]

此外，章程还要求团丁接受军事训练，并规定各级长官要定期校阅："每月三、八日，什长、队长、族长、堡长各阅其属；初二日由各乡团总阅视；十六日由各里团正阅视；城局即于此二日内请官阅视；乡局则俟官长因事下乡，就便校阅。"对校阅中技艺出众者有赏，以激励团丁积极操练。而且还制定了严格的军纪，如"临阵退缩者斩"、"妖言惑众者斩"，"酗酒为非，私语怨嗟，骄慢无体，无故声喊，妄动乱行，均分别治罪"。另外也规定了奖励办法，如"盘诘奸细者赏，探报得实者赏，传报迅速者赏，临阵杀贼多者受上赏，接仗者受中赏，助威者受下赏，擒获贼首者破格给赏保叙"。[②] 其他诸如团练布防、器械修整、劝捐练费、修固碉堡、扼守险要都一一作了部署。由此显现出王家壁卓越的军事才干和组织才能。

作为组织者，王家壁还积极与金牛分团、葛店分局、华容分局邹紫垣等诸绅协商沟通，统筹局务，并联络相邻各州县团练，互为呼应。他曾致信大冶县监生阮幼泉，指导其在大冶办理团练，这样"则我武、冶两邑，相为唇齿，必相为犄角"[③]。咸丰四年九月，太平军一部水师在兴国被彭玉麟部击散，余部逃入大冶，王家壁在得到兴国士绅陈惺轩书信后，即复信阮幼泉："恐或窜入敝邑洪乡，或窜保安一路，祈幼泉兄通知万镜湖翁合力集练截杀为要。"[④] 在诸多像王家壁

① 《武昌县公议团练章程》，见前揭《文稿》第65页。另，此章程曾由曾国藩亲自审定，并附有曾国藩"面谕"二条。

② 《武昌县公议团练章程》，见前揭《文稿》第65页。另，此章程曾由曾国藩亲自审定，并附有曾国藩"面谕"二条。

③ 《复阮幼泉》，见前揭《文稿》第52页。

④ 《复陈惺轩、阮幼泉》，见前揭《文稿》第55页。

之流的地方士绅卖力鼓动下，团练组织在鄂东一带普遍推行。他们协助清军对抗起义军，与官军互为声援，使太平军在鄂东的军事进攻受到极大的阻力。在武昌县，“匪至，则邻村鸣锣放铳为约，以次递传，顷刻数千人，练勇为先锋，丁壮为后队”[①]。咸丰五年六月十八日黎明，太平军五千人偷袭汉阳侈山，当地团练“闻警齐至，弥山弥谷，约三万人。贼本探知后路兵单，乘虚而入，不料旗帜林立，呼声动天，乃不战而退”[②]。胡林翼也对此也大加赞赏，他说：“窃查湖北军兴以来，用兵已逾五载，贼氛飘忽，窜扰无常，官兵随处分剿，实有顾此失彼之虞。往往资本地团练，以为攻守之助。”[③]

倡率乡里、集资饷军是王家壁又一着力之处。咸丰四年十月，在接到曾国藩提解武昌县捐项的书牍后，王家壁将自家所捐 300 石连同其他诸绅所捐共计 1600 石白米押运至曾国藩的武穴大营。嗣后他四处奔波、广为劝输，并在武昌县团练中推行计亩捐项，仅此项就收得四五万钱。他将所得钱粮除少量留供本地团费之用外，其余全部解送湘军大营，深为曾国藩、胡林翼、塔齐布之倚重。后来各地创办厘局，王家壁长期主持武昌、大冶、蕲州、黄州四州县厘局。他任事极其卖力，抽厘济军，殚精竭力。从 1857 年夏至 1858 年冬，胡林翼、李续宜先后驻军黄州，就近筹措军械、粮秣，王家壁供之无缺，给胡林翼以极大支持。故《清史稿·胡林翼传》云：“时东南各省皆抽厘助饷，惟湖北多用士人司榷，核实无弊。”[④] 这无疑是对象王家壁一类士人勤谨督办厘局的充分肯定。

鄂州王家壁以上的种种活动显然只是两湖众多地方士绅中的一

---

① 民国《湖北通志》卷 74《武备志·兵事》，民国十年（1921 年）刻本，第 1875 页。

② （清）汪士铎辑：《胡文忠公抚鄂记》卷一，岳麓书社 1988 年版。

③ （清）胡林翼：《胡林翼集》（一）奏疏，《奏陈湖北历年团练出力拟请分别增广学额疏》，岳麓书社 1999 年版。

④ 《清史稿》卷 406《列传一百九十三·胡林翼》，中华书局 1996 年版，第 11934 页。

个缩影。在咸同年间，当两湖地方社会处于急剧动荡之际，面对起义的洪流，许多像王家壁之类的传统士子文人站在统治阶级的立场上，以儒士所特有的政治责任感，积极投身到创办团练的活动中去，在维护地方秩序，协助官府征收钱粮，配合清军镇压农民起义军等方面发挥着重要作用，从而为曾国藩领导的湘军镇压太平天国运动提供了有力的支援和可靠的后方。也正是由于地方士绅的这些活动使得太平天国在与清政府争夺乡村资源的斗争中处于劣势，其兵源与物资的供给日益困难，最后只能孤守沿江的几座城池，其失败也就成为必然。①

四、团练兴起与两湖绅权的扩张

咸同年间，在以生监阶层为主体的地方士绅的大力倡导下，两湖地区团练之盛全国无出其右。据统计，湖北各地州县最少设立团练 68 个。湖南由于实行团与练分离的模式，团数更为可观，仅湘阴县就达 318 团！其他如华容县 153 团，善化县 121 团，蓝山县 36 团，常宁县 33 团，耒阳县 19 团，故湘乡知县刘达善曾言："湖南团练本

① 以前学者将太平天国运动失败的原因主要归于内讧或军事策略方面。依笔者看来，在清廷推行团练、寨堡以及坚壁清野的策略下（这些策略的成功推行主要得力于地方士绅的支持），太平军逐渐失去广大乡村的支援才是它走向失败的根本原因。在太平天国发展过程中，各地下层民众的积极响应和蜂拥追随是其不断壮大的关键，如它由广西北上经过湖南时，仅湘东南郴、桂一带就吸收了五万群众参加。据王闿运所著《湘军志》第二《曾军篇》所载，曾国藩在奉命帮办团练之初。即坦言："湖南会匪自粤逆入楚，大半附之而去。"于是政府军与农民军对于乡村就有相互争夺兵源、物资以及控制权的问题。同治《竹溪县志·兵事》有一段当地士绅"坚壁清野"的话颇能说明此问题："壁坚则无所裹胁，多一民即少一贼矣！野清则无所掳掠，民有一日之粮，贼即少一日之食矣！"所以团练的作用并不仅在于协助镇压，更在于它在控制乡村的同时，切断了太平军与广大农村的联系。太平天国后期，太平军几乎只能在沿长江流域的几座较大的城市之间来回奔走，而广大农村逐渐陷入士绅控制的团练手中。就两湖地区而言，太平天国对基层乡村社会的渗透是失败的，所以其几次对武昌城的占领都不长久。

为天下之最，湘乡团练又为湖南之最。”[①]

作为社会动荡之际的一种基层武装组织，两湖团练的兴起，实现了对地方社会的强控制，并且帮助清政府渡过了江山易代的危机。与此同时，也使得创办并控制团练组织的两湖地方士绅的权势得以扩张。

其一，团练的兴起，意味着士绅在乡村控制体系中的转变。在清前期推行的保甲制中，士绅是被控制的对象，所以在保甲编查上，官府一再强调士绅必须一体编入。如乾隆年间汉阳县规定："所住土著及外来住家、开张行栈、店铺各户，毋论绅士，俱应一体编查。”[②]而且保甲长都由一些平民充任，萧公权先生认为此乃清廷政策，欲藉保甲长的权力以压制绅权。美国学者孔飞力也认为“保甲的一个特征显然是企图提供一种平衡力量，以制约士绅在其地方社会中早已存在的影响，包括绅士必须和平民一道登记”[③]。但显然政府的这一努力到咸同时期随着团练的兴起而付诸东流。政府大力推行的保甲制度被团练组织所替代或以团保合一的方式被包容。而在两湖团练组织中，绅士居于领导地位已为众多学者所证实。[④]士绅凌驾于团练之上，成为各级团练的组织者和管理者。因此从保甲到团练的根本性变化，实质上表现为绅士阶层在乡村控制体系中角色和地位的转变。团练的崛起即意味着绅权的扩张。

其二，士绅通过创办团练获取了超乎平常的权力。如曾国藩就以非常时期当“便宜行事”为由，放纵士绅的捕杀之权。他说："书

① 同治《湘乡县志》卷5《兵防志·团练》，同治十三年（1874年）刻本，第25页。

② 同治《续辑汉阳县志》卷8《户口·保甲》，同治七年（1868年）刻本，第38页。

③ 〔美〕孔飞力著，谢亮生等译：《中华帝国晚期的叛乱及其敌人——1796—1864年的军事化与社会结构》，中国社会科学出版社1990年版，第27页。

④ 据郑亦芳统计，湖南团练领袖中注明举人、贡生、秀才、进士身份的士绅占56%，出身不详者占44%。见郑亦芳：《清代团练的组织与功能》，《中国近代现代史论集》第28编，台湾商务印书馆1987年版。而笔者对湖北黄冈县的统计为士绅占77.5%。见光绪《黄冈县志》卷24《杂志·兵事·团练附》，光绪八年（1881年）刻本，第30页。

生岂渐好杀，要以时势所迫，非是则无以锄强暴而安我孱弱之民。”[①] 有史料表明许多士绅正是获此旨义后纷起创团，如同治《浏阳县志·兵防》载：“咸丰二年秋，贼果犯长沙，而浏（阳）征义堂匪变作，知县赵光裕再谕民团。时大吏令格杀拒捕乱民勿坐，于是各乡始多言团练，擒诸煽变及盗劫者戮之。”所以时人评论曰：“咸丰四年，在籍侍郎曾公国藩奉命办团，严拿土匪，其得力处在谕乡团格杀勿论。”[②] 此擅杀之风一开，各地团总纷起效尤。咸丰六年（1856年）秋，宁乡县五都乡团在罗仙寨农民陈玉华处“搜出悖字样”，将余正亨、余八姑、易春元等就地处决，其后共计有58名农民被团总们诛杀。[③]

其三，士绅通过团练堂而皇之地介入到国家的赋税征收过程。赋税的征收最能体现国家对社会的控制，所以清前期政府一再禁止绅衿包揽钱粮，但这一切随着团练的兴起而发生了改变。在衡阳、清泉等地甚至出现了团练专管催征钱粮，反置查匪事件于不闻不问的情况。清廷对此也只能听之任之，甚至在保甲瘫痪的情形下，官府的钱粮征收都需求助于团练的协助。在两湖各地，敦促本团团众缴纳国家钱粮的条文都被写进了团练章程。至光绪三年（1877年），在京山县已是“革粮差，易以团正，同保甲催收钱粮”[④]。可见团保征税已经合法化。

其四，士绅还尽量延展团练的社会功能，以达到控制乡村的目的。在浏阳县，“赌博、宰剥、酗酒、偷盗者，团总、团佐罚之；其勾引奸民不轨及强掠不逞者，白有司治其罪；团族徇纵者，官并坐之；游匪入境掳掠，格杀勿论。凡平粜救荒、排纷解难，行乡、社约

① 《与魁荫亭太守》，《曾文正公全集》书札卷2，吉林人民出版社1995年版，第1890页。
② 光绪《善化县志》卷15《团防》，光绪三年（1877年）刻本，第13页。
③ 同治《续修宁乡县志》卷23《职官五》，同治六年（1867年）刻本，第5页。
④ 光绪《京山县志》卷9《名宦列传》，光绪八年（1882年）刻本，第16—17页。

以激劝乡愚，悉有条”[①]。至于清查户口、登记造册、维持地方治安，更是团练的主要职责。由此可知，团练已由单一的军事防御功能逐步向行政功能与社会救助功能扩展。

此外，士绅还通过创办族团的方式使绅权与族权融为一体。聚族而居是中国乡村社会的一大特色，两湖地区宗族势力很强大，团练也对之加以利用，以血缘关系为纽带的族团也成为两湖团练的一个重要组成部分。许多团练章程规定，凡聚族而居的地区，一律举族为团。如湘乡知县朱孙诒在办团之初即下令：“各都保正速传各族，无论大族、小族，俱令公举族首、房长速行报县，以便给札委办。团练无分大小，俱令先练族，随练团。各族户首俱宜克期从事……如有不服团练，及子弟有为匪不法情事，即着户首会同都团公同禀究。”[②]通过族团，地方士绅加强了对传统宗族组织的利用与控制。

其五，通过创办团练也使两湖士绅阶层在数量上得以扩张，晋升阶梯的垂直流动性增强，以“军功起家”者甚众。相对于人文繁盛的江南而言，两湖地区除湖北黄冈、湖南湘中地区而外，大部分区域教育不甚发达，考取高级功名者绝少。民国《醴陵县志·礼俗志》即云：“前清一代二百六十年，成进士者绝少，有‘举人不满桌，进士不开科’之谚。”[③]所以大部分下层知识分子不得不沉淀在乡村之中。而团练的兴起无疑给广大低级士绅提供了一个通过军功获得晋升的机会。光绪《湘阴县图志》载：

> 荐举之典，历代所重……自咸丰以来，广西寇起，保举之途浸广，综其大端：曰军营保举、曰团练保举、曰捐输保举。然奋起立功名盖不可胜纪也。今一以知县、盐大使得以实保者

---

① 同治《浏阳县志》卷13《兵防志·团练》，同治十二年（1873年）刻本，第19页。
② 同治《湘乡县志》卷5《兵防志·团练》，同治十三年（1874年）刻本，第6页。
③ 民国《醴陵县志》，《礼俗志·风俗》，民国三十七年（1948年）铅印本，第9页。

> 为断，此下若生员之保训导，及府经、县丞以下起自保举、捐纳二途并带有虚衔者，无虑数百千人。①

另外两湖各地因创办团练有功，湖南巡抚骆秉章、湖北巡抚胡林翼以及其他官员都先后向朝廷奏加文武学额，从而使两湖士绅在数量上更加壮大。据笔者对湖南省的统计，从咸丰二年（1852年）至同治六年（1867年），湖南各府县累计共增加学额765名。②

由此表明，通过军功，更多的平民可以跻身低级士绅，而低级士绅通过荐举或捐输又可跻身上层士绅。从而增加了两湖地区士绅上下层的垂直流动。所以民国《醴陵县志·礼俗志》即云："咸同中兴，湘人各以军功起家。"③这也就是为什么两湖（特别是湖南）在以前碌碌无为于天下，而晚清以后直至民国却在全国拥有举足轻重的地位，以至"天下不可一日无湖南"。这实肇始于咸同军兴之际。湖南杨毓麟在《新湖南》中即云：

> 咸同以前，我湖南人碌碌无所轻重于天下，亦几不知有所谓对于天下之责任。知所谓对于天下之责任者，当自洪杨之难始。④

因此我们认为，以咸同年间社会动乱为背景，借举办团练为契机，两湖地区士绅得以登上政治舞台，权势得到空前的扩张。在湘乡县，团练头目"借名办团，把持公事，恃符武断，干预钱漕及一切非分之事"⑤。在善化县，"团总、团长借以渔利，凌弱暴穷、鱼肉一方。

---

① 光绪《湘阴县图志》卷12《选举志下》，光绪六年（1880年）刻本，第7页。
② 光绪《湖南通志》卷67《学校志六·学额》，光绪十一年（1885年）刻本，第1—12页。
③ 民国《醴陵县志》，《礼俗志·风俗》，民国三十七年（1948年）铅印本，第9页。
④ 转引自王继平《湘军集团与晚清湖南》，中国社会科学出版社2002年版，第143页。
⑤ 同治《湘乡县志》卷5《兵防志·团练》，同治十三年（1874年）刻本，第25页。

幸而胜贼、恃功骄横。小之狱讼赋税，官不得问。大之施虐吏民，法不得加”[①]。这种绅权的恶性膨胀已经严重危及地方官府的行政职能。在沔阳州，咸丰四年（1854 年），太平军攻陷州城，知府萧荫恩奔走荆门，最后是在痒生曾学廉等人领导的团练协助下才得以收复沔阳城。这些士绅居功自傲，使继任知府陈五典大为难治，史称："粤匪陷沔，知州萧荫恩仗团练复官，优待军功，于是骄横生众。五典笞其，尤数人犯纲。"[②]

五、乡绅支配体系的确立

咸同之后，两湖士绅的权力继续不断扩展，官府已不得不大量依靠士绅来处理地方事务。时任湖北巡抚的胡林翼曾感叹到："自寇乱以来，地方公事，官不能离绅士而有为。"[③] 在绅权勃盛的湖南，亦形成"自咸同军兴以后，绅权大张，虽举贡诸生皆得奋其口舌与地方官长为难"[④] 之势。清末署湖广总督瑞征亦云："湘省自咸同军兴以来，地方官筹办各事，借绅以为辅助。始则官与绅固能和衷共济，继则官于绅遂多遇事优容，驯致积习成弊。绅亦忘其分际，动辄挟持。"[⑤] 光绪年间，担任湖北沔阳知县的李辀更是一针见血地指出："官不过为绅监印而已。"[⑥] 当地绅权之盛可见一斑。

---

① 光绪《善化县志》卷 32《续艺文志 · 论兵》，光绪三年（1877 年）刻本，第 45 页。

② 光绪《沔阳州志》卷 7《秩官志 · 名宦》，光绪二十年（1894 年）刻本，第 78 页。

③ （清）胡林翼：《胡林翼集》（二）批札，《麻城县禀陈各局绅筹办捐输情形批》，岳麓书社 1999 年版，第 1012 页。

④ 胡思敬：《退庐疏稿》卷 3，转引自王先明：《近代绅士》，天津人民出版社 1997 年版，第 53 页。

⑤ 《署湖广总督瑞征奏特参籍绅挟私酿乱请分别惩儆折》，见《1910 年湖南"抢米"风潮报刊记述辑录》，《湖南历史资料》1958 年第 3 期。

⑥ （清）李辀：《牧沔纪略》卷下，光绪刻本。

绅权的扩张最终必然会引起乡村权力结构的演变，结果“保甲旁落到地方士绅之手的趋势，成了咸丰朝及以后中国农村的共同特征”[①]。美国学者周锡瑞亦认为：“太平天国及其被镇压的实际效果，其中之一肯定是通过地主士绅所控制的民团加强了乡绅的权力，特别是湖南这样的省份。这种发展是确凿无疑的。”[②]日本学者重田德也说：太平天国时期组建团练的过程，同时也是“乡绅在政治上明确地显示其独立存在的过程”[③]。

就十九世纪中叶以后的两湖乡村社会而言，团练组织在许多地方基本取代了保甲或者以团保合一的方式成为乡村社会的基层准行政组织。这表现在太平天国平定之后，许多地方团的设置并没有被撤销，而是走向常设化，如蓝山县，“旧有二百九十甲之称，然绝者、并者，今不能足数矣。咸丰初患盗，练民兵，厥分三十六团，民国之初言自治，就乡团划十区，近并为五”[④]。这说明此地的民团一直保留到民国年间。在黄冈地区，据林济的考察，从清末到民初，在社会动荡与政府控制力下降的驱使下，该地区的团练局及其武装走向常设化，成为介于地方官府与乡村社会之间的准权力机构，地方官府已经严重依赖团练局及其局绅与局董[⑤]。

光绪十三年（1887年），武昌知府李有棻曾在武昌推行保甲制度，这在某种意义上可被认为是统治者企图重新恢复战乱之前乡村统治秩序的一种努力。但显然历经团练活动之后，重建的保甲制度已不

---

① 〔美〕孔飞力著，谢亮生等译：《中华帝国晚期的叛乱及其敌人——1796—1864年的军事化与社会结构》，中国社会科学出版社1990年版，第227页。

② 〔美〕周锡瑞著，杨慎之译：《改良与革命——辛亥革命在两湖》，中华书局1982年版，第10页。

③ 〔日〕重田德：《乡绅支配的成立与结构》，载《日本学者研究中国史论著选译》第二卷《专论》，中华书局1993年版，第199页。

④ 民国《蓝山县图志》卷2《建置下》，民国二十一年（1932年）刻本，第2页。

⑤ 林济：《长江中游宗族社会及其变迁——黄州个案研究（明清—1949年）》，中国社会科学出版社1999年版，第182页。

再是原来意义上的基层组织与统治格局。扩张的绅权是统治者不得不认真对待的问题。绕开或控制自是不可能，唯一的选择只能是承认绅权的存在，并正式将行政权委托给士绅掌握，这也正是李有棻所推行的保甲制与清初所行之保甲制相异之处。在《督同江夏设局举办保甲禀》中，李有棻即云：

> 所以收其利而杜其弊者，不外委绅得人之一法。现于城内设立总局，择各乡正绅夏建寅等十人总习其事。……县凡三乡，为里者四十八，为屯者十三，为州者一，各举二绅或三绅，统谓之里绅。悉为总局所遴选。分司各里各屯与州之事。复各有保正以供奔走。造册以十户为牌，立牌长，十牌为甲，立甲长，大族则更立族长，皆统于里绅，总局复统各里绅而督率之。颇有指臂相使之势。[1]

可以看出，武昌的保甲制度已演变成了总绅——里绅——甲长——牌长——民户的组织结构，并且族长亦听命于里绅。士绅成为基层组织的实际控制者，保正亦供其驱使，士绅在乡村社会权力结构中的支配地位得到明确的肯定。而且公举出来的总绅与里绅督率保甲清查户口、处理狱讼、办理孤贫育婴等地方事务，这实开清末地方绅董自治之滥觞。我们不妨来考察一下清末民初湖北黄陂县的有关情形，史称：

> 地方自治能力甚大，各姓有各姓之宗祠，各社会有各社会之董事，不安分之人由祠逐出，知照社绅，即可处以活埋之刑。故乡里无敢为非者。黄陂四乡无地保，皆董事也。董事奉到县

---

① （清）李有棻：《武郡保甲事宜摘要》卷1《禀》，光绪十三年（1887年）刻本。

令之日，则必开贺以炫吓乡人。故其社得一恺悌君子，四邻受福。得一威福小人，受害不浅。因董事皆贡监选充，不比地保可以随时笞责也。①

由以上史料我们可以看出，清末民初的黄陂县完全处于“乡村绅治”的状态。以往替官府跑腿当差的地保都不复存在，地方社会的管理皆为贡监充任的董事所把持，士绅成为地方自治的关键人物。绅权在乡村社会中的统治地位更加合法化和公开化。这种绅董制的出现是对晚清以来乡村基层管理组织崩溃的一种必然答复，也是政府对乡村社会控制能力萎缩的重要体现。这种乡绅支配体系的成立也是咸同军兴之后，绅权扩张的必然结果。

（原载《人文论丛》2003 年卷）

① 胡朴安：《中华全国风俗志》下编，《黄陂风俗志》，河北人民出版社 1986 年版，第 318 页。

“从贼”与“反贼”：变乱格局下地方绅民的反应及其关系网络

——以咸丰年间太平军挺进两湖之际为中心的考察

一、问题的提出

曾经亲历太平天国运动的英国人呤唎在其回忆录中写道：

> 太平军来自湖南的很多，中国人说湖南人是中国最好看的。我完全相信这话，因为我曾打听我所碰到的超出一般相貌的太平军是哪里的人，每次我都发现相貌最好的全是湖南人或者是江西山地来的人。湖南位居中国中心，向来以产生最好的兵士驰名，尤其是湘勇，久已为人所称赞。①

在上述记载中，给英国人呤唎留下深刻的印象的事情有二：一是太平军中来自湖南的人数众多；二是出自湖南的湘勇非常优秀。历史的机缘巧合在于，拥有大量湖南人的太平军队伍，最后被同样来自湖南的湘军所镇压。这就带来一系列饶有兴趣的问题：何以湖南民众，既有大量投身太平军者，又有参加镇压太平军的湘军者？是什么

---

① 〔英〕呤唎著，王维周译：《太平天国革命亲历记》上册，中华书局1961年版，第51页。

导致两湖绅民选择加入一伙路过其村庄的起义队伍？“从贼”与“反贼”是一种理性的选择还是一时冲动？他们是为形势所迫还是利益驱使？他们又是通过何种方式加入到各自阵营中去的？两湖民众不同的集体行动背后的动机是什么？

回顾历史，历代农民起义，特别是改朝换代之际，纷繁的战乱一方面给广大民众和基层士绅带来颠沛流离的苦难，另一方面也提供了在王朝控制力大为削弱的情形下自由表达意愿的机会，从而做出拥护谁或反对谁的政治抉择。这种行为选择既与阶级、阶层的社会、经济地位有关，同时也与各自的意识形态和个人境遇有关。比如日本学者山根幸夫就指出，在明清鼎革之际，许多下层士绅为了升官发迹以及对上层士绅不满而纷纷投向农民起义军。[①]而美国学者戴福士通过对豫东北以郑廉为代表的知识群体的考察，发现在明清变革之际，这群知识分子甚至出现了前后不同的政治抉择：由之前的支持明朝、反对李自成，到后来同情农民起义军；由抗拒清军入主中原，到后来服务于清朝政府。而无论是反对还是同情起义军，支持还是对抗朝廷，中国历史上丰富的先例、典故等都成为这些知识群体在不同时期各种看似前后矛盾的选择提供了某种精神上的慰藉和支持。[②]

对于中国传统社会最后一次大规模的农民起义——太平天国运动的研究，学界可谓著述如林，但多集中于太平天国自身方面，缺乏从区域社会史的视野，对太平天国运动波及地区的基层权力结构、关系网络等相关问题进行深入细致的考察。这方面，美国学者孔飞力的相关著作无疑值得我们学习和借鉴。[③]循此理路，本文试图以咸丰初年太平军北上进入两湖之际为中心，通过变乱格局下地方民众不同反

① 〔日〕山根幸夫：《明末农民起义与绅士阶层的反应》，《晋阳学刊》1986 年第 2 期。

② 〔美〕戴福士：《试论明清嬗替之际河南东北部知识群体的政治动向——从郑廉及所著〈豫变纪略〉谈起》，《中国史研究》1994 年第 1 期。

③ 〔美〕孔飞力著，谢亮生等译：《中华帝国晚期的叛乱及其敌人——1796—1864 年的军事化与社会结构》，中国社会科学出版社 1990 年版。

应的历史考察，揭示出普通民众和底层士绅，在动乱之中的人生际遇和道路选择，并进而探究彼此对垒的两个阵营，各自采取的社会动员措施、组织原则与关系网络等。

二、“裹挟”与“蚁附”：两湖民众对于太平军的反应

清人汪堃《盾鼻随闻录》载：“洪逆……以广西随来者为旧兄弟，湖南投入者为新兄弟。”[①] 而清人张德坚所著《贼情汇纂》，则站在统治者的立场上，将来自广西金田一带的起义者称为“老贼”，而将进入两湖及以后附从的民众称为“新贼”。由此，所谓“新”“老”之间，大略可以体现出参加太平军时间先后之别。[②]

（一）“新兄弟”：两湖民众参加太平军之情形

张德坚在《贼情汇纂》中曾写道：

> 两湖人民耕田凿井，鼓腹而歌，正乐熙皞之世。初不料贼众掩至，其不与闻逆谋，与知贼事也明矣。逆氛所至，攻城陷邑，焚掠一空，胁民从行，如虎驱羊，谁敢不从？自道州、江永而下长沙、武昌，沿江数千里，人民妇孺之从贼者诚属流离苦困中苟延残喘而已。[③]

---

① （清）汪堃：《盾鼻随闻录》卷2《楚寇纪略》，中国史学会主编：《太平天国》（四），上海人民出版社2000年版，第364页。

② 其实“称谓”的背后肯定还有更为复杂的群体意识。比如日本学者小岛晋治指出，拜上帝教的主力其实就是广西客家人。参见其《试论拜上帝教、拜上帝会与客家人的关系》，北京太平天国历史研究会编：《太平天国史译丛》第二辑，中华书局1983年版，第291—305页。

③ （清）张德坚：《贼情汇纂》卷11《贼数·新贼》。中国史学会主编：《太平天国》（三），上海人民出版社2000年版，第293页。

在张德坚的眼中，两湖民众大部分应该是迫于太平军的强行“掳掠”而被“裹挟”加入的。当然他也承认，不少“新贼”也是甘心“从贼”的，其中尤以“无赖之徒”为最：

> 贼皆胁从是已。然亦有讨吣无赖之徒，或迫于赌债，或避官司勾捕、或在乡党作大悖理事不可见人，遂皆以贼为逋逃薮。又有丧心贪利愚民，欲借贼势掳掠自肥，他如江洋大盗、凶恶狱囚，贼每陷城池，多来投营，即或亦由暂胁，方以类聚，日久濡染，未有不真心愿从者。①

可以想见，在“天崩地裂”的混乱时期，两湖民众因为各自不同的家境、不同的境遇、不同的追求，自然会被动或主动地做出各种不同的反应和抉择。无论是被“裹挟”还是“蚁附”，总之，两湖下层普通民众参加太平军人数较多，特别是起义初期太平军由广西出发挺进两湖之际，可谓是一呼百应。张德坚对此亦记载云：

> 贼初入湖南，先据道州，则以所掳道州人为新贼之首。缘洪逆据其地两月，整顿军容，补益卒伍，故尽掳州人并妇孺而行，除即时逃回不计外，尚余男妇三万余人。由江永而至郴桂，更得挖煤矿徒刘代伟之党，已倍前数。沿途裹挟而至长沙，竟得十余万之众。攻围三月，粮尽势蹙，日有逃亡，几丧十之二三，官军围剿暨来攻被歼者亦三万人。于是仅余新贼三万余人。西窜宁益一带，未几出湘岳，复得前数，尽掳商民船只近十五万人矣。迨陷武汉，裹挟男妇老幼水陆东下，合前数五十万有奇。②

---

① （清）张德坚：《贼情汇纂》卷12《杂载》。中国史学会主编：《太平天国》（三），上海人民出版社2000年版，第313页。

② （清）张德坚：《贼情汇纂》卷11《贼数·新贼》。中国史学会主编：《太平天国》（三），上海人民出版社2000年版，第296页。

从1852年6月太平军进入湖南，到1853年2月离开湖北顺江而下，在不到一年的时间里，其兵力由之前的不足2万猛增到50万，也就说两湖民众共计有47万余人加入了太平军，其规模之巨令人惊叹。恰如在太平军攻入武昌之际，时人写诗云：“无端市井乱纷纷，招子腰牌次第分；二十五人同拜上，各归司马各投军。”[①] 兹仅以清军缴获的一份太平军的“兵册”为例，窥见两湖民众加入情形：

表一：太平军基层“兵册”所载两湖民众入营名单

序号	官职	姓名	年龄	籍贯	加入时间	加入地点
1	副司马	汪万菁	十八岁	湖北武昌府江夏县青林寺人	咸丰二年十二月	武昌入营
2	书史	陈万顺	四十五岁	湖北黄州府黄冈县团风人	癸好三年正月	黄州入营
3	伍长	谭大福	十九岁	湖北黄州府蕲水县兰溪人	癸好三年正月	黄州入营
4		周绵良	二十一岁	湖南岳州府巴陵县鹿角人	壬子二年十月	岳州入营
5	伍长	姚万奎	三十三岁	湖北黄州府黄冈县余家集人	壬子二年十二月	黄州入营
6		张有财	十八岁	湖北武昌府兴国州酒铺人	癸好三年正月	黄州入营
7		赵狗子	十七岁	湖北黄州府麻城县宋埠人	癸好三年六月	鹅公颈入营
8		周家齐	四十五岁	湖北汉阳府汉川县刘家塥人	癸好三年九月	汉川入营
9	牌尾	陈小四	十五岁	湖北武昌府大冶县冶山人	癸好三年九月	兴国入营
10		万如意	十四岁	湖北黄州府麻城县宋埠人	癸好三年六月	宋埠入营
11	伍长	邱添玱	二十三岁	湖北武昌府崇阳县东四都人	癸好三年六月	团风入营
12	牌尾	赵瞎子	五十九岁	湖北武昌府江夏县城内人	壬子二年十二月	武昌入营
13	牌尾	郑杏花	十四岁	湖北武昌府江夏县城内人	壬子二年十二月	武昌入营

资料来源：张德坚：《贼情汇纂》卷4《伪军制上》。中国史学会主编：《太平天国》（三），上海人民出版社2000年版。

① 江夏无锥子：《鄂城纪事诗》，中国科学院历史研究所第三所近代史资料编辑组：《太平天国资料》，科学出版社1959年版，第36页。

以上是编制为25人的太平军基层兵制单元的兵册。其中两湖民众为13人，占据一半以上。其参加时间多为癸好三年（按即清咸丰三年，1853年）。在基层军官中，除正司马是来自广西桂平县的"老贼"之外，两湖民众拥有官职者有：副司马1人，书史1人，5个伍长占据有3人，充任太平军官职比例也较高。这一点也可以由以下史料得以印证，咸丰六年四月二十一日，胡林翼札兴国州委员宋斯年曰："该州约有二十万户，充贼官者十有五人，纳于贼者不知若干。"①

以上兵册名单可从一侧面反映两湖民众加入太平军者众多，但笔者此文更关注的是如此众多的民众是如何加入太平军的。换言之，具体是哪些人参加了太平军，他们是以何种方式加入太平军的。

（二）什么人参加了太平军？

晚清文人汪士铎在其笔记中写道："过岭，则首召道州、桂阳、郴州之奸民。至长沙，则湘东之奸民皆从之。至武昌，则湖北之奸民皆从之。"② 沿着太平军进军两湖的路线，我们发现分别有如下群体大量加入到太平军队伍中去：

1. 湘南挖煤、采矿工人等业缘性群体的大量加入，组建了太平军队伍中攻城拔寨、屡建奇功的"工程兵"部队——"土营"

湘南多为山区丘陵，稻作经济远不及湘中、湘北地区，但本地富含有铁、铅、煤等矿业资源，故其矿冶业却为湖南之最，尤以郴州、桂阳、宜章、永兴等州县为中心，吸纳了大量的投资者和手工业工人。道光《辰溪县志》记载："计阖县挖矿营生之人，动以千数"，相关配套的人数，比如矿贩、煽铸铁的雇工、挑运脚夫、烧炭的炭

---

① （清）汪士铎辑：《胡文忠公抚鄂记》，岳麓书社1988年版，第43页。

② （清）汪士铎辑：《汪悔翁乙丙日记》卷3，《近代中国史料丛刊》第一编，台北文海出版社1966年版，第113页。

户、装炭的船户以及捡炉炭矿渣的贫民，每年共计“不下万余人”。[①]

在安土重迁的农耕社会里，从事一线挖煤、开矿者大抵皆为破产农民或无业游民，以致在临武、蓝山、嘉禾、桂阳、新田和衡阳一带形成了“砂夫”和“砂贼”这一特殊群体，由明到清，郴州一带“矿冶招祸，砂夫酿乱，历历可数”[②]。他们属于依附于矿业的无产者，靠出卖劳力为生，四处流亡，没有稳定的生活来源。这种生存状态使得他们养成强烈的反叛精神、冒险精神和暴徒意识。所以在太平天国转战郴、桂一带时，众多的挖煤开矿工人参加进来，使得太平军队伍迅速扩张到一倍以上。其实上帝会初期的会众最初主体也多为贵县山区的烧炭工。

史料记载，太平军攻入道州后，即“招集搌煤夫一千余人，每人月给银十两，使掘地道攻城”[③]。嗣后“专以挖地道为得计，于道州、郴、桂等处尽掳挖煤山人数千，另立土营。土营之众，贼中呼为开垄兄弟，贼目优视之，专充穴地之役，鲜使打仗”[④]。“土营”在以后的攻城拔寨的攻坚战中，屡建功勋。当时清方记载云：“贼到处俱用湖南煤夫挖掘地道，恃为长技，无坚不破。”[⑤]

2. 两湖“天地会”以及其他“股匪”、“会匪”等秘密会社的“团伙式”加入，使得太平军队伍迅速扩张

天地会肇始于清康熙时，南方各地旨在“反清复明”而成立的秘密会社组织。道光年间，已经遍及两广、湖南、江西等地。太平天国在金田起义之初，在两广地区就一度和天地会联合。在太平军进入

---

① 道光《辰溪县志》卷 21《矿厂》，道光元年（1821 年）刻本，第 5 页。

② 嘉庆《郴州总志》卷 19《矿厂志》，嘉庆二十五年（1820 年）刻本，第 12 页。

③ （清）汪堃：《盾鼻随闻录》卷 2《楚寇纪略》。中国史学会主编：《太平天国》（四），上海人民出版社 2000 年版，第 363 页。

④ （清）张德坚：《贼情汇纂》卷 4《伪军制上》。中国史学会主编：《太平天国》（三），上海人民出版社 2000 年版，第 138 页。

⑤ 中国史学会编：《太平天国史料丛刊》（四），神州国光社 1956 年版，第 365 页。

湖南之后，更是得到当地天地会的支持，除了在各地充当向导，暗中打听清军消息之外，更有大量的天地会会众成群结队地加入到太平军队伍中去，使得太平军实力得到补充，并且人数急剧扩大，构成太平天国军事力量发展史上具有决定性的大事。

曾国藩在奏折中云："湖南会匪之多，人所共知。去年（按即咸丰二年）粤逆入楚，凡入添弟会者，大半附之而去。"[①]江忠源亦云："（太平军）身入永州境，土匪之迎降、会匪之入党，日以千计。而地方文武又皆望风先逃，一旦至道州，势遂复炽。"[②]又据史料云："贼全股屯据郴州，收永、桂、郴、衡之斋匪游民，其众遂多。"[③]可以说，会党的大量参加，是进入湖南后太平军得以迅速发展的主要原因。据罗尔纲先生统计，太平军在湘南吸收天地会五万多人，相当于太平军进入湖南前的十倍。[④]

正因为有会党的支持，太平军尽管在桂北的蓑衣渡之战中损失惨重，但进入湖南后却如鱼得水，史料载："自蓑衣渡之捷，贼气大沮。及据道州月余，楚、粤会匪相率趋附，势复帜。连陷江华、嘉禾、桂阳州。"[⑤]以后更是成星火燎原之势。

这些"会匪"因为平时就有一种秘密联系的组织和网络，所以其加入太平军基本都是以团伙的方式，因此数量非常可观。道州何贱苟于咸丰二年（1852年）率天地会四五千人参加太平军。巴陵晏仲武参加拜上帝会后，于咸丰二年协助太平军攻打岳州，并组织二千人投诚。又据汪士铎的笔记记载："癸卯、甲寅间，贼目曾天养至武昌、

① 《曾国藩全集·奏稿》，《严办土匪以靖地方折》，岳麓书社1986年版，第44页。

② （清）江忠源：《江忠烈公遗集》卷1《答刘霞仙书》，同治十二年（1873年）刻本，第9页。

③ 佚名：《粤匪犯湖南纪略》，清抄本，罗尔纲、王庆成主编：《太平天国》（五），广西师范大学出版社2004年版，第6页。

④ 罗尔纲：《太平天国史事考》，生活·读书·新知三联书店1979年版，第60页。

⑤ 光绪《湖南通志》卷89《武备志十二·兵事四》，光绪十一年（1885年）刻本，第4页。

通城、蒲圻、大冶、兴国、嘉鱼、咸宁，旧钟人杰之余党十余万人来投降。”[①]

3. 湘北洞庭湖地区及长江沿岸渔民、船户的大量加入，组建了太平军中搭建浮桥、运输军队、纵横长江水域的水面部队——“水营”

两湖地区江河湖泊众多，以水为业的渔民和船户也众多，但在以农耕为主体的传统社会，水上人家长期作为边缘群体出现。太平军攻占岳阳之后，当地大约有五千船户参加了太平军。这些船户大多是从事水上运输的劳动群众，皆为“沿江纤夫、船户、码头挑脚、轿夫、铁木匠作、艰苦手艺，皆终岁勤劳，未尝温饱”[②]。参加太平军后，这些船户水手被编成搭建浮桥、往来运输的“水营”。史料载：

> 贼初无舟楫，故无水营。自益阳至武汉，掳民船三千余只，船户唐正财搭浮桥于汉江，杨逆嘉其能，始立水营，以唐正财为指挥，总统水营船务……贼中不分炮船、站船、坐船、辎重船，所有船只，皆载贼军，皆载粮糈。皆载器械炮火，凡船皆战船，凡接仗皆出队……故专以人众船多胜我。其由武汉下江南也，帆幔蔽江，衔尾数十里。[③]

清人夏燮亦云：“贼之所恃者水师，而其所谓水师者，不过裹挟之商贾民船。”而这些被“裹挟”的民船主要是太平军攻占岳阳、汉

① （清）汪士铎：《汪悔翁乙丙日记》卷3，《近代中国史料丛刊》第一编，台湾文海出版社1966年版，第113页。

② （清）张德坚：《贼情汇纂》卷11《贼数·新贼》。中国史学会主编：《太平天国》（三），上海人民出版社2000年版，第294页。

③ （清）张德坚：《贼情汇纂》卷5《伪军制下》。中国史学会主编：《太平天国》（三），上海人民出版社2000年版，第141页。

阳之后所得："自过岳州，招集洞庭艇匪，则水陆之师数十万矣。"①

（三）他们是如何参加太平军的？

前揭所言，主要是一些既有草根组织，以"团体性"方式成群结队地加入太平军中。笔者其实更关注其他广大分散的民众是如何加入太平军队伍，后者更有普遍意义。笔者试图从若干被清军俘虏的太平军士兵的口供中，找寻到一些蛛丝马迹，力图拼出一幅普通民众加入太平军的网络地图。

以下是从英国伦敦公共档案局收藏的二十九个太平军士兵的供单（都是咸丰二年即1852年前后在湖南加入太平军，在道州、江华、永明一带被捕之人），这些供单中记录这些士兵述说当初是如何加入太平军的。兹将其相关情况列表如下：

表二：太平天国初期（湖南）士兵供述加入情形一览表

姓名	年龄	籍贯	职业	自述加入太平军之经过与情形
黄非隆	39	湖南江华县城外东园渡人	经营香铺	咸丰二年六月初二日，小的因刘小仔、刘长仔、陈孔盛、徐景瀍、张老六、徐得判、李五仔、刘三仔、刘双仔、罗麻仔，接得毛姓客商杉树，扎成木牌，撑到永州发卖。初四日，行到道州河面湾泊，就有贼来胁逼小的们入伙。
蔡学伴	25	湖南永州府零陵县人	在江华佣工度日	咸丰二年六月十一日，在路上撞遇贼人谭学能，把小的捉去，胁逼入伙，派在伪西王罗亚旺旗内，给有单刀一把并号衣一件。
蒋光明	20	湖南道州田骨洞人	耕种度日	咸丰二年四月二十五日，广西贼人来到道州，占据城池。那贼人来到小的村内，向富户讹索谷米银钱，并叫村人仍做生意。小的哥子蒋福蒽先投入贼首太平王洪秀全伙内。二十八、二十九、六月初一、初二，小的同已到案的高义胜、蒋天益、胡苟、李松茂、何正东、陈人仔、陈元寿、曾永胜、义忠甫、陈天仕、陈永太、陈方桂先后挑谷米盐油进城发卖，也就投充入伙。

① （清）夏燮：《粤氛纪事》卷3《浔皖失援》，中华书局2008年版，第57页。

续表

姓名	年龄	籍贯	职业	自述加入太平军之经过与情形
高义胜	54	湖南永明上江墟人	买卖生理	今年（即咸丰二年）五月十五日，投入贼伙。与未获已入伙蒋福蒽认识，一同代贼买办谷米物件。因小的常来连州做生意，路径熟悉，所以叫小的同来。
郑光今	42	湖南道州郑家村人	耕种并做买卖生理	咸丰二年四月二十五日，广西贼匪来到道州，占据城池。那贼人来村，向富户讹索谷米银钱，并叫各村的人仍做生意。五月十二日，小的同族人郑元财、元吉三人合伙，挑得洋布白布去卖。不想撞见贼人，把小的扭去，胁逼入伙。这已到案的郑元柏、郑元支，也是那日入伙的。郑元财、郑光族及未到案的郑元吉及郑元相、郑元如、郑光佑、唐文富都于十五、十六两日先后入伙，均派在姓刘的不知名第一军师（帅）旗内。
郑光族	20	同上		今年五月十五日同生父郑元财投入贼人夥内。余与郑光今供同。
唐文富	38	湖南永州府人	佣工	今年五月十六日，同郑元相、郑元如、郑光佑投入贼人伙内。余与郑光今供同。
郑元和	25	湖南道州郑家村人	耕种并买卖度日	咸丰二年五月二十五日，广西贼匪占据道州城池。小的并未入伙内。二哥元吉与族人郑元财们先后都投入贼人伙内，派在姓刘不知名的第一军师旗内。到六月十六日，哥子郑元吉同郑元财们各携银两回家，说刘军师派往连州一带打探路径，并多少官兵防守，是否可以去得，恐怕途中盘查，又给银两，假扮客人买货的话。二哥郑元吉说，他有事不能同走，叫小的替他同伴来连打听并买货物，回去定有好处。小的依允。
刘新发	28	（广东）连州星子山洲堡塘下村人	平日割茅草度日，另做宰猪生理，道州卖凉水生理	咸丰元年九月间，小的同弟郎土发到广西荔浦探望哥子，哥子就把小的同弟郎留住。弟郎帮耕田地，小的做宰猪生理。今年（咸丰二年）不记月日，在荔浦县遇见认识的嘉禾县人罗展贞、罗观音保也到那里卖布，要转回楚。小的就约伴同行……五月初五日到道州，与罗展贞们分路。小的就在道州卖凉水生理。十八日，被贼人罗亚旺手下旗头不知名姓邓的，是广西永安州人，又另有几人不知名姓，一同把小的捉去，胁逼入伙。
巫法贵	50	福建人，湖南蓝山居住	佣工耕山，后乞食	本年（咸丰二年）五月十三日，在马头铺讨食，遇到土匪纠小的入伙。
邓亚隆	28	连州星子人	出外佣工	本年五月二十四日，在平乐地方遇着黄亚四，纠小的入伙。二十八日，到道州入伙，见天德王，姓朱，年约十七八岁，身材高大。小的在道州随同打仗，杀过穿号衣老将一人，百姓三人。
谢五姊	35	嘉应州宁县人		本年五月初七日，在平乐地方遇着黄亚四，纠小的入伙。五月二十八日到道州，在道州打仗，小的砍死二人。

资料来源：罗尔纲、王庆成主编：《太平天国》（三），《附录一，太平天国资料特辑·黄非隆等二十九人口述》，广西师范大学出版社2004年版，第274—285页。

据《黄非隆等二十九人口述》史料可以知道，蒋福葸是最先投奔太平军的，其弟弟蒋光明因受哥哥影响，所以在咸丰二年（1852年）四月二十八日也加入了太平军。同时一起入伙的还有如下：高义胜（蒋福葸的朋友），陈人仔、李松茂（以上2人与蒋光明同村），蒋天益、曾永胜、陈天仕、陈永太（以上4人同村），郑光今、郑元柏、郑元支、郑光相、郑光佑、郑光如、郑元和、郑元财、郑光族（以上9人同村同族，其中元财和光族二人是父子关系，元吉和元和二人是兄弟关系），唐文富（郑光族的佣工）。他们参加太平军显然借助了血缘和地缘关系，多半是同族、同村，甚至父子和兄弟一起参加。

其他包括胡苟、义忠甫、陈方桂、何正东等4人则是与蒋光明等人一起挑谷米盐油、进城发卖，应该也是基于生意往来而事先相识的熟人。同样，黄非瀧和刘小仔、刘长仔、陈孔盛、徐景隆、张老六、徐得判、李五仔、刘三仔、刘双仔、罗麻仔等10人也是一起放木排的合伙人。邓亚隆和谢五妳是被天地会成员黄亚四一起拉入太平军的。29人供词中，只有蔡学伴、刘新发、巫法贵3人入伙有一定的“个体性”和“偶然性”。

但我们也可以注意到，以上这些参加太平军的两湖人员大多为脱离农耕社会的底层、边缘群体：秘密会社的成员、深山的挖煤开矿的手工业者、往来于江河湖泊上的船户水手、佣工、宰猪以及做小生意买卖者。清人汪士铎在《汪悔翁乙丙日记》中也认为支持和拥护太平军的主要就是以下若干“边缘性”群体：

> 游荡之子、刁滑之徒，皆其羽翼也。爆竹之铺、铁冶之匠，皆其辅佐也；游手之夫、饮博之场，皆其耳目也；星卜之流、乞丐之辈，皆其侦伺也；塘铺之兵，担力之人，皆其邮递也；深山之中，大泽之阻，皆其巢穴也；吏胥之首、弓兵之精，皆

其朋党也。[1]

以上所言，当然是站在统治者的立场，多有污蔑不实之词。但自古云"无恒产者无恒心"，脱离"正常"社会结构之外的流动人口，没有了家庭的牵绊和宗法的束缚，毫无疑问更易参加起义队伍中去。同时，在"熟人社会"里，这些群体参加的模式主要还是借重了原来的社会关系网络，以同村、同族、同乡的"群体性"加入太平军，以及先前所说的以会党、矿工、船户的"帮会式"团伙方式参加。这种通过父子、兄弟、同族的血缘，以及同一职业、熟人网络的"藤蔓式"的扩展方式，才是太平军人数在两湖地区迅速扩张的根本原因。

三、"附逆"与"杀贼"：两湖士子的政治抉择

太平天国的忠王李秀成被俘后，在其供状中曾云"官兵多用读书人"，而太平军中"无读书人"。缺乏士子文人的支持被认为是太平天国失败的重要原因之一。其实在起义之初，不乏失意之底层士子文人，出于对跻身仕途的执着，对改变人生境遇的憧憬，在正途科举屡次受阻的窘境下，愤而投奔义军者。毕竟中国历代王朝鼎革之际，以辅佐"新主"而跻身庙堂、成就一番伟业之寒门士子大有人在。

（一）"秀才造反"：太平天国初期招揽人才与两湖下层士子之响应

出于斗争的需要，太平军进入两湖地区之后，曾通过各种方式

---

① （清）汪士铎：《汪悔翁乙丙日记》卷2，《近代中国史料丛刊》第一编，台湾文海出版社1966年版，第88—89页。

延揽人才，比如招贤之制、开科取士、甚至不惜掳掠士人等。史料载：太平军“行兵所至之地，皆署榜于所居门墙及伪衙门前，曰‘招贤’而悬示于榜”[①]。有史实证明，此种招贤之举在两湖部分地区的确实施过。1975 年，湖北崇阳县雨山乡青峰村一廖姓住房墙壁中，拆出两件太平天国时期的“太平天国布告”，其中一张布告为“真天命太平天国九门御林开朝勋臣德天安陈为钧谕四民”云：

> 来尔江楚，大开疆土，广纳人才。查该处素称忠义之乡，必有俊杰之士。为此，特颁钧谕，仰尔士民等一体周知，帷愿民乘时应募，毋同屈蠖之不伸，利见从王，岂效潜龙之勿见。识时之务，易危就安，急早向化输诚，共享升平之福。出身见用，同沾雨露之恩，本爵随材使器。文则授以文任，武则置之武班，各显尔能，各称尔职，是则本爵之所切望者焉。[②]

以上即一“招贤榜文”，号召鄂东南一带“识时务”之“俊杰”投奔太平军，并许以“各尽其用”的职位。这些对于长期被排斥在清朝权力网络之外的下层读书人应该是有一定的号召力的。与此同时，太平军还在湖北“到处掳人充寇。中有读书之士，审识，即尊为先生，任以书禀之事”[③]。

开科取士则在太平军攻下武昌城之后即被实施。而且为了能吸引更多的士子参加，太平天国还“宽其资格，诱以仕途”，以至于在湖北乡试中出现了此种局面：应试者不及一千人，录取者高达八百人

---

① （清）张德坚：《贼情汇纂》卷 3《伪官制》，中国史学会主编：《太平天国》（三），上海人民出版社 2000 年版，第 113 页。

② 转引自孙晋文：《湖北崇阳发现太平天国布告》，《文物》1978 年第 7 期。

③ 《志咏注略》，转引自孔宪凯、皮明庥：《〈旅游漫草〉中的太平天国史料》，《黄石师范学院学报》1981 年第 1 期。

之多。[①]这八百被录取的读书人中，大部分可能来自清代文风较盛的鄂东地区。据《阳新县志》记载，兴国州乡村有一个贫寒之家出身的读书人叫刘继盛，饱览经史，参加县城考试，因主考官刁难而未中，愤然誓曰：从此不复入此门。他人劝其再试，答曰：“我，乃明之刘基，岂能为胡元所用哉！”当太平天国在武昌开科取士之时，他欣然前往应试，因其在文章中有“三皇不为皇，五帝不为帝，唯有我主真皇帝”之语，令洪秀全大喜，钦点为太平天国的第一届状元，香车宝马，打马游街，甚是得意。同县另一名饱读诗书之孙从鹤者，亦投身太平天国，任兴国州监军，并率兴国军赴武昌解围。[②]

另据《朱峙三日记》所记载，其四舅也曾经参加过太平天国举办的科举考试：

> 四舅系某科恩赐翰林，亦诸生，以填年龄九十一，获恩赐翰林也。父亲云：四舅曾应太平天国试者，乡间多非笑之，尤与聘三舅父相仇。闻当时在省应科场者归，胸前配一白竹布条，外书“识时务者为俊杰”七字，招摇过市，士论鄙之。[③]

鄂城人朱峙三之四舅应太平天国之考试何以会遭到“乡间多非笑之”和“士论鄙之”？按照成王败寇的逻辑，这显然是缘于太平军最终被镇压，投身太平军的士子们的政治“投机”失败。所谓“识时务者为俊杰”，只是在秩序崩溃之际，群雄逐鹿之时，谁又能预见他投效的就不是未来“真龙天子”？兴国州士子刘继盛自诩“刘基”，

---

① （清）张德坚：《贼情汇纂》卷3《伪官制》，中国史学会主编：《太平天国》（三），上海人民出版社2000年版，第112页。

② 湖北省阳新县地方志编纂委员会：《阳新县志》，《人物编》，新华出版社1993年版，第797—799页。

③ 《朱峙三日记》，载《辛亥革命史丛刊》第10辑，湖北人民出版1999年版，第270页。

可惜洪秀全终究不是朱元璋，士子们“择良木而栖”的仕途梦不久就彻底幻灭。而且在太平军森严的等级和任人唯亲的用人机制下，加入太平军的读书人大多沦为书写匠的角色：“号曰先生，所办无非写奏章诰谕、封条、告示、造家册、兵册等事，一切军令概不与闻。”[①]他们很难进入权力的核心，基本处于边缘角色。因此，太平军得不到更多精英士大夫的支持就成为必然。

（二）“卫道辟邪”：两湖士绅的政治倾向

毫无疑问，太平天国期间，绝大多数的士绅站在了农民起义的对立面，这背后重要的原因之一，就是太平军推行错误的文化宗教政策。其实，利用宗教进行民众宣传和社会动员在中国历代农民起义中也是较为常见的手段之一，比如东汉张角的太平道、元末韩山童的白莲教等等，但鲜有如太平天国利用洋教作为外衣，更没有对传统儒家文化和一切佛道宗教习俗进行大肆摧毁的。

而太平军进入两湖之后，孔庙、学宫以及一切供奉神位偶像的寺庙都被摧毁：“妖庙妖神纵火烧，僧尼无罪也难逃。有家共说无家好，任尔出家总不饶。”[②]将孔孟诸子百家等一切儒家书籍都视为妖书而肆意焚烧：“咸丰壬子，贼入汉阳城，劈门入，取藏书斩刈踏之。”[③]这种“崇教排儒”的政策，引起整个儒家知识分子的疏离和反感，并必然遭到士人的声讨。史料记载，咸丰二年（1852年）十二月，太平军攻占武昌之后，在猎马场（应为“阅马场”）筑高台“讲道理”，汉阳县生员马姓者当场反驳曰：

---

① （清）张德坚：《贼情汇纂》卷12《杂载》，中国史学会主编：《太平天国》（三），上海人民出版社2000年版，第314页。

② 江夏无锥子：《鄂城记事诗》，《近代史资料增刊——太平天国资料》，科学出版社1959年版，第38页。

③ （清）王葆心：《续汉口丛谈》卷2，湖北教育出版社2002年版，第42页。

> 尔才所说之言，一派伤天害理，犬吠之声，何道理之有？试问自有人即有五伦，尔贼头与群丑皆称兄弟，是无君臣；父子亦称兄弟，姑媳亦称姊妹，是无父子；男女分馆不准见面，是无夫妇；朋友兄弟离散，是无朋友兄弟。可谓五伦俱绝。即依尔所述亦只有兄弟一伦。况舍亲兄弟不认而别呼他人为兄弟乎？如此悖谬是真无用之狂贼也。[①]

在马姓生员看来，拜上帝教严重背离了中国传统的三纲五常，无君臣父子之情理，为广大士子文人所不能容忍。尽管面临“五马分尸”之酷刑，他依然“肆詈如故”，由此可见信奉儒家文化的士子和拜上帝教之间的尖锐对立。

曾国藩正是看到了太平军与清军争战的刀光剑影背后所蕴含的内在文化冲突与张力，才打着维护儒家正统文化的旗帜，登高一呼，应者云集。与太平军的《讨胡檄文》针锋相对，曾国藩发表了著名的《讨粤匪檄》：

> 粤匪窃外夷之绪，崇天主之教，自其伪君伪相，下逮兵卒贱役，届以兄弟称之。……举中国数千年礼义人伦、诗书典则，一旦扫地荡尽。此岂独我大清之变，乃开辟以来名教之奇变，我孔子、孟子之所痛苦于九原！凡读书识字者，又乌可袖手安坐，不思一为之所也！[②]

在此，曾国藩很高明地将讨伐太平军的意义从恢复固有社会秩

---

① （清）张德坚：《贼情汇纂》卷12《杂载》，中国史学会主编：《太平天国》（三），上海人民出版社2000年版，第312页。

② 《曾国藩全集·诗文》，《讨粤匪檄》，岳麓书社1986年版，第232页。

序上升到了捍卫传统文化之道统的思想高度，从而掩盖和消弭了原有社会阶级矛盾和满汉民族矛盾，赢得了两湖地区读书人的广泛回应。如湖北士人王家壁在复曾国藩的信中即云：

> 我师讨贼檄，卫道辟邪，实为盛世昌言，功不在孟韩下，每为同志者诵之，静者流涕，动者击柱，其感人之深如此。[①]

诚如社会学者小威廉姆斯（Robin M. Williams，Jr.）所指出："一个认同感较强的社会群体，当意识到外部的威胁是对群体整体的威胁时，就将导致内部团结的加强。"[②] 太平天国错误的思想文化政策将广大士绅阶层推向了自己的对立面。所谓旁观者清，在 1854 年，西方传教士在一篇报道中就已经指出：

> 士大夫阶层构成整个中国社会体系的中坚，是大众舆论的领袖，民众一向乐意和信任地团结在其周围。对于他们，叛军不是用心地争取其归顺，而是宣布他们的荣誉头衔无效和非法，抨击他们所珍爱的古代书籍，焚毁他们的公共藏书地，使他们变成了自己的敌人。[③]

太平军对于传统文化的涤荡，将自己置身于传统文化的敌对之中，从而未能像历次农民起义一样，吸纳较多的失意士子进入自己的队伍。而曾国藩则抓住了数千年儒家文化浸润中的文人士子的核心

---

① 皮明庥编：《出自敌对营垒的太平天国资料——曾国藩幕僚鄂城王家壁文稿辑录》，湖北人民出版社 1986 年版，第 225 页。

② 〔美〕L. 科塞著，立平等译：《社会冲突的功能》，华夏出版社 1989 年版，第 80 页。

③ 《麦华陀和莱文·包令的报道》，载罗尔纲、王庆成主编：《太平天国》（九），广西师范大学出版社 2004 年版，第 154 页。

价值观念，在所谓"忠义"、"道统"的道德感召下，同时也在朝廷的"封官加爵"的利益诱导下，有效地调动了士绅阶层的全部力量和热情，并迅速将两湖地区广大士绅阶层集聚在讨伐起义军的麾下，湖南形成"湘中士大夫号召忠义，争治乡兵杀贼"[①]的新局面。湖北士人王柏心、王家璧、胡大任、余云龙等亦纷纷投入湘军幕中，参赞军机，以卫其道。甚至应城之陈国瑞、黄冈之刘维桢等，原本投奔太平军中的士人竟纷纷叛离太平军。

（三）"书生领兵"：士子文人与团练、湘军中的关系网络

两湖团练及其湘军，其领导者本质上是一群深受儒家正统思想影响的书生，据罗尔纲先生考证，湘军将官中，出身于书生者占58%，高级将领几乎全部是有功名的士人。这一群体有着共同的学术倾向——经世致用，有着共同的政治理想——试图革除弊政、重振纲纪、恢复往昔的社会秩序，而且尽管他们对时政多有批评，但对朝廷却忠心不二。他们"以天下为己任"、"挽狂澜于既倒、扶大厦之将倾"的道德责任感，使之成为内聚力极强的群体。除了这种儒家士大夫集团的群体意识情感和道德上的向心力及凝聚力之外，笔者在此更关心的是实践层面的问题，即这些士人是如何组织起来的。

对于湘军里面人与人之间的关系，罗尔纲先生认为是"利用封建的关系以为联系，并且以升官发财作为共同奋斗的目标团结起来的"[②]。这里的"封建关系"其实就是亲属、姻亲、师生、同年等盘根错节的固有社会关系。比如湘军水师彭玉麟是曾国藩的门生，胡林翼、李续宾、李续宜皆是罗泽南的弟子，而罗泽南所部湘军，皆用学生作为营官等。此外，胡林翼把妹妹嫁给罗泽南的长子，曾国藩

---

① 光绪《湖南通志》卷68《学校志·书院》，光绪十一年（1885年）刻本，第18页。

② 罗尔纲：《湘军兵志》，中华书局1984年版，第68页。

把第三女嫁给罗泽南次子，曾国藩与郭嵩焘、李续宜也皆为儿女亲家等。

洪杨之役，湘人父子兄弟等亲属从军极为盛行。曾国藩兄弟五人，有四人在军，江忠源兄弟五人皆从军，刘坤一与刘培一、李续宜与李续宾、王鑫与王勋皆为亲兄弟。俗语云，打仗亲兄弟，上阵父子兵，血缘相亲，自然在战场上齐心合力，关键时刻互相援手，忘死救护。以李续宾所在的家族为例，咸丰八年十月初十日，李续宾死于安徽三河镇之役，“族之人相从死义者有白明、白专、白眉、登用、登梯、登钦……共六十有六人”[①]。这一同“死义”的66个族人中，又多半为父子兄弟关系。故李续宾阵亡之后，湘乡“家家举丧，户户哀声”。

由此可见，通过师生、姻亲、亲属等社会关系，两湖士子之间建立起紧密关系。以此类推，这些精英士大夫在组建两湖团练与招募乡勇的过程中，宗族与同乡等血缘与地缘的关系也起到了重要的纽带作用。在两湖兴办团练活动中，族团是最有代表性的，比如湖南团练为天下之最，而湘乡团练又为湖南之最，究其缘由，其实就在于借重了当地的草根组织——血缘的宗族和族长、户首等宗族领袖的作用：

> 练团必先练族，尤为扼要。盖根本既固，痛痒相关，如手足之捍头目，子弟之卫父兄，未有不急切奔赴者，是以贼踪畏避，一邑获安……各都保正速传各族，无论大族小族，俱令公举族首、房长，速行报县，以便给札委办。团练无分大小，俱令先练族，后练团。团练现奉谕旨饬令举行，各族户首俱宜克期从事，务使族众、团众皆能有勇知方。[②]

① 民国《李报本堂族谱》卷首《忠烈传》，民国五年（1916年）木活字本，湖南省图书馆藏。

② 同治《湘乡县志》卷5《兵防志·团练》，同治十三年（1874年）刻本，第5、6页。

曾国藩在组建湘军之时，也严格遵循"同乡关系"原则，其所招募的丁勇大多为同乡同里之淳朴土著农民。他在创办水师时，回复朱尧阶的信函中即云："水手须招至四千人，皆须湘乡人，不参用外县的，盖同县之人易于合心故也。"[①]而其弟曾国荃的军队，就"不独尽用湘乡人，且尽用屋门口周围十余里之人"[②]。其他如王鑫"专招一县之勇"，李元度"但取平江之人"，刘长佑"非臣亲党，即臣邻里"。曾国藩在招募兵勇时，还必须"取具保结"，造具籍贯里居亲属等，存档备查。以上这些方法和手段，目的就是要从感情上笼络人，从组织上控制人，为全军达到"诸将一气，为众一心"之目的，所以胡林翼在一篇奏疏中指出"湘营均系曾国藩同里之人"[③]。

四、结语

太平天国运动初期，在北上两湖之际，其队伍迅速壮大，显然有赖于两湖民众的广泛支持和积极响应，从而使得太平军能在短短的一年时间内，就攻占了长江中下游广大地区，一度占据了中国半壁江山。而从两湖民众参加太平军的方法和途径来看，大体利用了既有的业缘和地缘的熟人关系网络。从参加群体来看，太平军带走的两湖"新兄弟"主要是矿工、会众、船户、水手，以及其他流动的商贩、佣工等底层、边缘性群体。从分布区域来看，主要集中于湘南山区和湘北洞庭湖区，以及鄂东南丘陵山区。

---

① 《曾国藩全集》第21册《书信一复朱蓂》，岳麓书社1990年版，第409页。

② （清）赵烈文：《能静居日记》（选录）27《同治六年五月至八月》，罗尔纲、王庆成主编：《太平天国》（七），广西师范大学出版社2004年版，第327页。

③ （清）胡林翼：《胡林翼集》（一）奏疏，岳麓书社1999年版，第121页。

由于太平军主要是路过湖南、湖北，未能建立长期稳固的根据地。而且随着时间的推移，被胜利冲昏头脑的太平军将领开始以南京为天堂，贪图江南之富庶，骄奢淫逸，脱离群众，凭城据守，逐渐失去了广大民众的支持。对于普通民众而言，起义初期宣扬的没有剥削、人人平等、有田同耕、有衣同穿、共享太平的理想社会根本没法实现，带给人民的只有战争的创伤；对于知识分子而言，由于太平军推崇洋教，排斥儒家思想，将广大知识分子推向了敌对营垒。

反观以曾国藩为首的两湖官绅士子群体，出身于中小地主阶层，耕读传家，扎根乡村，又深受经世致用学风的影响，在共同的学术倾向、共同的政治理念下，为着一个共同的目标，并且通过盘根错节的师生、姻亲等社会关系，构建了一个核心社会群体。又因为他们关心民瘼，在组织动员基层群众上面，两湖官绅士子也利用了既有的私人性、情感化的组织动员方式，即传统村落内部由宗族主导的合作体系和由熟人社会组成的关系网络，将同乡、同族、师生、姻亲等传统社会关系的利用发挥到极致。

在两湖广大乡村地区，精英士大夫在“卫道”旗帜感召下，各地士子文人纷纷创办团练武装，在“贫者出力、富者出资”，“村村结寨、处处办团”的口号下，将农民集体组织起来，站到了清政府一边。而遍布两湖各地州县乡村的团练组织，其最大的功用就是阻隔了太平军与农民的联系，从而使得太平军在与清政府争夺乡村资源的斗争中，彻底失败了。于是，以“书生加农民”的团练、湘军等地方武装，战胜了以“矿工加群氓”的太平军武装。

从团练到保甲局
——晚清两湖地方秩序的解体、重建与基层行政制度演变初探

一、引言：问题之缘起

长期以来，学界以为太平天国运动之后，中国社会结构有一个大的变动，那就是绅权的扩张所带来的基层权力结构的演变，以及国家、士绅与地方行政关系的调整，比如孔飞力就认为：太平天国时期的地方军事化影响着县一级中国行政的特点，并且以一直持续到民国时期的各种方式形成了县级行政和地方名流之间的关系。[①] 但也必须认识到，尽管我们不否认这种转变，但我们似乎夸大了这种转变，即传统秩序的崩溃并不肇始于此时。就湖北而言，白莲教起义已经开启了地方军事化的滥觞。就湖南而论，太平天国之后的持续军事化也被有些学者所质疑。[②] 也就是说，19 世纪中叶以来的绅权扩张究竟在多大程度上意味着传统社会的崩溃，太平天国之后的地方社会结构到底发生了多大的变化，仍需要进一步的论证。而且我们把眼光向下关注

---

① 〔美〕孔飞力著，谢亮生等译：《中华帝国晚期的叛乱及其敌人——1796—1864 年的军事化与社会结构》，中国社会科学出版社 2002 年版，第 217 页。

② 〔美〕爱德华·麦科德：《清末湖南的团练和地方军事化》，《湖南师大社会科学学报》1989 年第 3 期。

地方权力格局演变时，似乎相对忽视了来自国家的应对措施。

不管我们是否承认“同治中兴”[①]，但毕竟使传统秩序还在既有轨道上滑行了很久，士绅阶层的真正转变也发生在废黜科举，而不在于军功士绅的崛起。也就是说，这个转变仅仅意味着内部上下层之间的转变。在下层社会，对士绅阶层而言，真正的传统秩序的转变更可能是废黜科举，这对依靠科举而形成的传统士绅阶层而言可能是一种釜底抽薪式的打击。但即便如此，他们生存的社会环境和社会结构还没有改变，以后还在不断的改变中延续，直到在革命的洪流中逐步消退。

有鉴于以前学者关注到晚清传统秩序崩溃和解体却忽视了各级地方官员重建地方秩序，关注了地方绅权扩张和对抗却忽视了政府对于士绅的拉拢和防范，笔者希望以两湖地区部分保甲总局设立的过程为线索，从另一层面来揭示晚清特别是太平天国之后，地方秩序重建过程以及所体现的官绅关系。本文主要以光绪《武郡保甲事宜摘要》、《汉阳府保甲录》、《桑麻水利族学汇存》、《湖南保卫局章程》等资料为基础，结合地方志、文集、报刊、家谱、碑刻等相关文献，通过区域个案考察的方式探讨19世纪后半期地方士绅与地方行政的交互关系。换言之，经历过太平天国运动之后，地方军事化以及绅权的扩张是否意味着传统社会的崩溃，是否标志着近代化的开端，是近几年来学者探讨晚清以来中国社会政治结构转型的一个重要切入点。

当我们将视野转向基层社会时，太平天国时期产生的地方军事化更主要的是影响并制约着当时和以后的县级行政和地方士绅之间的关系。从时段来看，孔飞力考察军事化对社会结构的影响截至1864年就结束了，对于以后两者之间的演变，作者只是提出了一些预设，

---

① 详情可参见〔美〕芮玛丽著，房德邻等译《同治中兴：中国保守主义的最后抵抗》，江苏人民出版社2002年版。

而非建立在实证基础之上。也就是说，19 世纪后期和 20 世纪初期的社会史存在大量未被研究的课题。诚如孔飞力所言，“（太平天国之后），农村名流以什么方式改变自己的特征，他们又以什么方式去适应变化的环境，这些必定形成了近代中国社会史研究中的中心主题”。[①] 同样，面对不断壮大的绅权，地方官府又以什么策略加以应对，他们之间的关系到底如何。总之，在孔飞力研究的基础上，对比 19 世纪中叶农村名流与地方行政关系的状况与此后几十年状况的异同，进而揭示晚清地方基层行政制度演变和发展的内在逻辑，是本文的旨趣之一。

二、太平军挺进两湖与地方秩序的瓦解

嘉庆白莲教起义之后，清朝就进入多事之秋。继之而起的太平天国运动更是以摧枯拉朽之势迅速席卷大半个中国，并在南京建立起一个和清王朝对立的农民政权，前后持续了近 13 年，沉重打击了清王朝的统治基础。自 1851 年太平天国革命在金田爆发，并于第二年挺进湖南，一路势如破竹、横扫两湖地区之际，地处华中地区的湖南、湖北的大部分基层政权陷入瘫痪状态，农民起义军、土匪、团练等各种势力充斥于乡村各地，广大乡村陷入空前的失序状态。

首先，许多官员被杀，特别是基层的“亲民之官”——州县级官吏伤亡更大，许多城池、衙署被毁，国家的权威受到挑战，以皇权为核心的官僚政治秩序被破坏，许多地区的官府已经失去了对基层社会的有效管理和控制。

---

① 〔美〕孔飞力著，谢亮生等译：《中华帝国晚期的叛乱及其敌人——1796—1864 年的军事化与社会结构》，中国社会科学出版社 2002 年版，第 217 页。

在太平军挺进两湖之际，兵锋所至，大批官员或逃，或被杀，或自裁。大量城池被攻破，城墙、衙门被摧毁。据《贼情汇纂》记载："（太平军）凡陷一城，尽戕官吏。有自裁者，更脔割之。暴骨于市，以故官军克复之城，求殉难官吏遗骸迄不可得。"[①]这或许有些夸大，但太平军所经之处，揭擎"奉天诛妖，斩邪留正"的义旗，以清方官吏、地主豪绅为"妖"，痛加诛锄，大批清朝官员死于战火之中。故《贼情汇纂》又云："逆匪迭陷雄郡剧邑，被害文武何可胜计。"[②]

太平军起义北上进入湖南第一个攻克的城池是道州。据《道州志》记载，当太平军于1852年4月攻道州时，本来由广西全州逃避至道州的提督余万清"及闻逆已上窜将至，佯言死守非计，必出城拒敌，私将所垒城西门撤开，带兵数百，如鱼窜鸟飞，由江华奔去"，知州王揆一见势不妙，亦弃城逃逸。[③]同年6月，太平军进攻江华，"初八日卯刻至县城，率众猛攻。城陷，邑令刘兴恒、教谕欧阳复均被害。匪众四处滋扰，城乡庙宇房屋焚烧殆尽"[④]。同年5月，在桂阳州，太平军未至，知州李启诏即携带银两"走避村野"，逃至章树墟时，"墟民正在赛神歌舞，观者数百人，俄有人呼者曰：贼至矣！众哗叫，启诏惊惧民图己，投水死"。[⑤]可见起义军所至，各州县官员或成惊弓之鸟，或自顾逃命，或坐以待毙。

咸丰三年（1853年）一月十二日，湖北省城武昌被攻破，自巡抚常大淳以下，包括按察使瑞元、总兵王锦秀等人自裁，提督双福、布政使梁星源、总兵韦禄被处死，同时太平军"搜妖"三日，各类官

① （清）张德坚：《贼情汇纂》卷12《杂载》，中国史学会主编：《太平天国》（三），上海人民出版社2000年版，第319页。
② （清）张德坚：《贼情汇纂》卷12《杂载》，中国史学会主编：《太平天国》（三），上海人民出版社2000年版，第320页。
③ 光绪《道州志》卷6《兵防·寇变》，光绪四年（1878年）刻本，第12页。
④ 同治《江华县志》卷7《兵防·寇变》，同治九年（1870年）刻本，第21页。
⑤ 同治《桂阳直隶州志》卷4《事记》，同治七年（1867年）刻本，第9页。

绅，喋血通衢。[①]1854 年，甚至官居湖广总督的吴文镕亦于驻屯黄州时被太平军击毙。故《湖北节义录》云：“粤寇之乱鄂城，凡三陷。官斯土者，多以死勤事。”[②] 光绪年间出版的《汉阳府忠节全录》记载，咸丰二年至四年间，汉阳府先后“守城殉难”或“阵亡”的主要文官如下：汉黄道王寿同、张汝瀛，汉阳府知府董振铎、俞舜钦，汉阳府通判金本、林寅，汉阳县知县刘鸿庚，黄陂县知县吕锡麟，孝感知县韩体震、候补知县俞恩泽等。其他如县丞、训导、司狱、巡检、吏目、经历等“死难”者 21 人。[③] 事后朝廷在各地建立忠义祠，汉阳府忠义祠列入祭祀的官绅士卒就近一万余人：“咸丰壬子，赭寇扰汉阳郡邑往还蹂躏者十余年。一时死事之官吏与战殁之士卒、殉难之男女，获与施恤祠祀者盖以一万余计。”[④]

在太平军驰骋两湖之际，除了种种原因导致省城武昌被攻破外，更多的还是大量州县城池的被攻占，以及州县一级官吏的被杀。在湖南，“自粤匪窜入楚境，郡县多被蹂躏”[⑤]。在湖北，“咸丰初，粤匪乱起，东南鼎沸。湖北省城屡陷，余郡县皆残破，无一完者”[⑥]。据有关史料统计，湖南有永州、道州、江华等 19 府县，湖北有武昌、嘉鱼、黄冈等39府县先后被太平军攻破。[⑦] 毕竟州县城池往往不甚坚固，州县官也并无多少武装力量可资防守。而临民之官又有守土之责，故大批知县“殉难”，如临湘知县姚荣卿于咸丰五年（1855 年）六月迎战被戕，会同知县邓尔昌于咸丰十一年（1861 年）城破被肢解而死，

---

① 佚名：《武昌兵燹纪略》，中国史学会主编：《太平天国》（四），上海人民出版社 2000 年版，第 567 页。

② （清）陈瑞珍：《湖北节义录》，《序》，同治九年（1870 年）崇文书局刊本。

③ 光绪《汉阳府忠节全录》，《文官》。光绪五年（1879 年）刻本，第 3—4 页。

④ 光绪《汉阳府忠节全录》，《修汉阳府忠节祠记》，光绪五年（1879 年）刻本，第 1 页。

⑤ 同治《湘乡县志》卷 5《兵防志》，同治十三年（1874 年）刻本，第 5 页。

⑥ 民国《湖北通志》卷 74《武备志 · 兵事 · 乡团》，民国十年（1921 年）刻本，第 1875 页。

⑦ （清）汪堃：《盾鼻随闻录》卷 7《各省守城纪略》，中国史学会主编：《太平天国》（四），上海人民出版社 2000 年版，第 413 页。

绥宁知县吴熊于咸丰十年（1860年）破城殉难，城步知县安和于咸丰十年遇害、安化知县李宗谟于咸丰十年城陷被害。同时，大量的衙署被毁，如湖北咸宁县“咸丰壬子冬，粤贼自湖湘下窜，过咸（宁），毁邑署、武庙及第一山资福寺、安澜宫。时承平久，民未知兵，一旦难及，惊惶万丈，鸟飞兽散，不知所为”①。以下是湖南部分方志中记载县署在咸丰年间被摧毁的情况：

永兴县：“永兴县署，在东门内，……咸丰二年西匪焚毁。”②

宜章县：“县署，在城中偏北隅，……咸丰五年毁于贼。”③

绥宁县：“绥宁县署……迁建于北门旧址南向。至咸丰十年九月，发逆破城，俱为毁烬。”④

武陵县：“府署，在城中……咸丰四年躏于贼。”⑤

巴陵县：“府署，在北门内……咸丰四年毁于贼。县署，旧在南门外。……咸丰四年毁于贼。”⑥

衙署在一定程度上就是官府权力的载体和象征，所谓公署者：“县之有治，国体之尊，官师之肃，政令之出，教化之行，捍御之寄，俱视乎此。公署之重，并于城池，有以也。”⑦衙门被毁后，州县官无办公之所，官威何在？即便以后官军克复城池，不仅衙署无存，甚至官员连官帽都难觅，史载“每克复一处，官绅觅一顶珠缨冠而不可得，至不能谒长官。盖缘陷贼境时，惟恐弃之不速，比比皆是，又将何处购得耶！”⑧大清官员蓬头垢面，衣冠不整，窘态百出，官仪何

① 光绪《续辑咸宁县志》卷8《杂记·兵防·团练纪略》，光绪八年（1882年）刻本，第8页。
② 光绪《永兴县志》卷14《公署志》，光绪九年（1883年）刻本，第1—2页。
③ 民国《宜章县志》卷6《建置志·官署》，民国三十年（1941年）活字本，第6—7页。
④ 光绪《靖州直隶州志》卷2《建置志·官署》，光绪五年（1879年）刻本，第5—6页。
⑤ 同治《武陵县志》卷9《建置志·官廨》，同治二年（1863年）刻本，第1—2页。
⑥ 同治《巴陵县志》卷2《城邑》，同治十一年（1772年）刻本，第1页。
⑦ 同治《崇阳县志》卷2《建置志·城池》，同治五年（1866年）刻本，第9页。
⑧ 张德坚：《贼情汇纂》卷10《贼粮》，中国史学会主编：《太平天国》（三），上海人民出版社2000年版，第273—274页。

在？更甚者县城被占领，许多知县无立锥之地，只得寓居较为偏僻的乡村市镇或宗族聚居的大村落，依赖地方家族与士绅的支持而成立“流亡政府”。比如黄冈知县翁汝瀛先后在县东北的潘塘、张店等地依赖官府权威，实施象征性的有限的统治。此种情况在湖南临湘亦存在。总之，太平军所过之处，“县衙焚毁、县官逃遁”[①]，当时州县级基层政权大部分陷入瘫痪状态，恰如时人所写竹枝词言：“杀人不问明行劫，虽有官员尽躲藏。”[②]一时无法建立起有效的控制体系。

其次，太平军信奉拜上帝教和传统纲常名教之间的冲突，使得以儒家伦理道德为社会规范的习俗秩序遭到冲击，文化上的冲突更导致乡村实际统治阶层——大量士绅群体、富民、地主被镇压，使得传统“士农工商”均衡的社会结构受到破坏，两湖大部分乡村陷入混乱状态。

众所周知，儒家伦理中的三纲五常是中国传统社会的思想特征，更是维持社会稳定的精神要素，《韩非子·忠孝》曰：“臣事君、子事父、妻事夫，三者顺则天下治，三者逆则天下乱。”[③]而在中国传统的乡村治理结构中，居于核心的主要是介于官民之间的、以儒家伦理道德为圭臬的士绅阶层，皇权与绅权构成的双轨政治使得古代社会长期处于一种动态的平衡。

而以拜上帝教为旗帜的太平军在一定程度上仇视儒家文化，视一切孔孟诸子百家书籍为妖书而加以焚毁，史载“咸丰壬子（1852年），贼入汉阳城，劈门入，取藏书斩刈踏之。贼盖以为妖书也，故仇视是物”[④]。与此同时，孔庙、学宫以及一切供奉神位偶像的寺宇观

① （清）李汝昭：《镜山野史》，中国史学会主编：《太平天国》（三），上海人民出版社2000年版，第6页。

② 佚名：《湖北竹枝词四十首》，载徐明庭等辑校：《湖北竹枝词》，湖北人民出版社2007年版，第73页。

③ 《韩非子·忠孝》，中华书局2007年版，第285页。

④ （清）王葆心：《续汉口丛谈》卷2，湖北教育出版社2002年版，第42页。

庙亦被太平军大加焚烧，比如湖南第一个被太平军攻陷的道州：

> 武庙，在城内永泰坊城隍庙北……咸丰壬子，粤匪陷城，庙焚于火。
>
> 城隍庙，明洪武同知盖恒弼建于铜佛寺后，九年移州治北，……咸丰壬子粤逆陷城，庙宇倾圮。
>
> 东岳宫，在东门外，咸丰壬子焚于兵燹。
>
> 南岳庙，在水南南街，咸丰二年毁于贼。
>
> 仰山庙，在城南外，祀伯夷、叔齐，咸丰壬子焚于火。
>
> 开元观，在州西南二里江岸之上……咸丰壬子焚于贼。[①]

再如龙阳县之关帝庙、奎星楼、城隍庙、净照寺、云台寺、鸡鸣观、上林寺也皆在咸丰四年被太平军所毁。[②] 在湖北，儒家文化之外的佛、道等民间信仰亦被悉数扫除："妖庙妖神纵火烧，僧尼无罪也难逃。有家共说无家好，任尔出家总不饶。"[③]

在反儒教文化的同时，对于中国民众历千年形成的宗教习俗和民间信仰进行简单的武力摧毁，在一定程度上疏离了太平军与普通民众的关系，造成了太平军的势力很难深入到广大基层乡村。

同时，太平军对于主宰乡村社会的领导阶层——地主、士绅亦"悉目为妖"，更是无情打击。其财产被起义军抢劫一空，比如岳州府的举人汪左廷，"房屋阔大，家称巨富"，但"性颇吝，家族之求周恤者，绝不一予，所谓富者怨之府也"。于是太平军来搜索富户，该家

---

① 光绪《道州志》卷2《建置志·祠庙、寺观》，光绪四年（1878年）刻本，第19—26页。

② 光绪《重修龙阳县志》卷8《秩祀·庙坛》，光绪元年（1875年）刻本，第1、5、8、13、20、23、27页。

③ 江夏无锥子：《鄂城记事诗》，《近代史资料增刊——太平天国资料》，科学出版社1959年版，第38页。

族有二人报知太平军，使得汪家被抢银钱四千串，存谷八千石，什物器皿抢掠一空，烧毁围屋四十八间。其间本地及家族人亦参与哄抢。①

又据《贼情汇纂》载，太平军“凡掳人，每视其人之手，如掌心红润，十指无重茧者，恒指为妖。或一见即杀，或问答后杀之，或不胜刑掠自承为妖杀之，或竟捶楚以死”②。是故，咸丰二年十二月，武昌被攻克后，“缙绅之家，阖户自焚者比比皆是”③。有学者根据《湖南褒忠录初稿》的统计，太平天国期间，湖南因为“殉难”、“遇害”而受到褒奖的士绅与富裕平民合计7666人。④对两湖士绅的打击在一定程度上冲击了传统“乡村绅治”的秩序格局，但同时也导致了士绅群体与太平天国的离异，这在一定程度上加速了太平天国运动的失败，下文还有详述，在此按下不表。

最后，普通民众流离失所，盗贼四出，社会秩序大乱。曾国藩在咸丰三年（1853年）二月十二日的奏疏中指出：“粤寇蹂躏之区，财物罄空，室庐焚毁，弱者则乞丐近地，强者则转徙他乡，或乃会聚丑类，随从劫掠。”⑤这里遭受战乱一无所有、近乎乞丐的“弱者”当然是驯良的平头百姓，而所谓“强者”则是利用战乱而乘机劫掠的盗匪之流。在湖北各地，自太平军进入后，盗匪更是猖獗一时：“自粤匪入鄂，奸民乘机煽变，滨江则沔阳、监利、石首、通城、蒲圻、崇阳等邑，滨汉则襄阳、安陆、德安等郡，盗贼时时窃发。”⑥

除了盗匪之外，官兵也趁势劫掠，此等被称之为“游匪”。“何

---

① 周乐：《记岳州府办团事实》，载《湖南历史资料》，1958年第2期。

② （清）张德坚：《贼情汇纂》卷11《贼数》。中国史学会主编：《太平天国》（三），上海人民出版社2000年版，第303页。

③ （清）张德坚：《贼情汇纂》卷12《杂载》。中国史学会主编：《太平天国》（三），上海人民出版社2000年版，第321页。

④ 参见许顺富：《湖南绅士与晚清政治变迁》，湖南人民出版社2004年版，第82页。

⑤ （清）曾国藩：《曾国藩全集·奏稿一》，《严办土匪以靖地方折》，岳麓书社1987年版，第45页。

⑥ （清）王定安：《湘军记》卷3《规复湖北篇》，岳麓书社1983年版，第24页。

谓游匪？逃兵、逃勇奔窜而返，无资可归，无营可投，沿途逗留，随处抢掠，此游匪之一种也。”[①] 其中广东潮勇之祸害两湖甚于盗贼也，史载“咸丰二年冬，湖北大营患潮勇横恣，罢遣之归，乃益道掠，共奸良民妇衢市，所至焚杀。愚民以为官兵不如寇”。[②] 咸丰元年（1851年）冬，潮勇约千人进入永明，“既遍淫妇女，复将财物卷掳……其名则官兵，其实土匪。……湘粤边境潮勇之横行，祸烈于贼矣。历年各土匪，亦大半此辈”。[③]

此外还有会匪、教匪、痞匪、土匪、堂匪、奸胥、蠹役、光棍等等皆因太平军的进入“皆猖獗而莫制，遂以为法律不足凭，官长不足畏也。平居造作谣言，煽惑人心，白日抢劫，毫无忌惮”[④]。有诗云“兴，百姓苦，亡，百姓苦”；又有曰“乱离人不如太平犬”。战乱的最终受害者还是广大民众！在此我们不妨以清代湖南蓝山县教谕钟范的《南平捍寇日记》为例，来了解战乱对于地方社会之影响。其日记开篇之《自叙》中就点明了战乱下民众生活之惨状：

> 咸丰之际，壬子至丙辰四五年间（按即1852—1856年），蓝邑群丑猖獗，其大者攻剽城邑，其小者劫掠乡里，寇暴之祸于斯极矣！至乃人庶遘屯，罹屠戮之惨者，亦何可胜言。

按：钟范之《南平捍寇日记》起于咸丰二年（1852年），止于咸丰六年（1856年），主要记叙了太平军进入蓝山县后的军容、军纪以及地方官府组织团练镇压起义军的情况，对于我们了解太平天国运动

① （清）曾国藩：《严办土匪以靖地方折》，《曾国藩全集·奏稿一》，岳麓书社1987年版，第45页。

② （清）王闿运：《湘军志》卷2《曾军篇》，岳麓书社1983年版，第19页。

③ 光绪《永明县志》卷33《武备志·兵事》，光绪三十三年（1901年）刻本，第14—15页。

④ （清）曾国藩：《严办土匪以靖地方折》，《曾国藩全集·奏稿一》，岳麓书社1987年版，第44页。

时期蓝山县的民众斗争和生活情况有一定的参考价值。兹摘录日记中有关战乱与民众日常生活的部分内容如下：

咸丰二年，壬子

夏四月十四日，甲午。

贼起粤西，磐牙连岁，不阙时月。四月，破全州，余军门败走，迂道永州、江华县，军士数百，遁至蓝山。时方日午，井落民群共趁墟，见逸马数十奔腾，而负戟者蜂拥。民惊曰：贼至矣！相率遁走者，相互辚藉，货财委弃，无捃拾者。后方知为官兵也。自是奸民乘机平仓，劫富抄暴，无虚日矣！

六月二十七日，丙午。

自道州陷没，贼铁骑长驱，所在惊惧。遂由道州掠宁远，突入县界，焚烧室庐。居民往往逃匿。邑之北鄙，被祸尤酷。

咸丰三年，癸丑

冬十一月二十五日，丙寅。

贼据彭村，财物掳掠一空。自破贼后，烧余谷粮，奸民乘夜搬运，攘夺靡已，撬户发藏，积物无遗。兵士亦潜出城至村搜牢。……

二十七日，戊辰。

民无完庐，俱逃至林谷，依崖厂架木而居，饥流者相望。

十二月初一日，辛未。

邑经丧乱，衙卒四人倚查匪名，商贾过客必搜其行囊，潜纳绛色其中，诡称贼也，恣掠其所有，饱飏而去。又乘间抄道为民害，行人苦之。

咸丰四年，甲寅

十二月二十七日，辛酉。

贼由南风坳越高桥，用布袋挑谷至粤东。居民多弃庐宇入山，诛茅搭棚潜住。风雨之夕不能燃灯，穿漏湿席，暗坐彻旦。又掠民牛殆尽，数十里无畜牧，人不能耕。[①]

以上日记中的记载或因作者立场之故，对太平军大约多有歪曲之处[②]，但从中亦不难窥见战乱之际乡野农夫所遭受来自不同方面的苦难：一则太平军之烧杀，一则奸民盗匪之劫掠，一则衙卒兵士之强抢。结局是室庐被毁、粮食被抢、耕畜被盗、田园荒芜、榛芜满目，农耕、商贸等正常的生产和生活秩序被打破，士农工商不能各安其业，一日数警，盗匪猖獗，骚乱蜂起，暴力冲突与军事混战弥漫城乡各地，两湖大部分地区陷入一种全面的混乱之中，社会秩序几乎处于崩溃的边缘。

三、“从贼”与“反贼”：变乱格局中两湖绅民之反应

恬静的田园变成厮杀的战场，有序的社会陷入空前的混乱，原本就充满各种利益冲突的不同阶级和阶层在巨大的社会变动和传统秩序急剧松弛面前都面临着一种艰难的行为抉择：或是站在“正统”的官府一边顽固地维护固有的秩序，或是站在“异端”的反叛者一边奋力打破旧的均衡。在此笔者根据各自群体对于太平军不同的价值和行

---

① （清）钟范：《南平捍寇日记》，见《湖南历史资料》，湖南人民出版社1984年版第202—214页。

② 在湖北鄂城人朱峙三所记日记中，当地民众洪大爹等人向作者回忆太平天国时期武昌地区的情形却是：“太平军占领吾邑城后，仍安民，平买卖，但有功名的士绅均逃至乡间居住。”又云：“长毛来做知县者，称曰监军，亦有爱民者。”对太平天国运动不同的“书写”和“记忆”说明不同社会群体都有一些特别的心理倾向，这种心理倾向影响到该群体中个人对外界情景的观察和记忆。我们不能否认双方都有真实的成分，这只能说明真正的历史事实的复杂多面性。以上引文见《朱峙三日记》，载《辛亥革命史丛刊》第10辑，湖北人民出版社1999年版。

为取向而称之为“从贼”抑或“反贼”。

历史上，在每一次农民起义面前，特别是急剧的改朝换代之际，残酷的战争环境固然使广大民众和士绅基层遭受巨大的磨难，但同时也给他们在皇权控制大为削弱的情况下一种自由表达自己意愿的机会，并做出拥护谁和反对谁的政治抉择。这种行为选择既与阶级、阶层的经济地位有关，同时也与意识形态有关。比如日本学者山根幸夫指出，在明清鼎革之际，下层士绅为了升官发迹以及对上层士绅不满而纷纷投降农民起义军。[①]不仅如此，在明清改朝换代之际，同一个知识群体甚至会出现不同的行为抉择，比如美国学者戴福士认为，明清鼎革之际的豫东北地区，以郑廉为代表的知识群体做出了前后不同的政治抉择：由先支持明朝、反对李自成，到后来同情农民起义军；由拒绝清朝政府，到后来服务于清朝等等。而无论是反对还是同情起义军，支持还是对抗朝廷，中国历史上丰富的先例、典故或比喻都为一些知识群体在不同时期的各种看似前后矛盾的选择提供了某种精神上的慰藉和支持。[②]

太平天国运动从本质上看是一场传统的农民起义，而且爆发在内忧外患、矛盾剧烈的情况之下，兼之还有满汉民族冲突。因此在起义初期一度赢得了许多知识群体的同情和响应。这其中既有由于仕途渺茫，科举无望，政治失意，甚至生活窘迫，出于谋生、求出路和显亲之目的的下层士子文人。也有在内忧外患的情势下，对腐朽朝廷不满，心怀救亡图存的高级知识分子，其中甚至包括留洋归国的知识分子，如容闳、王韬等也曾希冀在太平天国中实现自己的理想抱负。[③]与此相应，出于斗争的需要，太平军也曾主动通过各种方式招揽知识

① 〔日〕山根幸夫：《明末农民起义与绅士阶层的反应》，《晋阳学刊》1986 年第 2 期。

② 〔美〕戴福士：《试论明清嬗替之际河南东北部知识群体的政治动向——从郑廉及所著〈豫变纪略〉谈起》，《中国史研究》1994 年第 1 期。

③ 参见黎仁凯：《论太平天国时期的知识分子》，《河北学刊》1993 年第 1 期。

分子，比如开科取士、招贤之制，甚至不惜掳掠士人等。在科举考试中，太平天国还“宽其资格，诱以仕途”，在湖北乡试中，应试者不及一千人，录取者达八百人之多！[①]

在太平天国时期的两湖地区，不乏投身起义军队伍中的读书人。据《阳新县志》记载，晚清时期，兴国州乡村有一个贫寒之家出身的读书人叫刘继盛，饱览经史，参加县城考试，因主考官刁难而未中，愤然誓曰：从此不复入此门，他人劝其再试，答曰：“我，乃明之刘基，岂能为胡元所用哉！”当太平天国在武昌开科取士之时，他欣然前往应试，因其在文章中有“三皇不为皇，五帝不为帝，唯有我主真皇帝”之语，而使洪秀全大喜，钦点为太平天国的第一届状元。香车宝马，打马游街，甚是得意。以后任太平天国的秘书监，管理法制、文牍，南京城破时被杀。同县另一名饱读诗书之孙从鹤者，亦投身太平天国，任兴国州监军，并率兴国军赴武昌解围，可惜以后太平军败而不得不隐姓埋名，终老于南京郊区。[②]

所谓“识时务者为俊杰”，只是在秩序崩溃之际，群雄逐鹿之时，谁又能预见他投效的就是未来“真龙天子”？兴国州士子刘继盛自诩“刘基”，可惜洪秀全终究不是朱元璋，他在短暂品味了“伪官”滋味之后只能以惨死告终。其余更多同情并试图投效太平军的地方文人亦可能会陷入一种进退失据的尴尬境地。比如《朱峙三日记》中所记载的作者四舅就是一例：

> 晒上有人来，于晚间谈及四舅事。四舅系某科恩赐翰林，亦诸生，以填年龄九十一，获恩赐翰林也。父亲云：四舅曾应

---

① （清）张德坚：《贼情汇纂》卷3《伪官制》，中国史学会主编：《太平天国》（三），上海人民出版社2000年版，第112页。

② 湖北省阳新县地方志编纂委员会：《阳新县志·人物编》，新华出版社1993年版，第797—799页。

太平天国试者，乡间多非笑之，尤与聘三舅父相仇。闻当时在省应科场者归，胸前配一白竹布条，外书“识时务者为俊杰”七字，招摇过市，士论鄙之。四舅名殿春，聘三名芳藻，学问均好。①

鄂城人朱峙三之四舅参加太平天国的科举考试何以会遭到“乡间多非笑之”和“士论鄙之”？一方面固然是缘于太平军最终被镇压，其政治“投机”失败。另一重要因素恐怕是太平天国披上了拜上帝会的外衣，以及对于儒家文化的大肆挞伐。曾国藩曾言：“李自成至曲阜，不犯圣庙；张献忠至梓潼，亦祭文昌。”而“粤匪焚郴州之学宫，毁宣圣之木主，十哲两庑，狼藉满地”。② 这又使得太平天国运动不同于前代农民起义军。③

对于太平军推行拜上帝教、在两湖地区焚烧儒家经典书籍、学宫、文庙等行径前面已有论述，在此不必赘述，这种行动的直接后果是导致广大士人对太平军的疏离和反感。湖南人杨笃生曾云：“又洪杨剽窃天主教之绪余，天父天兄，称名诞幻。与湖南士闻所承用之学说，格不相入。”④ 曾国藩正是看到了太平军与清军争战的刀光剑影背后所蕴含的内在的文化冲突与危机，才打着维护儒家正统文化的旗帜，登高一呼，应者云集。其《讨粤匪檄》曰：

---

① 《朱峙三日记》，载《辛亥革命史丛刊》第10辑，湖北人民出版1999年版。

② （清）曾国藩：《曾国藩全集·诗文》，《讨粤匪檄》，岳麓书社1986年版，第232页。

③ 其实利用宗教迷信进行民众宣传和社会动员在中国历代农民起义中也是较为参见的手段，比如东汉张角的太平道、元末韩山通的白莲教等，但鲜有如太平天国利用洋教作为外衣的，更没有对传统儒家文化和一切祖先崇拜、佛道宗教习俗进行大肆摧毁的，而且其教义具有一种不妥协性。这就使得太平军从未成为民众文化的组成部分，从而阻隔了它和以农民为主体的整个农耕社会的联系。

④ 杨笃生：《新湖南》，载张枬、王忍之编：《辛亥革命前十年间时论选集》第一卷下，生活·读书·新知三联书店1960年版，第619页。

自唐虞三代以来，历世圣人，扶持名教，敦叙人伦，君臣父子，上下尊卑，秩序如衣履之不可倒置。粤匪窃外夷之绪，崇天主之教，自其伪君伪相，下逮兵卒贱役，皆以兄弟称之。……举中国数千年礼义人伦、诗书典则，一旦扫地荡尽。此岂独我大清之变，乃开辟以来名教之奇变，我孔子、孟子之所痛哭于九原！凡读书识字者，又乌可袖手安坐，不思一为之所也！[①]

在此，曾国藩将讨伐太平军的意义从恢复固有社会秩序上升到了捍卫传统文化之道统的高度，从而掩盖和消弭了原有的社会阶级矛盾和满汉民族矛盾，赢得了两湖地区读书人的广泛回应。在湖南形成“湘中士大夫号召忠义，争治乡兵杀贼”的新局面。[②] 在湖北，其士人王柏心、王家璧、胡大任、余云龙等亦纷纷投入湘军幕中，参赞军机，以卫其道。甚至不少投入到太平军中的士人后来竟纷纷叛离太平军，如湖北应城陈国瑞[③]、黄冈刘维桢等。

与数量不多的下层知识分子响应太平军相比，两湖下层民众参加太平军人数较多，特别是起义初期太平军由广西出发挺进两湖之际。

首先是湖南天地会等秘密会社的广泛加入。曾国藩在奏折中云：“去年（按即咸丰二年）粤逆入楚，凡入天地会者，大半附之而去。”[④] 江忠源亦云：“（太平军）身入永州境，土匪之迎降、会匪之入党，日以千记。”[⑤] 有些“会匪”尽管没有加入，但在当地或做向导，或引为奥援，从侧面响应太平军。正因为有会党的支持，太平军尽管在桂北的蓑衣渡之战中损失惨重，但进入湖南后却如鱼得水，史料即

① （清）曾国藩：《讨粤匪檄》，《曾国藩全集·诗文》，岳麓书社 1986 年版，第 232 页。
② 光绪《湖南通志》卷 68《学校志·书院》，光绪十一年（1885 年）刻本，第 18 页。
③ 详情可参见贾熟村：《太平天国时期的无赖——陈国瑞》，《安徽史学》1992 年第 4 期。
④ （清）曾国藩：《严办土匪以靖地方折》，《曾国藩全集·奏稿》，岳麓书社 1986 年版，第 44 页。
⑤ 江忠源：《答刘霞仙书》，《江忠烈公遗集》卷 1，同治十二年（1873 年）刻本，第 9 页。

云："自蓑衣渡之捷，贼气大沮。及据道州月余，楚、粤会匪相率趋附，势复帜。连陷江华、嘉禾、桂阳州。"①

其次是两湖地区手工业工人等大量加入。正是以他们为基础组建了太平军中战功卓著的劲旅："土营"和"水营"。"土营"以道州、郴州、桂阳州等地挖煤开矿之人为主体，"水营"则是在太平军攻破岳州后，在拥有大批船只和船户的基础上组建的。他们都是因为饱受压迫，终岁劳作而难以谋生，故纷纷加入太平军。张德坚在《贼情汇纂》中曾介绍各种加入太平军的"新贼"时亦云："无恒产力作以谋衣食者，如郴桂挖煤开矿人、沿江纤夫、船户、码头挑脚、轿夫、铁木匠作、艰苦手艺，皆终岁勤劳，未尝温饱。"② 土营太平军以后在挖地道、陷城池等方面发挥了重要作用。

最后是广大普通贫苦百姓的参加，据《李秀成自述》所言："下道州、打永明、破江华县，招得湖南道州、江华、永明之众足有二万之数。……入郴州亦招二三万众，茶陵州亦得数千。"③ 湖北东部各州县参加者众多，其中尤以地处鄂赣边界的兴国州最盛，胡林翼曾云："该州约有二十万户，充贼官者十有五人，纳于贼者不知若干。"④ 这其中主要还是衣食无着的下层民众，他们参加斗争通常是为了改变自己的处境和生活条件。正是两湖民众的广泛响应，使得太平军能迅速发展壮大，夺取南京。从太平军队伍壮大的过程来看，进入湖南时兵力不足一万人，出湖南时已达 15 万人，出湖北时，已达 50 余万人！

但这种局面随着时间推移而有所改变，在曾国藩发动士绅推行团练、保甲，组建湘军之后，湖南转而演变为湘军的兵源和粮饷供应

① 光绪《湖南通志》卷 89《武备志十二 · 兵事四》，光绪十一年（1885 年）刻本，第 4 页。

② （清）张德坚：《贼情汇纂》卷 11《贼数 · 新贼》。中国史学会主编：《太平天国》（三），上海人民出版社 2000 年版，第 294 页。

③ 《李秀成自述》，中国史学会主编：《太平天国》（三），上海人民出版社 2000 年版，第 790 页。

④ （清）汪士铎辑：《胡文忠公抚鄂记》，岳麓书社 1988 年版，第 43 页。

地。同样，在湖北，由于士绅的转变，特别是胡林翼督鄂后，亦厉行保甲团练，控制基层社会，太平军与湖北农村的联系也逐渐被阻隔，虽然以后在李秀成、陈玉成进攻鄂东一带时还是有不少民众参加，但已经呈下降趋势。这既与两湖官府与地方士绅加强地方控制有关，更多的还是源于太平军推行一系列错误的宗教和社会政策。

太平军对传统文化的涤荡将自己置身于由传统文化统治之下的整个社会的敌对之中，而不像历次农民起义一样，所面对的仅仅只是一个王朝政权。[①] 除了盗匪之外，事实上，后来的两湖普通民众更关心的是与他们日常生活和生计密切的相关事务，他们追求的是一种稳定的生存环境，这一点和士绅领导的防御组织的目标有一定的契合，于是农民们转而追随社会领导层——士绅之后，成为镇压太平军的湘军和各种团练的主要成员。如果说农民的支持是太平天国政权建立初期取得成功的关键，那么，太平天国政权后来的衰亡则与失去农民的支持有关。

四、保甲与团练：动乱中的官府、士绅及其社会动员与组织重构

晚清时期的中央王朝就像一件千疮百孔的旧家具，看似摇摇欲坠、不堪一击，但当你真想要彻底摧毁它时，却发现它的坚固超出想象，这似乎表明支撑它的内在基础性结构依然存在。具体到太平天国运动时期，就是朝廷得到了以士绅为领导层的地方社会力量的支持和协作。傅衣凌先生曾经说："中国封建帝国的成立与强大，必须获得地方势力者的协力和援助，反之则否。"这种地方势力自秦汉建立

① 高钟：《文化激荡中的政府导向与社会裂变——1853年—1911年的湖北》，华中师范大学出版社1998年版，第35—37页。

中央集权之后其实一直存在，他们利用血缘或地缘的结合，结寨筑堡，中国历史上的坞、堡、圩、寨、庄、集等组织即是他们政治势力的表征。[①] 进一步言之，中国的村落其实就是一个个防御单位。许多村落的外部都有一个类似城墙的围墙，以抵御盗匪的入侵。而中国政府“寓兵于农”的民兵传统使得“兵”与“民”（或农）之间的界限模糊，清代的“乡兵”、“乡勇”以及现代的“民兵”大约就是两者的中间地带和混合产物。如此说来，地方上的“武化”现象其实一直存在，只是随着王朝的盛衰与地方的治乱而时隐时现罢了。无论是明代中后期为着地方防御之目的的保甲，抑或是清代中后期出于镇压农民起义之目的的团练，其实都是这种潜在的地方军事化的延续和彰显，并且因为政府的号召而被普遍化。

（一）两湖保甲制的军事化及其与团练之关系

一般认为清代的团练是地方武装组织，而保甲是准基层行政组织。其实就保甲的根源与实质而言，它也蕴含有武力成分以及在特殊环境下军事化的趋向。宋代王安石正式“立保甲法”：“其法是十家为保，五十家为大保，十大保为都保。选众所服者二人为都保正副，凡保丁，听自置弓箭，习武艺，于是诸州藉保甲聚民而教之。”[②] 这里已经表明官府可以让民众自由拥有弓箭和习武。而且在宋代乡村编保甲的同时，地方上出现了由保夫、丁夫、伙夫等构成的“保甲兵”。[③]

在明代中后期，随着社会不安和盗匪横行，在两湖部分地区开始推行以防盗御寇为目的的保甲法。[④] 此时的保甲已日趋军事化，比

---

① 傅衣凌：《明清社会经济史论文集》，人民出版社 1982 年版，第 443 页。

② （清）徐栋：《保甲书》卷 4《原始》，道光二十八年（1848 年）刻本，第 2 页。

③ 参见陈宝良：《中国的社与会》，浙江人民出版社 1996 年版，第 249—252 页。

④ 详情参见拙著：《明清两湖地区基层组织与乡村社会研究》，武汉大学出版社 2004 年版，第 50—54 页。

如器械和武装的齐备等，兹以隆庆年间岳州府的保甲为例：

> 保甲规条：大率城市或乡村各以所聚处，每十家为一甲，就中立一人以统之，名曰甲长。每十甲为保，就中立一人以统之，名曰保长。又于十保为一约，就中择尊而有德者名曰约长，任择一人振扬木铎，警戒各众，讥察善恶焉。
>
> 保甲器械：大率每甲共置铜锣一、长枪二、短刀二、麻搭火钩二、铳一、弓矢各二副，遇有火盗之警，则保甲长鸣锣放铳，一以传十，十以传百，远近响应，各家齐执器械，并力救护。事毕则保长收牌查点，不许各分彼此也。[①]

在此，岳州的保甲基本是一种乡村的防御体系，实际已经具有地方军事化的色彩，而且上从方志体例上看，也是编入军政类了。其他如湖北夷陵州在弘治年间的保甲法亦是："每保立铺舍一座，置大鼓一面，各人随身尖利器械，不分昼夜，但有盗贼风声，所在即鸣锣鼓聚众，各人驱逐远遁。"[②]罗田县还将人户"编成行伍，设金鼓，置旗号，筑烟墩，建营房。有急则一里传十里及百里千里也"[③]。这里保甲备有器械、建有铺舍、烟墩等，带有明显的军事防御的性质。

正因为保甲所具备的军事化色彩，所以在清初从顺治到乾隆三年（1738年），保甲归属于中央的兵部衙门管辖。以后随着赋税改革，里甲制逐渐向保甲制嬗变，并演变为清代编查户籍、征收赋税的准基层行政组织，其军事化色彩被政府有意识地淡化。因此从乾隆四年（1739年）至嘉庆年间，保甲移归户部管辖。但咸同年间，随着太平天国运动的兴起，保甲的军事化再一次凸显，故在咸同至光

---

① 隆庆《岳州府志》卷6《军政考·保甲》，天一阁藏明代方志选刊本，第29—30页。

② 弘治《夷陵州志》卷5《保甲法》，天一阁藏明代方志选刊续编本，第336—337页。

③ 嘉靖《罗田县志》卷6《修武志·乡堡》，天一阁藏明代方志选刊续编本，第183页。

绪初年，保甲又隶属于步兵统领与兵马指挥使。[①] 并逐渐和准军事组织——团练相融合。

团练据云始于唐代，为团练地方丁壮的武装组织。嘉庆初年，为镇压白莲教起义而在湖北兴起。咸丰元年，太平天国运动爆发，清廷的经制之师弱点尽露，无力镇压，于是不得不借重地方武装势力。在保卫乡里的这一口号下，允许各地士绅组织团练。但团练之所以能如此迅速地遍及各地，实赖于潜在于乡村的固有的防御体制和民间自发的武力团体。比如两湖较为突出的族团，其实就是利用了血缘与地缘相结合的宗族的力量，而从民间宗族械斗的传统来看，宗族之间的械斗最为普遍，说明家族也是潜在的武装团体。由此看来，无论是保甲还是团练，其依赖的社会根基还是潜藏于民间的带有自卫性质的地方武装，保甲与团练其实是密不可分的。

正因为如此，两湖各地在组建团练时，保团合一就成为两湖团练组织形式上的一大特点：或在保甲组织中纳入团练的内容，这其实就是强化保甲军事化的结果；或以保甲为基础组建团练组织，这其实扩大了保甲的范围和职责。现实中两湖地方官也往往将两者视为一体。善化县知县孙鼎臣在《择人团练疏》中认为："团练即保甲也，有事为团练，无事为保甲。"[②] 曾国藩也在《复丁稚璜中丞书》中指出："弟意办团与保甲，名虽不同，实则一事。"[③] 也就是在他们眼中，保甲与团练只是控制体系的两个方面，只有分工的不同，并无性质上的差异。这种分工正如胡林翼所言："团练所以御外侮，保甲所以除内患。"[④]

---

① 参见闻钧天：《中国保甲制度》，《民国丛书》第四编第23，上海书店据商务印书馆1935年版影印本，第262页。

② 光绪《善化县志》卷32《艺文志》，光绪三年（1877年）刻本，第40页。

③ 《皇朝经世文续编》卷81《复丁稚璜中丞书》，《清朝经世文正续编》(4)，广陵书社2011年版，第309页。

④ （清）汪士铎辑：《胡文忠公抚鄂记》卷3，岳麓书社1988年版，第138页。

但从控制的主体而言，两者似乎还是有很大不同。保甲在清代是一种职役，一般都由平民轮流充任。在保甲制中，士绅是被编排和管束的对象。有学者认为这是清廷欲藉保甲长来压制绅权。[①]（但实际效果令人怀疑。事实上，清代前中期，作为职役的保甲长往往陷入官府、胥吏和士绅的双重挤压之下而难有作为。）而团练的首领几乎都是有功名的士绅。由此而言，保甲与团练的变化，实质上表现为士绅阶层在乡村控制体系中角色和地位的转变，团练的兴起即意味着绅权的扩张。这种权力的扩张其实也是动乱之际，在组织化程度较低的乡村进行有效的社会总动员的必然要求和结果，可以称得上是“名至实归”。

但这种绅权的扩张是否就意味着国家控制力的削弱是值得商榷的。太平天国时期的团练成立，应是拥护中央政权的一种准军事组织，尽管它有对中央政权分化和离心的一面[②]，但在某种程度上也加强了中央政府的统制力，并帮助其度过了重大危机。而且在创办团练活动中，尽管士绅是团练控制的主体，但考虑到士绅阶层内部利益冲突和权力矛盾，其实也离不开官府的倡导、监督和协调。从某种程度而言，官府甚至借助了士绅组织的团练加强了对动乱中的乡村的军事控制。以下不妨以岳州府办团活动为例，来看一下官府、士绅与民众对于团练的态度和做法。

（二）由《记岳州府办团事实》看两湖团练活动中的官绅民及社会动员与组织重构

岳州府滨湖临江，扼南北水陆要冲，在太平天国前期，为双方

---

① Kung-Chuan Hsiao, *Rural China: Imperial Control in the Nineteenth Century* 1960, University of Washington Press，Seattle，pp.68-69.

② 此问题可参见傅衣凌：《太平天国时代团练抗官问题引论》，载《明清社会经济史论文集》，人民出版社 1982 年版。

争夺的军事重镇。咸丰四年（1854 年），周乐奉檄署理岳州府教授，同时也被知府魁联任命为总办四乡团练事务。其所著《记岳州府办团事实》记叙了他在太平军第二次（1854 年）自岳州撤出后在岳州府乡间办团的经过，从中我们可以窥见办团过程中不同阶层的态度和利益冲突，也可以了解何以团练能够在短时间内动员全体民众进行地方防御和对抗太平军。

原来我们似乎笼统地认为身处战乱中的民众出于保卫乡里的目的而积极投身到团练活动中。其实面对陷入混乱中的乡村，民众的行为选择是复杂多样的。相当程度是被士绅"裹挟"进团练活动中。一方面，随着太平军的进入，其革命思想也深入到民间，其宣扬的"如若办团，则斩草除根，鸡犬不留"，对于民众有一定的威慑力，所以许多民众"惑于此说"而不愿加入团练。[①]比如当周乐到距岳州府东门三十里的黄茅山开始创办团练时，就遇到一人喃喃自语："谓此时办团，真是提起脑袋走路，何不要性命至此。"周乐闻言大怒，将此百姓拿住严加笞责，锁在一庙前示众，并出谕帖："奉上宪示，从团者抚，阻团者斩。"我们知道曾国藩的确是给予团练士绅"便宜从事"的生杀大权。此时的老百姓面临两难境地：办团对抗太平军容易被起义军所杀，而公开反对团练又要冒被官府和士绅杀头的危险，于是身处战争漩涡中的许多民众采取消极对抗的方式：比如虚报年岁以逃脱充当团丁的充派，或是虚立团名，假意办团。

按照周乐的派团丁之法，"十六岁以下，六十岁以上者免其充派"。于是有民众故意虚报年岁，"将各户丁年岁开报不实，以图免阻团之罪"。结果黄茅山一团"壮者"仅得数十人！另外在岳州府金壁的知方团，为方姓聚居区而"组建"的族团，其实由于人户无多，地

① （清）周乐：《记岳州府办团事实》，载《湖南历史资料》1958 年第 2 期。此节后面未注明出处之史料皆出自该书。

亦瘠苦，于是“不派团费，不集团丁，虚立此知方名目以搪塞各团。贼匪扰至上界，伊家亦无一人上界”。甚至在一心团，名虽立团，实际仍暗中与太平军互通声气，“庇纵土匪三十三人”。

相对于民众的消极抗团，士绅是较为积极的，甚至“毁家纾难”、捐资募勇办团，几乎所有的团总皆为士绅所充任。但也不是没有矛盾和冲突，比如上层士绅和下层士绅之间围绕着团总职位的争夺，以及军功士绅和科举士绅之间的矛盾。由于办团需要经费支持，财力雄厚的士绅无疑占据优势，所以岳州府担任团总的均是殷实大户，权力向少数上层士绅集中，这势必引起下层士绅的不满。更为关键的是，由于办团可以追取团费、勒派团丁，除了可以掌握对普通百姓的生杀大权之外，还有利益可图，于是在集义团就发生了秀才蓝廷竹、吏员刘书江欲充团总，而控告原来之团总周龙光：

> 恃势武断乡曲，欺凌愚懦，追取团费，有牵人猪牛，派出团勇吓诈需索钱米，人心惶惶，团恐涣散。

而团总周龙光反诉云：

> 蓝廷竹、刘书江二人，本系寒士，意欲充当团总，可以渔利。生等不举伊当团总，故挟嫌煽惑地方，欲败坏团事。

由此可以看出，蓝廷竹、刘书江二人属于贫寒之士子，被排挤在团总人选之外。而据该团百姓的陈词则云是缘于“团总八家均皆殷实大户，所出之费与穷民相等。且追逼我穷民甚急”。最后周乐一边加捐各团总团费以平息百姓之不满，一边欲惩办蓝、刘二人“造谣生事，败坏团事”之罪，致使蓝、刘二人被迫逃亡邻县。这表明在战乱之际，官府为了在短时间内建立团练武装而极力维护团总等上层士绅的权威，从而使得上层士绅的权力迅速膨胀，而下层士绅却被急剧边缘化。

而前揭知方团由于虚立团名，被其他各团指责为“伊等安居，均系我等御贼之力，且云尔等受皇家功名，何以全不报效”时，答曰“我等功名，从读书得来，不似汝等要图六品军功”。可见在当时的岳州府，在传统以科举文采得功名者眼中，还是瞧不起依赖办团练获得军功的士绅。

在这样一个充满矛盾和冲突的地区，在起义爆发的时期，官府又是如何进行利益协调的？换言之，在与太平天国争夺乡村的活动中，整个乡村社会是如何被官府和士绅以“从团自保”之名动员和组织起来的？

周乐署岳州府教授，并被知府魁联委任为总办四乡团练事务，所以在一定程度上他代表官府。由其所著《记岳州府办团事实》中我们可以看出，作者更多的是利用了原有的社会组织结构和本土资源进行办团活动。

首先，借用了师生关系办团，使得“官绅关系”在名义上演变为“师生关系”。因为周乐之职务为主管教育的教授，而各办团之士绅多是读书人出身，故各团总往往对他以“老师”相称呼，尽管周乐上任不久，他们并非真正授课意义上的师生关系。但既以“师生”互称，相互之间也就多一层亲近，办事也就多一份和气。当团总周龙光与秀才蓝廷竹互控时，陈词中皆云“求老师查究”。而在劝训团绅时，周乐也大可以儒家道义来教导团总。

其次，利用血缘家族、宗族关系办团。在岳州府的各团练中，有余姓族团、方姓族团等。家族血缘组织是构成中国传统乡村社会结构的基础。除了号召宗族办团之外，在团练的组织结构中也含有族长、户长、门长等，比如集义团下是“门长三十六人”，当果毅团中有汪氏家族内两人引太平军劫掠富户团总汪左廷被查获后，本要送官府杀头，但汪左廷之母亲哭泣“我家前日不知如何作孽，始遭贼匪残害到此。今再杀人，后代更不知如何报应”，让其子汪左廷恳求周乐释免二人。最后周乐只得“传此二人严谕一番，书一杜字，交家长力行约束，不得为非”。这样的处理既照顾了宗族情谊，又利用宗族来管理族众。

再次，团练建立在原有的乡村聚落形态或村社结构基础之上。相对于先前以十进位的方式构建保甲不同，出于邻里相互防御之目的，团练的编制更多地向地域社会靠拢，以村庄为基础，按地缘方式组合而成。故岳州府各团规模不一，有族团、村团、商团等等，或规模过小、经费不足者而依附于别团的，比如廖崐山团之附于交古一心团。此外，团局或设于寺庙、祠堂之中，比如黄茅山团之于古庙、张谷音团之于祠堂中是也。或设于殷实富户之家中，比如甘田一心团以团总周瑞家为团局等。

最后，有赖于官员周乐本人的个人道德和办事能力。在人治的社会，组织管理或运行的好坏、成效总是和领导者的素质有关。在办团过程中，周乐风尘仆仆，深入各团巡阅、督导，居古庙、栖农家，殚精竭虑地进行倡导活动。或依仗官府的权威“威逼利诱”各地民众参加团练，如前揭所言之“从团者抚，阻团者斩，富者出资，贫者出力”。或利用个人的品行感化民众，审时度势、顺应民情、竭力开导、公允办案，使绅民信服。以下可以从若干事例来窥其一二：

创办第一个团练——黄茅山团时，对于虚报年龄的行为进行笞责，并以“送府严办”来迫使各户“自愿更正”年龄，使得黄茅山团人数由数十人增至数百人。该团茶铺子十余户王姓抗团，周乐在开导王姓耆老办团自保的同时，也将王姓数人每人笞八十，“此团办成后，各处均不敢违抗”。由此体现出他以官府之权威而厉行团练之举措。

当集义团闹事，传闻要“侯老爷（按指周乐）到彼处查团，即杀团总，烧团局”，周乐依然不避风险，如期前往查团，其时团局外面"人势汹涌，闻有暗带刀者"，周乐仍能镇定自若，从容办案，使得"该处百姓亦知畏惧矣"。在此体现出他临乱无畏的胆魄。

相思山腰之许钦桐和小港之周倬臣皆开设质当，皆云被贼抢掠，两处百姓控府要求赔还所典衣物。周乐查明许钦桐的确是当铺遭毁，劝导百姓"许姓已至于此，即令追赔，亦不知何日可有，不如大家只算被贼抢去，不上府告状，倒省得盘费，信我之言，各安天命如何？"众人皆缄服。而至另一申明"被抢劫"之周倬臣家时，发现其"灯彩辉煌，房屋亦整齐完好"。当即申斥其"移藏当物"，"以被抢搪塞"，并按"水火赔半之例断案"。由此看出他并非全然袒护富户，而是审时度势，明察秋毫，区别对待，以赢得民心。

廖岷山团"素为贼残害"，于是派人向势力雄厚的交古一心团求救，并"许以勇费附团"。但事后未兑现承诺，一心团向周乐控诉。周乐发现廖岷山团地瘠民贫，度日艰难，实在难以多派勇费，于是酌情断定其"名义上"帮费三百二十串，其中实际上只需廖岷山团出钱二十串，余三百串以一心团循例招待官员查团应供给此费用而由周乐代为帮交。廖岷山团叩谢不已。周乐则云："办事亦不过平情而已，无他能也。"

以上之所以不厌其烦地罗列周乐在办团中的种种情形，是想说明尽管团练往往是由士绅掌控和组织的，但在更多的情况下，却是由地方官员而不是士绅们表现出更大的决心来促进和维持团练力量，包括办团练最多、最著名的湘乡县，也是在知县朱孙诒的竭力倡导、巡视和督促下完成的。[①] 同时，官府的权威和官员个人的道德及人格魅力以及办事能力在协调不同利益集团之间的作用也不容忽视。我们可以想象，在"原子化"的村落社会中，组织化程度较低，而各种利益矛盾冲突较大，缺乏官府的权威是难以进行社会动员的。

---

① 参见杨奕青：《咸丰初年的湘乡团练及其对湘军崛起的影响》，《求索》1987 年第 1 期。

当然，从文本分析的角度来看，作为《记岳州府办团事实》之作者，周乐肯定会有美化自己的成分。但也不能就此完全否认其在创办团练活动中的重要作用。也正是有赖于这批官员和各级士绅的努力，以及顺乎人情，利用传统资源，使得整个社会能够被整合到团练组织中去。

反观太平军，尽管也有改造乡村的举动和决心，但由于其东奔西走，难以在一地长期扎根，故很难进行细致的乡村动员和组织工作。湖南只是短暂的路过而几乎没有被太平军所控制，湖北也只有鄂东一带有乡官的设置，但也处于与对方的拉锯与争夺的泥潭之中而难以长久存在。更为重要的是，太平天国在乡村摒弃了传统的社会价值准则和制度，这也使得他们难以将势力伸展到所占据的城镇以外的农村内地。所以在争夺乡村的斗争中，太平军逐步失去群众的支持，在太平天国运动的中后期，只能在武昌、九江、安庆等几个大城市之间来回奔走，而广大农村逐渐陷入士绅创办的保甲、团练等组织的控制之中。

四、从团练到保甲局：晚清地方秩序重建与官绅关系调整

对于太平天国时期团练的兴起所导致的地方军事化和绅权的扩张问题，学界已有不少论述，但对于太平天国运动之后的团练和地方基层行政演变却关注较少。而且就前一个问题而言，我们似乎也更多地强调地方势力的崛起，而相对忽视了官府的应对。笔者以为，地方士绅固然借兴办团练而扩张了自己的权力，确立了乡绅的支配体系。[①] 而国家未尝不是利用了士绅的"忠诚"，以功名为"诱饵"，对

① 〔日〕重田德：《乡绅支配体系的成立与结构》，载《日本学者研究中国史论著选译》第2卷《专论》，中华书局1993年版。

那些梦寐以求跻身官场、光宗耀祖的士子们施以小恩小惠，让他们“各率其生徒子弟，冒白刃赴公家之难”。[①]同时也正是借助了准军事化的团练强化了对盗匪蜂起、秩序崩溃的乡村的控制，从而割裂了太平军与乡村社会的联系，使得太平天国运动晚期只能在武昌、九江、安庆等几个城市之间奔窜。利用士绅的忠诚，动员潜在的地方民间军事力量以对抗农民起义军，这些举措无疑体现出清朝统治者丰富、高明的统治经验和手腕。

因此，从某种程度而言，地方团练的兴起和绅权的扩张也可以说是在特殊情况下官府权力的让渡和“授权”，而这种“授权”似乎在清初即已开始，比如清初保甲制中的族正制，既是宗族组织在乡村控制力强大的表现，而国家也未尝不是通过族长而强化了对宗族的管理。所以明清时期，皇权的不断强化和政权的不断下移是一体两面、相辅相成的。

（一）太平天国运动之后的团练与地方军事化

对于太平天国运动之后的团练活动和地方军事化问题，学界似乎有不同看法。孔飞力认为太平天国之后由于导致十九世纪太平天国运动发生的社会经济条件在起义镇压后并没有发生改变，因此团练不得不充当地方秩序的正统维护者而长期存在。而另一美国学者爱德华·麦科德则提出了不同的见解。[②]笔者以为双方都只看到了问题的一方面。

作为准军事组织，两湖团练普遍的兴起有赖于几个先决条件：

第一，官府的提倡和支持。两湖团练的勃兴首先是朝廷下旨、由团练大臣曾国藩、巡抚胡林翼等地方大员以及宝庆知府魁联、湘乡

---

① 光绪《湖南通志》卷68《学校志·书院》，光绪十一年（1885年）刻本，第1519页。

② 参见〔美〕爱德华·麦科德：《清末湖南的团练和地方军事化》，《湖南师大社会科学学报》1989年第3期。

知县朱孙诒、岳州府教授周乐等府州县各级官员竭力督导各地士绅创办而成的。倘若没有这种政府有组织、有计划的实施，很难出现这种遍地开花的结果。最多可能类似于明末清初各地山区局部、零星的寨堡类的民间自卫形式。另外在岳州，余姓私立族团，最后被周乐勒令撤去。[①]可见私自办团练是不被官府所认可的。从某种程度而言，太平天国时期的团练活动始终是在官府的掌控之下的。

第二，战乱的特殊环境。社会动荡、危机四伏是军事化团练组织存在的前提和基础，民众之所以能大量被士绅裹挟进团练组织中持械自卫，一方面固然是官府和士绅劝导和胁迫的结果，另一方面也缘于民众自身的生产、生活秩序被打破，盗匪横行，民不聊生，出于自我防御和恢复正常秩序的目的，即是在“从团自保”的旗帜下，而纷纷加入到团练之中的。

第三，经费的支撑。团练不同于保甲，它需要制旗造械、抽丁延师、操练武艺、并村结寨等等，各项都需要征捐敛费。在战乱之际，由于太平军对地主、富户等财产大加搜刮，在此情形下，士绅、富户、地主往往愿意捐钱组建团练。而民众为了身家性命，也不得不在官府、士绅的胁迫下接受团费的摊派。但这种经费的筹措带有临时性，难以持久。

而战乱平息之后，以上三个条件都有所改变，一则起义被镇压，动乱的根源被清除，人民生活逐渐恢复平静。对抗起义军的紧迫感和危机性消失了，准军事组织就失去了存在的必要和可能。一则朝廷和地方官也不会大力扶持地方武装，更不会将精力大量投入到创办团练的活动中。再则，作为临时筹措的经费，随着战争的结束，可以想见，团费的来源会更加艰难。因此，太平天国运动之后，团练不可能被全部、完整地保留下来，战争的危机消除后，持续军事化也是不可

---

① （清）周乐：《记岳州府办团事实》，见《湖南历史资料》1958 年第 2 期。

能的。但这并不意味着团练彻底消失得无影无踪，而是根据各地不同的社会、经济发展状态呈现不同的面相。

对于两湖大多数地区而言，随着战争危机的解除，团练组织逐渐被废弛，团勇被解散，社会基层组织重新恢复到承平时期的乡里制度，比如保甲制度等。比如湖北兴国州，在太平天国运动中曾经创办团练，史载："（咸丰）七年，抚院胡林翼委候补府邢高魁驻州督办团练，立十六团，以乾元亨利贞仁义礼智信孝友睦婣任恤十六字为号。"[①] 这些按《周易》卦爻辞等编排的团练在光绪《兴国州志》中已经被注明为"旧设"，明确告诉我们这些团练到了太平天国运动之后就不复存在了。最迟至光绪年间兴国州是厉行保甲："编户为坊二，为里三十八，总名四十里，每坊里十甲。"[②] 并且在光绪七年（1881年）清查通过保甲清查四十里之户口，设保正380名。下节要论述的武昌和汉阳等地，地方官府也有意识地通过重建保甲的方式来重构地方组织与秩序。

在两湖，也有许多地方保留"团"之名，而去其军事化，从而陷入"名存实亡"的境地。其实创办团练之始，曾国藩就有鉴于创办团练需要大量经费，而在湖南实行"团"与"练"分离的办团方针。"团"即是"保甲法"，以清查户口为主，构成共同防御的地域单元；而"练"则是军事化的武装，练勇、团丁在一定程度上构成了官方防御体系中的地方军事力量。而战乱平息之后，团勇大半会解散归农。[③] 带有军事化色彩的"练"消失了，但作为区域或地望的"团"在许多地方则被保留下来。比如民国湖南新化《长塘李氏家史》载：

---

① 光绪《兴国州志》卷31《时事志·兵警》，光绪十五年（1889年）刻本，第9页。

② 光绪《兴国州志》卷2《疆域志》，光绪十五年（1889年）刻本，第6页。

③ 战乱平息后，不仅团勇被解散，许多"军功"获得者也返回农民本色。比如湖南平江叶云路："洪杨之难，奋起练团，遂行崇、通诸县以拊以辑，咸震慑……公以军功叙巡检，加六品衔，顾自后未尝入城府，曰吾固农氓也，优游田园，垂四十年如一日焉。"参见民国《湖南平江叶氏族谱》卷3《墓志铭》，民国二十四年（1935年）铅印本。

> 清同治元年，以练团御匪，分全县为十六团。九都八村，外加十都五村、八都一村及石马三都一村，共十五村，为大同团。大同团居资治之东岸，广六七十里，袤一百二十里。[①]

据此，新化县的“大同团”是同治年间办团练时所立之团名，而且下辖15村，广六七十里地，是一个地域单元。但后来“大同团”一直被保留到民国时期，“自民国以来，团改为镇，今又改为区，大同镇称第三区。故大同之名久著，内外今犹以大同称也”[②]。这里的“大同团”尽管从同治一直存在到民国，但显然后来只是作为一种地理名称或行政区划被保留下来。这种情况在两湖不在少数，但这并不同时意味着团练组织也被保留下来了。许多学者往往将两者混为一谈，以为有“团”之名，即证明有“团练”之实，进而认为地方军事化一直持续存在，这显然是一种误解。

但也不排除，太平天国之后，在特殊的情形和特殊地区，带有军事色彩的团练被保留或重建。这种特殊的情形，按爱德华·麦科德分析，在湖南有四次：一是在1888年，由于湖南茶叶贸易萧条带来的广泛失业，盗匪猖獗；二是1900年当地官员、士绅害怕义和团运动会波及湖南；三是1904年担心广西叛军侵入湖南；四是1910年长沙抢米风潮引起的城市骚乱。[③]这四次都有官员提议重建团练。但也仅仅只是号召“重建”而不是“扩展”，说明此前团练已经停顿或瓦解。而且这些重建团练的建议大部分或由于经费难以筹措，或由于直接的危机，或不存在或没有得到真正实施。

---

① 民国湖南新化《长塘李氏家史》卷2《地理志·方域》，民国二十三年（1934年）铅印本。

② 民国湖南新化《长塘李氏家史》卷2《地理志·方域》，民国二十三年（1934年）铅印本。

③〔美〕爱德华·麦科德：《清末湖南的团练和地方军事化》，《湖南师大社会科学学报》1989年第3期。

也不排除某些特殊的地区由于长期面临社会动荡与社会危机，因而团练等准军事化的组织得以长期保留，甚至团练走向常设化。比如湖南汝城、永顺、醴陵，湖北黄冈等局部地区，由于长期面临匪患，故有断断续续的军事化的团练活动存在。但全省性的团练活动在太平天国之后是不存在的，其地方军事化程度也大为削弱或锐减。从这种意义而言，太平天国运动之后的持续军事化观点是值得怀疑的，准军事化的团练组织随着动荡与危机的出现而临时筹办，随着危机的解除而很快消失。当然不排除局部地区为了应对长期的社会动荡而带来持续的军事力量的存在，但这只能是特殊时期局部地区的少数现象。

（二）两湖地方秩序重建与官绅关系：以武昌保甲总局为中心

战乱平息之后，百废待兴，各级政府官员致力于重新恢复战乱之前地方统治秩序，各种因为战乱而被毁坏的基础设施开始重建：这包括各种义仓、社仓、善会、善堂等社会救济事业的重组；水利、桥梁、津渡等公共工程的兴修；[①] 同时，曾国藩领导的湘军与团练的胜利也意味三纲五常等儒家伦理道德的胜利，战乱之后恢复传统文化也成为重要的秩序重建的举措，比如修志书、建书院、兴学校等。试图通过高扬儒家伦理教义和恢复儒家社会秩序，从思想文化和意识形态上强化对地方民众的控制。

所谓“盛世修史”，同治年间湖南、湖北有近百部方志被编修，成为历史上最大规模的一次地方志集中编纂活动。其目的除了借古鉴今，标榜中兴之外，方志中还添加有大量的“忠义”、“褒忠”等门类，以记载太平天国运动中殉难的官绅士子、团总乡勇及其事迹。除

---

① 详情可参见〔美〕芮玛丽著，房德邻等译：《同治中兴：中国保守主义的最后抵抗》，中国社会科学出版社 2002 年版，第 155—168 页。

方志外，甚至还编有专书：比如《湖北节义录》、《汉阳府忠节全录》、《湖南褒忠录初稿》、《湘潭县节孝志》等等。此外还在各地修建忠祠等。以上这些举措一方面是褒扬战乱期间士绅们对于王朝的忠诚，另一方面也是官府想借这种方式来宣扬传统的价值和道德观。

1. 武昌府保甲总局的创设与士绅职役化

对于地方行政制度而言，政治秩序重建的主要措施还是恢复保甲制度。但经历团练活动之后，重建的保甲制度已不再是原有意义上的基层组织与统治格局，扩张的绅权是统治者不得不认真对待的问题。绕开或控制自是不可能，惟一的选择就是承认绅权的存在，并进一步将行政权力委托给士绅掌控，这也正是光绪十三年（1887 年）武昌知府李有棻在武昌推行保甲制与清初推行的保甲制不同之处。

李有棻（1851—1906 年），江西萍乡人，器宇英毅，少有大志。初受李有棠的影响，讲求经世之学，通训诂，习宋儒程、朱之书，精研义理，博搜掌故，尤以能文，名噪一时。于同治十二年 (1873 年)，考取拔贡。次年，通过朝考，官内阁中书，充任玉碟馆誊录。四年后，以知府分发湖南候补。候补期间，管理过督审局，提调过厘金局，才试署沅州府。接着于光绪十年（1884 年）调湖北襄阳府，因才干练达，旋升武昌府。以后逐级上升，先后做过广东高廉钦兵备道的道员、陕西按察使、布政使、护理陕西巡抚、江宁布政使、护理两江总督等，最后死于江西铁路大臣任上，被清廷封赠为太子少保。光绪年间，时任武昌府知府的李有棻大力推行保甲制度，并将相关文牍辑录为《武郡保甲事宜摘要》，据此，使我们能较清楚地了解光绪年间武昌保甲制度推行的情况。

光绪十一年（1885 年），李有棻首先在首善之区的江夏举办保甲，取得一定经验之后，进一步推广到武昌府所属之咸宁、嘉鱼、武昌、蒲圻、大冶、崇阳、通城、兴国、通山等九个州县。此次重建保甲组织的最大特点就是重视士绅的作用，并将其视为官府控制地方的

“耳目”，李有棻在批札中云：

> 保甲之法，终于兴利除弊。一邑之广，若不寄耳目于诸绅，则积害安能尽除。随时随地能于保甲留心，匪徒奚能容身？恶习安能相染？而且稗政徐更，更可藉苏民困。于是教养之政皆可由渐而施。责成各绅，不劳而理。行之既久，治象必蒸蒸日上，此则保甲之实功也。[①]

其实，自晚清以来，随着地方性事务的增多，政府不得不进一步依赖和借重于地方士绅的力量。太平天国期间，一代名臣胡林翼曾曰：“自寇乱以来，地方公事，官不能离绅士而有为。”[②]这句话常被学者用来作为晚清绅权扩张的证据之一。在承认士绅在地方作用日益彰显的同时，我们也发现背后的根源也许部分在于晚清吏治日益腐败，欲有作为的地方官员不得不转借士子文人等民间力量。胡林翼在劝谕士绅缉拿土匪之时即云：“细思辑匪之法，用兵用差，不如用士用民。以兵捍而惰，差猾而贪，而民则朴实可用也。若我同党士子，读书明理，深知地方之大害，必为苞桑之远谋，断不忍漠然坐视，徒作自了之记也。”[③]除了号召和利用士绅办团辑匪之外，胡林翼还在创办厘金局中重用王家壁等地方士绅，使湘军的军饷能“供之不缺”。所以时人评论说“时东南各省皆抽厘助饷，惟湖北多用士人司権，核实无弊”。[④]胥吏不可用，起用“读书明理”之士子文人也就成为必

---

① （清）李有棻：《武郡保甲事宜摘要》卷2《札十州县实力举行保甲并条列五则》。光绪十三年武昌府署刻本。

② （清）胡林翼：《麻城县禀陈各局筹办捐输情形批》，《胡林翼集》第2册《批札》，岳麓书社1999年版，第1012页。

③ （清）胡林翼：《饬郡绅缉拿土匪谕》，《胡林翼集》第2册《书牍》，岳麓书社1999年版，第14页。

④ 《清史稿》卷406《胡林翼》，中华书局1996年版，第11934页。

然。所以李有棻重视士绅的作用也就不足为奇了。创办保甲伊始，李有棻就指出：

> 所以收其利而杜其弊者，不外委绅得人之一法。而得人之妙用又不外由迩以及远，由彼以及此。现于城内设立总局，择各乡正绅夏建寅等十人总司其事。卑府以首邑事烦，难亲琐仟之务。委候补县丞黄新锷驻局帮同办理。①

而且他也清醒地认识到，用士绅来办理保甲必然会“损害”胥吏的既得利益，引起胥吏的不满：

> 盖保甲既行，讼狱自少。既已赴诉来前，亦可曲直立判。凡此皆百姓之利也。第百姓以为利，衙役即以为害。讼庭花落，胥吏之清苦不可预，以乎故，官如认真办理保甲，若辈必设法阻止，阻止之不能计，惟有壅敝之一术而已。士绅来见，则故意延搁，甚者讹索门礼。公禀有名则混行差传，甚者大加凌辱，其意欲使正绅畏累而不肯前。②

正因为洞悉胥吏勒索扰民之弊端，所以一般的正直官员都会严禁胥吏家丁等下乡骚扰。而州县官管理范围辽阔，事务繁多，有鉴于清代前期的保甲制度因为缺乏士绅的参与，民众视之为贱役而消极待之，更因受胥吏等衙役的欺凌而视官府为畏途，百计脱解，使承平时期的保甲制度陷入似有还无的境地。于是此次李有棻办理保甲

---

① （清）李有棻：《武郡保甲事宜摘要》卷1《督同江夏设局举办保甲禀》，光绪十三年（1887年）刻本。

② （清）李有棻：《武郡保甲事宜摘要》卷2《札十州县实力举行保甲并条列五则》，光绪十三年（1887年）刻本。

制度，正式将士绅纳入到保甲制度中来。[①] 李有棻在江夏办理的保甲结构如下：

> （江夏）县凡三乡，为里者四十八，为屯者十三，为洲者一。各举二绅或三绅，统谓之里绅。悉为总局所遴选，分司各里各屯与洲之事。复各有保正以供奔走、造册。以十户为牌，立牌长，十牌为甲，立甲长。大族则更立族长。皆统于里绅。总局复统各里绅而督率之。颇有指臂相使之势。[②]

由上可知，武昌府江夏县的保甲制度形成了总绅——里绅——甲长——牌长——民户的组织结构。这与清前中期的保甲制度最大的区别就在于牌、甲长与官府之间插入了士绅，而且通过总绅与里绅的层级划分，其实也使原来矛盾重重的上层士绅——下层士绅之间按照地位的高低进行权力的分割，这在一定程度上化解了原来的利益冲突。以前我们只是从“士农工商”四民社会的角度默认士绅在沟通官府与民众之间的中介作用，但并没有从体制上加以确认。此次创办保甲实际就是将一直在乡村社会中存在、并一直发挥着重要作用的地方性权威——绅权体制化，即将游离于体制之外的绅权纳入到准官僚体制——保甲制度中来。

从士绅的角度而言，这当然可以被认为是士绅力量的崛起，使得国家不得不正式将管理地方的权力部分“委托”或“让渡”给士

---

① 其实将士绅纳入保甲制度之中的思路早已有时人提出。如张惠言在《保甲事例书》中即云：“甲长乡正之名，近于为官役。不若乡设一局，以绅衿一人总理，士大夫数人辅之，谓之董事。派头无常人，轮日充当，谓之值牌。如此，则牌头之名不达于官，董事民间所自举，不为官役，又皆绅士，可以接见官府，胥吏虽欲扰之不可得矣。”《清朝经世文编》卷 74《兵政·保甲》，《清朝经世文正续编》（第二册），广陵书社 2011 年版，第 172—173 页。

② （清）李有棻：《武郡保甲事宜摘要》卷 1《督同江夏设局举办保甲禀》，光绪十三年（1887）刻本。

绅。从国家的角度而论，也可以被认为是使士绅为官府所用，即官府通过吸纳“地方精英”，动员更多的民间力量来强化对地方社会的有效管理，保甲制度的“准官僚化”性质和特殊的士绅阶层的结合能使保甲发挥更大的作用。由于清初推行保甲轮充值役之时，绅衿是“俱免充役”[①]的，此时将士绅纳入保甲制度之中任职的过程在笔者看来也可以称之为士绅的“职役化”[②]。

李有棻创办保甲过程，其顺序依次为举士绅——查户口——别良莠——示劝惩。在他看来“若绅士得人，则户口可以核实；户口既实，则良莠可以不混；良莠既别，则劝惩可以得施。循序以图，不可有操切之弊，而后保甲能收成功矣”。对于士绅的挑选次序为：

> 于四乡中公举同志数人为之总绅。然后折柬招至，忘分下交，使之分任各乡之责，各举所知，一里举三人为里绅。绅既得人，而后使之督同保正逐户造册。十家举一牌长，十牌举一甲长。合十数甲长而统之于里绅。里绅有欲白之官者，或率同甲长，或协同总绅，无所隐饰。于是总绅得人因而得里绅，里绅得人因而得甲长，甲长得人因而得牌长。选择既严，又有顺而递及之理。夫而后可以推心置腹矣。[③]

江夏保甲总局开办以后取得了良好的社会效果，据云：“其乡间烟馆、赌博以及匪徒地痞或改贸别业，或革面洗心，风俗为之改观。”而且由于有了士绅的沟通，官民之间呼吸相通：“江夏自办理保甲数月以来，民气已通。下有所白，由牌长、甲长、里绅、总绅而达之县

---

① 《清朝文献通考》卷25《职役五》，浙江古籍出版社2000年版，考5072。

② 另据《武郡保甲事宜摘要》卷2《札发九州县会衔会谕各总绅》以及《札九州县随时更换总绅开折报府不必会印》等可知，总绅是需要报官府谕令认可并随时更换的。

③ （清）李有棻：《武郡保甲事宜摘要》卷2《札十州县实力举行保甲并条列五则》，光绪十三年（1887年）刻本。

府；上有所宣，由总绅、里绅、甲长、牌长而达之编氓，呼吸可通，是非无隐。现在民间稍有争端，即由牌甲长及里绅总绅各自解散，讼源为之一清。讼棍痞徒及烟馆赌博一切恶习公同禀就，随时惩治，均已畏法敛迹。风俗为之一善。”①

光绪十二年（1886 年），在江夏县保甲总局的基础上，李有棻又将保甲局推广到其余九个州县，并派黄委员巡视抽查，为杜扰累，张其告示云：“抽查保甲，慎选贤员；不食民饭，不费民钱；左右随从，严束无权；轻骑驰往，悬示马前，清超自励，谕尔乡贤。”② 从各知县的会禀可以看出，咸宁县于十月二十七日开局兴办保甲于城内文昌宫，嘉鱼于二月十三日在城内考棚设立总局，蒲圻县于城内适中之地租赁民房一所设立保甲总局，大冶保甲总局则设在县城善堂内，崇阳县设于宾兴馆中，通山县更是设于县署大堂左侧。各自也都是遴选士绅参与其事。此其武昌府创办保甲总局之大略经过。其制度架构和创办活动几乎都是知府李有棻亲力亲为，体现出“官绅共治”的特点。

同样，汉阳府保甲总局也是在光绪十九（1893 年）由知府逄润古悉心厘定章程、批饬会督各位员绅认真举办，并遴选大挑知县孔继淦驻局经理。各编查造册、缉拿匪患等事则委托员绅协同办理，以期达到“官绅现维”之目的。③

2. 武昌保甲总局与地方事务的兴办

晚清的保甲局一方面继承了维护治安的功能，同时作为准官僚组织，也承担了许多地方性事务，而且因为有了士绅的参与，民众与

① （清）李有棻：《武郡保甲事宜摘要》卷 1《江夏保甲完竣请奖励员绅禀》，光绪十三年（1887 年）刻本。

② （清）李有棻：《武郡保甲事宜摘要》卷 4《晓谕九州县开设郡局举办保甲示》，光绪十三年（1887 年）刻本。

③ （清）张行简：《汉阳府保甲录》卷上，《会谕汉阳阖郡保甲总局绅》，光绪十九年（1893 年）汉阳保甲总局刻本。

官府的沟通似乎更为畅通和便捷。从各种史料来看，武昌保甲总局除了编查户籍、严禁烟馆、维护社会治安外，还从事诸如采访贞节孝悌、办理孤贫育婴等公益性社会活动。比如李有棻曾下札要求保甲局的绅耆在挨户编查户口时，“其间或苦孀守节，年例已符竟被淹没者，或烈妇殉夫、贞女矢志，未经举报者，与夫孝子悌弟义士端人，郁而不彰者，均令该绅呈学，由学详请旌表”[①]。同时要求各绅会同甲长牌长“清查所管段内实系孤独极苦、老弱废疾，既无可依之亲族，复难走乞于乡里……酌给钱米以资补救”[②]。

更为重要的是，李有棻还通过保甲总局来大兴桑麻水利等农业生产。

光绪十二年（1886年），李有棻为了发展本地农桑，通过官员捐廉的方式筹措资金，谕饬大冶县贡生杨茂葵前往江浙苏湖一代采买桑株桑秧，并将买来的桑苗分给保甲局，转给绅民栽种。[③]还颁行栽桑方法和禁止毁坏桑园的告示。比如《禁桑园切勿毁伤示》云：

> 开园种桑，兴利城乡。雇工看守，昼夜严防。
> 铺保差役，巡查宜常。谕尔居民，切勿毁伤。
> 偷枝窃叶，更属不良。违者重究，共凛刑章。[④]

同时从江西雇佣织工来湖北教民绩麻并织成夏布，此事亦责成武昌保甲总局经理。其云：“城内已设江夏保甲总局，有员绅总司其

① （清）李有棻：《武郡保甲事宜摘要》卷2《札十州县督率保甲绅耆采访贞节孝弟》，光绪十三年（1887年）刻本。

② （清）李有棻：《武郡保甲事宜摘要》卷2《札十州县督率保甲绅耆办理孤贫育婴》，光绪十三年（1887年）刻本。

③ （清）李有棻：《桑麻水利族学汇存》卷1《植桑·谕各总绅请领桑秧》，光绪十三年（1887年）武昌府署刻本。

④ （清）李有棻：《桑麻水利族学汇存》卷1《植桑·禁桑园切勿毁伤示》，光绪十三年（1887年）刻本。

事。拟请即以江夏课麻事责成督办。盖局中员绅与各里绅声气联合，将来推广行之有所凭藉，自易为也。”[①] 为了培训妇女，江夏保甲总局员绅还在省城的汉阳门内红墙巷设立绩麻公所，雇佣江西绩妇数人来常住教导。每里屯由绅士选派老成妇女五人来局学习十天。费用亦由保甲局筹款。各乡纺织的麻丝由局收买。

水利是农业的命脉，武昌“频年以来，各里洲屯旱潦时农民坐困，殊堪悯恻，推原其故，皆由水利不修，乏塘堰储蓄”。为此，李有棻酌定了水利章程六条：包括辩田、估工、相时、择人、杜弊、记功等。这些工作基本都是由保甲总局员绅会同各乡里绅共同完成。比如“择人”条规定：“现值奉行保甲，各里屯均设绅董，即协同甲长等切实劝谕乡农，水利之兴，原为尔百姓……”；“杜弊”条则“全仗保甲士绅广行劝导，并不假手胥役”；“记功”条要求：“每里屯各给印簿一本，某乡责成总绅，某里屯责成散绅。某户劝允开塘一口，在何地名，深浅广狭若干，限冬底兴工，明春查验，明注簿上，一月后缴簿查核。共定该绅等之劳绩，多则奖给匾额”。[②]

号召宗族等民间力量来兴办教育是保甲总局又一重要的社会活动：“设立族学，以本户之资财，教本家之子弟，其便于贫民莫善于此。”为此，李有棻亦刊刻族学章程八条。其捐资之法：“上户可以多，中户次之，下户免派，或有祠费公款，几可提出若干，则更不烦捐输。”其办学之馆所“或在本族祠宇，或在本境寺观，禀请立案并即由本府给以某氏族学匾额，以垂永久”。很明显，兴族学之目的在于教化民众，维护儒家伦理道德：

---

① （清）李有棻：《桑麻水利族学汇存》卷 2《绩麻 · 谕江夏保甲局兴办绩工》，光绪十三年（1887 年）刻本。

② （清）李有棻：《桑麻水利族学汇存》卷 3《水利 · 晓江夏保甲总散各绅劝办水利》，光绪十三年（1887 年）刻本。

> 至讲之法，只宜与之读白文，说俗语，更易通晓。第使知爱亲敬长，处己待人之理而已。最浅亦宜令其辨善恶、明顺逆，以警祸败。四书之外，又于刑律中提出紧要数条，如叛逆、忤逆、斗殴、奸盗之类。
>
> 族学专课蒙童，并宜授读圣谕广训，而族间农夫牧竖及工商者流，未经开导，犹属扞格。宜即于塾师每月三次聚讲。定期宣讲圣谕。族中农工各等人皆可来塾中听讲。使皆知礼义。[①]

以上所举载桑、绩麻、水利、族学等社会事务的展开，表明武昌保甲总局及其绅董在地方承担的职能越来越多，这也许开启了以后地方自治的滥觞，但此时的保甲总局还是在官府的创办主持下成立的，其地方事务的开展也是官绅合作的结果。

同样，在1897年由湖南署按察使黄遵宪提议，并得到湖南巡抚陈宝箴支持而建立的湖南保卫局，其职责除了清查户口、维护社会治安外，也从事许多公益活动，比如该局设有五个迁善所，不仅收容失业者和犯人，并且“令其学工”而获得谋生的技艺，比如成衣、织布、弹棉、刻字、结辫线、制鞋、削竹器、造木器、打麻绳等，均聘有教习传授失业者和犯人学习仿照。生产的物品出售后，除归还物料成本，失业者可得盈余之三成作为零用，七成俟出所时给为资本。这种做法不同于以往的慈善救济、施舍，而是更加重视传授谋生的技艺，同时注重劝诫。[②]

尽管湖南保卫局中绅商的作用更为凸显，但离地方自治还有一段距离。即该局还是由官府创办，吸纳绅商等民间力量参与的官绅合作的机构。保卫局章程开篇即云：“此局名为保卫局，实为官绅商

---

① （清）李有棻：《桑麻水利族学汇存》卷4《族学·札十州县并谕保甲绅耆劝兴族学》，光绪十三年（1887年）刻本。

② 《湖南迁善所章程》，《湘报》第八号，中华书局2006年版，第61页。

合办之局”。而且该局总司一切事务的总办须有抚宪札委，并以司道大员兼充，绅商仅为会办。各分局局长也由官吏充任，绅商只能出任副局长。另还规定，判断讼狱、缉捕盗贼、安置犯人等事，“皆官主之”。[①] 这充分说明绅权在很大程度上是受到官府的制衡和限制的。

六、结语

太平天国运动对于两湖地方秩序的冲击是巨大的，许多州县官员被杀，衙署被毁，士绅阶层的生命财产受到威胁，游离于社会正常体制之外的秘密会社和土贼盗匪等空前活跃，民众的日常生产生活秩序也被打乱。在起义的洪流面前，原本就因为土地、财富等资源占有不平等的富户和贫民之间，以及权力分配不平衡的上层士绅与下层士绅之间呈现出不同的价值和行为趋向。两湖地区处于社会下层的平民百姓和煤矿工人、轿夫、挑夫、工匠以及会匪等纷纷加入太平军，以改变当前的生活窘境，而部分科场失意的士子文人也曾一度热衷于到起义队伍中实现自己的“仕宦”之梦。但更多的以江忠源、罗鑫、王家壁等为代表的士绅阶层在儒家伦理道德的感召下，致力于维护和保持固有的文化传统和社会秩序。而清朝政府也逐步调整策略，放手发动士绅，通过创办准军事化的保甲和团练的方式，动员一切社会民间力量来对付太平军。在与清朝政府争夺乡村的拉锯战中，由于太平天国采用了西化的拜上帝教，并对儒家文化和乡土民间信仰进行了野蛮摧毁，在激起广大士子文人反抗的同时，也在一定程度上疏离了群众，最后被读书人领导的湘军和地方士绅领导的团练所镇压。

在太平天国运动之后，社会危机得到解除，团练的军事化色彩

① 《湖南保卫局章程》，《湘报》第七号，中华书局 2006 年版，第 52 页。

逐渐消失，团丁练勇又回归到农民的角色。不排除在特殊时期和部分地区，团练等民间武装又被组织起来以应对各种骚乱的情况，这既是潜在的地方武装势力的必然体现，也是国家“寓兵于农”的策略使然。但大规模、持续的地方军事化在广大乡村是难以长期存在下去的。两湖更多的团练或被解散，地方恢复到保甲制度；或者保留作为地域单元的“团”之名，以团保合一的方式存在。当然，部分地区由于长期的匪患和为应对其他社会危机，从而导致部分团练走向常设化，使得晚清的乡村控制呈现多层次、多元化的趋势。

太平天国之后，国家致力于重建乡村秩序，除了恢复或兴建义仓、社仓、善会、善堂、书院，以及编纂地方史志、刊刻儒家经典书籍等社会公益和儒家文化重建之外，构建保甲制度等行政秩序也是重要的措施之一。但经历过太平天国运动洗礼之后，针对士绅在地方影响力扩张的局面，政府采取了相应的举措，即承认并重视士绅在乡土社会中的地位和作用，“利用”并加以“管束”。这就是李有棻在武昌推行保甲总局中，将原来游离于保甲制度之外的士绅纳入到重建的保甲体制之内，使之“职役化”。这固然可以被视为绅权扩张的结果，但也未尝不可以被认为是政府的“有意识”地吸纳地方性资源，通过拉拢士绅强化对乡村控制的手段。

组织团练和恢复传统秩序的功能预示着两湖地区士绅固守儒家伦理的保守主义倾向。因而两湖绅权的扩张更多地体现在“量”的增加上，比如军功士绅的大量出现和府县学额的大量增加等，但并无“质”的变化，即不过是士绅在基层社会中传统职能的扩大和强化，比如官府通过武昌保甲总局及总绅、里绅等兴办桑麻、水利、族学等地方事务。从这个意义上而言，绅权的扩张并不意味着国家权力的削弱和地方控制的松弛，相反，在整个十九世纪下半叶，受湖湘理学浸润的湖南士绅具有强烈的道德感和关心乡土社会秩序的情怀，使得湖南士绅群体在中国社会仍是一股维护传统秩序的保守势力。[1] 所以在甲午战争之后，康梁维新派还提出了“兴绅权”的口号。而民国时期国家对乡村控制的内卷化在某种程度上讲恰恰是科举废除后传统士绅阶层的消失以及新式教育下的地方精英脱离乡村的结果。

（原载《人文论丛》2008 年卷）

---

① 据李实《辛亥革命的乡居记闻》记载，即使在革命首义之地的湖北，乡村社会结构也迄无改观，“只不过秀才、举人老爷的红缨帽子不戴了，补子官服不穿了，戴上了瓜皮帽，穿上了长袍马褂……秀才、举人成了‘绅士’、‘联庄自治’的总保董。照样是‘衙门朝南开，有理无钱莫进来’”。不仅如此，辛亥革命的政制变动还为乡绅地方权力扩充创造了更多的机遇。“最滑稽的是，我们这穷乡僻壤里也闹什么民主党、共和党。许多秀才、举人、绅士老爷、乡下的读书人又找到新的出路了，有的参加民主党，有的参加共和党，还有的来了个双保险，民主党、共和党都参加了。在他们看来，革命了，反正了，参加一个什么党，才能升官发财，这个机会不能错过。”（见《湖北文史资料》2004 年第 4 期）

江湖盗、水保甲与明清两湖水上社会控制

作为地理名称的“江湖”，其本意是指长江、洞庭湖，后来泛指三江五湖[①]，即自然界所有的江河湖海。但湖南、湖北江河湖泊众多，倒是不争的事实：中国最大的河流长江及其最大的支流汉水都穿越其间，洞庭湖、洪湖等星罗棋布的大小湖泊点缀其上，共同构成独有的水上世界。湖南、湖北也被誉为“千湖之省”、“鱼米之乡”等。俗语云：“靠山吃山，靠水吃水”，两湖地区沿江环湖的居民利用天然的水资源优势，或从事渔业养殖和捕捞，或从事水路运输，并且“船居”亦构成两湖地区重要的聚落形态之一，以水为路、以渔为业、以船为家，由此构成两湖地区独有的水上社会。[②]

然而在以农耕文化为特色，以土地为根本、以种植为主体的传统社会中，水上社会一直处于社会的边缘，长期不为世人所关注。至

---

① 陈平原：《千古文人侠客梦——武侠小说类型研究》，新世界出版社2002年版，第136页。

② 水上社会其实构成传统社会的重要部分。比如葡萄牙传教士安文思在对清初的中国社会的描述中指出：“这个国家（指中国——引者注）的水上交通十分便利，任何城镇，特别是南方诸省的城镇，大都利用河流、湖泊、运河，或可航行的港湾，以致住在水上的居民和住在陆地上的几乎相等。……因此可以说，中国有两个王国，一在水上，一在陆地。好像有许多威尼斯城。这些船是船主当房屋使用的。他们在船上做饭、生于斯、死于斯。”（〔葡〕安文思著，何高济、李申译：《中国新史》，大象出版社2004年版，第81页。）

于处于更为边缘和下层的水上盗匪更是鲜有关注者。[①] 而从社会史的视角出发，对这一特殊群体研究的忽略，无疑会影响到史学家对于两湖民间社会的客观、整体性判断。尽管有关“江湖盗”的史料星散而稀少，笔者还是不揣浅陋，在广泛爬梳方志、政书、文集、笔记、游记等史料的基础上，以两湖地区为中心，对有关江湖盗匪现象以及国家应对措施等相关问题进行初步的探索，以补史志之缺。

一、“贼”“民”之间：江湖盗及其出现背景

在本节中，主要想分析明清时期两湖地区江湖盗的类别、社会成分及其时代背景。[②] 吴智和先生曾经指出，江湖盗即是“江盗”与“湖盗”的合称，这是就其活动的区域而划分，区别于海盗。同时他还根据劫掠对象的不同，将江湖盗划分为盐盗、劫盗、粮盗、拐盗、茶盗五种。[③] 但在笔者看来，其中劫盗和拐盗似乎是依盗窃方式而划分的，与其他盐盗、粮盗、茶盗等以盗窃对象来划分的盗贼类型似难混为一体。

另，徐珂在《清稗类钞·盗贼类》之“贼之类别”云：

---

① 目前笔者检索到的唯一一篇是吴智和的《明代的江湖盗》，载台湾出版的《明史研究专刊》第一期。该文于全景式地概述了明代江湖盗的种类、分布的区域、政府的缉盗以及江湖盗产生的背景。而对海盗的研究则有〔美〕穆黛安著，刘平译：《华南海盗：1790—1810》，中国社会科学出版社 1997 年版；Robert J. Antony，“Like Froth Floating on the Sea: The World of Pirates and Seafarers in Late Imperial South China ”, Berkeley Calif.，Institute of East Asian Studies, 2003.

② “江湖”、“江湖社会”有广义和狭义之分。广义的“江湖”是正统社会以外的社会结构的泛称，包括秘密社会、帮派结盟等。甚至在许多时候，“江湖”可以是与“庙堂”相对应的整个社会，比如一般所言的闯荡“江湖”等。而笔者在此的“江湖”仅指狭义的水上社会。

③ 吴智和：《明代的江湖盗》，载《明史研究专刊》第 1 期，台北大立出版社 1978 年版，第 107—137 页。

其行于水者三：

钻底子，即至船舱中窃物者。底子，船也。

挖腰子，即不上船而以能伸缩之竹竿伸入船窗，钩人衣被者也。

掉包，即在船冒充乘客，乘间而窃物者，亦对买之流也。[①]

在此，徐珂显然是以行窃之方法来区分贼之类别。其实，还有一点需要注意的，就是盗贼获取他人钱物，有偷窃和抢劫之别。偷窃是乘人不备，悄悄行窃，以钱财为目标，一般不会伤及被害人性命。但抢劫则不然，是公开在被害人知晓甚至反抗的情况下，强行抢夺财物，此时很可能会伤及被害人性命。[②]

在某些场合，偷盗和抢劫往往接踵而至，即由偷盗不成，或被主人发觉而演变为抢劫。《曾国荃全集》中记载有一桩由偷窃被主人发觉后转而为强抢的案件，其详情如下：同治三年（1864 年）五月，四川监生陈莹亨自直隶深州亲属任所送柩回川，在湖北江陵地方雇坐周廷岐船只，五月二十五日夜船泊州属花梨岩，被姜老么、王老五等一行六人撬船图窃。姜老么等原籍四川开县一带，平日靠推桡度日，向未为匪。原本受雇于周廷岐船上推桡，后因周廷岐嫌姜老么驾船懒惰，将之撵走。而姜老么因见周廷岐船上客人陈应亨带有银物，起意行窃，并邀约王老五等人同往。五月二十五日夜，当周廷岐船停泊在

① （清）徐珂：《清稗类钞》第 11 册《盗贼类》，中华书局 1986 年版，第 5355 页。

② 依大清律所定，盗贼行径可细分为强盗、抢夺、窃盗三种：强盗者，“先定有强谋，执有器械，带有火光，公然直至事主之家，攻打围墙者”，其处罚最重，倘若抢得事主财物，不分首从，皆斩；抢夺者，“出人不意而攫取之曰抢，用力互争而得之曰夺。抢夺之罪，介乎强、窃之间”；窃盗者，“乘人所不知而暗取之，曰窃”，“窃盗之罪，轻于抢夺，以其心犹畏人也”。而“江上行劫，照响马枭示”。以上参见（清）沈之奇撰：《大清律辑注》，怀效锋、李俊点校，法律出版社 2000 年版，第 574—595 页。

花梨岩，姜老么等在河下窃得小划一只，荡至周廷岐船边，撬仓行窃。孰料事主陈应亨竟行喊捕，姜老么起意行强，用刀械吓禁声张，共截得库平银两七百三十二两一钱六分三厘二毫。①

在此，靠驾船为生的姜老么等人主要是见财起心，并非是职业的江湖盗匪，案卷中也强调说他们“平日靠推桡度日，向未为匪”。因此，英国的贝思飞在《民国时期的土匪》一书中曾把土匪类型分成“偶尔为之者”和“职业土匪”两种类型，他说，偶尔为之者把土匪活动看作临时的出路，因为他们行窃或是面临饥饿的威胁，或是遭遇短期的财政危机，大部分匪徒都属于偶尔为之者。②

江湖盗大部分属于“偶尔为之”者，他们几乎都来自农业社会，是农村社会周期性饥馑和严重的天灾、战争的直接产物，甚至很多情况是一种“见财起心”的贪婪之举。从此意义而言，谓之为“临时性盗匪”亦不为过，因为其中大多没有完全脱离农业生产。据朱国南先生回忆，在晚清至民国时期的江汉平原一带，许多“土匪”其实是贫苦人民迫于饥寒而铤而走险的，其初次为匪，一般尚未脱离生产。比如朱国南家乡的潘开洲、潘典法、潘典哲等人，在民国初年为匪时，即未脱离生产。如有一个潘亮儿系泥瓦匠，被乡团逮捕时，尚在为他人修理房屋。③

因此，“贼”和“民”之间在某些时候的某些群体身上是很难截然区分的，“忙时农耕，闲时偷盗”也是某些人群的真实写照。换言

① （清）曾国荃：《曾国荃全集》第1册《奏疏·拿获盗犯审明惩办疏》，岳麓书社2008年版，第55—56页。

② （英）贝思飞著，徐有威译：《民国时期的土匪》，上海人民出版社1992年版。较早研究盗匪问题的英国学者E. J. Hobsbawm，在其所著*Bandits*一书中，专门有一节题为“What is Social Banditry？”谈论“社会型盗匪”的定义问题。按照他的看法，社会型盗匪是属于行侠仗义型的，存在于社会，并得到当地社会支持。参见E. J. Hobsbawm，*Bandits*，New York，Pantheon Books，1981，pp.17-30。

③ 朱国南：《我所知道的江汉平原的土匪》，载萧志华主编：《湖北社会大观》，上海书店出版社2000年版，第188页。

之，“小偷小摸”似乎也构成了某些乡民维持生计的一种手段和方式。以明代天启年间的兴国州（现在的阳新县）为例，据《下雉纂》云：“山峒村落之间多盗魅，居则衣冠楚楚，出则人面兽心。”又曰：“州城郭及各里皆有盗，发觉则入囹圄；不发觉伙剽夕还，或出剽诸郡，满载而家居。然一良民也。”[①]

以上所言当地之百姓“出则为盗贼，居则为良民”的情形尽管是指山区村落之中的现象，但在流动的船户之家恐怕更为普遍，因为他们更具隐蔽性，故有谚语云：“十个船家九个偷”。对于商家而言，防止船家偷盗几乎成为一种经商必备之术。[②]而在辽阔的江面之上，打鱼之船户利用夜色趁机劫掠过往商家行人的做法似乎也在某些地区存在。雍正六年（1728年），湖广总督迈柱曾经上疏言明江夏县一带水上盗匪之情形曰：

> 查楚省江河渡驳、江划小船与茅蓬船只，此等船户皆穷苦无赖之徒，或系沿江、沿湖附近村庄，或系四处混聚，未知来历，亦无牙埠约束。黄昏深夜，巧以捕鱼为名，乘空即将过客行舟逞志截劫。塘汛地方因其捕鱼，不便拿缉。甚有窃劫乡村，盗已获而无窝家，借船以为巢穴。如臣属江夏县之八吉堡，地方素称盗薮，其故皆由附近村庄，多以捕鱼为业，家设划船茅蓬，借名为匪，碍难查缉。[③]

---

① （明）马歘：《下雉纂》，明天启四年传抄本，中国科学院图书馆藏，第24页。

② 明人所著《士商类要》卷2《船脚总论》中认为“雇船如小买”，并指出“十个船家九个偷”，因而对于经商途中如何选择船只、如何防止船家偷盗等进行了仔细的揭示和提醒。参见杨正泰：《明代驿站考·附寰宇通衢、一统路程图记、士商类要》，上海古籍出版社2006年版，第358—359页。

③ （清）迈柱：《编查渔船保甲疏》，《清经世文编》卷75《兵政六·保甲下》，清道光刻本，第37a页。

从迈柱的奏疏中可以看出，当时江夏县沿江沿湖的船户之情形为“巧以捕鱼为名，乘空即将过客行舟逞志截劫”，“多以捕鱼为业，家设划船茅蓬，借名为匪”。这些都说明江湖盗往往是亦民亦贼，良莠难辨。

此外，许多船户往往“乘人之危”，抢夺财物，更是难以分辨。比如清代官府在两湖地区设置了一定数量的救生红船，并辅之以大量的渔船，以救助在江河湖泊上遇险的船只。①但这一义举在某种程度上却演变为恶行，即少数见利忘义之船户往往“见死不救”，反而“乘危暗害，形同劫掠”，因此官府不得不对水上救生活动做出如下之规定：

> 行船遭风尚未覆溺，或者浅不致覆溺。救生船、渔船不为救护，反抢取财物，拆毁船只者，及遭风覆溺，人尚未死，不速救人，只顾捞抢财物，以致商民淹毙。又或假称救护，纷集多人，故将客船踩翻，攫取财物，商民因此溺死，是则形同强盗，均应立于并诛。②

以上这一规定恰恰从另一方面表明，在浩渺的水上世界，船户与渔民见财起心，盗窃或劫杀过往商民之事时有发生。这种偶尔为之的盗劫活动与专以盗窃为生的职业的江湖盗匪是有所区别的。而由于江湖之上杀人越货较为容易下手且较为难以被官府察觉，具有相当的隐蔽性和流动性，所以在承平时期，这种偶尔为之的盗劫活动更为普遍和频发，并在一定程度上构成了两湖水上社会生活的一部分。而在

① 详情参见笔者：《救生船局与清代两湖水上救生事业》，《武汉大学学报》（人文科学版）2006年第1期。

② 光绪《岳州救生局志》卷2《章程·救生引洪收瘗条规八则》，光绪元年（1875年）刻本，武汉大学图书馆古籍部藏，第7页。

国家权力控制较为薄弱之际，特别是动乱之际，一些有野心的江湖盗贼就有可能演变为有组织的叛乱活动。

除了这些“偶尔为之”的社会型江湖盗匪之外，两湖地区自然也有一些专恃劫掠为生的职业型江湖盗，即所谓“积匪”。据明万历年间钱春所著《湖湘五略》记载，在湖北荆州一带，“王仰槐等，结伙连舟，绝流御货。荆州河边，贪华船之蓄积，一卷俱空。白河渡口，窥学博之归囊，三命遒尽。惨矣！”[1]同书还记载在湖南蓝山县，“会审得王得武，萑苻巨寇，水陆兼行。即其伙劫罗添恩家，捆缚事主，加以白刃，此辈何等嚣焰”。[2]吴智和先生对长江水域盗贼分布有研究，他说：“湖广一区盗贼较江西鄱阳尤多。”[3]此种情形在清初乾隆年间亦普遍存在，据《湖南省例成案》所载乾隆八年（1743 年）八月二十六日按察使明德所奏：

> 照得楚省襟江带湖，素称泽国，界连滇黔蜀豫江广等省。商贾往来，帆樯若织。试系五方杂处之区。而萑苻宵小之徒，每有纠伙扒舱，贻害行旅，最为恶毒。如积匪杜二山、别么等，案牍累累，行窃者不止一年，被害者不仅一处。此案伙党虽经缉获，而此风仍未止息。现在报案不一而足。若不实力巡查，严谨稽缉。贼匪罔知敛迹，商民何由安枕？[4]

以上杜二山等被称为“积匪”，而且“案牍累累，行窃者不止一

---

① （明）钱春：《湖湘五略·湖湘详略补》卷 2《江洋盗贼事》，见《四库全书存目丛书·史部》第 65 册，齐鲁书社 1996 年版，第 854 页。

② （明）钱春：《湖湘五略·湖湘谳略》卷 2《蓝山县·一起依强盗得财律斩犯壹名》，见同上，第 708 页。

③ 吴智和：《明代的江湖盗》，载《明史研究专刊》第 1 期，台北大立出版社 1978 年版，第 117 页。

④ 《湖南省例成案·兵律·关津》卷 3《渔鱼实力编号委员抽验》，日本东京大学东洋文化研究所微缩胶卷，第 34—35 页。

年，被害者不仅一处”，自然是职业型江湖盗匪了。

对于明清时期两湖地区“江湖盗贼”猖獗的解释，自然不能忽略有利于江湖盗生存的地理环境这一事实。诚如美国学者穆黛安针对华南海盗所指出的那样：“从海盗的角度来看，一条无数水道纵横交错、可以藏身其中的海岸线及其附近大大小小的岛屿所能提供的保护，乃是最为适宜的地理形势。”① 两湖地区襟江带湖，长江与汉水交汇而形成的江汉——洞庭湖平原湖区，其江河纵横、湖泊众多的生态环境无疑也成为江湖盗的温床，甚至在农民叛乱之际亦构成起义军的天然屏障。② 江河湖水与江湖盗是相伴而生的，换言之，两湖地区因水之便而致该地区江湖盗贼之兴盛。

顾炎武在《天下郡国利病书》中描述湖广诸地方情形时即指出其武昌府之形势：“乃上接洞庭，下通彭蠡，又故盗薮也。倏而鸟翔，倏而兽逸，闯然一叶，箭激往来。往岁一孽，青山已亡，陈利兵而谁何者，况其甚乎？”③ 明末湖广武陵人，曾任东阁大学士、礼部尚书兼兵部尚书的杨嗣昌曾在一篇奏疏中亦云：

---

① 〔美〕穆黛安著，刘平译：《华南海盗（1790—1810）》，中国社会科学出版社 1997 年版，第 7 页。

② 南宋钟相、杨幺领导的农民起义就是以洞庭湖地区为根据地，以水战为核心，通过战船、水寨等设施来抗击官军的围剿。在官方的相关文献记载中即称杨幺为“湖贼”、“湖寇”、“水寇”、“水贼”等。元末农民起义中陈友谅即为沔阳渔家之子，其势力的强大很大程度上亦仰仗于湖广地区的水上力量。此后太平天国运动中，其水军的创建与发展更得益于两湖地区，特别是洞庭湖地区的渔户、船户等。此后在双方的战争中，洞庭湖亦成为太平军及其他股匪抵抗官军的重要屏障。曾国藩曾经指出：“查洞庭一湖，周回近八百里，为资、湘、沅、澧诸大川所汇，小港支汊纷歧至数十处，最易藏奸。全湖入江之所名曰荆河口，上游为监利、荆州，其他虎渡河等处多与湖水相通，屡获贼探，均供称贼踪内则藏湖汉，外则窜伏荆河，俟我军东下，再在上游滋扰。”相应的，曾国藩也深知长江流域水域的辽阔和水路的战略意义，大力锻造一支湘军水师部队，以应对太平军的水师。（《曾文正公全集·奏稿》卷 2《咸丰四年·贼踪退出南省现驻岳州折》，吉林人民出版社 1995 年版，第 401 页。）

③ （清）顾炎武：《天下郡国利病书》原编第 24 册《湖广上·武昌府》，《续修四库全书》之《史部·地理类》第 597 册，上海古籍出版社 2002 年影印，第 147 页。

南方之盗多由舟楫，泊于荒滨，然后潜入城郭放火劫财，其小者也。今船至九十余只，结队而行，踪迹显著。[①]

在此，水路、舟楫都成为盗贼劫掠的天然依凭。甚至在某些特定的环境，比如洪水泛滥之际，也会诱发盗贼活动的频繁，比如在岳州府，“每岁夏秋之交，岷峨水溢，自荆渚泛湖，波涛浩渺，往往寇盗乘之操舟啸聚，莫可诘御”。再如在湖北嘉鱼等沿江之地，涨水之际亦是江贼猖獗之时。据光绪《续修嘉鱼堤志》记载，万历四十二年（1614）武昌知府言明其之所以提议在沿江所筑堤内筑台墩以供哨船停靠的目的之一，就是因为“水盛时江盗正横，而哨船无所栖泊”[②]，哨船除了巡视江堤、随时修补整饬堤身之外，更可以提防利用水患而趁机劫掠的江湖盗贼。《湖南省例成案》也记载曰：“湖水泛涨之时，往来舟楫偶值风波，若辈（指江湖盗贼——引者注）乘危捞抢货物，毫无顾忌。”[③]

以上对于两湖地区江湖盗的兴起的分析似乎带有生态环境学的意味，即两湖地区特有的丰富的水资源环境促使了两湖地区江湖盗的出现。[④]但有江河湖泊并不必然导致有江湖盗贼的出现，前者只是提供了一种条件和可能，属于一种外在的因素。所谓“饥寒起盗心”，导致两湖地区在明清时期出现大量江湖盗匪问题的更深层次的原因还在于经济与社会因素。进一步言之，就是与明清时期整个社会经济发

---

① （清）杨嗣昌：《杨嗣昌集》卷19《湖湘贼势转炽疏》，岳麓书社2005年版，第457页。

② 光绪《续修嘉鱼堤志》卷1《万历四十二年武昌府台饬修四邑长堤帖文》，光绪十一年刻本，第36页。

③ 《湖南省例成案·兵律·关津》卷12《严饬编查船只》，日本东京大学东洋文化研究所微缩胶卷，第11页。

④ 美国学者裴宜理就曾采用社会生态学和环境学的视角和方法，分析了淮北地区地理环境与农民叛乱之间的关系。参见〔美〕裴宜理著，刘平译：《华北的叛乱者与革命者：1845—1945》，商务印书馆2007年版，第18—60页。

展所导致的人口压力以及两湖地区特有的移民型社会有关。即随着外来人口，特别是流民的大量涌入，必然导致两湖地方秩序的混乱。以下以长江边的嘉鱼县为例：

> 嘉鱼县在省城南二百里，实维襟喉之地。旧以山水参伍，不立城郭，民皆因山阻水而居，取便耕渔，警则乘便趋避，习以为常。民风既朴，值国家隆平，廪囷畜牧悉置诸户外。自成化间江比比多水旱，流民就食其境，始聚而为盗，然乘昏夜掠商船，率于江湖无人之所，未敢公然入县治也。迩岁征役繁兴，远近迁移，致剧贼贺璋革诱胁穷民攻县治，杀民兵，劫库狱，烧庐舍，出没险阻，日滋蔓不可制。①

以上是明代提学副使张邦奇在《新筑城墙记》中的记载，反映出明前期嘉鱼路不拾遗、民风淳朴。但到了明成化年间以后，随着流民就食其境，同时也因为官府的徭役征派繁重，民众困顿，于是被少数匪首所诱胁，开始聚而为盗，于江湖无人之处，乘黑夜劫掠商船，以后甚至开始上岸攻打县城，其气焰之嚣张可见一斑。

再以洞庭湖为例，洞庭湖自古为南北水陆之要津，舟楫往来如织。随着宋代中国经济重心南移，迨至明清，两湖平原开发，商品经济日渐繁荣，过往船只更为频繁。与此同时，作为鱼米之乡，洞庭湖亦是重要的渔业地区，以捕鱼为生的渔户亦多，其中自然不免鱼龙混杂，有人假捕鱼为名而行盗窃之实。而且由于江宽水阔，杀人越货实难被察觉，随着明朝中后期国家对地方控制力的弱化，洞庭湖一度成为盗贼之渊薮。《洞庭湖志》云："洞庭界连四郡，港汊丛密。宋之中

---

① 嘉靖《湖广图经志书》卷2《武昌府·嘉鱼》，日本藏中国罕见地方志丛刊，书目文献出版社1990年版，第242页。

叶，明之末流，几为逋逃渊薮。”[①]

所谓“仓廪实而知礼节”，其实，两湖江湖盗匪的频繁出现，主要原因是此地物质普遍贫乏，特别是“积聚”较少，普通民众应对天灾人祸的能力不足。《史记》卷129《货殖列传》对于湖广地区的经济生活的描述为：“楚越之地，地广人稀，饭稻羹鱼，或火耕而水耨，果隋蠃蛤，不待贾而足，地埶饶食，无饥馑之患，以故呰窳偷生，无积聚而多贫。是故江、淮以南，无冻饿之人，亦无千金之家。”[②]这表明，湖广等地区早在汉代，就由于地广人稀，又拥江河湖水之利，易于谋生，但却较少积聚。

迨至宋元明清时期，随着人口的移入，田地渐次开发，但民众依然是积聚不多。其原因较为复杂，其一，频繁的洪水泛滥，数年收成一遭荡然无存，使得江汉—洞庭湖平原的居民粮食生产处于一种极不稳定的状态。[③]其二，两湖农业生产长期处于粗放式经营模式，集约化程度不高，生产水平的低下。如沔阳州“耕尚卤莽，虽广种而薄收”[④]。其三，受地理环境和传统习俗的影响，“以船为家、以渔为业”，船户、渔民以及渔业经济在两湖地区占据相当比重，如汉川县，“民俗朴略，春夏力田，秋冬业渔。原其地云梦之泽薮，田硗租薄，民无积聚，大抵资网罟之利以自给”[⑤]。其四，商品经济不发达，“耕稼之外，并无商贾别业”[⑥]。其五，经济作物的种植比例也远较江浙地区低，等等。

---

① （清）陶澍、万年淳：《洞庭湖志》卷5《兵防十》，岳麓书社2003年版，第101页。

② （汉）司马迁：《史记》，中华书局1959年版，第3270页。

③ 张建民：《明清时期的洪涝灾害与江汉平原农村生活》，复旦大学历史地理研究中心主编：《自然灾害与中国社会历史结构》，复旦大学出版社2001年版，第355—378页。

④ 嘉靖《沔阳志》卷6《提封下·风俗》，天一阁藏明代方志选刊第54册，上海古籍书店1962年版，第11页。

⑤ 武汉地方志办公室编：明万历《汉阳府志校注》卷5《食货志·附汉川风俗切要事宜》，武汉出版社2007年版，第124页。

⑥ 光绪《黄州府志》卷36《艺文志》，光绪十年（1884年）刻本，第32页。

综上可知，两湖民众日常生活之窘境。清末至今，地处江汉平原腹地的沔阳州就流行一句歌谣："沙湖沔阳州，十年九不收。若有一年收，狗子都不吃糯米粥。"后两句极言沔阳州的田地富饶，但由前两句更可知，这种"富饶"是罕见的，是建基于"风调雨顺"的结果，是十年难遇一回的情形，更多的情形是由于自然灾害造成的"十年九不收"的凄惨[①]。即如清代汉川县之情形："十年之内，荡析于滔天之派者，业已十九。"[②]而"恒产沉没，恒心沦亡"，"不思积聚"，"室无盖藏"，由此导致百姓易于流徙，民无定志，其中自然不乏有人铤而走险，走上为江湖盗贼之歧途。民国二十五年（1936年），彭文和在调查洞庭湖的湖田问题时，对于湖匪之猖獗的分析如下：

> 查此间佃农，多系各地农民之较狡黠者。年丰，彼等固可以饱食暖衣而力耕作。然以此间风俗特别淫荡，奢靡之引诱，使其常不能安于所职。每值秋收之后，即纷至附近市镇狂嫖阔赌。至其家人妇孺，亦能为赌博之戏。试一涉足此间，无论茅居屋瓦房，赌博之场，随处可见。故佃农之能积蓄者，殊为寥寥。因此，一遇歉年，常使其有流离转徙之虞。而盗匪以滋甚，即普通所谓湖匪之祸者也。洞庭湖匪，在三年以前，甚为猖獗，近年虽称安堵，然掠抢之案，常有发生。盖此等湖匪，化整为零，化零为整，一系乎年岁之丰歉，出没固无常也。[③]

---

① 与沔阳州相似，地处洞庭湖区的巴陵亦有"十种九不收"之谚语。据光绪《巴陵县志》卷7《舆地志・物产》中亦记载洞庭湖附近区域是"殊有自然之厉，但逢湖水过长，则一片汪洋，屋瓦几没，不能屡庆丰年也……正谚所云'十种九不收'"。

② 万历《汉阳府志校注》卷5《食货志・附汉川风俗切要事宜》，武汉出版社2007年版，第124页。

③ 彭文和：《湖南湖田问题》第2章《湖田区域地权之演变及现状》，载萧铮主编：《民国二十年代中国大陆土地问题资料》，台北成文出版社有限公司、（美国）中文数据中心1977年印行。

以上主要是讲述洞庭湖区的佃农由于好奢、嗜赌，导致鲜有积蓄，且一遇歉年，易于流离，且滋生湖匪。可见，直到民国年间，两湖地区频繁的水患和鲜有积蓄依然成为江湖盗匪肆虐的背景和原因。

概言之，从历史来看，江湖盗的产生，一则与社会经济状况的恶化有关，一则与国家控制力的强弱有关。因此，在明初小农经济较为繁荣，里甲体系相对完备，人民生活相对安定，国家对基层社会控制较为严密的情况下，较少出现逸出“四民社会”之外的江湖盗群体。到明中后期，随着流移的大量涌入，严重冲击了固有的里甲赋役和控制体系。垸田大量开发，水面资源争夺加剧，于是两湖地区江湖盗大量涌现。清初，政府大力推行保甲，重建地方防控体系，同时也在大力恢复农业经济，地方治安得到一定程度的好转。但到了白莲教起义之后，国力由盛转衰，社会矛盾激化，各地骚乱风起，江湖盗又重现“江湖”。

二、月黑风高夜：江湖盗的种种行径及其特点

由于有关江湖盗的数据过于零散，想要对这一群体进行细致的勾勒几乎是不可能的事情。以下仅就相关史料，作如下概观。

（一）江湖盗贼活动的范围

就两湖江湖盗活动的区域而言，大体可分为“沿江”与“滨湖”两大区域，其中“江”除了长江一线外，还包括其最大的支流——汉水，以及湖南的湘江、资江、沅江、浏阳河等诸多水系。“湖”则主要是洞庭湖，以及其他星罗棋布、大小不等的湖泊。

长江及沿长江各处水路要冲，经常会出现江湖盗贼的身影。以人口稠密的汉阳县为例，据史料记载：“沌口之大军山白湖、新滩之

东江脑鳊鱼套、下夹口、鞋尖水湘口、白河口等处，滨临大江，常为盗贼出没之所。历年巨案纷出，擒捕十不获五，虽贼踪迹飘忽，侦缉维艰，亦必有地方无赖之徒窝藏豢养。”[①]

再如湖北武昌府属的梁子湖一带，清代江湖盗不仅劫掠商船，甚至连朝廷官员都敢劫杀沉尸。据御史石时榘奏：“武昌府属樊口内梁子地方，近闻盗船肆劫。有大窝叶文金、并窝妇萧金氏等……风闻黄梅县副榜帅承法等坐船离省城数十里，被盗抢劫，并沉失人口。”[②]

还如湖北枝江县的羊角洲，清道光年间御史俞恒泽奏曰：“湖北荆州府枝江县羊角洲地方，西通巫峡，东接江陵。其岔港支河，并通当阳、襄郧各处。横亘百里，居民稠密。近闻沿江盗劫船只，习以为常。”[③]

到了晚清，随着国家权威的衰弱，长江沿岸之江湖盗匪更呈现猖獗之势。光绪二十二年（1896 年），有官员即奏称：“长江一带，近年以来，水盗出没，毫无顾忌。商船被劫之案，无月无之。”[④]

对于汉江沿线及其所在的江汉平原湖区一带的盗贼情形，现仅以顾炎武《天下郡国利病书》《湖广》部分所载之“（江湖）盗贼渊薮”为例加以说明：

> 汉、沔之间，湖泊辽旷，萑苇茂密，盗贼窜匿之区也。
>
> 嘉靖间，汉川风门河一带上下数十百里，群盗出没，劫杀商船。
>
> 荆门州治，四维湖山相半，如沙洋等处，素称盗贼渊薮。[⑤]

---

① 同治《汉阳县志》卷 8《丁赋志 · 户口保甲》，同治七年（1868 年）刻本，第 40 页。

② 《清宣宗实录》卷 42，道光二年十月癸丑，中华书局 1985 年版，第 763 页。

③ 《清宣宗实录》卷 45，道光二年十一月甲午，中华书局 1985 年版，第 803 页。

④ 《清德宗实录》卷 392，光绪二十二年六月己卯，中华书局 1985 年版，第 110 页。

⑤ （清）顾炎武：《天下郡国利病书》原编第 24 册《湖广上 · 汉阳府》，《续修四库全书》之《史部 · 地理类》第 597 册，第 147 页。

其间的汉川刘家塥，因地处水路要冲，亦成为盗贼之渊薮，史载："刘家塥居汉沔之间，湖泊辽阔，萑苇茂密，盗贼窜匿之区也。明正德间，丘仁杨清倡乱于邑之垌家，啸聚万人，立寨沔阳之麻洋，劫乡破邑，屡挫官军。"[①]

两湖地区星罗棋布的湖泊也成为盗贼出没的场所，此种盗贼多为湖贼。据《明史》卷287《徐中行卷》记载，明代嘉靖年间徐中行任湖广佥事，曾经"掩捕湖盗柯彩凤，得其积贮，活饥民万余"。[②]湖盗柯彩凤之积储居然能养活上万的饥民，可见其盗窃的赃物数额之巨了。

洞庭湖由于湖面宽广，自古为江湖盗频发地区，其湖匪、湖盗之猖獗与太湖、巢湖、洪泽湖、微山湖等齐名。[③]如史料记载："洞庭水涨，延袤八百里，盗贼窃发"[④]。又据《清史稿》卷352《姜晟列传》所载："姜晟，字光宇，江苏元和人，乾隆三十一年进士，授刑部主事……五十六年，复出为湖南巡抚，芷江境失饷鞘，久不获，晟捕首犯置之法。洞庭湖盗董舒友等积年为商旅害，逻获之，传首湖干，盗风以靖。"[⑤]

（二）江湖盗贼的种种行径

江湖盗最为常见的行窃手段就是以船户的身份作为掩护，利用江河湖泊的流动性、隐蔽性等特征，对过往的商船或乘船的客商进行劫掠。史料记载，汉阳县所属沌水，"两岸皆芦笛，支港皆通小湖，

---

① 同治《汉川县志》卷6《疆域志·关隘》，同治十二年（1873年）刻本，第4页。
② 《明史》卷287《徐中行》，中华书局1997年版，第7379页。
③ 蔡少卿主编：《民国时期的土匪》，中国人民大学出版社1993年版，第6页。
④ （明）王士性：《广志绎》卷4《江南诸省·湖广》，中华书局1997年版，第89页。
⑤ 《清史稿》卷352《姜晟》，中华书局1996年版，第11271页。

故为盗区，客舟非结伴不可行”。[①] 此外，《湖南省例成案》对于江湖盗贼的种种行径亦有所揭示：

> 楚南地方襟江带湖，奸徒扒窃为匪全恃舟楫，而渔船之滋害尤甚。缘商船、官舶俱不夜行，惟此渔舟假以网罟为名，无分昼夜，出没烟波浩渺中，日则窥探客船行径，宵则结党扒窃。与之抵拒便拥众伙抢，或牮水入船，客商惧沉溺之惨，任其劫取，莫可如何。[②]

又如《湖湘五略》所记载湖南衡州府一起船户谋杀得财案件：

> 会审得秦大吉与已故唐大瑚，阳为操舟揽载，阴则谋杀掠财。羡陈少溪之囊资，知孤客之易与，深夜放船设酒使醉，斧槌横尸，缚沉江底，俾异方逐末之人，曾不得还葬域中，吁可痛哉。[③]

我们可以想见，在浩渺辽阔的江河湖泊水面上，对于出门远行的商旅而言，其处境是何等凶险。除了面临风浪险滩等恶劣的自然气候和地理环境外，还需时时提防来自人类自身的威胁，所谓“江湖险恶”、“人心莫测”，这些也许比水患等自然灾害更难以预料和掌控。史料记载每年八月，湖南洞庭湖之盗贼的情形为：“兹当八月，湖平之候汪洋浩瀚，一望无际，难保无奸徒贼匪故智复萌，或乘危抢劫，

---

① （清）顾祖禹：《读史方舆纪要》卷 76《湖广二》，中华书局 2005 年版，第 3548 页。

② 《湖南省例成案·兵律·关津》卷 3《渔鱼实力编号委员抽验》，日本东京大学东洋文化研究所微缩胶卷，第 36—37 页。

③ （明）钱春：《湖湘五略·湖湘谳略》卷 2《衡州府·一起依谋杀得财律斩犯壹名》，见同前，第 704 页。

或黑夜钻舱，或诱拐窝贩，或驾船局赌，均未可定，更有一种渔船小艇，每与匪徒勾结，串通一气。”[①]

对于船家渔户而言，乘船之人无疑是处于“弱势地位”，特别是对于那些因为种种原因不得不独自乘船的“孤客”、“孤旅”而言，其乘船旅行几乎居于一种“人为刀俎，我为鱼肉”、孤立无援的可怜境地。一旦遇到心术不正、奸邪之徒，其财产即被掠，其性命亦堪忧——因为泛舟水上，乘客多不识水性，其躲避追杀和脱身的概率相比陆地上就低多了。明万历年间的钱春所著《湖湘五略》中的有关江湖盗贼的案件就较为普遍，前面已有描述。以下是其中另外三起有关江湖盗匪的案件：

其一，襄阳县：

> 会审得周二以亡命落魄，受值于故盗余万舟，而为之操艇江干。因窥闽客陈良猷之启箧露白也，相与朋谋，缚杀而渊沉其尸，瓜分囊中装甚适矣。独念良猷抱桅丐命，此何情也！二犹执椿击手，忍心首倡，其毒恶即豺虎岂过哉。屡讯情真，一斩允当，监决。[②]

其二，汉阳府：

> 会审得蓝廷甫等乌合群凶，驾操飞艇，或假舟人而揽载，或扮商贾而赌牌。堕其术则损财，忤其意则丧命。如程心宇主仆以赌后论争，而即打溺江流，尽其所有席卷之。若非同徒蓝

---

① 《湖南省例成案·兵律·关津》卷 11《各属江湖商渔船只逐一查造册结编号给予印照于船尾粉白大书某号某船姓名》，日本东京大学东洋文化研究所微缩胶卷，第 8 页。

② （明）钱春：《湖湘五略·湖湘谳略》卷 2《襄阳县·一起依强盗得财律斩犯壹名》，见同前，第 689 页。

> 四出首，且不独二命沉冤不白，其为江洋之害宁有既耶。虽原尸不获，微似可疑，然贵细诸赃，此岂贫况宜有？况被诱者不可数记，而推溺者又不知几，几非并置斩刑，何以惩凶恶而安良善哉。[①]

其三，黄冈县：

> 会审得王新茂等舣艇江滨，忽假舟人以揽载，忽冒商客以潜行。凡异乡孤旅，一堕其术，靡不丧命倾资。如谋布客李近泉等二人，言之已腐心已。而又自供毡袜等客一十三命，皆为屠没江流，则未供未吐者，又不知其几。向非败露于税厂，流祸宁有已哉。王新茂、孙廷贵、李六并缚于舟中。王国臣、孙廷富俱擒于异省。况所获记号之布有尸亲李东之认领，清油之赃有经纪钱华宇之质证乎。五犯俱应速斩之，以雪神人之愤。[②]

以上三个案例中，江湖盗贼或假冒船户，或假扮商人，采取揽客载货，或跟踪尾随，其行窃对象过客，当然主要是一些商人，其中包括布商、日用杂货商等。其抢劫的手段包括直接劫杀客人和财物，或利用赌博的方式骗取客人钱财，或利用酒水将客人灌醉，然后从容获取客人货值。而且为了避免被告发，往往都会杀人灭口，沉尸江中。甚至在襄阳县的周二案中，客人爬上桅杆祈求饶命，依然被歹徒击杀，其情形之凄惨令人悲悯。而且由于江河湖泊的隐蔽性和流动性，此种行径是极其难以被官府侦破的。汉阳府蓝廷甫案中，倘若不

---

① （明）钱春：《湖湘五略·湖湘谳略》卷1《汉阳府·一起依强盗得财律斩犯伍名》，见同前，第650页。

② （明）钱春：《湖湘五略·湖湘谳略》卷1《黄冈县·一起依谋杀人得财律斩犯伍名》，见同前，第655页。

是同案犯蓝四自首，恐怕难以破案。而黄冈县王新茂案中，也是因为盗贼在税厂偶然失手败露，同时因为有人证、物证，所以才能定罪。其他更多的江湖盗匪的行踪恐怕犹如滚滚江水，消逝得无影无踪。

江湖盗贼抢夺的对象，除了上面的布商、杂货商之外，也包括盐、谷等货船。如沔阳州的湖盗刘尚礼，“假名捕鱼，操艇肆掠。其伙劫刘五鱼盐也。汉哨兵尾后，而本犯奔外，原赃全获舟中”[①]。再如在常德府，湖盗谢国富亦是“假名捕鱼，操艇肆掠。其伙劫徐一举谷艘也，挽伤舟子段威之”[②]。

除了劫杀商民，抢夺钱物外，江湖盗贼还往往“劫色”，即强奸或掳掠妇女。如黄冈县江湖盗匪胡继宇，“与故盗熊福等皆无赖舟子也。因姚氏有色，而思伊夫瞽目易制，遂逞凶伤其主，掳其妻，又并财物而掠之”[③]。又如湖南常宁县“李金、孙孔圣，皆走方恶赖。探知魏良臣之囊装，谋截。夫妇沉酣，而俱击死舟内，投之水中。囊金已属瓜分，妾女尽为奸掳。贼之惨酷强如此哉”[④]。

此外，光绪年间在襄河一带，匪徒掠买妇女现象严重，在钟祥、京山、天门等处，有所谓“囤户”之说，史载：“匪徒掠卖人口，名曰囤户。该处左近妇女多被诱拐，甚或纠众掳抢，勒令赎取，否则经行转卖。并与衙役地保狼狈为奸，荼毒乡民，实为闾阎之害。”[⑤]这些匪徒强抢妇女就是利用滨临襄河，利用星罗棋布的河网水路作为掩

① （明）钱春：《湖湘五略·湖湘谳略》卷1《沔阳州·一起依强盗得财律斩犯壹名》，见同前，第664页。

② （明）钱春：《湖湘五略·湖湘谳略》卷2《常德府·一起依强盗得财律斩犯壹名》，见同前，第716页。

③ （明）钱春：《湖湘五略·湖湘谳略》卷1《黄冈县·一起依强盗得财律斩犯壹名》，见同前，第655—656页。

④ （明）钱春：《湖湘五略·湖湘谳略》卷2《常宁县·一起依谋杀人得财律斩犯贰名》，见同前，第707页。

⑤ （清）恽祖翼：《鄂游偶识》，《委员前赴襄河一带拿办抢囤匪徒详文》，光绪二十五年（1899年）刻本。

护，抢夺此处之妇女，售于彼处，官府难以稽查和捕获。史载其掳掠妇女详情如下：

> 钟祥、天门、潜江等县皆滨襄河，匪徒黉夜抢人，舟中藏匿极易。且此境妇女必囤卖于彼境，片帆扬去，顷刻无踪。隔县关提，连年不获。加以胥役为之包庇，地棍藉以分肥，根蒂日深，流毒直无底止。①

在传统社会，男女性别比例一般严重失调，妇女基本属于“稀缺”资源，所以在湖北不少地方，盛行“抢孀逼嫁”的风气。如汉阳、黄州、德安三府所属地方，“民间遇有妇人夫亡，不问其愿否守节，或夫家伯叔谋占产业资财，逼令改嫁。或其母家亲属欲图重得财礼，劝令再醮，比比皆然。更有疏远服属之人，借口本家及无赖地痞，一闻有新孀寡妇，意视为鱼肉，纠众抢卖，得财分肥，以致青年寡鹄，难以自全”②。这种“抢孀逼嫁”的风气无疑在一定程度上助长了襄河一带掳掠妇女的恶习。

以上所论及的主要是妇女作为江湖盗匪抢夺的对象，但也有相反的事例，即也有妇女参与到江湖盗贼的行列，从事盗窃行为，这多少让人感到意外。但据清人徐珂在《清稗类钞》中《襄河上下游多女贼》一文中所言，在清代的湖北襄河（汉水之一段）就盛行有女贼，而且徐珂还讲述了一个游客行船襄河遇到女贼的故事：

---

① （清）恽祖翼：《鄂游偶识》，《委员前赴襄河一带拿办抢囤匪徒详文》，光绪二十五年（1899年）刻本。另据王葆心《续汉口丛谈》卷四记载：“同光间，江汉上游，上自荆门，下至监沔，四乡拐卖妇女，名曰‘囤口’。常有痞衿乡暴，坐掌其事。地方有无依寡妇，往往强逼改嫁，而瓜分其利，不从，则抢夺以行。此风荆门尤甚。”（湖北地方古籍文献丛书，湖北教育出版社2002年版，第109页。）

② （清）恽祖翼：《鄂游偶识》，《饬所属严禁抢孀逼嫁示》，光绪二十五年（1899年）刊本，湖北省图书馆藏。

> 襄河上下游多女贼，行旅苦之。山阴某游幕陕省，以事南旋，溯襄而下，有同行船十余艘，鱼贯而进，守望相助。一夕，入鄂境，崇山峻岭，四无人烟，以时晏不复前，遂泊于中流。每五六艘骈列，联以巨缆，两端距岸各数丈。夜阑，诸人以倦而睡，某以吸鸦片烟未寝，门闻呀然一声，出自邻舟，亟起依窗而瞩，但见月明水静，一黑影向丛山飞去，霎时已失。舟人纷觅无获，某亦手持水烟管过邻舟问讯。邻舟一武弁，须眉伟然，叹曰："作客大不易，此间素号盗薮，虽万山峻拔，上干云霄，飞鸟不至，罔论人迹，而实为宵小之安乐窝。舟泊中流，余窃惴惴。三更后，万籁俱寂，犹嘿然危坐，旋觉舟微震，知有异，乃以藏文凭之小箱置枕旁，荐刀假寐。贼先登君舟，见君未眠，乃过余舟。闻余鼾声大作，启门径入，以手攫箱。余遽跃起，出其不意，挥刀击之，贼嗷然夺门遁。"谈次，某落纸煤于槽中，弯腰拾之，得一物，血模糊，烛之，玉皙，一女子手也。诸舟恐复有贼来，不敢留，星夜启碇南下。[①]

这里我们不知道为何襄河沿岸会有女贼出没，也许是缘于家庭贫困，或是其他不为人知的隐衷。但与那些彪悍的男性盗匪公开劫杀不同，她们更多的只能是乘夜深人静之时，进行偷窃而已。当然除了女贼之外，江洋女盗想必亦间或有之。

（三）江湖盗行为的若干特征

与山贼、兵匪、海盗等土匪相比，两湖地区的江湖盗自有一些

---

① （清）徐珂：《清稗类钞》第11册《盗贼类·襄河上下游多女贼》，中华书局1986年版，第5367—5368页。

特殊之处。

首先是江湖盗匪的流动性。与陆上的盗匪相比，江湖盗匪更具有天然优势，他们可以在水面以星罗棋布的港湾湖汊作掩护，在辽阔的水面，或是地形复杂、纵横交错的江河湖网中逞凶行劫，然后驾船逃之夭夭。顺治年间，工科给事中姚延启在《治盗宜严责成疏》中就指出，南方滨江沿海之区较之西北直省寇盗更为猖獗和更难防御，其原因就在于西北之寇匪“依山为巢，马步往来，皆有踪迹”，而南方水乡之盗贼“驾舟扬帆，飘忽无常，溪港错杂，奔逸难定”[①]。应城县属滨长江边的长江埠之永安堡，“地据水陆要冲，贼踪飘忽，一岁数至”[②]。同治年间巡抚曾国荃饬令知府董绍昌、知县方垣亲自勘察地势，与当地士绅一起，修筑了拥有两个炮台的永安堡，并在临河添设炮船四只，以应付江湖盗匪。

同时，他们也可以以船为据点，上岸打家劫舍，然后将赃物藏匿于船上，或是在岸上作案，藏身于船上，令官府难以察捕。所以前揭在湖南常宁县就有“水陆兼行”的盗匪，比起陆地上的土匪，他们的抢掠行径往往有过之而无不及。前揭汉川刘家塥江湖盗猖獗，甚至敢于光天化日之下入市抢劫。如史料记载，在隆庆元年，“群盗白昼入刘家塥市镇，杀捕盗人役，解其支体，地方团保不敢窥，其猖獗如此”[③]。

江湖盗的流动性还体现在他们往往随着洪水的泛滥而出没频繁，呈现出季节性特征。前揭嘉鱼县即有“盖水盛时江盗正横”的记载。再如《汉川县志》即云：“若夫夏秋泛涨，一望弥漫，游民之出没靡常，商旅之舟楫多阻。则时异势殊，亦智者所当筹度者矣。”[④]又如该

---

① 《清经世文编》卷 75《兵政六 · 保甲下》，清道光刻本，第 1—2 页。

② 光绪《应城县志》卷 2《建置志 · 堡寨》，光绪八年（1882 年）刻本，第 6 页。

③ 同治《汉川县志》卷 6《疆域志 · 关隘》，同治十二年（1873 年）刻本，第 4 页。

④ 同治《汉川县志》卷首《图说 · 塘汛图》，同治十二年（1873 年）刻本，第 22 页。

县的杨子港，“在县北二十里，汇西北诸湖，水自松湖口经新河口而至拓树口与涢水合，今淤浅，明邑令孙光祚聚兵据水拒流贼张献忠于此，旧志云港通应城天门，惟夏水泛涨，每为盗舟出没之所”①。在此，似乎“水性”在一定程度上决定着他们的“贼性”。

其次是江湖盗匪的隐蔽性。由于江湖水面辽阔，孤舟江上，在流动的船中，杀人越货实难稽查。因而其盗匪活动具有极大的隐蔽性。尽管前揭明人钱春在《湖湘五略》中对于各种江湖盗贼的种种不法行径有所揭示和惩处，但这些被侦破的案件除了少数几起是由于作案时刚好被官兵尾随跟踪被抓获外，其余多半是因为盗匪内部的告密和自首。至于其他未被官府发觉的江上杀人事件无疑更多更广，难以数计！

曾经在湖北省城内负责治安工作的总查官丁柔克在其所著《柳弧》中对于长江上船户谋财害命的案件多有记载，其“扬子江船户”条目记载曰：

> 昔有孤客携重资至苏贸易，行至扬子江，船户欲谋杀之，商于伙。伙与船户同里，伙不可，船户威胁之。伙曰：“不与谋亦不敢泄。”要之誓，伙曰：“若泄当吐血死。”船户遂杀客沉之，人无知者。②

这个故事的后面讲述的是船户杀人劫财之后，广置田产，又通过贸易，获利数倍。未几，船户子入泮，获得功名，还获得知县实缺。而同伙归家依旧种地为生，每闻船户家有喜事，即仰天呼曰：“无天理！”旁人询之故，他又闭口不言。而当船户之子上任之前，

① 同治《汉川县志》卷7《山川志·港》，同治十二年（1873年）刻本，第31页。
② （清）丁柔克：《柳弧》卷3《扬子江船户》，中华书局2002年版，第124—125页。

家里突遭火灾，荡然一空。上任途中，行至船户杀人之处时，又突遭风浪，全船沉没。此时同伙大呼“有天理”！而同伙之家境亦渐丰，其子耕读有成。当其九十余岁，行将去世之时，他方才道出实情，言毕即吐血而卒。显然此故事宣扬一种“因果报应”，但也表明，倘若同伙不说，江湖杀人之事旁人无从知晓。

最后是江湖盗匪的分散性。山贼与海盗往往具有一定的组织性。如美国学者穆黛安指出，华南海盗的规模较大，甚至组建联盟，下面有“股”，每股由10—40艘不等的船只组成，每艘船都有一个“头目”，在最大的匪股中，有一股领有36只帆船，共有1422名男人和34名女人。① 这里的海盗几乎可以组建成一支庞大的水师。

而大多数的“江湖盗”是一些无赖舟子，在驾船途中，贪恋客人的钱物，见财起心，陡生邪念，将客人谋杀或推溺江水之中。因此他们的劫杀行为在多数情况下是没有组织性和计划性的，往往视对象和环境而决定是否下手。当然也不排除在洞庭湖等较大的水域，在特殊的动乱时期也存在一定规模的湖匪群体，他们有组织、有计划地进行抢劫活动。但纵观明清时期的两湖水上社会，江湖盗窃活动更多的是呈现出零散性、季节性、偶然性、随意性、流动性、隐蔽性等特点。

三、水保甲及其他：官府的控制手段

为了应对两湖地区日益猖獗的江湖盗匪，官府采取了相应的措施。比如在基层社会，着力推行水保甲制度。在水域地区加强塘汛、巡检、水师的配置和巡逻稽查等制度。并通过对停泊的码头、地处要

① 〔美〕穆黛安著，刘平译：《华南海盗：1790—1810》，中国社会科学出版社1997年版，第61—62页。

冲的市镇等沿江沿湖固定陆地的排查监控，以及针对江湖盗匪的流动性而采取的水上巡逻稽查等措施，力图实现对江湖盗匪的全面管控。

（一）两湖水保甲的编排与水上治安防范

早在明代嘉靖年间，湖广郴桂兵备副使姜仪就有感于洞庭湖地区盗贼横行，而在该湖区推行编渔艇为保甲的举措。史载：

> 南昌姜仪，字君隶，正德甲戌进士，任湖广郴桂兵备副使。时洞庭寇盗充斥，仪编渔艇为保甲，使捕贼出赎锾代之输课，贼起听其蚁聚而击之，所获盗财即以赏，官司不问，湖商赖之。[①]

值得注意的是，姜仪任湖广郴桂兵备副使，在地方上听命于南赣巡抚。而时任南赣巡抚的王守仁正在地方积极推行十家牌法之保甲制度，以弥补里甲制度松弛之不足所带来的日益猖獗的盗匪问题。姜仪所编渔船保甲，可视为明代中后期保甲制度在水面推行之一例。

至清代，随着新王朝统治地位逐步巩固，地方秩序也在逐渐恢复之中。部分湖盗也逐渐被平息和收编，如顺治七年（1650年），汉川县即“招安湖贼马元之、杨索儿等八人，刘家塥一带以宁”[②]。当然更为积极地举措就是在基层社会推行保甲制度，通过连坐的方式来预防盗匪的滋生。其中清初较为突出的就是雍正年间，时任湖广总督的迈柱先在督府所在地江夏地区实施的渔船保甲法：

> 臣因饬行将八吉堡一切小船，编联字号，两旁烙印，取五

① 光绪《巴陵县志》卷55《杂识五》，光绪十七年（1891年）刻本，第3页。
② 同治《汉川县志》卷13《兵防志·军事》，同治十二年（1873年）刻本，第13页。

船互结。一船为匪，四船同罪。每晚点查明白，方许放行。

在江夏地区推行两月之后，迈柱感觉颇为有效，于是向朝廷上奏议，建议在两湖其他沿江沿湖地区加以推广，并制定了更为详细的渔船保甲规条：

> 请将南北两省沿江近湖地方一切小船逐一清查，各归就近堤岸彼此认保。每十船具一连环保，挨次编号。遇晚，令其务在本埠一处湾泊。其有别埠别号混入者，即行查逐。每船船户不得过二人。取渔器具止许带罾纲等类，其叉鱼、铁钢叉、打鱼之棍棒等物概行查禁。均责令就近典史、巡检、塘汛兵丁不时清查。
>
> 并令每十号船内，自行首报匪类免罪。如平日已经认保，及后为匪，又通同徇隐不行首出，一船犯事，十船连坐。如此则所有小船，彼此自相察举。似弭盗之一法也。[①]

以上雍正年间推行的渔船保甲不仅实行渔船联保，而且对船只携带的渔具也进行了严格的限制，更为重要的是规定渔船必须回所属埠头停泊，接受检查。嗣后，到了乾隆年间保甲制大规模推行之际，水保甲也随之在两湖滨江沿湖各州县推广开来。如乾隆四年（1739年）七月十三日，湖南各地对船只进行了水保甲的编排如下：

> 渔船亦照陆地保甲之例，十船编为一甲，若一船有犯盗窃者，令九船公首。如隐匿不报，事发，一体治罪。十船之外，

① （清）迈柱：《编查渔船保甲疏》，《清经世文编》卷75《兵政六·保甲下》，清道光刻本，第37页。

再有余船，即照保甲法，编作畸零。倘有漏匿需索等情，察出严加治罪。[①]

这里的船只的编排类似于陆上保甲法的十家联保连坐，而“畸零”的编排则是借鉴了里甲编排的原则。乾隆十九年（1754 年），针对洞庭湖匪猖獗的情形，官府又进一步强化水保甲制度：

洞庭湖汊众多，渔船均令白粉大书鱼户姓名、州县、保甲，止许近埠停宿，毋许江面夜行。其各种船只俱令居住原籍之该管保甲查明，实系良民，取具同业互结，方许准报编号给照。其各处船行亦必查有印照者，始与客商写载。[②]

在另一饬令中，湖南地方官府甚至还进一步限定了渔船捕鱼的时间：

各渔户每日自寅至酉，悉听往来捕取。自初更以及未交五更，止许在近埠江面停舟捕鱼。[③]

如果渔户违反此规定，则塘汛、水保甲等会进行稽查盘诘。并且为了加强水面匪船的监督力度，湖南各府州官吏在乾隆二十年（1755 年）还饬令“所属滨临河湖地方官务专派佐贰杂识等官，操舟往来巡查。凡遇湖港往来及湾泊之船，均宜亲为盘查，不得以游行一

① 《湖南省例成案·兵律·关津》卷 10《饬查船只编列号次》，日本东京大学东洋文化研究所微缩胶卷，第 22 页。

② 《湖南省例成案·兵律·关津》卷 12《严饬编查船只》，日本东京大学东洋文化研究所微缩胶卷，第 11 页。

③ 《湖南省例成案·兵律·关津》卷 3《渔鱼实力编号委员抽验》，日本东京大学东洋文化研究所微缩胶卷，第 35 页。

过便为了事”[①]。

在湖北各地州县亦有水保甲的编排。以云梦县为例，据道光《云梦县志略》载：“阖邑原设保正七十二名，甲长七十二名。添设水保正八名，水甲长八名。”[②]华立先生认为这是专门设在船行、牙埠、码头的保甲，主要是对渔民或商船进行稽察。[③]这些渔船保甲法和水保甲制的推行，应该说是内陆湖泊保甲编排的一个典型代表，表明两湖保甲推行的力度之大，范围之广。当然其根本原因还是与两湖地区江河湖泊密布、江湖盗匪横行有关。

到了晚清时期，在推行保甲局之时，对渔船和船户的控制依然是重点之一。汉阳知府张行简在编排保甲总局时，编排水保甲是其着力之处。他在给汉阳县丞的书札中指出对于船户编排防范的重要性：

> 沿江沿汉一带均责成水保管理，而附近口岸匪徒往往潜迹其间，藏垢纳污，莫此为甚，尤当加意防范，用戒不虞。他若小河小港，应即立船头，每船给以船牌，悬挂船艄。取具互保切结。其渔船小划，亦应编号给牌，设立号簿，出记所往，归询自来，夜泊定所，不许混乱。[④]

对于船户保甲的具体编排，汉阳县保甲局做出了相应的规定：

> 务令各埠船户，如向泊何处，即赴该处水保，将埠头、船名及年貌、籍贯逐一报明，先登草册，听候编号。按十船立一

① 《湖南省例成案·兵律·关津》卷6《巡缉江湖匪船》，日本东京大学东洋文化研究所微缩胶卷，第3页。

② 道光《云梦县志略》卷3《食货》，道光二十年（1840年）刻本，第3页。

③ 华立：《清代保甲制度简论》，载《清史研究集》第六辑，光明日报出版社1988年版。

④ 《札汉阳县丞》，光绪《汉阳府保甲录》卷上，光绪刻本，北京大学图书馆古籍部藏。

船首，一埠立一埠头，填给船牌悬挂。其往来无定船只亦责成水保正随时登簿，就近稽查。总期与陆路保甲联络一气，方为周密。[①]

除了给船只进行编排联防联保之外，当时的汉阳府还设置了专门的“巡河委员”，对于来往于江河之上的船只，巡河委员督同水保正、河快等随时盘诘，遇有匪船，扣留禀报。夜晚二更以后，一般船只禁止航行。但也有一些渡船因为需要而不得不夜间开行，对此，官府给予了特别的关注，夜行渡船由保甲局发给白旗一面，将船户、姓名、籍贯、编号等填注旗内，并大书“夜渡”二字，以示区别。并对夜渡船的数量进行了限定，每码头不过二三只而已。以下是摆渡船的牌式：

光绪年间汉阳府内河外江摆渡船保甲牌式

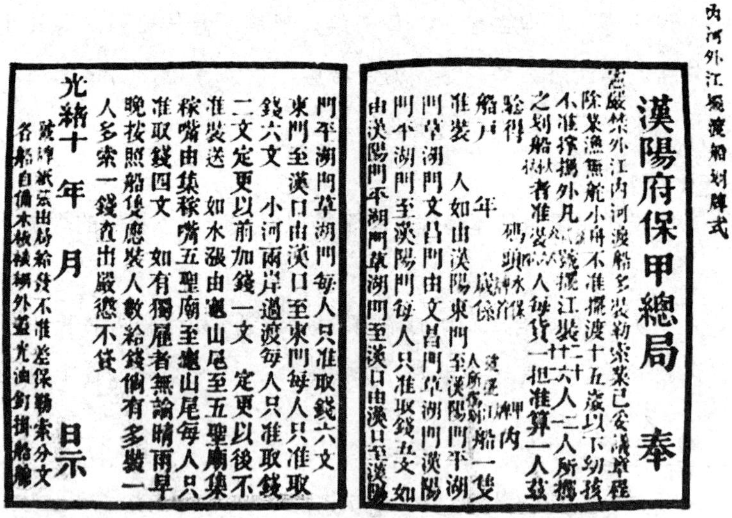
內河外江擺渡船划牌式

漢陽府保甲總局　奉
憲嚴禁外江內河渡船多裝勒索業已妥議章程
除裝漁無篷小舟不准擺渡十五歲以下幼孩
不准搭攜外凡　號擺江裝十二六人一二人所攜
之划船　者准裝　人每貨一担准算一人茲
驗得　碼頭　水保　牌內
船戶　年　歲係　船一隻
准裝　人如由漢陽東門至漢陽門平湖
門草湖門文昌門由文昌門草湖門漢陽
門平湖門至漢陽門每人只准取錢五文如
由漢陽門平湖門草湖門至漢口由漢口至漢陽
門平湖門草湖門每人只准取錢六文
東門至漢口由漢口至東門每人只准取
錢六文　小河兩岸過渡每人只准取錢
二文定更以前加錢一文　定更以後不
准裝送　如水漲由龜山山尾至五聖廟集
稼嘴由集稼嘴五聖廟至龜山尾每人只
准取錢四文　如有獨雇者無論晴雨早
晚按照船隻應裝人數給錢倘有多裝一
人多索一錢查出嚴懲不貸
光緒十年　月　日示
此牌係由局給發不准差保勒索分文
各船自備木板核外蓋光油釘掛船艙

资料来源：光绪《汉阳府保甲录》卷下，《内河外江摆渡船划牌式》。

① 《札汉阳县丞》，光绪《汉阳府保甲录》卷上，光绪刻本，北京大学图书馆古籍部藏。

以上摆渡船牌式中规定了载客人数、航行的路线、所收钱数等等事项。类似于现在的行船执照。此外还有《简明木牌式》、《五日水汛报单式》等形式，应该是水保甲中的循环簿中之一种，史料记载："船只到埠，无论官船、商船、民船、货船，均立循环簿，责令帮首、船行等填注明晰，送交总局存查，以备稽核。"[①] 水汛报单式样见下图：

光绪汉阳府船户五日水汛报单式

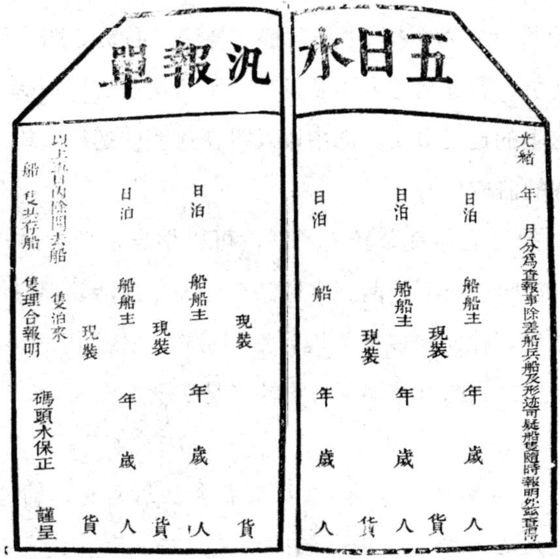
五日水汛報單
光緒 年 月分爲查報事除差船兵船及形迹可疑船隻隨時報明外茲查得
日泊 船船主 年 歲 人
現裝 貨
日泊 船船主 年 歲 人
現裝 貨
日泊 船 年 歲 人
現裝 貨
日泊 船船主 年 歲 人
現裝 貨
日泊 船船主 年 歲 人
現裝 貨
以上五日內除開去船 隻泊來
船 隻共存船 隻理合報明
碼頭水保正 謹呈

资料来源：《五日水汛报单式》，光绪《汉阳府保甲录》卷下。

以上《五日水汛报单》主要是保甲局为了强化对船户的管理和稽查，由码头水保正每五日进行一次汇报制度，举凡每日某船主停泊地点、船主个人信息、装载物品等信息都进行登记造册，定期向保甲

① 《札巡查汉河委员》，光绪《汉阳府保甲录》卷上，光绪刻本，北京大学图书馆古籍部藏。

局汇报，以便官府能及时掌控各船码头的所有停泊船只，对可能存在的隐患及时跟踪探访。对行船的巡查和对泊船的登记制度使得汉阳府属沿江各地形成严密的防控体系。

（二）巡检司与两湖水上缉捕巡查

在水路要冲设立关卡进行盘查的关津稽查制度至少可以追溯到秦汉时期。明代在关津之处负责盘查的机关主要是巡检司。史载："洪武二十六年定，凡天下要冲去处，设立巡检司，专一盘诘往来奸细，及贩卖私盐犯人、逃军、逃囚、无引面生可疑之人。"其中对于过往船只的稽查更为严格："凡运粮、马快、商贾等船，经由津渡巡检司照验文引。若豪势之人不服盘诘，听所司拿送巡河御史、郎中处究治。"[①]这里的巡河御史、郎中以及设在津渡的巡检司构成了官府在各水路要冲的监控核心。

巡检司的设立与裁革较为灵活，可以根据需要随时进行。如是我们发现，在明清时期的两湖水域，在江湖盗匪活动猖獗的地区，官府往往会添设巡检司，以加强地方治安管理。如宣德六年（1431年）设立湖北汉川县属的刘家塥巡检司情形是：

> 湖广按察使李素奏："刘家塥去汉川县远，而与云梦、孝感、应城三县相连，土著居民止有九户，而各处客船往来贸易驻泊者常三五千艘，亦有结果安居不去者。虑有逋逃军民杂于其间，或至相聚为盗，宜置巡检司。"上命三司覆勘，以为宜，故设之。[②]

---

① 万历《大明会典》卷139《兵部二十二·关津二》，《续修四库全书》（影印本）《史部·政书类》第791册，第442—443页。

② 《明宣宗实录》卷81，宣德六年七月甲子，台湾"中央研究院"历史语言研究所校勘本，1963年版，第1871页。

刘家塥本为一僻远处所，只是由于地处水运交通枢纽，往来客船达三五千艘，盗贼易于作乱，故需要设立巡检司以加强管理，嗣后，又于正德十三年（1518 年）添设捕盗通判，嘉靖初革通判，改县丞。① 其治安警戒级别之高，从另一方面也表明此地盗匪之猖獗。再如濒临长江的应城县长江埠，也是由于地处水路要冲，“贼踪飘忽，一岁数至”，在康熙年间，不得不将县北的崎山巡检移到长江埠，新设长江埠巡检司。

据万历《大明会典》所载，其湖广沿江沿湖各州县所设立的巡检司大部分都设在了水路要冲之地。如江夏县的金口镇巡检司、鲶鱼口镇巡检司，兴国州的富池镇巡检司、黄颡口巡检司，大冶县的道士袱巡检司，黄冈县团风镇巡检司、阳逻巡检司，广济的武家穴巡检司，石首县调弦口巡检司，汉阳县的沌口巡检司、新滩巡检司，嘉鱼县的簰州镇巡检司等几乎都是设在长江沿岸一带。而据《天下郡国利病书》所载，其洞庭湖沿湖所属各州县水路要冲为了缉捕洞庭湖盗，设置巡检司的情形如下：

> 洞庭湖延袤千里，自古盗贼渊薮，东接长沙府，设有鹿角、营田、乔口三巡检司及湘阴、磊石、六子口、鹿角四哨，官军防守。西南接常德府，设有古楼、鼎港、小江三巡检司，及洪沾、沅江、明山三哨官军防守。东北下流通嘉鱼武黄一带，长江湾汊尤多，径通沔阳湖，流贼出没，沿江设有城陵、白螺、鸭栏、茅埠、石头、簰州、新滩、百人矶八巡检司，及东江、茅埠、竹林湾三哨官军防守。西北上流荆河，设有瓦子湾、窑圻、黄家穴三巡检司，及华容、安乡、羌口三哨军兵防守。嘉

---

① 同治《汉川县志》卷 6《疆域志 · 关隘》，同治十二年（1873 年）刻本，第 4 页。

> 靖岁，设江防兵备佥事统摄之。先是，成化间，设巡视戎职，以都指挥体统奉敕守备，自设江防而守备之敕裁矣。其守备所辖，自湘阴、沅江，下通监利、嘉鱼云。[①]

在此，洞庭湖及沿江一带的巡检司的设置可谓相当缜密，而且往往和官军哨所相辅而行（对此下文有详叙）。按照规定，巡检司设巡检一人，从九品，亦有加设副巡检司，同为从九品。在巡检司执行任务的弓兵、皂隶等属徭役性质，每年在地方里甲丁粮相应的人户中佥点应役，一年一更替。依照官府规定，凡缉捕盗贼、盘诘奸伪等项，一般均听该巡检解县究治。对于盘查有功，缉获走私、盗匪等弓兵，相应给奖。反之，倘若巡检司纵容盗贼者，要依法究问。毫无疑问，遍布于各水路要冲的巡检司与弓兵在维护社会治安方面，起到了正规军事力量难以起到的重要作用，是一个不可忽视的环节。

（三）塘汛、水师等军事系统的水上防控体系

在对船只和船户进行水保甲编排，以及在水路要冲设置稽查的巡检司的基础上，明清两朝对于地方治安的维护还有来自于军事系统的防控体系，特别是对于盗匪猖獗的地区，官府往往不得不派官兵戍守以震慑。如湖北沔阳州东一百五十里沙湖口沙镇，志云“沙镇之东有邵洲脑，其地联接太白诸湖，支浦环聚，劫寇潜匿，万历中增设官兵戍守”[②]。洞庭湖更是官兵戍守的重点，据明陶晋英《楚书》所言：“洞庭水涨，延袤八百里，盗贼窃发。乃于岳州立上江防兵备，辖三哨，官兵侦治之。上哨自岳州府南津港至长沙湘阴县，哨约三百余里……中哨自君山后湖至常德傅家圻三百六十余里……下哨长江一

---

① （清）顾炎武：《天下郡国利病书》原编第24册《湖广上·岳州府》，《续修四库全书》之《史部·地理类》第597册，第153页。

② （清）顾祖禹：《读史方舆纪要》卷77《湖广三》，中华书局2005年版，第3604页。

带自岳州至嘉鱼界墩子口约三百余里。”[①] 在明代，滨临洞庭湖的巴陵县、华容县等也曾设立岳州营防守。据《洞庭湖志》记载：

> 明成化间，以流贼出没于洞庭湖，故巴陵县鹿角哨设防，领以指挥，或千、百户一人，兵五十名。新墙哨，每岁守备与卫官轮防，春夏守备在鹿角，卫官在新墙，秋冬复易其地，兵数如前。华容县明山哨，成化十二年设，以常德卫指挥，或千、百户镇抚，每五年轮一官，领兵五十名；正德间，定以千户领哨；嘉靖四十三年，贼入华容，复改以指挥领哨；万历间，裁兵为二十四名，官以一岁更至，后又调岳州卫官兵代之，以舟时巡。[②]

到了清代，诸凡关津险要、交通枢纽、繁华市镇、沿江沿海、大道通衢，按段设立墩堡塘汛，派弁驻防，其作用就在于缉捕匪类、维护治安、守卫要地、镇压地方。时人曰“今百里有营，十里有汛，在立设之初，原为耳目既近，稽察易周，一有啸聚，即可围捕”[③]。清代绿营军约有三分之一的兵力用于汛弁驻防。

乾隆四十二年（1777 年），为了应付江湖盗贼，湖广提督窦瑸曾上奏请求让水师学习“浮水之技”。其奏曰：“楚省贼盗颇多，甚至有水贼，能于水中暗窃泊舟货物。查湖南北洞庭汉阳等六协营，俱系水师，向未习浮水之技。应请仿照闽浙水操，于春尾、夏季、秋初演练浮水，立限一年，考其成效。”[④] 同时，也在一些盗贼出没之所添设塘汛加以防控。如前揭所言枝江县的羊角洲因为盗贼猖獗，地方官上奏请求添设塘汛，专司巡缉：

---

① （明）陶晋英：《楚书》，湖北教育出版社 2002 年版，第 6—7 页。

② （清）陶澍、万年淳：《洞庭湖志》卷 5《兵防十》，岳麓书社 2003 年版，第 101—102 页。

③ （清）毛鸿宾：《毛尚书奏稿》卷 16《敬陈额兵流弊片》，清宣统二年（1910 年）刻本。

④ 《清高宗实录》卷 1038，乾隆四十二年七月癸巳，中华书局 1985 年版，第 904 页。

谕军机大臣等，御史俞恒泽奏湖北荆州府枝江县羊角洲地方，西通巫峡，东接江陵。其岔港支河并通当阳、襄、郧各处，横亘百里，居民稠密。近闻沿江盗劫船只，习以为常。县治太遥，匪人出没，正恐愈聚愈多。请于该处扼要之区，增置一汛。或酌量移设，以专责成等语。着李鸿宾、杨懋恬派委妥员前赴羊角洲地方，确查沿江一带果否易藏匪徒。并察看现在情形，是否应于扼要之处设立分防，专司巡缉，查明据实具奏。将此谕令知之。[①]

嘉庆二年（1797年），继明代洞庭湖设立岳州营防守之后，设立了洞庭营防守，洞庭营设立游击一员、守备一员、千总二员、把总四员、外委四员、额外三员，战兵一百一十名、守兵四百六十三名，塘汛四十二。塘内分作洞庭营中路、东路、西路分区布防，各十一塘、十八塘、十三塘。并制定有《操练之制》和《会巡之法》。其《会巡之法》规定：

岳州、洞庭两营，每月各派千、把总各一员，巡查贼船及私宰、私铸、硝盐、娼赌等事，于汛地交界处彼此照会，互易其票，各呈验本管一司申详大吏。其与陆营交界处所亦然。[②]

有鉴于“洞庭湖面宽阔，界分两省，向有宵小出没，为害商旅”[③]的局面，道光六年（1826年），官府进一步确立了滨湖各州县营汛“划片分区”进行巡缉盗匪的举措：

---

① 《清宣宗实录》卷45，道光二年十一月甲午，中华书局1985年版，第803页。
② （清）陶澍、万年淳：《洞庭湖志》卷5《兵防十》，岳麓书社2003年版，第104页。
③ 《清宣宗实录》卷83，道光五年六月丁卯，中华书局1985年版，第343页。

谕内阁嵩孚等奏遵议巡缉洞庭湖面章程一折。湖南洞庭湖为黔粤江汉通衢，全在地方文武员弁实力巡查，可期宵小敛迹。前据御史贺熙龄奏请仍复旧规，委员巡缉。当经降旨令该督等查明具奏。兹据奏称，湖面辽阔，委员势难周遍。且恐地方各官恃有委员稽查，转致观望懈弛。着照所议，按照界址，责成濒湖州县营汛，各于所辖段内督率兵役，认真巡缉，订期会哨，无分畛域。互相堵拿，不得委卸。其能缉获邻境贼盗，按罪名轻重，分别记功议叙。境内遇有窃劫之案不能立时捕获，照例参处。稍有讳匿，严参惩办。并饬洞庭营水师游击、岳州营水师守备常川梭织，巡查督缉。该督等随时遴委干员前往，密加访察。仍当督饬该文武员弁认真奉行，毋得有名无实，以致日久生懈，徒成具文。[①]

道光二十八年（1848），湖广总督裕泰等还“奏请添设巡船，侦缉江湖盗贼”，朝廷准奏并督促其“认真督办，不可有名无实”。[②]可见官府一直都比较重视针对盗匪的湖面巡查制度。

咸丰年间，大约是缘于太平天国运动的兴起，地方秩序几近崩溃的边缘，“捕务废弛”，地方盗贼趁机肆虐。据当地官员奏称：“陆路固多盗匪，水路洞庭湖尤甚。有白昼连劫一二次者，有黑夜连劫二三次者。事主因湖面辽阔，不知属何州县管辖，且无钱给与书差，只得隐忍不报。即间有事主报案，地方官因湖面界限不分，互相推诿。且书差需索包庇，终难弋获。”[③]有鉴于此，朝廷进一步利用水师部队来应付江湖盗贼。

① 《清宣宗实录》卷108，道光六年十月庚午，中华书局1985年版，第797页。

② 《清宣宗实录》卷460，道光二十八年十月丙辰，中华书局1985年版，第809页。

③ 《清文宗实录》卷46，咸丰元年十月乙亥，中华书局1985年版，第627页。

众所周知，在镇压太平天国运动中，湘军逐渐崛起，其中水师亦是湘军的重要组成部分，而水师首领则长期为彭玉麟担任。在太平军被镇压后，长江水师就转向了维护长江沿线的水上治安。同治四年（1865），曾国藩、彭玉麟等草拟《长江水师事宜》规定：

> 现在发逆肃清，长江水师各分汛地，专以驱逐游匪、严防劫盗为重。倘有水盗划船劫抢巨案逾限不获，由长江提督专案参劾。①

长江水师在两湖的驻防主要在岳州、荆州、陆溪口、簰州、汉阳、巴河、田家镇等地。考虑到“江上盗贼出没于蒲滩蓼溆之间、浅港分歧之所”，彭玉麟力举采用轻巧的舢板船，反对采用体量太大的轮船，其理由是轮船吃水太深，不能涉浅，一旦江湖盗匪钻入“浅隘芦荻丛杂之处，则不能穷追搜捕”。相对于那些一味追求“船坚炮利”、脱离实际的建言者而言，长期在长江上指挥水师作战的彭玉麟显然更了解水情。而事实上，长江水师部队采用灵活机动的舢板船后，在“弭盗”方面取得了显著的治安效果：“长江未立水师舢板以前，盗贼横行，商贾裹足。既立水师舢板之后，往来上下，商旅视为坦途。”②

仰仗水师部队来强化对江湖盗稽查的这一做法，嗣后一直被关心地方秩序的两湖官员所借重。光绪年间，汉阳知府张行简在推行保甲局时，除了严饬地方各属编排保甲之外，亦分别“咨呈”、“移文”或“照会”给汉阳长江水师总镇高某、汉阳协镇都督府俞、长江水师中营游府章、升字营统领常、管带襄河水师、管带汉镇巡防营守府胡

① （清）曾国藩：《曾国藩全集》，《奏稿八》，岳麓书社1994年版，第5103—5104页。

② （清）彭玉麟：《彭刚直公奏稿》卷8《长江水师不宜改用轮船折》，光绪十七年（1891）刻本，第2页。

等驻防，恳请驻防军队配合地方保甲局，共同稽查盗匪、维护地方治安。如在给管带襄河水师的移文中，知府张行简提出：

> 比因汉阳、汉口滨江临河，最易藏奸。敝处仅船二只，不敷梭巡。又经鄙府会商贵大令，蒙委陈把总会同查缉在案。特是汉口上自硚口，下至龙王庙，地段极长，而且泊船甚伙。转瞬即届冬防，稽查尤宜严禁。除札饬巡河委员切实会同巡查外，拟合备文移请，为此合移贵大令，请烦查照，饬令该把总会同河员一体认真巡缉，夜静人稀，尤宜加意。遇有匪船，立即扣留移解，毋任勇丁私放。亦毋得擅行妄拿。是为至要。祷切、盼切，须至移者。①

这里其实是地方官员恳请驻防官兵勇丁能会同地方保甲人等相互配合，协同巡缉，“总期防范严密，匪戢民安”②。如此看来，在晚清的汉口地区，以船户、埠头等水保甲制度为基础，以巡河委员为核心，以塘汛、水师等军事力量为依托，构建了一张多层次、全方位的立体防控网络，但这些似乎更多局限于商业繁荣的都市，而广大乡村则显然是王朝的控制能力难以波及的地区，如前面即揭示出光绪年间长江沿线许多地区江湖盗依然猖獗。

四、结语

两湖地区星罗棋布的江河湖泊给当地带来便捷的水运交通和丰

① 光绪《汉阳府保甲录》卷上《移管带襄河水师》，光绪十九年（1893）刻本。
② 光绪《汉阳府保甲录》卷上《移汉阳协镇都督府俞》，光绪十九年（1893 年）刻本。

富的渔业资源的同时，也难免给江湖盗匪以滋生的土壤。在江湖社会中，除了捕鱼的渔户、运输的船户之外，江湖盗贼其实也构成水上社会群体的一部分。大部分船户在江湖上浮荡为生，生计艰难，其中不免鱼目混珠，多有见财起心、趁乱劫财者。而烟波浩渺之上，江湖盗贼的流动性、隐蔽性、分散性使得他们被发觉的可能性远较陆地为小，其偷盗成本极低，而官府稽查的成本极高，终致江湖盗贼难以平息，并出现“十个船户九个偷”的局面。

对于两湖地区的江湖盗贼之猖獗，官府亦采取了积极的应对措施。首先，官府仿照陆上保甲法，实行了严格的“十船连保”的水保甲制度，利用内部机制进行相互约束和监督。其次，大部分船户和船只是需要停靠在一定的码头，官府因之有针对性地对船舶集中停泊的地点——码头——进行重点监管，设立埠头、船头等，利用填报循环簿的方式，让埠头、船头随时向官府汇报船户的日常行踪。同时在盗匪出没频繁的水路要冲和繁华市镇设立巡检司，随时对来往船只进行稽查。最后，除了锁定和监控匪船藏身的固定地点之外，针对船只流动的特征，官府亦采取了水面巡逻稽查的机制，以流动稽查来对付流动作案。比如设立巡河委员、借重水师、塘汛巡逻等方式，在一定程度上有效地遏制了盗匪猖獗的局面。当然，政府的控制力量主要集中于汉口等少数商业与政治中心城市，其他广大乡村地区的控制力量还是非常薄弱。换言之，以有限的人力和兵力，面临无穷的江湖盗匪，特别是“偶尔为之”的偷窃行为，多少有些力不从心。官府和江湖盗贼之间始终处于一种此消彼长的博弈状态。

（原载台湾《明代研究》2011 年第 17 期）

救生船局与清代两湖水上救生事业

随着社会史的兴起，学界对于明清以来各类社会公益活动和民间慈善事业的研究日渐兴盛起来，其中诸如育婴、养老、仓储、助学等社会救济活动的研究已取得了相当的成就。相形之下，清代水上救生事业的研究则显得较为薄弱。据笔者有限的搜索，国内学者仅有蓝勇对清代长江上游救生红船进行了初步的探讨[①]。日本学者森田明在《清代水利社会史研究》一书中从设置、发展、营运、财政等方面对救生船进行了较为详细的梳理。[②]除此而外，人们对于清代水上救生事业知之甚少。而地处长江中游的湖南、湖北因特殊的地理环境，水上救生活动极为活跃，除了设置救生红船外，更成立了专门的水上救生机构——救生局。更为重要的是，两湖水上救生事业不仅表现为民间力量与社会团体的广泛参与，还体现出政府的严格监督和强力控制。本文拟对清代两湖地区水上救生事业进行较为全面而系统的考察，并以此为切入点，透视清代地方公益事业中国家权力与民间力量的相互关系。

---

① 蓝勇：《清代长江上游救生红船制初探》，《中国社会经济史研究》1995 年第 4 期。

② 〔日〕森田明：《清代水利社会史研究》，东京国书刊行会 1990 年版。

一、官府的介入与清代两湖水上救生机构的设置

湖北、湖南地处长江中游，江河湖泊众多。湖北素有“千湖之省”的美誉，湖南则有“八百里洞庭”。密集的河湖网络使得水运成为当地重要的交通运输方式。但正所谓“水能载舟，亦能覆舟”，每年因风浪造成船翻人亡的水上事故时有发生。此外因其他原因如游泳、戏水等溺水身亡者也不在少数。因此两湖地区水上救生活动和救生组织在清代也就应运而生。

以洞庭湖为例，洞庭湖自古为南北水路之要津，舟楫往来如织。迨至明清时期，随着两湖平原的开发，商品经济日渐繁荣，过往船只更为频繁。但洞庭之险也闻名天下，由于洞庭湖面辽阔，风高浪急，所以船只难免有倾覆之虞。据相关史料记载：“洞庭水浅，止是面阔。括风，惊涛软浪，帆樯易覆，故人多畏之。”[①] 而其中的舵杆洲又“居西湖之中，去湖之四岸或百余里，或二百余里，舟行至此，傥遇风涛陡作，无地停泊，亦无从拯救，多有倾覆之患”。于是在雍正九年（1731年）正月，为了保障过往船只的安全，雍正帝下令将营田水利衙门中所存公银二十万两解送楚省，交与湖广总督迈柱及湖南巡抚赵弘恩，令其遴选贤能之员，在舵杆洲修建洞庭石台，以为舟船避风停泊之用。[②] 对此事《岳州救生局志》也有记载：

> 雍正九年，世宗宪皇帝俯念行旅往来风波之险，而思登之，衽席之。安发水利平余银二十万两，命督抚大臣于舵杆洲建筑石台以为舟船停泊之所。此大圣人如天之仁，当时虽未命造船，

① （明）王士性：《广志绎》卷4《江南诸省·湖广》，中华书局1997年版，第88页。
② 《清世宗实录》卷102，雍正九年正月乙酉，中华书局1985年版，第355页。

而实救生之权舆也。[1]

不过这一耗资巨大的石台工程并没有发挥太大的救生功用，而且由于石台孤悬湖中，风浪侵蚀严重，修复难度大，徒费银两而于事无补。对此，清代湖南武陵人赵慎畛在其所著《榆巢杂识》中有“洞庭石台”专条记叙此事：

> 乾隆初，洞庭湖舵杆洲动帑建筑石台，以为行舟避风停泊之所。并于北面筑护堤，以缓水势，节省帑银三万余两。经总督史贻直疏请，交商生息，以资岁修，责令岳州同知经营，并添设舵杆州等处救生船只。四年，总督班第以石台孤悬湖中，四面风吹浪激，并无涯岸依恃，加帮添筑，徒费工程，疏请拨此岁修银修理濒湖城楼（即岳阳楼）及城根堤岸之用。六年，尚书署总督那苏图、总督阿尔赛同称：石台粉饰壮观，徒为虚设，尽可停止岁修事宜，将此银别充公用。[2]

至乾隆九年（1744年），洞庭石台工程终因地基塌陷而被迫停顿，嗣后各级地方官员就专办救生船只事宜，即设置红船。红船是清代特有的专为救生之用的船只，因其大多漆成红色以有别于普通船只而得名。按《清稗类钞·舟车类》所载：“红船，长江有之，用以救生，故亦曰救生船。遇有客舟之厄于风潮者则拯之，迁其人、物于红船中。”[3]

其实洞庭湖区的官办救生之事肇始于乾隆二年（1737年），是年先是制军高公奏于沿湖设红船十六只，后总督史贻直又奏议在舵杆洲

---

① 光绪《岳州救生局志》卷首《总序》，光绪元年（1875年）刻本，第1页。
② 赵慎畛：《洞庭石台》，《榆巢杂识》上卷，中华书局2001年版，第52页。
③ 徐珂：《清稗类钞》第13册《舟车类》，中华书局2003年版，第6084页。

添设救生红船十二只。其中君山、艑山、龙回嘴、布袋口、舵杆洲、九马嘴、万石湖、磊石分布红船八只，由岳州同知管辖；岳阳门、南津港、鹿角、刘公矶、城陵矶、荆河口、白螺矶、杨陵矶分布红船八只，由巴陵县管辖；傅家矶、黄秥滩分布红船二只，由华容县管辖。厥后递有经营，规模初备。

至咸丰初年，太平天国运动爆发，战乱之中，洞庭湖区的救生船只被毁殆尽，救生活动一度中断。至咸丰十一年（1861 年），局势稳定之后，又由岳州知府丁宝桢集捐巨款倡议恢复，并禀请开局设立救生船只，详定章程，较以前更为盛大，这实为岳州救生局之滥觞，嗣后历代岳州知府对于救生局的创设活动相延不辍。同治十二年（1873 年）张德容任岳州知府，更是倾心于局务建设，于经费力加筹措、于管理更求周善，兴利除弊，实心任事，使得岳州救生局一直能持续到光绪末年。

湖北的救生船只主要设置于长江一带，康雍时期已有相关的奏请，并在一些地区得到实施。[①] 但全省范围大面积的设立主要是在乾隆年间，史载“乾隆三年，上谕湖广地方三湘七泽，水势汪洋。凡有应设救生船之处，着该督抚确勘，照江南一律办理。十一年，部覆议准湖北救生船照内河战船年限修造，又十五年部覆议准湖北设立救生船六十七只”。当时沿长江一线的州县几乎都设有救生船只，具体分配如下：江夏十七只、武昌县一只、兴国州二只、大冶县二只、汉阳县十只、汉阳牛湖渡三只、黄冈县一只、蕲水县一只、蕲州二只、黄梅县二只、襄阳二只、均州二只、江陵四只、监利二只、松滋二只、东湖七只、归州七只、巴东二只。[②]

---

① 据前揭蓝勇的考证，长江上游最早的救生红船是明代天启年间周昌期在湖北归州设立的。笔者目前并未发现更早的史料，今从其议。

② 民国《湖北通志》卷 38《建置十四·津梁附救生船》，民国十年（1921 年）刻本，第 1132 页。

从湖北救生船只的分布数量来看，以地处长江中游的江夏、汉阳最多，其次为长江上游的东湖（今宜昌）、归州一带。前者当是由缘于地处政治和经济中心，商旅往来频繁。而后者则由于上游激流险滩众多不可不多为筹备，所谓“三峡之滩险多在鄂，鄂之大府设有救生红船宜也”。明清时期，舟船过三峡必用长年掌船，并由滩师引导，即如史料所言“峡中行船，必用长年，一船之人惟其所命。然至于滩，虽长年不敢妄动，必用滩师。滩师者，当滩之人习知滩事，熟知水经”[①]。

与湖南情形相类似，咸丰年间湖北救生船只也因迭遭兵燹，额设俱废。同治九年（1870 年）督办川盐局程恒生会同宜昌府方大湜禀请于崆岭等滩续添救生船三只，至光绪二年（1876 年），又由山东巡抚丁稚璜捐资在长江上游一带设峡江救生船十五只，按险滩分段设置：巴东险滩十四处，设船三只；归州险滩二十二处，设船七只；东湖险滩十六处，设船五只。[②]

由于两湖地区江河窎阔，已有的官设救生船（局）难以遍及，至清中后期，各种民间力量也开始积极投身到水上救生活动中，其中以武汉地区最为活跃。作为全国的四大名镇之一，又处九省通衢之地，汉口商船众多，水运繁忙，而长江风浪险恶，翻船之事时有发生，于是道光三年（1823 年），由盐商姚必达、胡元等捐资创建敦本堂救生船局，堂址位于晴川阁。配备有救生红船两只、义渡船只二艘、救护小船（俗称划子）二十只。无风时泊于晴川阁禹公矶下，有风时则游弋于巨浪中，遇有不测，则驰往拯救。这些救生船的船桅上都挂有“敦本堂救生”字样的杏黄色大旗。对此清代叶调元所著《汉口竹枝词》有生动的描绘：“大江浪起白头鲜，划子随风一叶颠。数只黄旗桅上挂，往来游弋救生船。”敦本堂是目前所知该地区最早的民间水上救生

---

① 光绪《峡江救生船志》卷首《序·书峡江救生船志后》，光绪年间刻本，第 1 页。

② 光绪《峡江救生船志》卷 2《滩路》，光绪年间刻本，第 1—4 页。

组织。①

自道光三年（1823）敦本堂在汉阳晴川阁设立救生红船后，清同治年间，武汉地区又有敦实堂、培心堂、培元堂、益善堂、永安堂等民间善堂积极从事水上救生活动。同治初年，夏口县邑绅戚席臣、周芸青、刘步瀛、刘晋侯等倡设敦实堂，该堂即在汉阳南岸嘴设有救生局专办救生事宜，该救生局有"红船两艘，常年上下游弋，遇险救护"，嗣后又"于关圣祠、五显庙、接驾嘴、打扣巷四处各设义渡二只以渡行人，又设护划二十只，分泊于各险要之处，专司救护行船"。② 其他地区如湖南善化县的同善堂（道光六年捐建）、岳州府的敦善堂（同治五年改为官局）等也都筹设救生船只从事水上救助。以下为两湖地区救生机构设置情况一览表。

清代两湖地区水上救生机构设置情况一览表

地区	水上救生机构名称	创建时间	创建人身份	备注
岳州府	岳州救生局	咸丰十一年	官	
汉阳县	敦本堂救生船局	道光三年	民	
善化县	同善堂	道光六年	民	综合性善堂兼及水上救生
巴陵县	敦善堂分局	道光初年	民	同治五年改为救生官局
黄冈县	培心堂	道光二十八年	民	综合性善堂兼及水上救生
夏口县	永安堂、培心堂、益善堂、衡善堂等	同治年间	民	综合性善堂兼及水上救生
夏口县	敦实堂救生局	同治年间	民	

① 光绪《汉阳县识》卷2《营建略·义举》，光绪十年（1884年）刻本，第20页。对于敦本堂的相关介绍又可见曾宪松：《晚清武汉水上救生队——敦本堂》，《长江日报》2003年5月19日。严昌洪：《游弋江汉的救生红船》，载萧志华主编：《湖北社会大观》，上海书店出版社2000年版，第384页。据相关资料，目前世界公认最早的救生组织为成立于1891年的"英国皇家救生队"。倘若如此，即使不算清初官办救生红船制，仅从民间慈善组织的角度而言，汉口敦本堂（成立于1823年）也较前者早68年，当为世界上最早之民间水上救生组织。

② 民国《夏口县志》卷5《建置志》，民国九年（1920年）刻本，第16页。

续表

辰州府	辰州救生局	同治五年	官	
永顺府	永顺救生局	同治十年	官	
荆州府	沙市救生局	光绪元年	官	
宜昌府	培元堂	时间不详	民	综合性善堂兼及水上救生

资料来源：光绪《岳州救生局志》、光绪《汉阳县识》、光绪《善化县志》、光绪《巴陵县志》、民国《湖北通志》、光绪《湖南通志》、民国《夏口县志》、光绪《荆州府志》、同治《宜昌府志》。

从时段上看，清初雍乾时期，政府即在两湖沿江沿湖地区普遍设立了官办救生红船以从事水上救助活动，这一做法延续到咸丰初年太平天国起义的爆发。作为战争的重灾区，两湖的救生红船被毁殆尽。战乱平息之后，两湖各级地方官员和民间善士开始了水上救生机构的重建工作，由于有绅衿和商人所构成的地方精英阶层的积极参与，其救生组织在规模和数量都较清初有所发展，使得水上救生活动有由官方向民间下沉的趋势，但地方官府在倡导组织以及监督管理方面的作用依然不容忽视。

从分布区域而言，由于水上救生活动的特殊性，主要分布于沿江濒湖的州县。其中尤以长江中游武汉地区、长江上游三峡地区，以及湖南洞庭湖区最为密集。从区域经济发展的程度而言，在商业经济较为繁荣的区域如汉口，民间水上救生组织也较为发达。在相对偏僻的水域，其救生活动则更多地依赖于当地政府的大力扶持。

二、水上救生机构的资金筹措与基金运营

各种公益事业的创建与运作，资金筹措是前提和基础。与其他慈善机构相似，水上救生机构的设置和运转的经费主要也由社会捐资。但也有所不同，即相对于育婴堂、普济堂等其他民间组织而言，

救生红船（包括后来的救生局）更多地带有“官僚化”的色彩。这在清初表现得最为明显。

雍乾时期，两湖各地的救生红船多为官府倡导设立，因此其经费方面主要由政府来承担。雍正为洞庭石台工程一次性拨款水利平余银高达二十万两！乾隆在诏谕湖北沿长江上游滩水险恶之处设立救生红船之时，也恩准“其所需经费，准于正项内报销”[1]。许多州县红船船工的工食钱也在当地丁银或盐羡中请领，体现出政府对于救生机构的积极介入。如湘阴县救生船“每船工食银一两，由司库耗羡项下动支”[2]。东湖县救生红船经费“不敷者按季由藩库请领”[3]。其原因一方面在于康雍乾是清朝国力最为强盛时期，因此政府有能力顾及各种公益事业。另一方面则在于水上救生的对象和范围比较广泛和特殊，原则上包含救生红船能力所及的所有公共水域和所有溺水者。加之其运行成本也较高，而清初两湖地区民间社会力量也较弱小，这在一定程度上阻碍了民间慈善组织从事水上救生活动。

到了清中叶以后，这一局面有所改观，即更多的民间力量参与到水上救助活动。但政府也并未完全放弃对水上救生事业的资助，特别是救生船只的日常开支依然得力于官府的奥援。不过其资助方式有所改变，即由朝廷直接拨款改为地方各款项下（如厘金等）设法筹措。这也是朝廷在中央财政式微情形下的一种变通之法。据《峡江救生船碑记》所叙，其红船“水卒工食、救生掩骸经费则由鄂筹给司道，请用于盐务公费中，计久长也”[4]。岳州救生局的日常开支也由官府库款、厘金、租课等共同承担，即“局中经费由藩司拨库款银及岳卡厘税罚款、君山后湖附胜清发二官洲租课并岳州码头厘金”。由于

① 《清高宗实录》卷30，乾隆元年十一月丙申，中华书局1985年版，第617页。

② 光绪《湖南通志》卷43《建置志·附普济、育婴等公所》，光绪十一年（1885）刻本，第56页。

③ 同治《宜昌府志》卷4《建置志·救生红船》，同治五年（1866年）刻本，第36页。

④ 光绪《峡江救生船志》卷2《碑记》，清光绪刻本，第1页。

岳州为盐艘汇集之地，同治九年，“又准淮盐每票抽厘钱八千归局”，“由岳州转运局按票提收分拨，专归救生应用”。[①]

当然，虽说带有“官僚化”色彩，救生船局的性质依然只是一种公益慈善机构，其经费的主体还是来自官吏和绅商的捐款，即便是清初官办的救生船只也经常依赖地方的捐助。至清中叶以后各类善堂更是如此。各类捐款大体可分为两类，一类为普遍性的劝捐，一类为个人自愿捐款。

普遍的劝捐主要出现在盐商或厘金上[②]，如咸丰十年（1860年），东湖县救生红船便是县令刘浚劝谕商民捐资三千五百缗设立的。嗣后经费短绌，又由当地盐厘二局月捐钱二十缗助之。同治五年（1866年）辰州救生局“局费照厘务抽捐十分之一，自同治六年起，至十年止。计收息钱一万二千九百零七千八百文，收捐款七万五千八百八十四千三百文”[③]。岳州救生局也在政府的倡导下，“据各商议定每票捐钱八串文”[④]。这种面对盐商或厘金的普遍抽捐多少还是带有官办的意味，因为只有官府才有这样的公信力和权威性。

个人自愿捐助是所有慈善型组织重要的经济来源之一。除清初官办的救生红船之外，两湖地区其他水上救生船只或救生机构几乎都由民间捐资创建。如光绪年间，峡江救生船只就是由山东总督丁宝桢捐库平银一万两创设，其中湖北分得四千两。沙市救生局也曾获得李瀚章捐廉银500两[⑤]。岳州救生局所得经费则由各级官员、商人、士绅、社会慈善组织共同襄助而成。其中捐款官员不仅包括湖南省属抚

① 光绪《巴陵县志》卷16《政典志·蠲恤》，光绪十七年（1891年）刻本，第11页。

② 陈锋教授曾指出同治以后盐商的报效性质发生转变，即由以前的“踊跃输将”变成了“劝捐摊派”。见陈锋：《清代盐政与盐税》，中州古籍出版社1988年版，第226页。

③ 光绪《湖南通志》卷43《建置志·附普济、育婴等公所》，光绪十一年（1885年）刻本，第66页。

④ 光绪《岳州救生局志》卷1《文件》，光绪元年（1875年）刻本，第27页。

⑤ 光绪《荆州府志》卷11《建置志·善堂》，光绪六年（1880年）刻本，第3页。

宪、藩宪、盐道宪、粮道宪、岳州知府等，还广及湖北抚宪、藩宪、浙江衢州镇、陕西潼商道台、水师健捷营、水师新中营、湖北竹山协镇等合计大小官员 17 人，共捐资 5094 两；其他如江南荣阳堂、大莲堂、汉镇吴宏泰、致和祥、恒生和、广东永利合、徽州协泰正记、河南同元、永兴升等 9 家商号共捐银 120 两、钱 5272 文；此外岳州救生局各委员又分别从平江、湘潭、常德、澧州、巴陵、临湘等地劝捐银 1608 两、钱 6930 文。①

这些由各种途径捐纳而来的钱款成为创建和维持救生船局运转的“基金”。如何有效地积累和壮大这批“基金”就成为确保水上救生事业长久维持的关键。一般的方式有二种：一是将银钱交给典当行或商人“发商生息”。这种“基金生息”的增殖方式在清代极为普遍。同治四年、五年，岳州救生局就曾先后将省平银 9125 两交给长沙典商赵光裕、李鼎泰、苏仪隆等承领，每年共计得息钱 804 两。同治十三年（1874 年）和光绪元年（1875 年）又分别将省平银 3474 两、1248 两交给典商冯同升、汤德福等承领，年得息银 347 两、124 两。②

另一种方式就是购买房屋田产等不动产，通过收取房租、地租作为救生事业的稳定收入来源。岳州救生局历年共购置田地数十处，每年收租谷 993 石。购买房屋、基地、山林等多处。而且为了避免日后因土地交割、继承问题所引起的纷争，所有置买房屋、田产的契据都被岳州救生局保存下来，编纂成册并绘有四至图形。③ 事实上不少救生组织在创办之初就积极置买房地产，如同治年间辰州救生局就将所收捐款 75884 文中的 54879 文购买了田屋山地以作今后维持救生船只的经费来源。④

---

① 光绪《岳州救生局志》卷 3《银捐》；卷 4《钱捐》，光绪元年（1875 年）刻本，第 1—2 页。

② 光绪《岳州救生局志》卷 5《典息》，光绪元年（1875 年）刻本，第 2 页。

③ 光绪《岳州救生局志》卷 6《契据》，光绪元年（1875 年）刻本，第 1—35 页。

④ 光绪《湖南通志》卷 43《建置志》，光绪十一年（1885 年）刻本，第 66 页。

在财务管理上，各救生局都有较完备的账目登记稽查制度。如在日常开支方面，岳州救生局就编纂有“征言录”[①]，按“旧管、新收、开除、实在”开造四柱总册。使局中出入账目条分缕析，并按月报呈官府以凭稽查。

上述两湖地区救生船局的经费来源，在清初主要由官府承担，至咸同之后，一般而言，其重建水上救生机构所需的资金主要由官、绅、商、民等社会力量临时捐助，而其日常运行所需的资金，或由“基金生息”和房产田地等不动产所得租金支付，不足则由地方政府在盐务或厘金中抽捐。通过这种官、绅、民的有机结合，从而为保障水上救生机构长期持久的运行提供了较为稳定和可靠的资金来源，使得两湖地区的水上救生活动除了特殊战乱期间外一直能够延续下来并不断发展壮大。

三、水上救生机构的管理运作与救助功效：以岳州救生局为例

两湖地区的水上救生机构有官办、官督民办、民办三种管理模式。

清初官方设立的救生船只一般就近由所属州县官吏代为管辖，属官办性质。如乾隆年间，洞庭湖救生船即由岳州府同知（一曰岳州通判）和巴陵知县分别管辖。光绪年间，峡江救生船只则由驻防长江的水师就近管辖，史载如下：“各滩救生船只统归水师新副中营经管，由该营官转饬分防舢板哨官就近约束。”[②]而“原设船三只向由新滩同

---

① 按夫马进在《中国善会善堂史研究》中所述，“征信录”是一种由民间机构编纂、出版、发行的公共机关和团体的收支报告书，其目的是以公开经营情况的方式首先在民间取信于他人，其次是为了取信于官。参见伍跃：《夫马进教授的〈中国善会善堂史研究〉》，《中国史研究动态》1999年第12期。

② 光绪《峡江救生船志》卷2《章程》，光绪年间刻本，第1页。

知经理”[①]。

民办主要是指晚清的各类善会善堂而言。如汉阳敦本堂救生船局在道光三年创办之初即“请于郡守，得自行经理，官吏不过问，与旧设官船无与”[②]。可见敦本堂的救生事宜完全为自行经办，地方官无须过问。其他如永安、敦实、益善诸善堂亦与此相似，均属民办水上救生机构。

官督民办介于两者之间，实际情形往往是官民共同参与其间，救生局一般属此种管理模式。而且由于两湖相对于江南地区经济势力还较为薄弱，社会贤达数量上较少，使得官僚的力量相对更为重要。事实上，两湖的救生局几乎都是由地方官捐资创建的，同时在对救生局的鼓励、劝捐、补助、改革、扩建、整顿方面，当地官员也起着主导性的作用。我们很难想象倘若没有地方善士与官僚的密切合作，两湖水上救生机构能长久运转下去。

两湖各救生局一般都制定有规条章程，这些章程大体反映了其管理及运作实态。以岳州救生局为例，该局共有总局条规16则、救生引洪收瘗条规八则、捞捡捞缴水摸条规二十则，是目前所知条款最多、规定最具体的水上救生机构。我们不妨以该局为例来管窥清代水上救生事业之实情。

在机构设置与管理上，岳州救生局实行员绅负责制，总局选用委员一人、委绅一人、司事三人，另有差役二名、打杂一名、厨丁一名、门役一名。委员任期一年（后改为三年），总揽局务，“局内局外司事人等以及舵工水手风纲渔船偶有不法情事，轻则由该员立予责革。重则会同地方官按律拟办”。事实上，岳州救生局的委员一般为候补官员，如同治十二年为“委办岳州救生局同知衔候补知县李玉

---

① 民国《湖北通志》卷38《建置志》，民国十年（1921年）刻本，第1132页。

② 光绪《汉阳县识》卷2《营建略·义举》，光绪十年（1884年）刻本，第20页。

森”，同治十三年为“委办岳州救生局补用直隶州候补班前先补用知县杨鸿鼎”。这体现出岳州救生局“准政府组织”的特点。[①]

委绅协助委员共同处理局务，司事三人，一人经理账目各簿，一人管理局中杂务，一人巡查局外事宜。由于洞庭湖面辽阔，总局下又分设古楼分局、磊石分局、鹿角分局以及马驿巷油舱救生船厂。分局人员较总局略有减少。所有人员均有薪水，从每月总局委员钱五十千文到打杂门役三千文多寡不等。救生船厂负责红船的建造、维护和保养。

岳州救生局的水上救助活动主要包括以下几个方面：

1. 救生

拯救溺水人员的生命是救生局的主旨和核心。按规定，救生局所属救生红船的舵工水手身穿棕色领褂，前后用小四方白布一块，上书救生船第几号、舵工某人、水手某人。平时舵工水手均于船内住居饮食，轮流守埠。一旦风起，各埠头人即竖旗岸侧，旗上大书“巡湖”二字，救生红船见此迅即驾往湖面梭巡，有闻速往救护，救起人口由局照章给赏。

对于以下两种情形额外有赏：一是救生船一日救活十人以上者，除按例赏钱外，另外给酒食一席、花红一端。二是客船猝遭风暴势将倾覆而救生船能竭力救护到岸，并能保障全船人员安然无恙者，经局查明从重优赏，委员亦记功一次。渔船亦同此。

为了体现对生命价值的珍视与关爱，章程特别强调：救生船赴救时，只许先救人，不准捞捡银钱货物。并对以下情形严惩：一为行船遭风尚未倾覆，而救生船不为救护，反而抢取财物、拆毁船只；二为船只遭风倾覆，人尚未死，不速救人，只顾捞抢财物，以致商民淹毙；三为

① 关于清代社会中“局”的问题，邵鸿认为它与“会”不同，更多地带有官方的色彩。参见邵鸿：《清代后期江西宾兴活动中的官、绅、商》，载张国刚主编：《中国社会历史评论》第四辑，商务印书馆 2002 年版。

假救护之名，故意将客船踩翻，攫取财物，商民因此溺毙。以上情形一经查明或被客人告发，立即禀明惩办，情节严重者甚至立予诛杀。

将溺水人员拯救出水面后，救生船还为被救护者提供必要的医疗和生活上的帮助。对此章程中亦有详尽的规定：

> 救生船内应预备棉被、棉衣几件，并生姜、皂角末等物。衣被不准借用，半月查验一次。一经救得人口，急令脱去湿衣，裹以厚棉，随用姜汤灌入。虽寒天不可遽令面火。如尚昏迷不醒，速将皂角末吹入鼻内，再以预备救溺良方治之。不愈，另医，调治送局。[①]

倘若被救人员无钱归家，问明住处后，救生局按路程远近给以路费，每百里约给盘费钱 130 文。

2. 引洪

所谓“引洪”，实为在航行水道上设置标识以保障船只航行安全，类似于现在的航标管理。

为了避免过往船只因误走水道而发生搁浅事件，岳州救生局在洞庭湖浅滩石矶处设置有红色标旗，上书“浅滩石矶”字样。字以白布剪成，使人易于认识。同时派有船夫守标，遇有船只航行，守标船夫擂鼓疾呼，扬旗指引。局绅、司事以及各埠头人也不时登高了望，互相稽查。倘有船只误搁某处，该处守标夫还将被责惩并伽示。

3. 收瘗

救生局还负责掩埋无主尸体，为此，该局专门购买岳阳一都刘兴的柴山山地作为收瘗义山，收埋孤坟。对于水面无主的浮尸，经救生红船或渔划捞起送交救生局后，先由司事验尸，有伤要报明地方

---

① 光绪《岳州救生局志》卷 2《章程》，光绪元年（1875 年）刻本，第 8 页。

官，听其发落，无伤则给棺埋葬。义山分别有男坟和女坟，照号注册。并且在坟内窖有一砖碑，详细记载该尸形样，坟外立一号石。同时又另立一簿，照样登记，并悬示局门之上，以便于亲属前来认尸。除收埋水上浮尸外，对于附近暴露尸骨以及当地无力购置棺木者，救生局义山亦给予安葬。

4. 打捞

岳州救生局除了担负水上救生之责外，还有捞捡沉船货物的义务。捞起的货物由救生局和客人共同估价变卖，并将所得收入按一定比例赏给捞夫。对于捞夫的奖赏一般依所捞货物类别和湖水深度而定，如“凡捞米船，面水深一丈以内者每石给捞夫一斗，深一丈五尺以内者给一斗五升，深二丈以内者给二斗，若在二丈以外，深一尺则加一升，豆与小麦准此”。其他捞谷船、炭船与此类似。再如“凡摸钱船，面水深一丈以内者，每串给捞夫钱五十文，若在一丈以外，深一尺则加五文。船烂钱散加半倍。”其他如摸银船、铁船、锅船、布匹船、细绸绫罗皮料瓷器杂货药材等项船也有详尽的奖赏条例，兹不一一列出。[①]

以上为岳州救生局水上救助活动之梗概，其他救生机构大体亦如此，即救护遇难船只、给身无分文者发放路费、掩埋浮尸等。如峡江救生船规定“各滩如救活一人，视其行李荡尽者发给路费一串文，赏给水手钱一串二百文。……如捞获浮尸一名，无论男女，赏给水手掩埋钱八百文。浮尸每名施给棺木一具”[②]。有些善堂自身并无救生船只，其救生措施主要是通过对奋勇救生的人员和船只给予一定的物质奖赏以鼓励众人从事水上救生活动。如湖南善化县同善堂章程即规定：“救生不另设救生船，遇风大船险时，令渔船、划船往救，救一

① 光绪《岳州救生局志》卷2《章程》，光绪元年（1875年）刻本，第10页。

② 光绪《峡江救生船志》卷2《章程》，光绪年间刻本，第3页。

生人，给钱八百文，捞一死尸钱四百文。”[①]

俗话说水火无情，“当其沉溺水中，性命寄于呼吸，一旦救而出之，重见天日，岂非慈航普渡哉！”[②]两湖地区广泛设立的水上救生机构，拯救了众多溺水者的生命，保障了水上往来商旅的生命财产安全，其社会意义是非常明显的。以下的一些史实和数据也许有助于我们了解清代两湖地区水上救生事业所取得的社会成效：汉阳县（今武汉市）敦本堂设立之后，“计行之十有七年，活人四千一百三十二，收瘗浮尸六千九百五十五。岁辛卯壬辰，江汉水溢，楚民荡析，离居就赈汉皋，继以疫。局司事竭力拯救，送医药，施棺板，病赖以更生者无算。殁不至于藁葬者四万有奇”[③]。东湖县（今宜昌市）红石滩在设立救生船后，“以此客舟绝少覆溺，渐成坦途”[④]。岳州救生局在同治十三年（1874）共救活人口361名，在此笔者截取该年份上半年该局水上救助活动详情如下表：

岳州救生局同治十三年（1874）1－6月份救生情况一览表

月份	水上救生事例	失事原因
正月	十五日，红船在缆子滩救活刘有明等四名	系客船，浪打舵断
	同日，渔船在月山前救活王远南等四名	系耒阳炭船，载重船沉
	二十三日，红船在城陵矶救活谢茂华等五名	系客船，篷桅断折
二月	初六日，古楼分局红船在布袋口救活萧先寿等十三名	系益阳竹船，横风上浪
	初十日，风纲船在古楼团山头救活施逢春一名	系龙阳酒划，浪打船翻
	二十三日，红船在泥嘴救活沈品朝等二十五名	系湘乡炭船，载重船沉
	同日，渔船在泥嘴救活黄祥瑞一名	系前船客人
	同日，红船在高河望救活冯李氏等十六名	系湘乡钓钩船，风浪打沉
	二十七日，红船在米椿头救活李昌道等二名	系常德枯饼船，风浪打沉

① 光绪《湖南通志》卷43《建置志》，光绪十一年（1885年）刻本，第53页。
② 光绪《归州志》卷3《赋役志》，光绪八年（1882年）刻本，第18页。
③ 光绪《汉阳县志》卷2《营建略》，光绪十年（1884年）刻本，第20页。
④ 同治《宜昌府志》卷4《建置志·救生红船》，同治五年（1866年）刻本，第37页。

续表

三月	初六日，渔划船在岳州宝塔嘴救活刘九林等二名	系乌江客船，风暴船翻
	十六日，红船在龙回嘴救活张百三等三名	系益阳竹船，风暴上浪
	十八日，风纲船在君山西湖中救活陈禾廷等二名	系引港空载，浪打船翻
四月	十四日，渔户孔广仁在龙回嘴救活张大成等四名	系清泉炭船，载重船沉
	同日，红船在龙回嘴救活倪思交等五名	情形同上
	同日，渔船在扁山夹救活刘志华等五名	情形同上
	同日，渔户龙孝正在荆汉脑救活黎喜德等三名	系新淤洲渡船，风暴船沉
	十六日，红船在癞子山前救活刘志和等六名	系清泉炭船，浪打将沉近坡
	十七日，红船在古楼团山救活谈明有等十名	系湘乡杉筒船，浪打船沉
	十八日，渔户尹品友在癞子山前救活陈福林一名	系靖港柴船，浪打船沉
	十九日，红船在龙回嘴救活梁盛藻等四名	系耒阳炭船，载重船沉
	同日，红船在莲花墩救活汪桃吉等三名	系崇阳炭船，情形同前
	二十三日，渔户樊纯贵在金波港救活鲍泽国等三名	系崇阳炭船，情形同前
	同日，红船在扁山夹救活徐国启等二名	系兴国窑货船，浪打船沉
	二十七日，渔户李泽辉在扁山夹救活刘其发等五名	系耒阳炭船，载重船沉
	同日，渔户郑德昌在扁山夹救活谢士彬等九名	系耒阳炭船，将沉近坡
	同日，红船在高河望救活朱义发等八名	系汉川条木浮载上浪
	同日，红船布袋口救活戴长发等六名	系天门条木船，浪打船沉
	同日，渔户刘明才在癞子山前救活罗道立等五名	系清泉炭船，风暴将沉
	同日，渔户萧在兴在扁山夹救活罗道生等五名	系耒阳炭船，风暴将沉
	二十八日，红船在石板滩救活杨福魁等四名	系湘乡柴船，浮载船翻
	二十九日，渔户李芳明在扁山夹救活陈作林等三名	系常宁炭船，将沉近坡
	同日，红船在扁山夹救活罗启林等三名	系清泉炭船，情形同前
	同日，渔户孔昭林在扁山夹救活罗启清等五名	系清泉炭船，情形同前
五月	初四日，红船在扁山夹救活万大容等五名	系汉川树船，浪打船沉
	十五日，红船在龙回嘴救活谢人大等六名	系辰州树船，浪打将沉
	同日，红船在扁山夹救活罗文春等四名	系汉川树船，浪打将沉
	十八日，红船在扁山夹救活徐国珍等四名	系蒲圻竹船，情形同前
	二十七日，红船在磊石土星港救活李万顺等六名	系泸溪木料，浪打船沉
	三十日，风纲船在刘公矶救活汪大远等二名	系沅江划船，大船撞翻

续表

六月	初六日，红船在磊石沙篙湖救活许乐华等四名	系巴陵草船，风浪打沉
	十四日，红船在古楼毛花尾救活李昌洛等三名	系耒阳船，风暴船翻
	同日，渔户喻治远等在金坡港救活朱旺喜等四名	一系浏阳石料，一系湘乡炭船，风浪打沉
	同日，渔户邹承信在龙回嘴救活胡华国等七名	系益阳炭船，风浪打沉
	十六日，渔户邹德元在龙回嘴救活刘定义等十三名	系清泉货船，风暴船沉
	同日，渔户晏宏喜在金坡港救活胡士秀等五名	系清泉客船，风暴船翻
	十七日，渔户周康硕在磊石清镜湖救活彭光远等二名	系乌江划船，风暴船翻
	二十一日，渔户舒祖均在高河望救活邹育才等二名	系新化炭船，风浪打沉

资料来源：光绪《岳州救生局志·征言录》。原文中附有详细的被救人名单，本表中除开列首位外，其余从略。

四、从两湖水上救生活动透视清代政府与民间力量的互动与消长

清代两湖地区蓬勃发展的水上救生事业，一方面得益于其独特的地理环境，即辽阔的公共水域和地处长江中游、连接东西南北的水上交通枢纽。另一方面也与明清以来两湖地区社会经济地位的上升有关。明清时期，随着垸田的兴起，两湖地区已经成为全国著名的商品粮基地，“湖广熟，天下足”即是有力的证明，湖南、湖北连同四川每年都有大量的粮食通过江河水路源源不断地运往江南和闽广地区。同时独特的水运优势也使得两湖地区口岸贸易极为发达，并形成了对本地区及长江流域、华中地区乃至全国都有影响的港埠型城市，如汉口、宜昌、沙市、岳阳等。辽阔的水域环境和繁忙的水上交通共同促进了两湖地区水上救生事业的发展与壮大。

从本文的考察可以发现，两湖地区从专业的救生船局到兼及水上救生的综合性善会善堂以及个人（如渔船）的义举行动等，基本上形成一套覆盖所有重要公共水域的多层次的水上救助系统。而且在资

金筹措、组织管理、水上救生等方面，两湖救生组织都制定有严格的规章制度，并呈现制度化的特点。以岳州救生局为例，在历任岳州知府的积极参与下，其章程条规极为完备：从委绅的选择到局务的管理、从账目的稽查到救生的督促等无不详加规定。其水上救助活动，不仅包含抢救溺水者，而且还涉及设置引航标志，保障船只航行安全，掩埋水上浮尸，打捞水下货物等，因此取得了较好的社会效果，仅救活人口每年都在360名以上。这些对于我们今天水上救生活动的开展依然有借鉴意义。[①]

同时我们应该看到，两湖地区水上救生活动的有效实施事实上是官府与民间社会共同努力的结果。作为一种公益事业，水上救生活动显然有赖于地方社会力量的参与，如资金的捐助和救生机构的管理等基本上都是由民间人士承担。这是因为以农业税为主体的传统中国受政治资源体制的限制，不可能维持一支过分庞大的官僚队伍，因此其正规行政机构设置到县一级就停止。这种有限的官僚系统使得国家不得不放弃对一些公益事业的直接管理。

但对于中国这样一个很早就建立起比较完备的官僚政治体制的国家而言，官方的支持和监督又是不可或缺的。近年来，随着西方“公共领域”和“市民社会”等理论传入中国，一些学者试图在清代国家与社会之间寻找一种不受中央政府控制的社会公共空间，以彰显社会力量的强大，并进而搜寻其中所隐含的自由民主精神。治水、赈灾、善堂等公益事业是其研究的重点，这其中包括罗威廉对清代汉口的个案研究，作者一方面特别强调商业行会对汉口的管理自治；另一方面又不得不承认，汉阳知府对城市事务的干预远远超过了危机之

---

① 据有关新闻报道，2003年5月18日，武汉市冬泳队江岸、青山分队宣布成立“武汉江河救生站”，这是新中国成立以来，长江上第一支民间水上救生队。但主要由业余人员组成，救生器材也非常缺乏。也就是说，至今长江水域还没有一支专业的救生队伍。见余晖等：《波涛中的生命守护》，《长江日报》2003年6月3日。

需，其所举的事例之一就是知府参与港口救生艇服务的建立。诚如魏菲德所指出的那样：作者在极力表明社会力量的壮大及其所起的重要作用时，却于无意间也透露了国家的强大并往往发挥决定性作用之类的信息。[①]作者这种自相矛盾观点的产生就在于其预设了国家与社会之间的对抗和冲突。

事实上，从清代两湖地区水上救生事业而言，国家与社会基本上是和谐共处和互相依赖。清初国家在长江各险要处设立救生红船，其所费由各款项下支出。由于难以遍及，同时又有绅捐设立的救生船只加以补足。清中后期，“迨至连番弄兵之后，官发公款既以库款绌而停领莫支，绅集捐资亦因贼氛而遗亡殆尽”[②]。咸丰十一年（1861年），岳州知府丁宝桢会同驻防统领水师刘镇军各捐廉倡率，并印发捐簿向岳阳、湘潭商贾募捐。同时还向湖南省宪台禀请檄令常德、澧州、湘潭等牧令劝谕各富商捐助。正是在各级官员的影响和带动下，由各地商人、商号、绅民的赞襄，岳州救生局才得以建立。峡江救生船的设立亦大体如此。而且许多救生局的日常开支，如船工的工食钱多在盐厘项下定额拨款。要做到这一点，显然也离不开官府的认可和支持。

在管理上，官府的监督也是必不可少的。岳州救生局在同治时出现了诸多弊端，据湖南布政使司吴所言：“近年以来，诸务废弛，救生船只多为往来行人借用，水手只取充数，驾驶不能灵捷。每遇风暴大作，并不梭巡湖面，或有客船遭风尚未覆溺，该船不为救护到岸，辄先上船强分几成货物，无异乘危抢夺。”对此，时任岳州知府的张德容严加整顿，“标明分局管地，优给员丁奖赏，严禁乘危掠货，

① 〔美〕魏斐德：《市民社会和公共领域问题的论争——西方人对中国当代政治文化的思考》，载邓正来、亚历山大编：《国家与市民社会——一种社会理论的研究路径》，中央编译出版社1999年版，第378—400页。

② 光绪《岳州救生局志》卷1《文件》，光绪元年（1875年）刻本，第1页。

杜绝收支浮冒等项，所以除宿弊而鼓励者，均得其覆要”。峡江救生船更是由水师营官兼管。对于其他由民间善士建立的善会善堂，各级政府也在不同程度上有所参与。

总之，在清代，从中央到地方，各级官僚政府比较积极地介入两湖地区的水上救生活动。与此同时，在地方官员的大力提倡和支持下，各种民间力量和社会资源也被整合进来，共同构筑起了一套多层次全方位的水上救助体系。

（原载《武汉大学学报》（人文科学版）
2006年第1期，略有修改）

控制与自治之间：国家与社会互动视野下的明清乡村治理

传统时代“国权不下县”，若要揭示中国社会发展规律，了解乡村基层社会的运作实态，必须重视从中央到地方、从“从县衙门到家门口”这样的地方。回顾以往学界关于国家与乡村关系的研究，似乎经历了由自上而下的“控制论”，到自下而上的“自治论”的转变。在国家“控制论”下，又因士绅阶层承上启下的作用和作为国家代理人的角色而衍生出“士绅支配体系”；而在基层社会“自治论”的视野下，因宗族在乡土社会强大的自我管理功能而表现为“宗族自治体系”。

近年来，学者们开始反思这种“不是国家力图控制地方，就是地方试图对抗国家”的二元对立关系——这种矛盾即便存在，也显然不是全部。王朝制度与民间社会之间并非是一种单向度的实施与支配的关系，实际处于一种交融与互动的关系：一方面国家通过政治权力，运用各种手段，对乡村的经济生活进行不同程度的干预，以实现对社会的控制；另一方面，有限的官僚体系使得国家控制不可能是绝对的，必然给社会力量和民间组织的生存和发展提供一定的空间。因此，我们该追问的也许是国家权力的边界在哪里？国家权力何时、以何种方式介入乡村社会？乡村社会是否具有自我组织的能力，并由此而产生内在自生型秩序？民间社会面对国家权力的渗透如何反应？

一、国家权力的边界及其在乡村社会的呈现

倘若我们将“权力”视为一群人施加于另一群人的内在影响力，而不仅仅局限于外在的官职与官位，则“皇权不下县”只是一种主观性的臆断。姑且不论明清时期七品知县之下尚有八品之县丞、九品之主簿、从九品之巡检以及典史、驿丞、仓大使等未入流的佐杂官员。单就中央王朝通过设立在广大乡村中的里甲、保甲等乡里组织，征发大量徭役以兴修城池、办理漕粮、戍守疆土等言，以维护大一统帝国，倘若没有国家对乡村的控制，焉能如此？如果说徭役与税收是衡量政府对基层社会影响力和控制力的重要指标，则无论是唐代的《石壕吏》，还是清代的《役夫行》，“任是深山更深处，也应无计避征徭”，皇权对于百姓人身控制能力可见一斑。因此，乡村社会中的“国家在场”是毋庸置疑的。

从乡里组织的基本职能而言，明代的里甲制度与清代的保甲制度都是使高度分散的农村居民整体上纳入国家控制体系中，直接成为国家政权向乡村社会延伸的表现。明初朱元璋对于乡村控制虽然以“里老人”、申明亭、旌善亭等礼乐教化体系为核心，但社会的井然有序却是以画地为牢的里甲制度之完善与健全为依托。嗣后随着人口的流动，明代中后期的流民起义、清代嘉庆年间的白莲教起义以及咸同时期的太平天国运动，编制保甲、创办团练、编练乡勇成为强化地方控制的重要举措。随着团练的兴起，在绅权扩张之时，国家也加强了对地方的军政控制，而并非以国家控制力的削弱为前提。

除了基层赋税与地方治安之外，对于乡村社会的其他公共事务，国家权力的介入却是有选择性的。国家权力的选择性介入往往是根据不同时期的不同事物而做出的抉择。以国家与水利的关系为例，一方

面我们的确看到国家直接干预诸如黄河、长江、运河等有关漕运与水利安全的大型水利工程，以及江南海塘、两湖堤防等事关国计民生的核心经济区的水利建设。另一方面对大量遍布南北农耕区的塘堰沟渠等中小型水利灌溉工程，无论其兴修的主体、资金来源、管理体制等方面，均呈现出“民间化”趋势。只有当用水秩序受到外来势力的强烈冲击或内部出现严重利益纠纷之时，才会主动寻求国家力量的介入。由此可见，王朝国家并未试图全面干预水利事务，而只是被动介入其中。

因此我们发现，明清时期的官府对于乡村治理更多是一种危机式的处理方式，即除非发生严重的社会动荡和案件纠纷，官府尽可能不介入乡村社会。其日常生产与生活秩序基本任由民间组织和民间力量自行管理和应对，即“听民自便”、“民不告，官不究”。国家权力的选择性介入与地方官府对乡村的“无为”而治，部分是缘于中国乡村地域辽阔，农民居住相当分散，乡村社会呈现蜂窝状结构。面对散漫的、平铺的自然村落社会，皇权并不想无所不至地对其进行绝对控制，这只是其一。更为重要的则是乡村社会拥有一套自我管理与民间秩序自我维护的机制。

二、社会力量、基层组织的变化与乡村秩序的新构建

一般认为，乡村社会秩序的基本构成要素包括三个方面：宗族、乡里组织、士绅阶层。如果说乡里组织更多的扮演着国家权力在乡村执行者的角色的话，那么宗族和士绅则在一定程度上成为社会力量的代表。从历史来看，无论是保甲、宗族还是士绅，在明清时期都发生了诸多变化，这些变化导致了基层权力结构与地方社会共同体构成的多元化和复杂化，从而促成了明清基层社会秩序的新构建。

就士绅阶层而言，自宋代开始，随着印刷、书籍与教育的推广，读书与科举之人增多，官僚士人开始向地方发展，出现了所谓“士的地方化”趋势，但直到明代，士绅才真正成长为一个在地方社会发挥广泛作用的领导阶层。考诸史实，士绅在基层社会控制中具有双重身份和功能：一方面他们享有国家赋予的政治经济特权，通过盘根错节的关系网络与官府保持着密切的关系，俨然代表官方对本地乡村进行统治，形成“乡村绅治”局面；另一方面他们又作为地方利益的代言人，不时向官府和朝廷反映基层社会的要求和愿望。正是源于在地方公益慈善活动、公共工程建设中的倡导作用所积聚的地方性权威，使得面临地方叛乱和农民起义之时，他们能有效地动员和组织民间力量，在维持地方秩序的同时，更帮助清廷度过太平天国运动的危机。

作为血缘与地缘的结合体，明清时期的宗族较之于宋代有了进一步的发展，出现了组织化与庶民化趋势，宗族的普遍化使之成为基层社会重要的民间组织。宗族通过以族规、族长、祠堂为核心的组织管理系统，以族田、义庄为核心的救济保障系统，以祭祀、族谱、族训为核心的礼仪教化系统，对家族内部实行有效的管理，从而形成较稳固的家族社会秩序。明清宗族在庶民化的同时，也出现政治化的趋向，在清代保甲制度运行实态中，许多地方都出现了由宗族各姓氏、各房分轮充保甲职役的现象。也就是说宗族与保甲在基层运作过程中其实处于一种相互重叠的状态，晚清团练中的族团更是如此。

而从明清乡里组织而言，以十进位制为标准的里甲与保甲在乡村推行过程中，面对或聚或散的乡村聚落形态，大体都采取了一种“地域化”倾向，即尽可能向地缘性的村庄靠拢，以适应现实的村社结构。而对于宗族势力，政府在允许民间祭祀始祖、创建宗祠的同时，也通过批准族规、设立族正的方式加以引导和利用。总的来说，明清时期宗族对国家的依附和支持多于对抗。同样，面对日益扩张的绅权，在晚清保甲制度的建设中，许多地方官员将原本游离于乡里制度之外的士绅正式纳入到保甲体制中，出现了乡里职役的“士绅化”。如光绪年间的武昌保甲局就形成了总绅—里绅—甲长—牌长—民户的组织结构。

保甲制度对于宗族组织与士绅阶层的吸纳和融合，体现出明清乡里制度的灵活性和适应性。这些变化也意味着清代国家权力渗入控制基层社会更为复杂了。在一定意义上，可以说这一情况反映出国家权力对基层社会直接控制的削弱。但与此同时，地方上绅衿等中介势力的作用显得更为重要了。由于这些中介势力作用的加强，当时基层社会的自治化倾向与国家政治体制上的中央集权趋势得以调和甚至统一起来。当然，这种统一又是在充满种种矛盾的状态下实现的。

三、国家权力与民间秩序互动下的乡村治理

毫无疑问，明清时期的国家与乡村关系，不能简单视为“控制”与“自治”的二元对立。而从国家与社会互动视角出发，我们就不应停留在所谓“强国家、弱社会”或者“弱国家、强社会”这种静态和结构性的概述层面，而应该从不同区域、不同场景出发，通过“事件—过程”的分析方法，探讨国家与社会的互动关系在特定情景下是如何运作和体现的。

就国家权力而言，尽管一般认为明清是中国专制中央集权得到高度发展的时期，但这也许只是官僚政治的一种表面现象，无论是明朝废除宰相还是清朝设立军机处，更多的还是体现在皇权对于官僚行政权力监控的强化。就乡村社会而言，自宋至明清，随着“士”的地方化和宗族的庶民化，在地方精英的经营与宗族组织的管理下，

民间社会自我管理的能力越来越强大，举凡架桥修路、养老育婴、施粥赈灾、修渠灌溉等等，更多的由民间力量来承担。也就是说，中国历代中央集权主要体现在县级以上的官僚政治中，县以下的基层社会却是另一番景象：由于高度的分散性，任何有限的行政官员面对如此辽阔、星散的村庄和小农，在以增长缓慢的农业税收为主体支撑的财政体系下，传统的国家政权是无法将正规官僚制度的触角延伸到村落社会中去的，只能是有选择的介入和低度渗透。正因为如此，有学者曾经指出：低度基层渗透权力和高度专制权力的矛盾结合是思考中华帝国政府及其和当今美国政治不同处的一个有效路径。

可以说，在国家权力与乡村社会之间，并非是一种“你进我退”的对抗状态，晚清绅权、族权以及各类民间力量对于乡村管理的强化是和地方公共事务不断增多相适应的，它们更多的是填补了传统国家因受政治资源限制而留下的权力空白。同时值得注意的是，当我们讨论国家权力的时候，必须清醒认识到它是有区别和分层的，比如皇权与官僚行政权之间、中央官员和地方官员之间。民间社会关系又何尝不是错综复杂？士绅阶层中的上层与下层之间、科举正途与捐纳及军功异途之间，地方商人、农民、渔户、军户、船户等不同身份和职业之间，其关系同样盘根错节。因此我们发现在地方社会出现纠纷之时，不同利益集团也会通过各自地缘、血缘、业缘等人脉资源，去寻找不同国家权力（包括地方官、京官、皇帝等）和社会资源的支持。而从区域的整体史的视野出发，各种权力的运作其实是共同作用于地域社会之中，如据胡朴安《中华全国风俗志·武昌东乡乡里制度》记载：“民有争执之事，先经本系族正、房长暨村正与村之贤德者平之。不果，巨绅、里保再平之，而后上达。”在此，族长、保甲与士绅交织在一起，共同处理乡村纠纷，体现出乡土社会权力结构与地方秩序的多元格局。

黄宗智曾将中国传统乡村的治理模式概括为“集权的简约化治理”。笔者则根据对明清两湖乡村社会的实证研究，概括为集权国家对乡村社会的部分管理和乡村社会的自我运行，共同构成中国乡村治理模式的特征：一方面，国家政权以一定的方式进入乡村，以保证赋税的征收和国家对乡村的统治；另一方面，国家依托乡村内在的民间权威，通过培植代理人方式，实现简约化治理。而民间各种草根组织——宗族、会社、水利组织等——在维护日常秩序方面发挥着重要作用。国家权力与乡村自生力量的有机链接，构成了“官民共治”的场景，国家政权与民间力量，在不同层面，为因应不同问题，发挥着不同的功用。

（原载《光明日报》2012年11月29日史学版）

塘堰与灌溉：明清时期鄂南乡村的水利组织与民间秩序

——以崇阳县《华陂堰簿》为中心的考察

一、引言：问题之缘起

陂塘灌溉在我国历史悠久，早在春秋战国时期，已经出现芍陂（安丰塘）等大规模的蓄水灌溉工程。至明清时期，随着人口大量涌入南方丘陵山地进行农业垦殖，以“塘”、“堰”为核心的农田水利工程在长江中游山区丘陵地带也得以大量修建，并在广大农村的经济生产和日常生活中占据着重要地位，引发争水纠纷也就在所难免。[①]

本文所要论述的鄂南地区地处长江以南和幕阜山北侧之间[②]，东临赣北，南接潇湘，西望荆楚，北靠武汉，属江汉平原向江南丘陵过渡的地带。这一地区气候温暖，雨量充沛，属于典型的亚热带季风性气候。对于该地区以及毗邻的湘鄂赣丘陵山地的自然地理水文特点，有学者曾经归纳为下述特点：地势起伏，平地少而坡地多；地形破

---

① 如康熙《孝感县志》卷12《风俗》（嘉庆十六年〔1811年〕重刊本，第4页）记载：“邑多共塘使水，每栽插灌溉时争水角殴，虽兄弟叔侄不顾，甚至毙命。”

② 本文所指的鄂南地区，大致包括现在的湖北省咸宁市、黄石市及其所属五县两市一区，即赤壁市（原蒲圻县）、大冶市（原大冶县）、咸安区（原咸宁县）、嘉鱼县、崇阳县、通城县、通山县、阳新县（原兴国州）。以上各县市在清代基本属于武昌府管辖。因这些州县都位于湖北境内长江以南、鄂省南端，故又称“鄂南”。

碎，居各大河流上游；溪涧源短流急，径流有骤涨骤落特征；每逢大雨，山洪暴发，沟满河平，稍长时间晴燥无雨，又溪涧断流；雨时侵蚀，水土流失相对严重，淤积随之而生；水低地高，引水难度大。[①]这些条件对于大型水利工程不太有利，但却适宜于各种中小型的灌溉设施，比如塘堰等。具体而言："塘"（水塘或池塘）一般是指在陆地上开挖的坑池，主要用来积蓄附近的雨水和泉水以灌溉农田；"堰"（陂堰或堰坝）则是指在山溪或河流上筑坝，提高水位，拦引水流进行灌溉的水利工程。

由于塘堰工程规模较小，民间易于举行，加之南方雨水较为充沛，塘堰易于蓄水，所以山区丘陵地带的农民更多地依赖塘堰水进行灌溉，于是塘堰在水利灌溉中发挥着越来越重要的作用。而且塘堰蓄水，除了灌溉田亩外，"兼可蓄育鱼鳖，栽种菱芡，俱各获利累倍"[②]，因此在广大丘陵山区的农业生产中被广泛利用。可以说，众多中小型陂、塘、堰、坝构成了南方丘陵山区农田水利的主体。而这些星罗棋布的塘堰以及围绕着它们的修筑、灌溉与利用等相关问题所产生的协调与纠纷亦构成了乡土社会中一个个重要的生产生活场景。

目前水利史学界已有学者对于明清时期南方山区以塘堰灌溉为特色的水资源利用形式进行了一些卓有成效的研究和探讨。[③]并且随着眼光向下的社会史的兴起，在田野考察的基础上，伴随着一批地方民间水利文书的发掘，通过对某一具体陂堰的个案考察来揭示不同区

---

① 彭雨新、张建民：《明清长江流域农业水利研究》，武汉大学出版社 1993 年版，第 145 页。

② （明）徐光启：《农政全书》卷 17《水利·灌溉图谱·陂塘》，岳麓书社 2002 年版，第 266 页。

③ 相关成果包括彭雨新、张建民：《明清长江流域农业水利研究》，武汉大学出版社 1993 年版。该书第三章"鄂湘赣丘陵山地的垦殖与水利"对于陂塘灌溉的管理、效益等相关问题进行了较全面的探讨。此外还有张芳：《明清农田水利研究》，中国农业科技出版社 1998 年版。该书在"南方山区农田水利"一章中对于明清时期东南山区的塘堰灌溉也有较为详尽的阐述。

域的水利与社会的相关成果也开始出现。[①] 这无疑将深化对诸如水利制度史、区域社会史或者水利社会史等相关学科、相关问题的探讨。

近两年来，我们先后四次深入到鄂南乡村进行田野考察，初步勘察的县市有通山、崇阳、通城、大冶、阳新等。虽然基本还停留在面上的观察，离历史人类学眼光向下的田野考察相去甚远，不过多少对于各地的地形地貌以及风土人情有了一个较为直观的认识，相信这些实地调查工作对于今后阅读相关地方文献、以了解之同情的态度加深对所研究区域的认识是有所帮助的。

本文主要以 2004 年 3 月间在崇阳县境内进行田野考察时搜集到的一份水利文书——崇阳县《华陂堰簿》为基础（这也是迄今为止我们在湖北境内找到的唯一一部专门针对某一塘堰而修撰的地方民间水利志书），结合鄂南地区的族谱以及其他地方志书等相关资料，通过对丘陵地区陂堰的社会经济功能，以及有关水利纠纷的初步探讨，考察明清时期鄂南乡村社会的民间水利组织运行过程、用水秩序、地方社会网络与权力结构等相关问题。

二、崇阳县华陂堰及《华陂堰簿》

据同治《崇阳县志》记载：

> 邑陂塘最多，寺观次之，丘墓又次之。三者皆志书所不能遗。而最易启争端，三者之中陂塘为要，其次丘墓。至于寺观之争殊属无谓。[②]

---

① 束海燕、唐元平：《陂堰、乡族与国家——以泰和县槎滩、碉石陂为中心》，《农业考古》2005 年第 3 期；周亚、张俊峰：《清末晋南乡村社会的水利管理与运行——以通利渠为例》，《中国农史》2005 年第 3 期。

② 同治《崇阳县志》卷首《凡例·示防》，同治五年（1866 年）活字本，第 4 页。

崇阳县位于湖北省南陲，居于湘、鄂、赣三省交界处，地处幕阜山脉中段北麓，隽水中游。其东临通山县，南接江西省修水县，西连通城县和湖南临湘县，北靠蒲圻、咸宁。崇阳境内四周环山，中间为平畈——即崇阳盆地，其总体属于低山丘陵区。俗称“八山半水分半田”。

崇阳境内大小河流达50条以上，呈树枝状分布全境，且均属于山溪性河流，水位易涨易跌。除了金河乡板坊小溪向北流入蒲圻县境外，其余均汇流隽水，隽水因之构成树枝的主干。隽水，亦称陆水，又称桃溪，为长江右岸一级支流，自西南向东北贯穿崇阳全境，为崇阳境内最大的河流。隽水崇阳段较大支流有14条，众多陂堰就分布在各大小支流上。

历史上，崇阳县境内的农田灌溉主要依靠塘、堰等中小型水利工程和筒车、龙骨车等提水工具，在唐宋时期就已经出现了石枧陂、远陂、白泉陂、高枧堰等众多塘堰。这表明崇阳县在唐宋时期农业经济开发已经颇有起色，在鄂南属于开发较早的地区。下表为崇阳县见之于方志记载中的几个较大规模的陂堰：

崇阳县古代主要陂塘一览表

陂堰名	坐落	创建时间	灌溉面积	工程纪要
白泉陂	具体地址不详	宋太平兴国五年（980年）	2700余亩	南宋淳祐年间易木为石，分大碣三，小碣六十有八，水枧一。以后明天顺、万历、康熙屡有重修，有陂条规约。
石枧陂	县东十七里	后唐长兴二年（931年）	11000余亩	南宋淳祐间易木以石，广四十八丈、厚二丈、高一丈三尺。水道十五里，内有七庸五碣七长车。以后明洪武、嘉靖、万历、清顺治、康熙、道光屡有修葺。曾建寺度僧守之。
鹭鸶陂	县东南三十里	明成化二年（1466年）	600余亩	清雍正七年重修，其后庞、汪两姓屡有构讼。圳分南北两条，南圳四股之一，北圳四股有奇。陂旁旧有庵宇。

续表

大亨陂	县东三十里	明代（具体年代不详）	1000余亩	顺治初庠生庞其璜倡众增筑，易木为石。
远陂	县东二十里	南宋宝庆初年（大约1225年）	4300余亩	高七尺余，阔十六丈余，二庸十四碣。有陂约，陂有长、碣有甲、地域有禁，视工有寮、祭有田、佃有图与籍。沟浍庸洫深广有度。建有远陂庵。
桂泉陂	县东二十里	明代（具体年代不详）	1000余亩	石堤高丈许，阔三丈。分时刻轮流放水，南北不得混争、上下不得搀越，圳高田低，灌溉甚便。规约详载堰簿。
高枧堰	县南九十里	宋代（具体年代不详）	数百亩	清初邑大夫立有堰规刊石。
华陂	县南二十五里	唐代（具体年代不详）	7940亩	唐县令温迁约，宋张咏、陈仲微，明赵弼、李锐先后修筑。公祠。

资料来源：同治《崇阳县志》卷2《建置志·陂塘》，第57－86页。

除此而外，清代崇阳县的陂塘还有官陂、欧家陂、黄坑陂、孔塘陂、军陂、王建陂、熊陂、李家堰等共计二十余口。[①]

本文所论之华陂堰在崇阳县城南二十五里圣人山前的史家垱，为崇阳历史上三大陂塘之一。[②]其所拦之水为隽水支流的青山河。青山河一名吴城港，汇聚高枧、大原诸港水，经龙泉洲出青山口至吴城坪西北入隽水。对于华陂堰，同治《崇阳县志》记载如下：

> 华陂，邑南二十五里青山港，上为史家垱，下有护堰洲。陂水入圳，流经三眼桥。圳分为三，溉田七千九百四十亩。唐县令温迁约，宋张咏、陈仲微，明赵弼、李锐先后区划。陂畔

① 同治《崇阳县志》卷2《建置志·陂塘》，同治五年（1866年）活字本，第57—86页。

② 崇阳县历史上流传有“三陂五塘”之说。“三陂”即华陂、石枧陂、远陂，它们并称为崇阳三大陂堰。“五塘”为官塘、新塘、西塘、吴婆塘、缸水塘。这些都是崇阳县历史上修建较早、规模较大、长期发挥灌溉功能的塘堰工程。三陂中的石枧陂和远陂至今还保留并在使用。该县白霓镇堰下村的石枧堰旁还存有一块清雍正三年的《重修石枧堰碑记》。五塘中的官塘建于宋太平兴国五年，灌田210亩；新塘建于清顺治初年，灌田449亩；西塘建筑年代不详，灌田531亩；吴婆塘始建无考，清同治五年太学陈楚良扩建，灌田730亩，为诸塘之冠；缸水塘建于清乾隆十五年，灌田470亩。以上参见崇阳县志编纂委员会编纂：《崇阳县志》，武汉大学出版社1991年版，第188—198页。

有华公祠，相传其轫始之人也。明中叶陂荒不治。万历七年吴楚材呈柬请修。知县王学曾清亩分工修治如旧。陂旁官地禁蓄，以防水。有民混报学租，查复申详抵补，又置田及淤地收租修举华祠之祭，详具侯所作记及吴楚材柬中。已而淤地又被隐占。十七年知县陈洪烈稽核清丈，除抵补外，余地一十八亩，取租十石二斗五升，改定官簿。又西圳田低，圳直溉之有余，东中二圳田高水滞，溉之不足。陈侯行视，为立碣石。国朝雍正间，知县张栗复修新堰。道光间总圳崩决入河。署县邓培捐廉购买里岸民田，另开圳路。二十年，众姓清丈官田熟地，计二石二斗四升一合。二十五年又置全石庵大洲上田七斗为祭神之资。①

以上是对华陂堰历史发展的一个简要介绍。据此可知，华陂堰创修于唐代，因其创建者为一位华氏先贤而得名，但实际上，华陂堰很可能是唐代县令温迁约所创修。由于其灌田达7940亩，对崇阳县的农业生产可谓意义重大，华陂堰灌田范围构成了该县的基本经济区，因此其水利兴修事宜为历代官府所重视，从上述引文可知，宋代知县张咏、陈仲微，明代知县赵弼、李锐、王学曾、陈洪烈，清代知县张栗、邓培等历朝地方官员都有修复之举。

概言之，华陂堰水利工程就是在青山河中间筑堰拦水，然后通过圳路将河水引到华陂畈一带进行灌溉。其圳路如同树枝般分蘖，在源头史家垱到三眼桥一带还是一条圳路，称为上畈。自三眼桥开始，圳路分为东、中、西三圳，称为下畈。三圳之中又分支出四十堨。总之，沟浍井列，平畴数十里，呈现出瓜瓞藤蔓式布局。所灌溉的华陂畈实际上构成一个颇具规模的陂堰灌溉区，详见下图。

---

①　同治《崇阳县志》卷2《建置志·陂塘》，同治五年（1866）活字本，第71页。

华陂总圳图

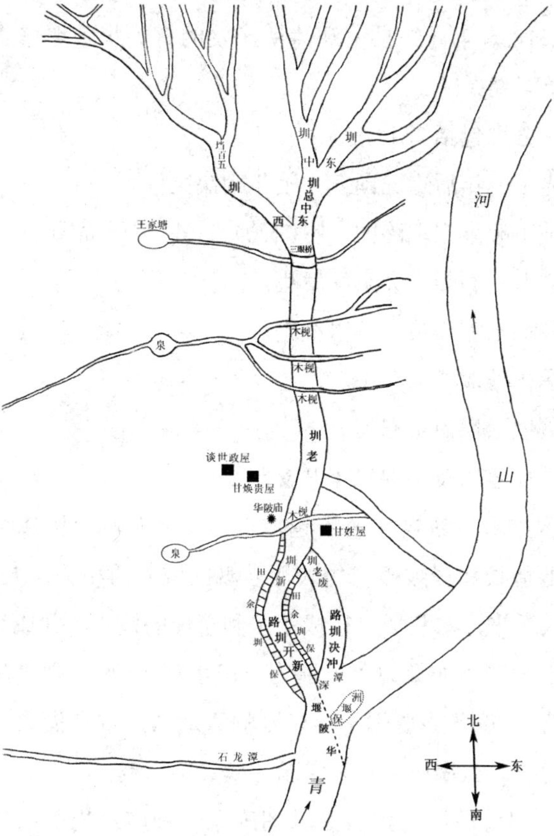

资料来源：民国《崇阳县华陂堰簿》，第 35 页。

华陂堰自唐代创修之后，在不断的修复中长期发挥着灌溉功能。直到 1976 年，因为国家在青山河上游修建大型的青山水库，才最终退出历史舞台。对于这样一个古堰在过去历史发展进程中所经历的风风雨雨，续修于民国三十七年（1948 年）的崇阳县《华陂堰簿》提供了一些较为详尽的记载。此堰簿由民国三十七年新成立的华陂堰水利委员会搜集整理并加以刊印。除了卷首由当时崇阳县长熊岱樵撰写的序言、该水利委员会的呈文及县批外，该册籍主要由原簿和续编两大部分构成。

原簿部分抄录了明代万历十一年（1583 年）知县王学曾、乾隆元年（1736年）知县黄衮、乾隆十二年（1747年）知县孙廷权、道光十五年（1835年）知县王观涛所印发的有关华陂堰修建与纠纷的水利文书及案卷原簿。

续编部分则包括以下几项：

1. 道光十五年后迄民国三十七年判决案件。

2. 华陂下畈乘水圳路图（附图说）、华陂堰平面图。

3. 华陂堰水利委员会组织章程。

4. 华陂堰水利委员会办事细则。

5. 现在华陂堰缮堰公田。

6. 华陂堰缮堰田亩召据。

7. 华陂堰缮堰及祭堰每年开支预算。

从文本来看，新老印簿跨越数百余年之久，而历代组织编纂者皆为华陂堰堰长和华陂畈（华陂堰灌溉区域）的相关文人士绅阶层。因为在时人看来，水利册籍构成了水利管理的核心，并成为水利事业的重要保障手段。如果说“陂堰为农田水利之母”，则“簿册乃圳堨沟道之规”。[①] 倘若“堰簿不存，则规章遗亡，水利失其保障，刁健得以阻截混争。口堨崩废不有实录，横强得以越占”[②]。

显然，印簿册或立碑石是试图确立一种用水规范以凭世守。而其历年所编纂的水利册籍一定会禀请地方官府加以钤印认可并作序加以刊布，其目的显然是为了使该堰簿所记载的内容合法化和权威化。当其他按惯例不属于华陂堰堰水灌溉的人户企图染指该堰水资源时，华陂畈人户凭借官府认可的水利册籍（即文本的权力）就能在一定程度上赢得地方官府的支持。

---

① 民国《崇阳县华陂堰簿》，《续修华陂堰簿序》，民国三十七年（1948年）稿本，崇阳县档案局藏，第2页。

② 民国《崇阳县华陂堰簿》，《呈事由——为整理华陂堰水利翻印堰簿恳请派员指导核对原簿钤盖合符以凭世守由》，民国三十七年（1948年）稿本，崇阳县档案局藏，第3—4页。

该堰簿所记载的内容跨越明清直到民国初年，涉及堰堤之修筑、树木之禁蓄、圳路之冲决、刁顽之阻截侵害以及修缮章程、用水规则等，其中更有华陂堰所流经的上畈（按例只能设立十一部筒车车水灌溉）与所灌溉的下畈（分为三圳，用华陂堰水灌溉）之间，因为上畈利用接近水源的地理之便多设筒车车水而导致下畈供水不足所发生的水利纠纷及其官府的调解等相关内容。这些记载为我们考察塘堰等民间水利组织在地方社会的作用与演变，以及水利组织与地方社会结构、民间秩序等相关问题提供了较翔实的史料。

三、赋役改革与基层水利制度变迁

在明清农田水利事业发展过程中，明初无疑是一个重要阶段，这也是朱元璋重农的重要体现。早在洪武二十七年（1394 年），他就曾经谕令全国修治水利，其中即有“凡陂塘湖堰可潴蓄以备旱暵，宣泄以防霖潦者，皆宜因其地势修治之”①。由此兴建塘堰便成为关心民谟民生的地方官员的重要政务。在鄂南地区，崇阳县石枧陂即是在洪武年间由县令元俊重修。据载“元俊，字世临，河南人，洪武丁巳任。政多兴利民事。元季兵戈后，石枧陂废，农人失业。俊始复其旧”②。其他时段的相关记载也甚多。比如正统年间，嘉鱼知县莫震“每秋冬亲行郊野，相土宜，修陂池”。成化年间，蒲圻知县周洪“劝课农桑，验其勤惰而赏罚之。高田置筒车，下隰筑陂堰，民赖饶洽”。③ 弘治年间，崇阳知县李锐“冬行阡陌，督修陂塘，编列卯法，后令皆遵之”④。

① 《明太祖实录》卷 234，洪武二十七年八月乙亥，台湾“中央研究院”历史语言研究所校印本 1962 年版。

② 同治《崇阳县志》卷 6《职官》，同治五年（1866）活字本，第 11 页。

③ 嘉庆《大清一统志》卷 336《武昌府》，中华书局 1986 年版，第 16859、16860 页。

④ 同治《崇阳县志》卷 6《职官》，同治五年（1866）活字本，第 13 页。

经过各级官府的倡导和地方民众农业垦殖的需要，塘堰在鄂南乡村被普遍兴修并成为当地农田水利灌溉的主要形式：兴国州（今阳新县），“筑土遏水曰塘，壅水为埭为堰，皆所以资灌溉者”[①]；通城县，“陂塘为聚水之区，所以备蓄泄、资灌溉也”[②]；蒲圻县，“蒲邑境内诸山并多石出泉，源远流长，溉田无算。泉所不及者则筑塘蓄水以备之。而专塘、莲花塘、黄沙塘、季婆塘又其最著者，灌田常以千计。此外则累石为堰凿渠以放灌者有之”[③]。又据新修《通山县志》记载，该县农民在新中国成立前一般多在垄尾、畈头或屋侧挖塘蓄水灌溉。富户一家有塘数口，贫户数家公用一口塘。[④]

明清垦殖的不断扩展，使得许多州县的陂塘数目已经相当可观。对此，在许多地方志中还按照各里甲都图分别对塘堰进行了详细的记载。如嘉靖《大冶县志》记载：“果城一图，原额官民塘堰四十四口所，新修后塌塘、门首塘共三口，新增门首塘共十一口……”据统计，该县23图共计官民塘1083口。[⑤]又据光绪《兴国州志》记载，光绪年间，全县有塘261口，堰103座。这两县明清时期塘堰分布如

① 光绪《兴国州志》卷3《舆地志·塘堰》，光绪十五年（1889年）刻本，第2页。

② 同治《通城县志》卷3《山川·陂塘》，同治六年（1867年）活字本，第45页。

③ 民国《蒲圻乡土志》第22章《农业·水利堤防》，民国十二年（1923年）蒲圻县教育局铅印本，第54页。

④ 湖北省通山县志编纂委员会编纂：《通山县志》第7卷《水利》，中国文史出版社1991年版，第163页。

⑤ 嘉靖《大冶县志》卷1《舆地志·山川·塘堰》，嘉靖十九年（1540年）刻本，第8—20页。其中每图都有大量的“门首塘”的记载。这显然是和村落有关联的。在鄂南乡村调查时，我们发现几乎每个村庄的前面都有一口水塘，访谈得知其功用一般有三：一是用于灌溉，水肥之利使得一般距离村落愈近的田地愈肥沃；二是用于满足村民日常生活所需，比如饮水、浣洗等；三是出于风水的考虑，背山面水是村落选址的基本原则。如果没有经过村庄的河流，人们一般都会修筑池塘。毫无疑问，池塘可以对村民的日常生活起到很重要的调节作用，因此不经意间这些池塘也能成为村落的中心，并构成乡土社会的公共空间。另外，在门首塘后都详细记载有修建者，如“果城一图……门首塘共七口，系张十二、卫原保、殷谷保、郑伏、彭十一、黄名轻、徐得茂等修”。值得注意的是，各图门首塘的数量与后面的修建者人数非常吻合。这些修建者的身份以及与门首塘、村落的关系值得思考。

下两表。

明代大冶县塘堰分布图表

图名	塘堰数	图名	塘堰数	图名	塘堰数	图名	塘堰数
果城一图	44	二图	48				
启石一图	19	二图	56				
西阳一图	56	二图	50	三图	49		
宫台一图	58	二图	31				
顾县一图	69	二图					
毛潭一图	45	二图	41	三图	16	四图	32
云程一图	33	二图	40		62		
章山一图	60						
流水一图	90	二图	36	三图	20	四图	64
坊市一图	10						
道士洑图	8						
合计	1037						

资料来源：嘉靖《大冶县志》卷1《舆地志·山川·塘堰》。另参见张建民《湖北通史·明清卷》，华中师范大学出版社1999年版，第271－272页。

清代兴国州塘堰分布表

里坊	塘	堰	里坊	塘	堰	里坊	塘	堰
宣化里	11	3	上乐平里	5	5	下阳辛里	3	1
丰义里	3	1	下乐平里	17		怀仁里	31	10
丰叶里		4	修善里	1	1	东乡里	1	
福庆里	3	7	仁义里	5	2	兴教里	5	2
长庆里	4	2	永福里	36		崇庆里	7	6
安乐里	33	3	上阳辛里	4	1	永城里	6	5
上丰乐里	5	1	朝阳里	1	3	乐岁里	16	6
中丰乐里	3	2	辛兴里	4	3	上双迁里	1	5
下丰乐里	26	1	崇仁里	3	1	下双迁里	3	3

续表

辛安里	1		崇福里	3	3	宣教里	4	4
修净里	2	6	宝政里	1		慈口里	5	1
归化里	1	1	辛亭里	3	3	吉口里		2
永章里	4							

资料来源：光绪《兴国州志》卷3《舆地志·塘堰》。

这种塘堰和里甲的关系很值得我们思考。我们知道，在丘陵山地，塘堰往往构成所在农耕经济区的中心，每一塘堰往往对应有一定的灌溉区域（可以称之为生存经济区），即一定的田亩（主要是水田）。反之，每一水田必然对应归属于某一个塘堰，所以我们在土地买卖的契约中会发现，在转让土地时，除了注明田土的四至外，一般也会加注所买卖土田归属某塘堰灌溉。[①] 而这些丘陵地区以塘堰为中心的生存经济区进而成为划分里甲的基准或者说是重要的参照系。因为里甲划分以人口为标准的同时，也必须照顾到赋税分担的均衡性问题，即与一定的经济区（或耕作区）相联系，因此在地方志中出现按里甲记载塘堰也就不足为奇了。当然这些基本经济区与国家基层管理系统（比里甲、保甲甚至后来的团练等）之间究竟是何种关系有待以后进一步探讨。

---

① 兹以毗邻的湖南岳州府岳州救生局所购买田地中的一份地契为例，据光绪《岳州救生局志》卷6《捐收并置买田产契据》（光绪元年〔1875〕刻本，第20页）载：

立吐契，出卖水田字人一都九甲张一清、张若宁。今因年岁荒歉，缺少用度，合家商议，愿将自分之业，坐落土名周家垅，共田三丘，计种四斗九升，丘埂土各开列于后册。载民粮一斗四升七合，秋粮一升四合七勺，请中说合，出卖与岳州救生官局管业，当日三面言定，时值价钱叁拾玖串贰佰文正，一色现交，亲手领讫。自卖之后，田听另召耕种，推粮过户当差二比，不得异言，今恐无凭，立此卖契为凭。记开田丘土名：

高公滩，周家垅东头塛上，隔下四方丘，一丘，计种一斗二升，（系周家塘水荫救）。

东头抵垱长方丘，一丘，计种三斗，（系周家塘水车救）。

林家塘西边塛上，一丘，计种七斗，（系林家塘水车救）。

以上均听用港水车救。

凭中　陈国周　李亦妙　张援书　王九源　张法先

同治四年十二月初七日，张一清亲笔立。

为了维修、管理这些塘堰，在明初里甲制度较为完善的时期，官府专门设置有陂长、塘长等职役。[①] 据清同治《大冶县志》载：

> 旧制（即明代——引者注）有塘堰长，督掌启闭。凡塘附近有田之家，均粮灌之，利非一人可专。[②]

又据嘉靖《兴国州志》载：

> 按州地少泉，原土多硗瘠，稍遇旱，苗即槁。村里故有官塘、官堰，有塘长、塘夫，州判董之，时巡视，令坚深浚，可灌百数亩。少溃，罪塘长。[③]

据此，塘长为明代初期鄂南地区专为掌管塘堰而设的一种职役，属于里甲制度下的一种徭役形式。塘长下设有塘夫，负责对水塘的开启和关闭以及平时的维护，如果失职，还会遭到相应的惩罚。塘长之上有州判负责。州判属于知州的佐贰官，一般分理各州粮务、马政、巡捕、水利、河防诸事。在明代的兴国州，形成了州判——塘（堰）长——塘夫的基层水利管理系统。这里的塘堰显然主要是指官塘、官堰，其维护与兴修主要是官府通过里甲系统佥派差役的方式进行。其灌溉原则以塘堰附近受田税量多少为准，谁受益谁负担，并不属于私家所有。应当说，在明初小农经济较为稳定、里甲编制较为健全、人

---

① 李济贤在《明代塘长述略》中对于江南地区塘长的由来、性质、任职条件、职责等相关问题进行了阐明。（载王春瑜主编：《明史论丛》，中国社会科学出版社 1997 年版。）

② 同治《大冶县志》卷 4《田赋志》，同治六年（1867 年）刻本，第 5 页。

③ 嘉靖《兴国州志》卷 2《陂塘》，嘉靖三十三年（1554 年）刻本。又据明天启年间时任兴国州通判的马数在其所著《下雉纂》（天启四年（1624 年）刻本，中国科学院图书馆藏，第 23 页）中亦有相似记载："州诸里有缺泉处，土硗瘠，旱则无秋。旧有官塘官堰，以蓄水防旱也。故立塘长塘夫。时其通塞，坚软深浚。不，则罪塘长及塘夫。凡州判从京师受檄来，水利属之。"

力资源丰富的情况下，官府通过征发民力兴修、管理塘堰等农田水利设施是较为可行的。

但到了明中后期，随着赋役日渐繁重，土地兼并和民户日渐逃亡，导致里甲的凋敝，里甲之间赋役分摊不均、徭役征派过程中弊端丛丛，最后又导致赋役制度的变革。这种变革集中于明中叶到清前期，其演变的轨迹主要是沿着实物税和力役之征向货币税的转变，即各类徭役逐渐变成了银差。据笔者考证，鄂南所属的武昌府在明成化年间就已经施行均徭法，并在正德之后逐渐纳银。[①]同治《大冶县志》即云："赋役自嘉隆间已不复国初之制，至万历己卯行条鞭为一变，壬午丈量视己卯又为一变。"[②]

明清各地的赋税改革基本是通过一条鞭法和摊丁入地的方式将各种赋役征收纳银化和定额化。但随着官僚体制的膨胀，特别是各种流民起义等社会动乱的爆发，这种定额化的财政收入已经入不敷出，明末的三饷加派也就成为必然。事实上，在全国许多地方，随着明中叶以后财政危机的加深，地方政府职能开始萎缩，许多地方公共事务不得不开始转到民间，由乡族等民间组织和民间力量来办理。[③]

就鄂南乡村而言，明中后期随着里甲功能逐渐萎缩，特别是地方财政的困窘，政府已经无力直接经管塘堰等农田水利事业，于是许多塘堰逐渐荒废。同时随着国家基层权力的弱化，民间势力的崛起，塘堰等水利设施也容易为地方豪强所侵渔，出现国家水利设施的家族化和地方化趋势。如康熙《通山县志》所载："通山地少泉源，土田故多硗瘠。旧有官塘、官堰，岁久渐就颓圮，豪右兼侵，每岁小旱则

---

① 参见拙著：《明清两湖地区基层组织与乡村社会研究》，武汉大学出版社2004年版，第152页。

② 同治《大冶县志》卷4《田赋志》，同治六年（1867年）刻本，第9页。

③ 郑振满：《明后期福建地方行政的演变——兼论明中叶的财政改革》，《中国史研究》1998年第1期。

野田龟裂，四郊无青草矣！”[①]这种由于修浚维护不及时而导致塘堰湮废的情形在鄂南其他州县也较为普遍。嘉靖《大冶县志》即论曰：

> 冶之垅田资塘，平坂须堰，虽不及古之芍陂富平，而灌溉之利为渥也。奈何小民狃于财力，惟幸天时，或塍其宽平之半，或田其闲旷之中，遂致利归豪猾，而事废于修举，一遇旱涝，潴泄无所，非但畎亩不粒，而禾之在塘者亦稿且湮矣。[②]

在“官办”的水利事业囿于财力等原因而渐趋式微的同时，“官督民办”或者以地方士绅为主体的“民办”水利事业开始出现。如明万历年间，华陂堰废弛，华陂畈之举人吴楚材向知县王学曾上柬请求修复华陂堰[③]，知县王学曾于是“定籍亩，五十（亩）为一工，户有长，工五十三为一圳，圳有长。令之曰：各属其如期应役，违者必有罚，各长其秉公趋时，违者其罚倍。文学（吴楚材——引者注）以身率民劝呼就役，计日奏工”[④]。这种官府“倡率”、“计亩出工”的方法其实主要还是借助民力，而士绅则在创修过程中发挥着重要的作用。事实上，在明代中叶以后，即使由官府出面组织兴修水利，由于没有专款，也只有取资于民。据雍正三年（1725年）所立《重修石枧堰碑记》记载：

---

① 康熙《通山县志》卷1《舆地·陂塘》，康熙四年刻本；国家图书馆分馆编：《清代孤本方志选》第2辑第23册，线装书局2001年版，第45页。

② 嘉靖《大冶县志》卷1《山川·陂塘》，嘉靖十九年（1540年）刻本，第20页。

③ 吴楚材（字仰止）为华陂畈人，在华陂堰的修建过程中占有重要地位，明代万历年间华陂堰的修建就与他的疏柬有关。在田野考察时，当地老人多次提及有关吴仰止的故事，并称曾经修有庙来祭祀吴仰止。据同治《崇阳县志》卷7《选举志》记载：“吴楚材，字国贤，一字仰止。性嗜学，为诸生时，文辞富赡，藉甚声称。隆庆丁卯举于乡，公车至京师，交唐顺之、李攀龙、王世贞、吴国伦辈，日以诗文相切靡。为海内知名士。屡试春官不第，出任会宁尹。未及，致仕归。闭户著书，以古作自认。淹雅渊深，足式浮靡。邑志初苦挂漏，整理编纂，条绪始定。”

④ 同治《崇阳县志》卷2《建置志·陂塘》，同治五年（1866年）活字本，第75页。

> 石枧之有利于崇也，非□□矣！碣分五道，流行一十五里，□□五车灌田三千八百，高乙丈五尺，广四十八丈，邑乘所记莫详其始，至康熙廿五年丙寅夏，陂被水冲，推倒十乙丈，壬寅秋，前宪高议兴复，而众人以工广费繁为辞，幸有生员王□讳祺、明经讳涛之母亲饶孺人捐囊助修，随□次子生员□□总理其事，照田科费，兴工壬寅之秋，历癸卯甲辰，连修三载，将观厥成。①

从碑刻中可以看出，清初崇阳知县高（景之）欲倡导修复石枧堰，但“众人以工广费繁为辞”，说明地方政府根本无兴修水利的资金。最后有赖于饶孺人捐资和其子王生员总理，其事始成。可以说，经过赋役改革之后，政府通过佥派徭役兴修水利的方式逐渐消退，而地方财政的困窘使得政府也无力为地方公共事业提供资金支持，于是各地逐渐演变为民间社会自筹资金和人力从事塘堰等水利事业的兴修。与此相对应，塘堰等中小型水利工程也逐渐转向民间自我管理和经营。

四、塘堰的日常管理与运行

（一）陂堰的组织管理

前面指出在明代前期的鄂南乡村，塘堰的兴修与管理是由里甲体制下的塘长、塘夫等职役完成。具体到华陂堰，在明代亦设有陂长、陂甲等组织与管理人员。据万历年间华陂人吴楚材写的《呈王邑侯请修华陂始末柬》记载：

---

① 雍正《重修石枧堰碑记》，该碑位于崇阳县白霓镇堰下村白石港桥。2005年12月10日由张小也、周荣、许扬帆和笔者共同抄录。

旧制，三圳各推一人为陂长，一人为陂甲。照田起工，每田五石起一工。每圳各五十工，每工大桩中桩五十六口，大柞三百株，练条四十株。倒柞二十石。岁之十月，陂甲鸣钲催工。陂长上陂坐蓬择日作陂。以一猪一羊祭华公华母之神而始事焉。[①]

这里“旧制”当指的是明代万历以前，其推举原则是按照地域来划分，因华陂堰自三眼桥以下分为三圳，故其陂长、陂甲各一人。其选举方式为公推：“每年陂长必三圳齐集，公议推举公平勤谨者三人任事，不许嗜利之徒闲任搀越，有误水利。”[②]在日常管理中还设有陂副协助工作，如“择三圳之公正者为之长，勤敏者为之副”。[③]由此似乎可以看出华陂堰早在明代中期前后就已经开始民间自我组织兴修与管理。

我们注意到，由于华陂堰几乎每年冬天都要进行修筑，故陂甲长的作用更多地体现在修建陂堰的过程中。据史料记载，在修建中，往往是陂甲鸣钲催工，陂长上陂监督。[④]在按田派工、按圳组织的运行模式下，又据前揭明代万历知县王学曾《华陂记》所载，该堰还曾设置过户长和圳长等职位。户长当在陂甲之下，与明初里甲赋税系统下的里甲户相似，属于一个派工单位。圳长则在某种程度上与陂长名异实同，只是不同时期的不同称呼而已。

这套陂长、陂甲管理系统到了清代演变为堰长负责制，即由若干堰长、堰副负责日常维修管理与处理水利纠纷事宜。至民国年间又

---

① 同治《崇阳县志》卷2《建置志·陂塘》，同治五年（1866年）活字本，第74页。

② 民国《崇阳县华陂堰簿》，《计开批准禁条》，民国三十七年（1948年）稿本，崇阳县档案馆藏，第19页。

③ 民国《崇阳县华陂堰簿》，《请修华陂始末柬附录》，民国三十七年（1948年）稿本，第14页。

④ 同治《崇阳县志》卷2《建置志·陂塘》，同治五年（1866年）活字本，第74页。

演变为“华陂堰水利委员会”，它仍然是一个民间水利组织。只不过相对于前面的组织管理系统而言更为规范。该委员会制定有《华陂堰水利委员会组织规程》和《华陂堰水利委员会办事细则》。这些章程对于该机构的性质、人员构成、选举程序、任期、职责及运作程序等都有较为详细的规定：

1．机构性质：该委员会是为了培护堰圳、保障水利而组建，代表华陂堰自三眼桥以下东中西三大圳所受灌溉的业户的利益，所有委员没有薪金。

2．人员构成：该委员会由九人组成。其委员名额分配依然继承了原来按照区域确定的原则，即东中西三圳各推举三人为委员。在委员之下，三圳又分有三十六甲半，即东圳十二甲半、中圳六甲又两半、西圳十二甲，设有甲长。这些“甲”的划分按照田亩多寡而定。

3．任期与换届：以一年为限。换届时，每年九月初一日由执行委员召集监察委员及受水人户在净严寺推举翌年执行委员及监察委员。

4．职责分工：在委员会九人中，以三人为执行委员（相当于原来的堰长之职），其余六人为监察委员。执行委员专司每年修堰浚圳、集收公租及经常支用事宜。执行委员必须随时照顾华陂堰及总圳水利，如有断水及侵害水利事实，即应商请监察委员共同处理，否则惟执行委员是问。监察委员负责督察及稽核账务等事宜。

5．经费使用：每年修堰浚圳经费由华陂堰公田收存租谷项下开支[①]，并由本会编定预算书，每年按照预算支用，由监察委员审查核销。如遇特别事宜需要另筹款项，由本会召集全畈受水人户及各甲长商议筹集，按照受水田亩平均摊派。

① 华陂堰水利委员会每年开支预算概数如下：收入项下，每年额租谷八十五石；付出项下，一、祭堰谷四石；二、包修堰及椿柞谷三十石；三、甲长草鞋谷三石；四、看堰谷七石二斗；五、完粮饷及堰长办公费四十石零八斗。民国《崇阳县华陂堰簿》，民国三十七年（1948 年）稿本，第 63 页。

应该说，该水利委员会体现出了高度自治的民间组织特点：由灌区民众自己选举，自己管理，自己决策，按照灌区受水的边界组建，而不是当时的行政边界；按照受水田亩派工，谁受益谁出力。这些可以基本保证该水利组织成为灌区受水人户的一个自治组织，实现用水户在灌溉管理上的充分参与。从续修的华陂堰簿也可以看出，灌区民众希望通过对水利组织与相关章程的修订，使已经发生紊乱的灌溉秩序得以恢复和调整。

（二）陂堰的用水规则

华陂堰灌区从堰堤的史家垱到三眼桥一段为上畈，从三眼桥以下为下畈。上畈为华陂堰总圳经过地区，按照惯例，华陂总圳所经过上畈两岸之田亩只能靠泉水或塘水灌溉，不能直接利用华陂堰的水。惟有在干旱泉塘水难以挹注时，向下畈租十一乘筒车来进行车水防旱。并且只许东车（水）西歇、西车（水）东歇，不得两岸同时并车（水）以致堰水不得下流。也不允许以土地开垦为由增加车埠数量。

这一特殊的规定是如何制定的，肇始于何时，目前笔者掌握的史料还难以阐明，仅知道此堰簿最初制定于明代万历年间，由当时举人吴楚材订立成规，以后一直延续下来，成为惯习。这也成为日后上下畈之间长期争执的焦点。华陂堰的水主要供自三眼桥以下的下畈东中西三圳人户田亩灌溉使用。按照谁受益谁出力的原则，陂堰的修筑与维护也主要由下畈人户来承担，当然上畈人户天旱时租筒车车水也需交一定的租谷以助陂费。

（三）陂堰之寺庙及其祭祀

崇阳县各陂堰一般都修建有寺观，如远陂建有远陂庵、鹭鸶陂旁建有庵宇，石枧陂也曾建寺度僧守之。这是一个非常值得我们关注的有趣现象。那么，寺庙和陂堰之间关系如何？其目的和意义何在？

华陂堰在创建不久就修建有华陂庙，其初始目的是为了纪念创修华陂堰的华公，但始建者真实姓名已无从考证。据《华陂庙记》所云：

> 华陂庙所以纪念创修华陂堰之华公也。所谓华公者，究不知始自何时，亦不详其名字。大概初唐时陇亩间之急公好义富有创作能力者。当时崇土实居荒陬，文献无征。乡里贤豪姓名湮没不传者岂独华公而已哉！华陂畈在当初不过为隽水和青山河之冲积平原。自有华公，始相土宜，因地势，在青山河内拦流作堰引水灌溉，乃成沃壤，因以为号焉。[①]

在嗣后的历次修建中，华陂庙（或华公祠）亦是重要的内容之一。其原因何在？在民国三十七年（1948年）崇阳县华陂堰代表陈履安等向县政府所上的一篇呈文中对于华陂庙有这样的记述："又华陂庙为崇德报功、敬祀华公及先贤之地。实藉以看守华陂堰之所在。"[②]这里就很明确地指出了修建华陂庙的目的和意义：一是祭祀报功之用；一是集会看堰之所。

据此可知，与陂堰相对应的庙宇具有象征和实际的双重功能。其祭祀功能方面，一则缅怀先贤，一则告慰神灵，祈求上天的庇佑。在堰簿中即有"本陂庙神血食年久，猪羊醮祭例不可缺。稍有不虔，

---

① 民国《崇阳县华陂堰簿》,《华陂庙记》，民国三十七年（1948年）稿本，第64页。

② 民国《崇阳县华陂堰簿》,《呈事由——为整理华陂堰水利翻印堰簿恳请派员指导核对原簿钤盖合符以凭世守由》，民国三十七年（1948年）稿本，第3页。另在田野考察中我们就曾经访知，当地人也曾在庙中供奉吴仰止（即吴楚材）。

其应如响。相传滩名饿鬼，神称华公”[①]。华公在当地人心目中如何由人变为神不得而知，唐人诗云“古来名将尽为神”，先贤亦然。而且华公庙祭祀的华公以后又演变为华公、华母，其间存在一个不断衍生和叠加的过程。而华陂庙的实际功能主要就是看守华陂堰、修理华陂堰之场所，故文书中有云：“华公庙不筑，则华陂堰无以看守。”[②] 此外该庙也是陂长、委员等集会议事以及华陂畈人等住宿之所。故庙宇对于陂堰以及当地灌区民众的作用可谓大矣！

祭祀几乎是每次修堰的前奏。按例，“一岁之十月，陂甲鸣锣催工，陂长上陂坐蓬择日作陂。以一猪一羊祭华公、华母之神，而始事焉”[③]。祭祀地点分别在华陂和史家垱两处。其中除了修建过程中每日都有祭祀外，每年又分为大祭和春祭。其仪式过程包括：起神（鸡一只、粟二斗、肉二斤、粟二斗、酒三瓶、粟一斗五升、香纸边烛粟五升，共支粟六斗）→送神（三牲各项同前）→塞口（三牲各项同前）。华陂大祭包括猪一只三十六斤、粟三石二斗；史家垱大祭包括猪一只四十五斤、粟四石。两处春祭亦如之。

值得注意的是，在明代华陂堰修建完毕之际，当地的耆老们一般会邀请官府来参与祭祀活动，即“陂工既毕，请本县巡捕厅亲验，宰猪羊致祭”[④]。比如明万历年间，当时的知县王学曾率尉丞莅临视察，当时“父老以祀事请”，于是就有一个借助官方名义进行祭祀的活动，史料记载的祭陂文曰：

---

① 民国《崇阳县华陂堰簿》，《湖北武昌府崇阳县为查陂地定簿籍以疏水利以垂永久事》，民国三十七年（1948 年）稿本，第 7 页。

② 民国《崇阳县华陂堰簿》，《呈事由——为整理华陂堰水利翻印堰簿恳请派员指导核对原簿钤盖合符以凭世守由》，民国三十七年（1948 年）稿本，第 3 页。

③ 民国《崇阳县华陂堰簿》，《请修华陂始末柬附录》，民国三十七年（1948 年）稿本，第 14 页。

④ 民国《崇阳县华陂堰簿》，《湖北武昌府崇阳县为查陂地定簿籍以疏水利以垂永久事》，民国三十七年（1948 年）稿本，第 7 页。

时维大明万历年岁在月日之吉，知崇阳县事正堂某、水利典史某谨以猪羊酒楮祭告于华陂史家垱合祀神前，维神称灵，自昔血食有年。流分三圳，田溉八千。今兹督修工役告竣，用享于神。岁事罔愆，维神保护，金石同坚。式蕃民庶，益浚利源。碑有成法，勒在贞珉，各役攸遵，维神鉴焉。其若顽梗，罚治无偏。匪神是私，惩劝则然。尚飨。①

这种祭祀活动首先确立了官方在水利工程建设与管理中的权威地位，其次成为官民之间、民众之间联络和沟通的纽带。水旱灾害发生时，民间举行这样的仪式活动可以稳定民心，维持社会的正常秩序。换言之，民赖官府之权威，官依民众之力量，共襄堰事。这也表明，此时华陂畈一带民间力量比较分散，宗族等民间组织并不发达。依靠民众自身难以完成这项水利工程。同时，考察整个华陂庙的演变，其祭祀对象有由人向神转变的迹象，其祭祀主体也有由官民合祭向民间下沉的过程。这也部分表明陂堰管理的民间化色彩更加浓厚。

此外，华陂庙的祭祀活动，在享神祈福的同时，其实也是意图凝聚人心共襄堰事，警醒民众谨遵陂规，即所谓“明有法惩，幽有神鉴”。当然华公庙所拥有相当的祭田和公产也为保障它的功能发挥起到了关键性作用。所以在前揭《华陂庙记》中结尾部分指出修建华公庙的好处在于：“从兹，报功有祀，修堰有费，看守有方，堰事不致废弛，水利得永赖矣。”因此我们可以认为，华陂庙与其说是一个宗教、仪式中心，倒不如说它是一个社会活动中心和公共空间。

① 民国《崇阳县华陂堰簿》，《祭陂文式》，民国三十七年（1948年）稿本，第17页。

五、上畈与下畈之间：水利纠纷与灌区社会

在华陂堰发展过程中，曾经发生过多次水利纠纷，其焦点在于上畈与下畈之间。如前揭所言，以三眼桥为界，从华陂头到三眼桥为上畈，地势稍高，属于华陂堰的总圳路，两岸田地只能在干旱时通过车埠车水，不能直接利用华陂堰水；① 从三眼桥以下的东中西三圳，即下畈才是属于华陂堰水灌溉的区域。从地区开发的时间上看，下畈属于较早开发区，自唐宋之后就有人烟繁衍，一望平畴。而上畈的开发相对晚近一点，主要集中在明清，特别是清代。但上畈人户经常利用靠近堤堰的地理之便，侵占堰水。于是华陂堰水流经的上畈和灌溉的下畈之间发生了许多纠纷。例举如下：

其一，明末清初上畈之甘德从家族（军户）侵占陂地案

在明代中后期，与全国情形相似，崇阳县地方社会秩序逐渐混乱，里甲赋役体系开始松弛，包括塘长、陂长在内的各类乡里职役人员素质下降，田地兼并严重，世家大族逐步侵吞华陂畈之肥田，堰事逐渐废弛：

> 且肥田沃壤豪门觊觎，日渐收买蚕食不已。全畈之中多属客田，土著之民所有无几，而彼等不自耕凿，惟知认收课租，未亲堰圳，何能顾及水利。即有捐派，亦听佃夫报销，无计事功。编

① 2005年12月我们一行（包括张小也、周荣、许扬帆与笔者）在崇阳县供电公司欧阳莺、税务局丁想等当地热心人士的大力协助下对崇阳县进行了为期三天的田野考察，12月9日下午在华陂村王家访问一位王姓老人时，他给我们讲述了一段新中国成立前华陂畈流传的民谣：“天也愁、夜也愁，有女不嫁华陂头。天车水，夜舂米，坐在车上打鞋底。”这首民谣显然出自下畈民众之口，借以讽喻上畈没有水利灌溉之便，只能通过水车车水的困苦情况。

氓之民，率皆萧条穷困，苟安畏缩，于是堰事无人过问矣！[①]

水利管理者——陂长们也由当初的“廉明通达黾勉从公”之人演变为“嗜利之徒”。于是发生了明代弘治十年前后，不法之徒甘德从及其后代甘文德等盗砍树木、侵占陂地之事件。

此前，为了保障华陂堰，在陂牙岸口一带购置有官地，蓄树禁止垦殖，以保障堰堤免被河水冲蚀。除了蓄树禁垦田地外，又有官地二十七亩，召佃垦种纳租以供修陂祭祀之用。以上树木陂地属于华陂堰公产，是保障华陂堰水利工程、维护工程经费的基础。但在明代中后期，上畈之甘德从及其孙子甘文德、甘先通等先后意图侵占这些树木和陂地：

第一次是军户甘德从（住在华陂堰附近）于弘治十年（1497 年）盗砍树木侵占陂地，被受水人户龚伯章等告到县衙，官府重申旧有界限并立有碑石。

第二次是甘德从于正德十三年（1518 年）复行侵砍，被余完等告官。县令责令甘德从退还，并订立赁约，看守树木。

第三次是甘德从的孙子甘文德于万历五年（1577 年），利用丈量时身任丘正的机会，将前项陂地捏报学田，复谋召种，佃纳学租。被陂长蒙初镐等告官。万历八年（1580 年），经过知县王学曾的亲自勘查，确认陂地为华陂堰祭祀费用之所出，且栽树以为保障，不应该没入学租。是时又勘出新淤州地与此租税相当，于是将其进行抵赎，重新确立陂地二十五亩以供祭祀之用。

以后，在清代顺治、雍正年间，甘文德的后代甘先通佃种陂地、减少祭租、侵挖树地，最后被陂长陈磐石等联合全堰人员告官，经过

① 民国《崇阳县华陂堰簿》，《呈事由——为整理华陂堰水利翻印堰簿恳请派员指导核对原簿钤盖合符以凭世守由》，民国三十七年（1948 年）稿本，第 3 页。

县府责惩补祭后，甘先通自愿将陂地退佃。陂长于是另召老实佃民李钦取等重新佃种陂地，完租膳祭，并栽树以防水冲蚀堤堰。

以上甘氏家族实际一直是租佃华陂堰公产陂地的佃户，因其为军户，试图“久假不归，渐填溪壑，倚军装而占民业，没官地以悬私单”[①]，侵吞陂地。除了直接侵占田地、盗砍树木外，还不惜假造合同，试图混占。以上是围绕甘氏家族作为陂地世代之佃户而一直试图侵吞华陂堰公产发生的一系列纠纷，表明在明末清初的特殊时期，国家支配力在减弱，而地方乡绅支配体系还未建立，主佃关系出现颠倒现象，社会秩序开始紊乱。因此，民间水利组织的权威性受到挑战也就在所难免。

其二，清乾隆十年（1745年）上畈廖、蒙、吴等姓添设筒车案

按照明代万历年间制定的用水规则，华陂堰史家垱至三眼桥一带的上畈只能以泉塘水进行灌溉，上畈人户为了防止天旱塘水不济，以每亩捐资派谷、协济堰费的方式征得下畈的同意，在华陂堰圳路上游设立了十一部筒车进行车水灌溉。为了防止出现堰水不能下流的局面，按照约定，上畈人户只能是东车西歇、西车东歇，两岸不能同时车水。康熙二十八年（1689年）八月二十日，堰簿又进一步细化了上畈十一乘筒车所属人户的姓名及各自应交谷物数量。这些做法显然是希望重新确立并协调上下畈之间的水利利益。

到了乾隆年间，随着上畈田地的大量开垦，在经济利益的驱动下，大量旱地被改造成水田，随之而来对水资源的需求使得原有的上下畈之间的用水规则受到挑战。最初是乾隆八年（1743年），住在华陂堰附近的上畈人户吴玉书等将麦地开垦成水田，在河中拦水作垱，新设筒车一乘。以后堰之上下住户廖、蒙、周、吴等姓群起仿效，在

---

① 民国《崇阳县华陂堰簿》，《湖北武昌府崇阳县为查陂地定簿籍以疏水利以垂永久事》，民国三十七年（1948年）稿本，第7页。

华陂堰南北两头添设筒车六乘以灌溉其上畈田亩。而筒车之法“又必筑堤横截阻水归车，因而岁有增加，层层堤垱，水不畅流”。上畈筒车的大量设立危及下畈的堰水灌溉，于是“利于车者欲去其堰；利于堰者不欲有车，争论于是乎起矣！”[①]

早在乾隆八年（1743年），华陂堰长龚在位等就向县府控告吴、蒙、廖等创立筒车事，至乾隆九年（1744年），当时知县勘而未结。乾隆十年（1745年），溪河渐趋干涸，上畈之廖晋侯、蒙其章等恃众逞强，利用先前设立的六乘筒车，层层堤垱，将华陂堰上游的河水尽垱东流，以浇灌其新开垦的田地，甚至还将华陂堰拆毁。此事虽经当时的吴姓知县[②]勘查，判定下畈华陂堰受水人户可以照旧修堰，但并没有强令上畈人等将筒车撤去。同时，对于廖、蒙等姓宣称早在康熙二年（1663年），华陂畈人户因为史家垱被大水冲决，曾经向上畈廖、蒙等祖先暂借冲败税地改筑堰圳之事，官府认为难以稽查而加以驳回，但允许日后河淤之地听由廖、蒙开荒耕种。这一判决多少带有权宜和折衷的味道，即在维护下畈对于华陂堰使用权的同时，并没有从根本上解决筒车和堰水之间的矛盾，甚至在一定程度上纵容了上畈添设筒车的行为。

随着乾隆十年（1745年）知县吴某离任，孙某（即孙廷权）初任，当时县衙差房皆是廖、蒙亲族，于是廖、蒙等有恃无恐。当华陂人户陈惟大等欲撤除上畈筒车时，与廖邦永发生斗殴，导致后者殒命。廖、蒙等姓于是以死人为由，尽行将堤堰拆毁，圳路淤塞。致使下畈田地水稻大面积干枯。

---

① 民国《崇阳县华陂堰簿》，《乾隆十年乙丑岁奉上宪批准撤车去垱案卷》，民国三十七年（1948年）稿本，第25页。

② 据同治《崇阳县志》（同治五年〔1866年〕活字本）记载，乾隆七年至九年时任崇阳知县者应为胡式璟，镶白旗汉军人，监生，援例捐知州，乾隆七年以候缺署崇阳知县，乾隆九年实授，同年胡氏调任鹤峰州知州，由孙廷权接任崇阳知县（见卷6《职官》，第21页）。

在此情形下，下畈民众复行层层向崇阳县、武昌府、省布政司等控告，武昌知府张一方面饬令新任崇阳知县不久的孙廷权勘查处理，同时又调派邻近之蒲圻知县黄来协调此事。崇阳知县孙廷权经过勘查，做出如下判决：

> 查蒙其章、廖晋侯、廖应元等计户不过数家，所有粮田不过数十亩。向无筒车，原可各用水车以人力戽灌，甚为便利。若乃田正位、吴象晋等水田七千九百余亩，一望平畴。由一圳而支分三道，又多各派支流，绵延灌注，周数十里皆仰承华陂一堰圳口导水阴注，方无枯涸之忧。较之廖、蒙等姓之田孰轻孰重不待计而易明也。岂可因数姓筒车之便而废数千亩水田乎？
>
> 卑职身任地方，视民虽同而审度事势，则难听其毁堰塞圳，任此多田枯涸。又何敢废前人久成之功。且今晚禾需水正殷，不能缓待，当即督令华陂人户仍于老河洲头水口照址修筑，挑去沙石，导水入圳，以资灌溉。至于廖、蒙等姓筒车堤垱应押撤去，仍用人力水车，足资戽灌。俾无阻碍，永息争端。①

在此，知县孙廷权从总体利益出发，认为华陂堰所灌溉的田地更为广阔、税则更为繁重，其利益必须得到保障，修堰灌溉理所当然。而上畈数家毕竟田少而粮轻，于是在权衡轻重之后，最终做出了撤除筒车的决定。判决同时也在一定程度上考虑到上畈的利益，即允许他们用人力水车戽灌。应该说这种判决是相对公正的。所以派来协

① 民国《崇阳县华陂堰簿》，《乾隆十年乙丑岁奉上宪批准撤车去垱案卷》，民国三十七年（1948年）稿本，第25页。

查的蒲圻黄知县也提出了与孙廷权相同的处理意见，知府和省府官员也都批复了这种处理结果。

其三，清道光年间上畈谈明万等强车堰水以及旧圳冲决重开新圳案

谈明万原籍嘉鱼县，乾隆十四年（1749年）始迁崇阳，居于华陂堰上畈之厦家岭。[①] 据史料记载，其来崇不久，“陡长巨富”，并于乾隆五十一年（1786年）、五十七年（1792年）先后置买当地人张玉堂等人田地，皆在上畈。四张田契共计一石二斗六升八合，其中一石有余之田仅载秋米二斗八合。也就是说，谈明万所购田地每亩税则只有一二升左右，与乘堰水灌溉起科之田税则（每亩三升九合）不合。因此下畈人户认定谈明万所买之田无权利用华陂堰水。嘉庆十二年（1807年），天旱，谈明万父子因田地靠近总圳，混车堰水灌溉，堰长周邦楚等将筒车抢走。双方都向县衙控诉对方，谈明万告周楚邦纠众抢车，而周楚邦则告谈明万强车堰水。

谈明万认为他所购买张玉堂的田地系张奉先子孙出卖的，而张奉先在先前所订立的十一乘筒车合约中是有份额的。对此官府无法推翻，允许谈氏可以在张奉先筒车埠处车水，但强调必须维持十一乘筒车旧例，而且如果张奉先后人有出来争车者，谈氏必须退出，不得增设筒车。此后，嘉庆二十年（1815年），蒙瑞宗仿效其先族蒙其章等，在堰下复设筒车，知县赵秉淳仍断照旧撤去筒车。

① 据《谈氏宗谱》记载：“原籍嘉鱼，后以客游崇阳，深虑门闾倚望，旋奉之偕来，见厦家岭处田园肥美，遂家焉。当其时，势族逼处，牙张扑露。公惟率其性之浑厚，视若无见。虽横逆频加，略无摄色，有不止于唾面知干。”这里只是提及谈明万在移居崇阳之后遇到了很多困境，但联系到当时的历史情景，无疑与谈明万家族和下畈之间为了水利而发生的纠纷有关（见卷首《明万公传》，第60页）。另据湖北省崇阳县地名领导小组编的《崇阳县地名志》（内部资料，1982年）记载，谈明万村“位于青山铺西北2.5公里，青山水库大坝北3.9公里处。44户，280人。东临华陂堰灌溉渠，西靠小山包。创业者名谈明万，故名”（见第220页）。

道光三年（1823 年），该堰总圳冲决成潭，不能立即修复，必须另开新圳。而新圳恰巧要通过谈世政[①]（谈明万之子，时为监生）等上畈人户田地。谈世政等计图混争堰水，先是不肯出卖，后又提出无偿捐献。堰长龚本良担忧将来谈氏会藉捐献之由而增设筒车，双方形成僵局。其间谈世政利用监生的身份屡次向武昌府、省府衙门上控，武昌府又曾委托蒲圻县令来会勘此事。最后知县邓培万般无奈之下，通过自己捐廉购买膏腴田来调换谈世政等上畈人户田亩的方式，另开新圳，此事终告完结。[②]这种解决方式多少带有个人道德色彩，而作为知县，此种平息冲突的过程则是一种“正式权力的非正式运作”。

道光十年（1830 年），谈世政又不惜买通经书吴九，将鱼鳞图册印单中“乘天水阴注”之“天”字改为“陂”字，意图染指华陂堰水。而堰长龚本良所呈华陂堰簿对此早有明晰的记载，并明确指出上畈只能以纳谷的方式设立筒车十一乘，官府最终还是驳回了谈氏的诉求。

到了民国十一年（1922 年），当时大旱，上畈又违例增设水车一百余乘，导致下畈水田尽成焦土，两畈发生大规模械斗。县政府最终的判决依然是要求遵照堰簿规定，准上畈租车十一乘车水灌溉，不得另行设置以妨碍下畈水利。

---

① 据《谈氏宗谱》记载：“谈公世政，字万里，明万公之季嗣也，少承父志……尤善持家政。拓良田数千亩，构广厦十重，邑中称素丰焉。”由上述记载，加上谈世政的监生身份，可知谈氏家族经过不到两代人的发展，在华陂上畈已经发展称为富家大族。他们从嘉鱼迁居崇阳当属于投资性移民。其大规模田地购置或垦殖必然带来对于水资源的需求（见《谈氏宗谱》卷首《万里先生传》，第 65 页）。

② 2005 年 12 月我们一行在位于上畈的谈明万村考察时，对于历史上的上下畈之间围绕修堰引发的官司和最后的结局，该村几位老人提供了另一种版本的解释：即上畈谈家有一个女儿嫁给了下畈人家，在女儿回娘家之时，母亲无意中将地契包上豆油送给了女儿，最终导致上畈官司没有打赢，下畈才得以将堰修成。也就是说，在他们看来，官司的失利纯属一个偶然的因素。这种口头传说的民间故事背后也许隐喻着丰富的地域社会的历史发展过程及社群关系，有待以后进一步了解。

通过以上围绕华陂堰发生的历次纠纷可以看出，从明代一直到民国时期，华陂堰的水利规则，特别是有关上畈只准设立十一乘筒车的规定一直在沿用并且不断被强调，但上畈人户又一直在不断挑战固有的规则，为了扩大自己的生存空间和地方权力而不断抗斗。在水利灌溉方面，双方始终处于一种紧张状态。而且一遇到干旱年份，双方的矛盾便会激化，并引发大规模的冲突。双方都试图维护自身的利益和生存权，上畈利用自身靠近堰圳的地理之便，往往不顾下畈的利益而多设筒车。而且上畈人户多为后来移民，相对于下畈土著而言，当属于客户身份。但其身份较高，多为地方生员，资产较为雄厚，故能雄长于乡里。下畈人户则在代表灌区利益的堰长的带领下，以堰簿文本及传统习惯为武器，一次次通过上诉官府的方式维护固有的用水秩序和原有的灌溉利益。而且在上下畈的互讼过程中，由于崇阳隶属于湖广省府——武昌府，越级上诉成为一种惯习，特别是上畈的生员阶层往往会利用其身份，给崇阳地方官员在处理相关水利纠纷时带来一定的压力。武昌知府就曾多次指派邻近的知县来协查崇阳水利纠纷案。

站在官府的立场上，在全面权衡经济、政治、社会习俗等基础上，政府以稳定地方秩序为目标，形成应对性的摆平策略。从国家及地区经济利益出发，上畈多为旱地，故税则较轻；下畈多为水田，税重。而且下畈田地达七千多亩，故考虑到赋税的收取，官府一直维护下畈的灌溉利益也就不足为奇了。同时上畈人户多为生监阶层，他们势力的扩张在一定程度上也威胁到官府在地方的权威，所以官府也有意识地试图利用水利案件来压制生监阶层。但这种压制是非常有限度的，所以历次的水利纠纷中，官府除了在道义上给下畈予以支持外，并没有对上畈的违规行径进行有力的处罚，甚至为了化解冲突，知县不得不自己掏腰包买田地来平息矛盾，一再高扬的传统规则在地方势力的面前显得软弱无力。于是一遇到水资源匮乏之时，上下畈之间围绕着筒车和灌溉之间的矛盾就再次爆发。政府只能是居中调节，在调整双方利益的基础上息事宁人而已。有学者认为这是由于水资源的公共属性使然。[①]在华陂堰灌区，水利纠纷的背后则是上畈与下畈之间各自争夺生存空间以及双方利益协调与再分配的过程。这也与明清以来当地大量移入人口，土地垦殖不断扩展，旱地不断被改造成水田的历史大背景有关。

六、结语

中国古代王朝代有兴亡，而社会传统则赓续如旧，而且越往基层这种沿袭性和传承性愈加明显。在传统的政治格局中，所谓“国权不下县”，在基层社会，各种民间组织无疑扮演着重要的角色。在以农为本的古代中国，在高扬重农抑商的政策导向下，兴修水利是国家和地方社会共同关注的事务。但囿于财力的原因，除了大型水利工程外，中小型水利设施比如塘堰等几乎都是由民间力量自筹经费进行修建和管理的。那么就产生了如下问题：在中央集权体制下，这些草根组织具有何种意义？国家权威、民间组织与地方社会民间秩序之间关系如何？

华陂堰的水利管理系统从明代的陂长、陂甲制度，到清代的堰长制度，再到民国时期的水利管理委员会，存续了数百年之久。它按照灌溉田亩的多少，实现用水人户在修护和灌溉管理方面的充分参与，体现出一定的民间自治性质。这种组织在运行过程中，以水利灌溉的经济利益为根本纽带，依赖于国家权威的大力支持，同时借助于

---

① 参见赵世瑜：《分水之争：公共资源与乡土社会的权力和象征——以明清山西汾水流域的若干案例为中心》，《中国社会科学》2005年第2期。

民间信仰，在一定地域社会内（如灌区社会，在本文中主要就是“下畈”）长期发挥着作用。而且无论朝代如何更迭，这种水利组织及制定的水利习惯始终没有变化，并被不同政权所认同和提倡，体现出强大的继承性和传承性。换言之，民间经济组织在共同利益的驱动下，在全体民众共同参与下，在乡土社会中扮演着重要的角色，具有极强的生命力。

但是我们也发现，随着社会环境的变迁，这种民间组织的权威性和传统的水利规则也在不断受到挑战。就华陂堰而言，在下畈灌区内部，随着明末清初长幼、尊卑、主仆等社会秩序的转变，主佃关系发生颠倒，佃户三番五次侵夺堰产陂地。陂甲长等素质的下降更是导致水利修筑与管理的松散和乏力，民间组织的公共权威日益退缩。在外部，当面对上畈有身份、财力和背景的外来客户的挑衅时，在处理与灌区社会之外的地域社会冲突时，这种民间水利组织就更显得无能为力，他们往往只有借助于官府的行政权力的介入才能在一定程度上维护自身的利益和固有的用水秩序。

因此，在明清时期，一方面，随着国家财政危机的加剧，地方政府的职能在萎缩，包括塘堰在内的许多公共事业逐步让渡给民间力量来自行兴修管理。另一方面，在处理纠纷的过程中，国家介入地方公共事务也有其必要性，国家权威的弱化和缺失无益于地方公共事务的解决。反之，求助于国家的正式力量，也是民间基层组织面对危机时的唯一出路。所以我们在肯定民间组织在兴修地方公共工程、稳定日常民间秩序方面作用的同时，也不能忽视国家在地方利益发生激烈冲突时的调控支配能力，双方应对着不同层面的问题而扮演着不同的角色。换言之，民间水利组织对塘堰等水利设施的兴修与管理往往填补了传统国家囿于财政困窘而留下的基层权力空白，双方是一种多元互补而不是对抗或彼消此长的关系。

此外，在处理华陂堰上下畈的水利纠纷中，我们可以清晰地看到政府主要考虑的是国家利益和税收多寡，并且在原则上始终支持传统的民间习惯。于是“文本”和“惯习”在双方争夺利益的过程中占据着重要的地位。下畈对于华陂堰簿的不断刊行以及上畈企图篡改鱼鳞图册中的有关用水记载等行为即是“文本权力”的重要体现。但日益崛起的地方新兴势力（如强有力的新移民群体）也是官府和原有土著居民不得不面对的考验。当我们把这些纠纷放在明清以来当地农业垦殖开发的历史进程中进行考察时就会明白，每一次水利纠纷的背后其实就是上畈与下畈之间各自争夺生存空间以及双方经济利益的协调与再分配的过程。

（原载《历史人类学学刊》2007 年第 5 卷第 1 期）

樊口闸坝之争：晚清水利工程中的利益纷争与地方秩序

一、引言

光绪年间，时任翰林院侍讲学士的张之洞，偶从邸抄中读到兵部侍郎彭玉麟与湖广总督李翰章之奏疏，彭、李二人就修筑湖北武昌县（今为鄂州市）樊口闸坝各持一端。作为胸怀经邦济世的饱学之士，张之洞阅后颇多感触，“归而书之”，撰就《樊口闸坝私议》一文。在剖析彭、李之争后，张氏曾发出如此感慨：

> 要之，有形之利易见，未然之害难知。一方之利害有主名，故有人争之。全局之利害无所定，故无人任之。[①]

张之洞所言“有形之利”与“未然之害”，大约譬喻时人在水利工程中，对于经济效益与水利安全的两难抉择。其实樊口闸坝事件的复杂性远不止于此，它可以说是中国传统社会晚期规模最大、提出水资源利用问题最多的水利事件之一，也可以说是因水资源综合利用而引起农业、商业、航运、渔业诸经济领域间冲突的最典型事例之一。

---

① （清）张之洞：《樊口闸坝私议》，载光绪《武昌县志》卷2《水利》，光绪十一年（1885）刻本，第21页。

对此已有一些学者在相关水利史论著中有所涉及。[①]

近年来，随着水利史研究由以水利技术与国家集权的“治水”模式，转向以水利为中心延伸出来的区域性社会关系体系的“水利社会”模式[②]，笔者不揣浅陋，在前此学者的基础上，从地方性水利事件和区域社会内部环境、经济与社会互动网络出发，兼顾国家政治、地方士绅与农民三者相互影响，从一场关于水利工程兴修与否的争论中，揭示晚清中国地方社会错综复杂的群体关系与利益纠葛，以及古代国家与社会有关公共工程的决策机制、基层社会运作模式和集体行为特征等。

二、外江内湖：樊口地区的水系、地貌与洪灾

樊口所在地武昌县，原名鄂县，三国时孙权曾迁都于此，更名武昌县，寓意“以武而昌”。对于武昌战略地位之重要，顾祖禹《读史方舆纪要》中有过如此论述：“夫武昌，东南得之而存，失之而亡者也。”并进而指出：“武昌，水要也。”[③]的确，武昌居长江中游，水陆要冲，其重要性在于“水”。而作为武昌乃至整个鄂东南地区重要的入江口——樊口自然是“重中之重”了。

---

① 参见张建民：《明清长江流域农业水利研究》，武汉大学出版社 1992 年版；张建民：《论明清时期的水资源利用》，《江汉论坛》1995 年第 3 期；赵国壮：《论晚清湖北的水利纠纷》，《华中师范大学研究生学报》2007 年第 3 期；William T. Rowe, “Water Control and the Qing Political Process: The Fankou Dam Controversy, 1876—1883”, *Modern China,* vol.14, No.4, October 1988, pp.353-387. 另外参见〔美〕罗威廉著，王先亭节译，欧阳跃峰校：《治水与清政府决策程序——樊口大坝之争》，《安徽史学》1996 年第 3 期。

② 〔日〕森田明著，雷国山译：《清代水利与区域社会》，山东画报出版社 2008 年版；行龙主编：《近代山西社会研究——走向田野与社会》，中国社会科学出版社 2002 年版，第 70 页。

③（清）顾祖禹：《读史方舆纪要》卷 75，《湖广方舆纪要序》，中华书局 2005 年版，第 3484 页。

樊口位于长江中游南岸，距清代武昌县城西北五里，与黄州府城隔长江相望，为武昌、江夏、大冶、咸宁等诸县所属梁子湖（又名樊湖）、乌翎湖、符石湖、马饮浆湖、鸭儿湖等樊湖水系流入长江之入江口，故樊口有“七县一州咽喉”之喻。详情参见下图。

武昌县樊口梁子湖地势情形图

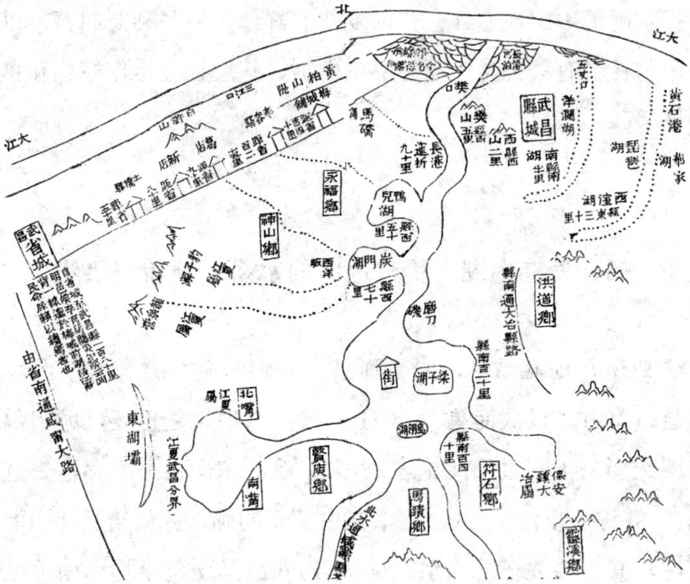

资料来源：（清）范鸣龢：《淡灾蠡述》，光绪五年刻本。

如图所示，以梁子湖为核心的樊湖水系直接承纳鄂东南阳新、大冶、通山、咸宁、武昌、江夏诸县之水，形成一个巨大的“水袋子”，然后通过长约 90 里的樊溪（古名江津，又名樊港、樊川，亦名长港），经樊口一处入江。《肇域志》载：“樊溪，在樊山西南，控县南湖泽凡九十九，东为樊口，入于江，一名樊港。县无泊舟之所，多趋于此。”[①] 当地谚云，“樊湖九十九，一线接江波”。

① （清）顾炎武：《肇域志》第 3 册《湖广 · 武昌府》，上海古籍出版社 2004 年版，第 1777 页。

樊口外濒长江，内连梁子湖，此种“外江内湖”的独特地理形势，使之形成随不同季节而吞纳吐泄的江湖关系：一方面，樊口外之长江段，上游纳川水、洞庭湖、汉江诸水汇流而下。下游受皖、赣河湖等水位顶托，在春夏之交的汛期，由于东亚副热带季风性气候的特点，降水量集中，长江上中游各干流水系一旦处于丰水年，洪峰叠加在一起，极易形成特大洪水，大量江水通过樊口倒灌入梁子湖区，使得湖区泛滥成灾；另一方面，樊口内又有梁子湖诸水系，因其属于河谷沉溺湖，地势低洼，河湖纵横。鄂东南一带山溪河流一遇强降雨，湖水易暴涨，作为外联长江的樊溪，一旦泄洪不及，沿湖地区也易成泽国。

内外夹击的洪水就像一柄悬在梁子湖区民众头顶的达摩克利斯剑，当地流传的《樊口谣》云：“古来梁湖水，自与长江通；江涨湖亦涨，民居水泽中。”每一次水灾使得民众数年积蓄一朝荡然无存，流离失所。兹以明隆庆年间时任知县李有朋《辛未阅水灾记》所载窥其一斑：

> 已未出县南，迤西为怀坡门，门外即西山，山之北为大江，浸没田亩已成浚潭。江船避风者蝟集，罾者、网者，渔于破屋户牖间。……比至谢埠，其居室皆堕水中，老壮诉于舟，童稚呼于水，妇女拜于岸，号哭之声，震动山谷。……抵金牛，固重镇也，今则阛阓皆水。人民逃窜，街衢过舟，庐室聚鱼，较之谢埠其势又十倍矣。……伤哉！痛哉！民罹此苦，不如无生！[①]

而据相关史料统计显示，元代水灾有8次，明代58次，清代65

① （明）李有朋：《辛未阅水灾记》，载康熙《武昌县志》卷8《艺文志》，康熙十三年（1674）刻本，《清代孤本方志选》第1辑第23册，线装书局2001年版，第636—646页。

次。[①] 水灾发生的频率渐呈上升趋势。究其缘由，除自然环境与气候因素而外，大约也与该地区农业开发的扩展有关。

三、内乡与外乡：武昌县的移民、垦殖与地域社会变迁

在乡里基层组织研究中，最难者莫过于在国家法定的里甲、保甲之外，对于各类地方性组织名称的辨识，因各地差异之大，以至于几乎难以理出一个具有普遍性的规律。有学者以为里甲之外的地方组织仅是地理名称，排除它们在地方社会中的政治功能。如此认识也许是基于官方和非官方的观念，也有此类组织在层级上没有固定关系的缘故。但倘若就此忽略它们在当地民众中的影响与作用，特别是背后可能蕴含的人文理念和价值判断，无疑是不恰当的。

据史料记载，清代武昌县共分七乡三十三里[②]，其中靠近县南的灵溪、马磧、符石、贤庾四乡，靠近南部山区，属于“山乡”，三国时期，以军事屯垦为主。宋元之际，北方移民大多从事山区垦殖。迨至明清时期，“江西填湖广”，伴随着甘薯的传入，此地生齿日繁，乃至梯田遍野。而山区较富者，大抵是定居于大块山间盆地者，因其土地较为肥沃，加之溪流所至，灌溉便利，粮食亩产量高者可达二三石。对于当地民众之生计，光绪《武昌县志·风俗》中如下描述：

> 农事，土地瘠确，人民淳厚，火耕水耨，以渔稻为业。
>
> 县境所隶，水居其七、山二、土田一耳。灵溪、马磧乡多山，生齿繁，不足以供食。乃垦为地，螺旋而上，高下相承，

① 参见粑铺大堤志编纂委员会、湖北省鄂州市水利局：《粑铺大堤志》第2章《水灾》，中国水利水电出版社1998年版，第50—55页。

② 光绪《武昌县志》卷3《乡镇》，光绪十一年（1885年）刻本，第8页。

> 无少隙。播种番薯、秫豆之类。土脉浮薄，稍旱则槁，骤雨则沙土俱下，溪涧日淤。春夏淫雨乃有水患。两山之间有平地，垦为田，水寒土深，禾稼不茂。有旷野大者十数里，称沃壤。春草生时刈以肥其田。捣山石夹炭三日火，名石灰，掺以杀草。雨水应时，亩可得二三石。佃户贫或不能具牛种，称贷以耕。谷贱多折，阅岁无所得，租率减少，于是无求田者，贾不售。余乡多水，地广不治。春刈麦，秋获稻，常先于山乡。洪水泛溢，则田庐荡然。故县属之农苦而惰。①

以上所言，主要言及“山乡”之土壤、播种、肥田、除草、租佃等情况。最后也提及水域辽阔的“水乡”之生产生活。然仅言及稻麦收获较山区为早，而苦于洪水之患。其实水乡的优势在于渔业，南宋王十朋曾为樊口民众作诗云：“渔人生计占沙洲，一网鳊鱼二百头。鱼未到家先卖尽，明朝一网更盈舟。”②此种渔业之繁盛，使得在明洪武年间，武昌一县即设有征收渔税的河泊所六处，每年征收鱼课正银922两。③清乾隆年间，“所产鱼鳖菱芡，濒湖一带仰食其间者亿万家。水利之饶，足以资虞衡之税者，岂浅鲜哉”。其鱼课征收正银994两，亦为当地税收的重要来源。④清末民初，梁子湖畔之月山乡民杨廷芳对“水乡”的经济生活做如下描述：

> 青峰数点，茅屋几椽，黑子弹丸之区，似无出产之可言者，然居水乡，实饶水利，致每年所出，实不啻在数百里樊湖内占

① 光绪《武昌县志》卷3《风俗》，光绪十一年（1885年）刻本，第14页。

② （宋）王十朋：《梅溪集》之《后集》第11卷，《四库全书荟要》集部第48册，台湾世界书局1985年版，第395—373页。

③ 嘉靖《湖广图经志书》卷2《武昌》，嘉靖元年（1522年）刻本，日本藏中国罕见地方志丛刊，书目文献出版社1990年版，第136页。

④ 乾隆《武昌县志》卷3《赋役志·湖课》，乾隆二十八年（1763年）刻本，第10页。

> 一独优之分子。盖每年出产，以鱼为大宗，夷考其数，岁不下万石，或潜取或网搜，种种不一也。其味极鲜美，较之松江鲈鱼为尤佳，即古所称武昌鱼是也。鱼产之外，复有菱葫两种，绿叶交阴，蔽浮水面，每值新秋，采者无获者甚众，盖由不种而获，亦属取之无禁也。①

“靠山吃山、靠水吃水”，武昌县似乎呈现一幅各取所需、其乐融融的“鱼米之乡”的美好生活图景。然随着移民的陆续迁入，生齿日繁，人口与资源之间的紧张关系开始凸显。而政府“重农轻渔”的思想，加之民众对于土地的偏好，使得“与山争地、与水争田”成为明清农业垦殖中的常态。由此逐渐引发了移民与土著、渔户与农户、山乡与水乡之间的矛盾与冲突。

由于资料的限制，目前尚难对武昌历史时期的人口构成，特别是不同区域人群分布进行有效的梳理。方志中仅载有若干年份全县的户口数：明代成化八年（1472 年），户 5691，口 60881；正德七年（1512 年），户 6240，口 54557。② 清代则仅记载人丁数为 12971 丁，人数不断增加显而易见，但因以上数字主要是纳税的人丁数，故无法展开对职业群体的甄别和分析。

兹仅据《粑铺大堤志》中制作的《梁子湖周围地区各姓始祖迁居本地调查表》和《梁子湖地区已查宗谱各姓分布图》，来管窥湖区移民落居情况。该书在对夏、田、马、叶、廖、胡、姜、吕、高、徐、周、刘、柯、葛、张等 16 姓氏家谱的调查中发现，最早迁入本地为张姓 1 例（南宋靖康二年，1127 年），其次为姜姓 1 例（元大德年间）；较晚者为马姓、柯姓 2 例（明宣德与正德年间），其余 12 姓氏则集中

① 杨廷芳：《月山乡土志》第 4 章《出产》，民国初年稿本，第 28 页。

② 嘉靖《湖广图经志书》卷 2《武昌》，嘉靖元年（1522）刻本，日本藏中国罕见地方志丛刊，书目文献出版社 1990 年版，第 133 页。

于元末明初（元至正年间——明洪武年间），皆由江西迁入武昌县。[①]

移民落居后，湖区不断淤积的沃野为农耕提供了肥沃的土地。随着家族人口的繁衍，村落不断形成和扩散，于是绕湖地区逐渐形成几个集中的宗族聚居区。其中较早迁入的张姓，在现在的凤凰山脚与牛山湖畔，形成了张家畈、张兴角两个张姓村落。姜姓则在鸭儿湖北，形成五分姜、三分、何庄三个姜姓村落。原来仅仅是零星渔户的湖区，在源源不断迁入的移民垦殖下，逐渐形成以农业为主体的农耕群体。

武昌县对于湖区农耕者有一特殊称谓——“畈民”，以区别于“湖民”。宣统元年（1909 年），当地官员李仙培曾云：“樊口之民有称‘湖民’者，有称‘畈民’者。‘湖民’以渔为业，水涨则有网罾之利；‘畈民’以耕为业，水涨则有淹没之灾”。[②] 由于生产方式与收获对象的差异，“湖民”与“畈民”对于涨水有着绝然相反的感受：“湖民”因涨水而渔业丰收，“畈民”则因涨水而庄稼受损。

“畈民”最多聚居的农耕区，当属地处梁子湖西边的西洋畈。同时该地区也饱受洪水灾害之苦。当地流传一首民谣云：“西洋畈，九堡半。涨大水，把气叹。大的哭，小的唤。椛个叉，沿湖转。叉个鲫鱼二斤半，拿到街上把米换，换回豆米一斤半。拿回来，用磨转，磨成米粉敖锅汤，全家老小都来灌，一灌灌成大肚汉。”[③]

如果说“畈民”和“湖民”之别，主要体现在生计方式的差异，那么晚清的武昌地区，还有一种地域观念上的差别——“内乡”与“外乡”之别。从地域空间来看，“内乡”大多居于县南，属于“山

---

① 粑铺大堤志编纂委员会、湖北省鄂州市水利局：《粑铺大堤志》第 3 章《堤防建设》第 1 节《大堤的缘起及形成》，中国水利水电出版社 1998 年版，第 64—66 页。

② 李仙培：《樊口建闸十可说》，载《湖北建设月刊》民国十七年（1928 年）版。转引自《粑铺大堤志》，中国水利水电出版社 1998 年版，第 199 页。

③ 转引自《粑铺大堤志》，中国水利水电出版社 1998 年版，第 173—174 页。

乡”。“外乡”多半濒临湖区，属于“湖乡”。这种地域空间的概念和意识具体形成于何时尚难定论，但至少在晚清时期的当地百姓，尤其是地方文人中，已经非常普遍和清晰。咸丰二年（1852年），时任职于兵部的王家壁在《上家大人书》的一封家书中写道：“我邑殷实之户多在内乡。闻警之时，必有各分畛域、家自为守之见。”[①] 这里“内乡”与“外乡”，在当地民众中俨然成为一种贫富悬殊与畛域之见的标志。

同样，在光绪年间，武昌地方士绅朱峙三所撰写的日记中，也多次提及“内乡”与“外乡”的概念。如朱氏在光绪二十年（1894年）的日记中写道：“今科会试，吾邑中了三位进士，两个内乡人，一个外乡人。”[②] 显然，这里的“内乡人”、“外乡人”已经成为一种区别和划分社会群体的符号。当然对于它们称谓所代表的具体内涵，必须置身于当地社会，洞悉其区域发展的内在历史脉络，方能得到真正的理解。从相关史料来看，显然“内乡人”在晚清时期的经济与文化上，一直占据有优势。但从“外乡人”在光绪年间业已有高中进士之情形来推断，他们的社会地位和势力显然也不容小觑。惟其如此，在此后水资源利用的争夺过程中，“山乡”与“水乡”、“内乡”与“外乡”、渔户、农户与商户之间，最终因一座闸坝的修建与否，引发了一场震惊朝野的水利事件。

四、彭、李之争：樊口闸坝背后的生态、利益与政治纠葛

伴随着湖区土地垦殖的不断扩展，武昌县的水利建设也渐次铺

① 参见皮明庥等编：《出自敌对营垒的太平天国资料——曾国藩幕僚鄂城王家壁文稿辑录》，湖北人民出版社1986年版，第11页。

② 《朱峙三日记》，载《辛亥革命史丛刊》第10辑，湖北人民出版社1999年版，第245页。

陈。从明中叶到清中叶，距离樊口附近沿江一线的地区已形成了黄柏山大堤。但连通长江与梁子湖的樊口，就像"水袋子"的"袋子口"，不将其束住，就难以根治江水倒灌入湖的水患。于是在清代咸同年间，邑人先后四次向官府递交请愿书，要求修筑樊口大坝，但先后被督抚以种种理由驳回。有鉴于此，当地士绅一方面积极寻求在京之湖北籍官员的奥援[①]，另一方面则试图动员地方社会力量，自行修筑水坝。

光绪年间，樊口民众自行筑坝行动有两次。一次是光绪二年（1876年）冬，樊口民众在武昌县廪生郭瑞麟等地方士绅的带领下，历时五月修建而成。但当建坝者"私立埠头，抽收船厘"之时，终于引发了大冶、武昌、江夏等县商民和渔户的强烈不满，他们向官府上诉。而湖广总督李翰章接到控告后，立即派军队摧毁了大坝，并逮捕郭瑞麟等倡导筑坝之人。

第二次筑坝行动发生在光绪四年（1878年）春，当时樊口民众受第一次筑坝所带来的粮食丰收的鼓舞，不惜推举被革职的武生胡炳卢、汪帼沅等人为首领，再次自行修建樊口大坝。得到消息的李瀚章再度派兵，刨毁了尚在修筑之中的樊口大坝。对此过程，《申报》有过详细的报道：

> 前报樊口决堤一事，乡民聚众万有余人，于五月初一日开工重筑。复经大宪调兵而往，示不准重筑之意。大略谓有关咸、武、通等处生意，并碍往来船只及码头、城镇之兴衰，是以不准。然湖乡绅民若不筑堤，洪水之来可立而待。况梁子湖数县一遇凶年，民食必致愈艰，是以宁违示，而必重筑也。是时，

① 详情可参见罗威廉：《治水与清政府决策程序——樊口大坝之争》，《安徽史学》1996年第3期。

兵止一营，民聚盈万。而官兵之势甚劲，民亦置备枪矛之属，不肯稍让。官兵将补筑堤塍仍行开掘，民间乌合之众未敢阻拦。两下列阵，亦未开枪，官兵亦未动声色，至晚收队罢兵。①

上万持有枪矛器械的民众，虎视眈眈地注视着一营官兵毁掉他们辛勤修筑的堤坝，其场面可谓剑拔弩张了。国家权力和社会力量处在博弈和较量之中。这一水利冲突事件经《申报》刊布后，立即引起社会的广泛关注。同时，远在京城的光绪皇帝，通过御史言官等官僚体系的信息孔道，终于也获悉此事件。

光绪四年（1878 年）八月，面对湖广总督李瀚章陈述毁坝缘由的奏报和御史李廷箫主张兴筑大坝的奏疏，光绪皇帝决定派兵部侍郎彭玉麟等前往实地调查。彭玉麟曾长期担任长江水师统帅，熟悉长江水文情况，而且以秉性耿直著称，显然是较为合适的人选。彭玉麟星夜兼程，抵达樊口，坐小船，访民情。最后给朝廷上了一道《遵查樊口情形折》，也主张修建闸坝。于是，以李瀚章为首的“反对派”，和以彭玉麟为首的“支持派”，彼此展开了针锋相对的论争。概言之，其争论焦点主要围绕以下几方面展开。

（一）江湖水系之间：长江的分流、行洪及水利环境

在反对建坝者看来，“樊口为江汉合流以后南岸泄水首区，一经筑塞，则上下堤防皆有岌岌可危之势”。李瀚章甚至以人体经络比喻之：“江水经由之道，譬之人身，湖河港汊犹四肢之脉络，所以宣行血气也。今堵塞湖口是截去肢体，仅留胸膈也。胸膈不快，头足皆病。口不能泄，则尾闾泄之，沿江各堤，虽不能指定南岸北岸。要

① 《申报》光绪四年六月初七日。

之，川壅必溃。”[①]同时，李氏还列举了嘉庆年间，湖北监利之水港口、沔阳之茅江口等处，因筑坝而导致上游之石首、江陵等地大受其害的事例，作为樊口不宜建坝的佐证。

而在彭玉麟看来，李瀚章的看法有点拘泥于陈规和传统的治水观念，没有因时因势而变通。彭玉麟根据自己对长江的亲身体验指出：“臣咸丰初年从戎江上，目睹江形迁徙、浅深通塞不知凡几，未便泥昔日之成规，误目前之要务。似须因时制事、因地制宜，方称妥适。”[②]但仅由其奏疏观之，彭氏似乎也并未将所谓的长江水文环境变化给予充分的阐释，所谓“因时制事、因地制宜”也还只是着眼于樊口一地。

李瀚章的治水观念，与历史上的天人合一、顺应自然的宇宙观相类似。而彭玉麟则更具经世致用的理念。其实双方就江湖关系争论的背后，还涉及一个现实利益问题，即在洪水来临之际，谁需要做出一定牺牲。在李瀚章等人看来，为了全局利益，为了整个长江中游地区堤防和其他地区的水利安全计，樊湖作为江水的行洪区是不能被堵塞的。而在樊湖民众眼中，不让他们筑坝，听任樊湖作为江水盛涨时的泄洪区，其实就是牺牲樊口民众的利益。所以当地文人范鸣龢就颇为不满地指出：“防水如防贼，岂得以彼城之受敌，责令此城之洞开哉？”[③]这其实代表了本地人为了维护自身的利益而发出的一种声音。

（二）行业利益之争：渔业、商业与农业

李瀚章反对建闸的另一重要原因在于，建闸后会严重影响到当

---

① （清）李经畬等编：《合肥李勤恪公政书》卷 8《樊口创建石闸复陈历办情形折》，《近代中国史料丛刊》第 15 辑，文海出版社 1966 年版，第 743 页。

② （清）彭玉麟：《彭刚直公奏稿》卷 1《遵查樊口情形折》，《近代中国史料丛刊》第 4 辑，文海出版社 1966 年版，第 69 页。

③ （清）范鸣龢：《澹灾蠡述》之《考定樊事议》，清光绪五年（1879 年）刻本，第 2 页。

地以水为生的渔户利益，以及以水运为特色的市镇商业之繁荣：

> 樊口内湖之民，农渔参半。渔有应完之渔课、芦课，农有额设之地丁漕粮，向系一律启征。溯查同治元年至今年十六年中，仅止三年蠲缓，历有成案可稽。足见水小之年，湖水消泄入江，江水不致灌入，仍可普获丰收。建闸后，江鱼不能入湖，渔利全无。即农田因积水难消，亦耕作俱废，不特正供无着，而此无数失业穷民何以为生？又沿湖市镇林立，该口帆樯上下，百货流通，厘收最旺。口门一睹，舟楫皆停，课于何出？[①]

据前揭可知，鱼课一度在武昌税收中比重可观。而水运的发达，带来沿湖市镇林立，商业的繁荣，故从咸丰五年开始，湖北巡抚胡林翼就在樊口设有牙厘专局，抽收水道上下百货厘金。[②]水坝的修筑对于鱼课和商业应该是有影响的。而筑坝者试图私自收取来往船只费用，更为官府以及商户难以容忍。而且李瀚章还提出，樊口——长港——梁子湖——省城一线水路，既是重要的商业通途，又是省城武昌的后路，具有重要的战略意义，不能被堵塞。此外，李瀚章还认为建坝之前，十六年间只蠲免了三年，可见对于农业影响也不大。建坝之后农田的受益面积也很小："在樊口筑坝，仅附近西杨二畈田庐受益，而内湖积水别无消路，各邑被淹必广。"[③]

而支持建坝的彭玉麟，对于梁子湖区农业、渔业和商业之间的利益关系，却做如下阐述：

---

① （清）李经畬等编：《合肥李勤恪公政书》卷 8《樊口创建石闸复陈历办情形折》，《近代中国史料丛刊》第 15 辑，文海出版社 1966 年版，第 744 页。

② 光绪《武昌县志》卷 3《廨署》，光绪十一年（1885 年）刻本，第 8 页。

③ （清）李经畬等编：《合肥李勤恪公政书》卷 8《樊口创建石闸复陈历办情形折》，《近代中国史料丛刊》第 15 辑，文海出版社 1966 年版，第 736 页。

> 樊口内乃鱼米之乡，百姓谋生有二，一则有恒产者以耕田为业，一则无恒产者以捕鱼为业。耕田者惟恐江水内灌，而禾稼被淹；捕鱼者惟恐江水不内灌，而网罟失利。利本相反，势不并存，加以一筑闸坝，则商贩货物有盘坝起旱之费，此亦稍有不便处。然以人数计，则耕田者十居七八，捕鱼者不过十之二三；以国课计之，收田课则利倍千百，收鱼税不过千百之十一。至于商贩之盘坝，更属害之至轻者。况樊口入湖，生意大半皆油盐杂货，分销于江夏所属之豹子澥、山坡街、贺圣桥等处，武昌所属之谢埠、金牛镇，大冶、兴国所属之保安街、长岭街、碧石渡等处，皆有陆路可通，本不专走水路。惟梁子湖心之梁子街一处，不通陆路，然自有湖内小划可以往来转运。倘因小有损于客商渔户，而举数百万生灵待食之谷年年付诸洪波巨浸之中，因小而误大，得少而失多，可以不烦言而解矣。[①]

与李瀚章极力夸大渔业经济的损失，以及商业经济的凋敝形成鲜明对比，彭玉麟则将建坝之后对于渔户、商业的影响描述得微乎其微。在他看来，渔户人数只有十分之二三，税收也只占千百分之十一，根本无法与耕田者的人数和田赋收入相比。至于建坝对商业市镇的影响，除了地处梁子湖中心的梁子街之外，其余因皆有陆路可通，损失也并不像李瀚章说的那样严重。此外，李瀚章认为修坝仅仅是西杨畈地区的耕田者受益，而在彭玉麟眼中，修坝之后，其受益范围不惟很广，其粮食产量尤为可观，仅武昌县三畈地区，每年可收谷三百余万石。又加各州县所属滨湖之田亩，综计亦可收谷三百

① （清）彭玉麟：《彭刚直公奏稿》卷1《遵查樊口情形折》，《近代中国史料丛刊》第4辑，文海出版社1966年版，第68页。

余万石。[1] 两者相加，樊口修坝之后，相关区域可以多获六百余万石粮食。

在建坝对于渔业、农业、商业三者之间的影响问题上，双方显然都没有能够冷静、公平地进行价值评估。李瀚章和彭玉麟都极力夸大有利于己方的因素，而有意无意地低估或忽视不利于己方的因素。而且他们都还是立足于国家赋税的征收，而忽视了当地不同利益群体的日常生活。即李瀚章拒绝建坝，忽视了众多深受水患灾害的农耕者的利益。而彭玉麟则在考虑农户利益之时，似乎又置渔户群体与商铺店主的利益于不顾。

其实在笔者看来，时至晚清，除了少数完全依靠打鱼为生的“水上人家”之外，所谓沿湖的大部分“渔户”其实也都兼种植稻谷，只是鱼产和稻谷的比重不同罢了。所以与其说是“渔业”与“农业”的矛盾，毋宁说是享有水面渔业收益的既得利益者，和未能享有水面收益的未得利益者之间的矛盾。

（三）群体意识之间：渔户与农户，谁是弱者？

有趣的是，在争论“渔”、“农”等行业经济利益的同时，居然还涉及了对两类人群的不同评价，即渔户和农户之间，彼此视对方为“奸民”或“讼棍”，纷纷攻讦对方，以显示自己是“弱者”，意图赢得舆论之同情。在反对派李瀚章和赞成派彭玉麟各自奏疏中，渔户与农户之间，更确切说来，是倡导修坝的士绅与反对修坝的士绅之间，形象出现了较大的反差。

在彭玉麟看来，阻挠修坝的渔户及其领头人皆为“土豪”、“讼棍”之流：

---

① （清）彭玉麟：《彭刚直公奏稿》卷1《遵查樊口情形折》，《近代中国史料丛刊》第4辑，文海出版社1966年版，第68页。

> 农民恒弱，渔户恒强；农民恒愚，渔户恒黠。各湖滨业鱼之处曰三山湖、月山湖、横山湖、铜山湖，惟三山袁姓、月山杨姓为巨族。该渔户最称豪强，家有举、贡、生、监，恃为护符，占夺大利。袁姓、杨姓二族所置田地皆在湖外，不患水淹。每年江水愈大，则网鱼愈多，一筑闸坝，虽不失业而利则减矣。渔户杨辛葵、杨鸣远即土棍杨光朋等，只图利己，不顾害人，勾结大冶讼棍袁甲甫即增生袁兆麟，互为爪牙，倡议敛钱包告、包准、包挖横堤，倒借名人多名，纷纷上控，肆言恐吓以耸坚听，而所有呈词实出袁甲甫一手。致令被水地方全家困于追呼，饿夫尚在缧绁，无怪各乡农民恨袁甲甫次骨，皆欲食其肉而寝其皮也。[1]

这里，渔户中势力最强者，一为地处武昌与大冶交界的三山湖袁氏，一为月山湖杨氏。此两大家族皆以渔业为主，但也置有田地，只不过田地都在湖外，而且有功名者甚多，势力较为强大。这些在清末民初杨廷芳的《月山乡土志》中可以得到印证。[2]

显然，月山乡杨氏家族和三山湖袁氏家族都是定居此地较早，且家族势力和社会地位较高的望族。他们一方面拥有辽阔湖面从事渔业，另一方面也购置有田地从事农业生产。由于势力较为雄厚，在后

① （清）彭玉麟：《彭刚直公奏稿》卷2《遵查樊口情形折》，《近代中国史料丛刊》第4辑，文海出版社1966年版，第68页。

② 据该乡土志记载，杨氏早在明代就定居梁子湖区的月山，其十一世祖杨尹衡在明崇祯年间，当“草寇窃发，据保安及梁子镇，官军莫之敢撄”时，“公（按即杨尹衡）独率同族数百余人，直捣贼营，遂得其渠魁，戮之，并杀其党数百人，余悉平，朝廷授公副总府，匾其堂曰‘威比韩范’，公以武职累辞不就，隐居终焉”。以后在清道光十五年杨世霖中举人，咸同年间先后任保康县教谕、襄阳府教授等职务。杨世霖的儿子杨玉孙复于光绪元年中举人。杨氏其他各类庠生、贡生、廪生等生员一级的士人就更多。参见杨廷芳：《月山乡土志》第3章《人物》，民国初年稿本，第27页。

来零星从事移民垦殖的农户眼中，杨氏与袁氏家族俨然成为“土豪劣绅”。他们“勾结大冶县土豪首恶讼棍”袁甲甫，上书反对修坝。而袁甲甫被农户取绰号为“害人精”，其行径被描绘为“惯行武断乡曲，讹索愚懦，生端报复。常时盘踞府县城内，买通刁书蠹役，舞文弄弊，朋比为奸。包揽词讼，变乱黑白，为害良民，冤苦万状。又勾同地棍杨光朋，借端敛费，以济袁甲甫之恶。被害冤苦之家皆欲食袁之肉而寝其皮”。①以上言辞出现在彭玉麟的奏疏中。据彭玉麟所言，皆为其实地调查寻访所得。当然可以想见，彭氏访谈的对象无疑是梁子湖区垦田之畈民，而非湖民。

而据武昌知府方大湜、江夏知县宗景藩、武昌知县凌心垣、大冶知县林佐等对袁甲甫等所谓的“土豪恶棍”进行查讯之后，却认为他们都是“安分守己”的“顺民”：

> 该署司亲提研讯，缘袁甲甫，即增生袁兆麟；杨光朋，即监生杨鸣远，均籍隶大冶县，耕读为业，素各守分，彼此住居穹远，先不认识。杨光朋向充杨姓户首，经管公产，因族大丁多，禁止赌博为非，偶有不守家规之人，杨光朋辄唤至宗祠责惩议罚，致招族众怨恨，称其武断。昔年又因亲戚周姓自尽，几与余姓涉讼。杨光朋劝令余姓斋醮寝事。袁甲甫与杨光朋所住各村地近梁子等湖，每年湖水涨发，向由武昌县属之樊口地方消泄入江，田屋始得耕种居住。②

由上可知，经由大冶、武昌、江夏等地方官讯问之后，渔户方

---

① （清）李经畬等编：《合肥李勤恪公政书》卷8《访拿讼棍获讯供词悬殊折》，《近代中国史料丛刊》第15辑，文海出版社1966年版，第758页。

② （清）李经畬等编：《合肥李勤恪公政书》卷8《访拿讼棍获讯供词悬殊折》，《近代中国史料丛刊》第15辑，文海出版社1966年版，第759—760页。

面的代表性人物袁甲甫、杨光朋等人却是奉公守法之人，真正的“耕读”之家。并对他们受民众“诬陷”进行了辩解：杨光朋因为充任杨姓的户首，经营公产，惩办违规族人而招致怨恨，并与余姓有过节。渔户袁姓和杨姓其实都是修坝之后的受害者，所以联名控诉郭瑞麟等人。故此而被主张修坝居民散布谣言，诬陷其包揽词讼、武断乡曲等，企图陷袁甲甫、杨光朋等人于不义。

双方眼中和笔下所描绘的渔户、农户，以及各自利益的代表者的形象，谁更接近真实？恐怕是因个人立场的不同而各说各话，或许都有真实之处。不过从中似乎可窥见，在地方资源争夺与利益纠葛中，博弈更多的其实不在官与民之间，甚至也不在民与民之间，而是在地方不同支配势力之间展开。不妨看看张之洞对此事的评判：

> 渔户目纠众筑堤者为奸民，农夫目讼争毁坝者曰讼棍，其实附从者皆发于自顾身家之念，倡首者必皆桀黠好事之人，左右佩剑，反唇相稽，夫亦可以不必矣。[①]

在张之洞眼中，似乎两边倡导之人皆非良善之辈。究其实，不同群体往往根据自己的立场和利益出发，来臧否某一问题，世上许多纠纷和争夺莫不是导源于此。毫无疑问，晚清武昌地域社会，因一座闸坝的修筑而引发了不同利益群体的分化。

（四）畛域之见：地方利益与全局观念

不同群体的利益诉求，必然导致不同的集体意识和集体行动。

---

① （清）张之洞：《樊口闸坝私议》，载光绪《武昌县志》卷2《水利志》，光绪十一年（1885）刻本，第21页。

获益者赞同，受损者反对，事不关己者作壁上观，自在情理之中。修坝之后获益最大者，当属西杨畈等地民众，故其对修坝之事最为积极踊跃。而拥有湖面水产资源的杨氏、袁氏几个大家族，则因水利工程的兴修而利益受损，故激烈反对。其间还有一些利益关涉不高的人群，比如前揭地处山区的“内四乡”之民众则是“漠然”处之。

光绪四年（1878 年）十二月十八日，武昌知府方大湜及武昌知县凌心垣，传饬各乡绅衿到省城集议修坝事宜，“内四乡”竟无一绅耆与会。最后只有与修坝利益相关之城绅王家璐、王羽仪、陈之储三名（按，他们所拥有的土地大部分在西杨畈），以及西杨畈生员叶芳、闵霖溶二名士绅向官府请愿修闸。这些力举修坝者，在面对高达七万的建闸预算经费时，主张“应在于内四乡及江夏、黄冈、大冶三县派费兴修，均由该绅等开报”[①]。显然，获益最大的西洋畈绅民试图将修建费用分摊到更广泛的地区。这似乎有违权责相符的公平原则，想必不可能得到其他收益甚微地区民众的积极响应。

与此同时，因樊口—梁子湖水系涉及武昌、大冶、江夏，乃至黄冈、咸宁等诸多县市，不同的行政区划显然也影响到水利工程背后的利益协调问题。比如月山乡的杨氏和三山湖的袁氏皆籍隶于大冶县，而西杨畈民众隶属于武昌县，故在对待修坝问题上，武昌县知县刘笃庆是大力支持的，大冶、江夏等县知县则相对“冷漠”，甚至在彭玉麟上疏要求严惩反对建坝的袁甲甫、杨光朋等人时，大冶、江夏等知县却极力为其辩解。

不过，随着以西杨畈为核心的农耕利益群体的不断抗争，如通过请愿、诉讼，以及联络籍隶本地的各级官员，获取更大范围的支持，以西杨畈——樊湖——武昌——湖北等依次而上，在不断扩展的

① （清）李经畬等编：《合肥李勤恪公政书》卷 8《樊口创筑石闸现在筹议情形》，《近代中国史料丛刊》第 15 辑，文海出版社 1966 年版，第 767—768 页。

地域范围和乡梓情谊下，在“关心民瘼”和地方民众生计的道义旗帜下，越来越多的湖北籍官绅至少在舆论上逐渐站在了支持修坝的立场上。从彭玉麟的奏折，到邑人范鸣和的《淡灾蠡述》，再到李仙培的《樊口建闸十可说》，建闸者的呼声越来越高涨，并且逐步控制了话语权。而对于毁闸者的质疑和诋毁也不断在升级，最后形成了“楚中士大夫皆右彭而左李”的局面：

> 查樊口之人心，无论男女老幼，皆以建闸为大喜，以毁闸为大恨。尝询问毁闸之由，一则曰某制台是安徽人，洞庭湖水注于江，江水至此无樊口以泄，则安徽受淹，是为己之私见也；一则不然，由某制台迷信风水，有地师谓安徽龙脉，必得樊水灌救，富贵乃可长久，此处建闸，如塞其喉，则安徽龙脉死矣，此所以毅然毁之也。[①]

以上樊口民众将李瀚章的安徽籍贯拿来进行过度“揣度”和“说事”，将樊口所涉及的“江—湖”关系“附会”到了“湖北—安徽”的省域矛盾，显然“臆断”多于史实，连本地人李仙培都承认“是二说者吾皆辟其妄”。由此可见，在经济利益面前，争论双方一旦添加了畛域之见和个人情感因素，争论内容本身的正确与否倒不重要了。立场决定态度，而不是事实决定行动。

张之洞曾就彭、李两人之奏疏评论云：“彭疏质实，为樊口以内农民记；李疏闳通，为滨江全局记。”[②] 李瀚章也曾自表心迹云：“在创议筑闸者，耳闻目见，不过樊口附近之一隅。臣等所虑者，实系乎

① （清）李仙培：《樊口建闸十可说》，载《湖北建设月刊》，民国 17 年（1928）版，转引自《粑铺大堤志》，中国水利水电出版社 1998 年版，第 200 页。

② （清）张之洞：《樊口闸坝私议》，载光绪《武昌县志》卷 2《水利志》，光绪十一年（1885）刻本，第 19 页。

全省之水利，东南之大势。”[①] 但在“可观”的经济效益面前，有关未来“可能”出现的水环境恶化等遥远而宏大的问题，显然不能引起更多时人的关注。

五、结语：水事、环境与地方社会

樊口闸坝事件，虽说是发生在晚清时期的区域性水利事件，但其给人的思考远不止于此，因为它所涉及的诸多矛盾和纷争会在其他许多地区、后续很长时间反复出现。首先涉及人与自然的问题，也就是至今仍争论不休的水利工程与生态环境问题。一百多年前，恩格斯曾经说过，人类可以通过改变自然来使自然界为自己服务，来支配自然界。但我们每走一步都要记住，人类统治自然界绝不是站在自然界以外的，我们对自然界的全部统治力量就在于能够正确认识和运用自然规律。也许李瀚章等人反对建坝并不一定具有现代科学意义上的生态环境意识。从思想层面论之，他更多地继承了古代天人合一的自然观。从现实情形言之，考虑更多的是全局水利安危和国家政治、军事需要。

因此，樊口闸坝事件，并不仅仅是一个水利工程的技术性问题，更是一个涉及地方利益纠葛的社会、政治问题。闸坝修建的纷争就在于各方利益难以平衡或协调，如地域之间、行业之间、民众之间、不同政见官员之间等。而且不同地方利益集团之间的利弊得失缺乏客观公正的论证和审视。他们习惯性的向上进行诉求——向官府、朝廷，而真正受益或受损的利益群体之间，恰恰缺乏相互之间的横向、平等

① （清）李经畬等编：《合肥李勤恪公政书》卷 8《樊口创建石闸复陈历办情形折》，《近代中国史料丛刊》第 15 辑，文海出版社 1966 年版，第 747 页。

的协商对话机制，从而使得地区性水利冲突事件不断扩大化、复杂化和持久化。

而作为高高在上的国家，在地方社会复杂的利益纷争中，应居于一种协调者的立场，而不是非此即彼的、要么获益、要么受损的单向仲裁。双方各自争取利益最大化乃人之常情，问题在于，当一方的利益获取是建立在另一方受损的基础之上时，受损一方有权获得一定的补偿。当眼前的经济利益有可能对未来的生态环境造成一定影响时，长远的问题也必须得到重视。

樊口大坝的最终修建，实际还是在没有充分照顾受损一方，即在未对渔业、商业、运输等诸业采取任何有效补救措施的情况下允许建闸，因为当时存在一个增加粮食产量的“当务之急”和“有形之利”。从道义上讲，当局也没法置数万居民的利益诉求于不顾，而去顾及长远的生态环境问题，这也涉及官府应对危机时的轻重缓急问题。而许多“未然之害”正是在众多“眼前的”和“有形的”经济利益面前被掩盖，导致后患无穷。

（原载《中国农史》2011 年第 3 期）

国家、堤防与社会：明清两湖水利事业中的国家介入与区域协作

——以四邑公堤为中心的考察

一、引言：区域史研究中的跨区域问题

区域史研究目前正成为史学界研究的潮流之一，这既是对以前宏大叙事史学的一种反思，也是缘于中国幅员辽阔、区域性社会差异较大。欲求全貌，需先知其细部不可。否则构建的任何一种中国形象都只能是一种“虚像”。问题在于，是否仅仅关注一个个的区域就够了？在区域史研究的初期，学者比较关注区域的特色和差异性，也就是所谓的地方性知识，这固然可以丰富历史的细部，但在了解不同区域的差异性之后，我们就必然面临一个新的问题挑战——中国又是如何成为一个大一统帝国的？换言之，如果说以前的区域史研究更多的是“分解”，探究其特殊性，那么以后我们更多的工作也许是要“整合”，求其普遍性。对此，许多西方学者已经做出了一定的努力，比如施坚雅对于农村市场的研究，其学术贡献之一就在于从经济的角度探究中国各地区间的联系——通过农村集市、乡镇和中心城市等不同等级市场中心的发展、变迁，为我们从经济层面阐释了广大分散的乡村聚落是如何通过市场融入更大的中国城市系统中去的。[①]

---

① 〔美〕施坚雅著，史建云等译：《中国农村的市场和社会结构》，中国社会科学出版社1998年版。

正是基于这一问题意识和思考路径，本文选取了一个跨区域的水利工程——四邑公堤，来探讨不同区域之间围绕一座大型水利工程所展开的合作和冲突，以此来阐释地方社会以水利为中心所构建的地方秩序。四邑公堤分布于长江南岸的嘉鱼、蒲圻、咸宁、江夏四县境内，自宋代至明清以至现在，围绕着该堤防的合作修防，逐渐形成了一种具有明显地方特色的优良传统。这种传统和习惯是建立在自身利益的基础上，并构成了一个跨县级行政区域的共识。对于该堤的修防管理，已有学者进行了相关的探究。[①] 本文则试图将其置于跨区域的社会史视野之下，了解县级行政区域之间除了纵向（与省、府甚至中央）的行政隶属关系的政治秩序之外，在何种情行下，不同的行政区划之间能进行何种程度的横向联合，并构建一定区域内的经济、社会与生活秩序，在这个建构过程中，国家与地方社会之间的力量是如何交融和互动的。由此推之，从一个水利社会的某些侧面来管窥在中国这样一个地域辽阔、各地经济发展不平衡的国家，是如何整合成一个大一统帝国的。

二、从一县专任到四邑公修：宋迄清江嘉长堤的兴筑与协济

（一）四邑公堤的兴筑过程

四邑公堤地处长江中游南岸，是鄂东南最重要的一道防洪屏障。该堤上起嘉鱼县马鞍山，下迄江夏县赤矶山，绵延一百六十里。该堤是两湖地区修建历史悠久、持续时间较长的堤防之一。按乾隆四年（1739 年）嘉鱼县知县张其维在其所著《嘉鱼堤志序》中所言：四邑

---

① 张建民：《清代江嘉长堤的修防管理》，载《中国水利史志专刊》第六辑。最近则有尹玲玲：《明清两湖平原的环境变迁与社会应对》（上海人民出版社 2008 年版）中的相关章节，对此进行了较为详细的论述。

公堤“创于宋，培于元，增于前明”[①]，而且在经历宋、元、明、清之后，至今还在发挥作用。但循其名，由于该堤类似于长城的修筑，是一个长时间不断连续扩展的过程，所以其名称也有一个不断延伸、衍变的过程，实际在元、明时代该堤名曰“长堤”，到了清代中后期，因其主要捍卫江夏、咸宁、嘉鱼、蒲圻四个县的人口和土地，因而逐渐被人称之曰“四邑公堤”，亦有称之为“四县公堤”者。[②]

四邑公堤的修建既是地理环境使然，更是人类经济活动的需要。

四邑公堤所临河道属长江中游，上起嘉鱼县鱼岳山，距上游螺山69公里，下迄武汉市东西湖区纱帽山，距下游汉口36公里，过境河长94公里。历史上这一河段变迁频繁，过境河段上的簰洲大湾是长江城陵矶以下最著名的曲流型河段，两岸摆动幅度很大，河岸崩塌速度快、强度大，素有“三十年河东，四十年河西”之说。此地常承受巨大洪水压力，是长江中游的险峻河段之一。[③]这种地理及水文环境对于当地的农业生产造成了一定的破坏，明代兵部尚书方逢时在《再修长堤志》中有一段对于当地环境的描述：

> 大江出夔峡，历荆渚南，过洞庭之浦，控九江，经东陵乃东北流，澎湃荡潏之势，千里莫御。而嘉鱼当其委注。夏秋之间，百川泛滥，浩浩如溟渤。赤壁而下西南诸山蚁聚罗列，县治若浮沤焉。川无可梁，泽无可陂，殆不可以人力为也。环龙津，循百定，逾河泊之矶，涉南宁之畈地，益下迤山益少，东

---

① 光绪《嘉鱼县续修堤志》卷1《序》，光绪十一年（1885年）刻本，第2页。

② 元代皇庆元年（1312年）曾为了表彰修筑者、嘉鱼知县成宣的功绩而一度称之为“成公堤”，康熙四年（1665年）曾将长堤分为四段，由四县分修，按县立名曰江堤、咸堤、蒲堤、嘉堤。乾隆三年（1738年）又将长堤分为五段，除了仍按县立名外，其中江堤与咸堤之间一段系由四县捐资，武昌府督修，故称府堤，又称四邑公堤或四县公堤。按照狭义而言，此段才是真正意义上的“四邑公堤”。不过到了清同治以后泛称为四邑公堤。

③ 四邑公堤志编纂委员会编：《四邑公堤志》第一章《河道》，湖北人民出版社1991年版，第31页。

> 南汇为西保诸湖，浩瀚弥漫，与蒲圻、咸宁、江夏三县同壤。嘉鱼之编户六里附焉，无溪谷以曳之，无长山大原以间之。凡居其间皆缘洲渚而田，沮洳瘠薄，长江横被，没畦畛，漂庐舍，数百里无人烟，盖自古而然矣。①

由上可知，宋代以前，嘉鱼县东北、咸宁县以西、蒲圻县以北、江夏县以南，地势低洼，湖泊交错，江湖连通，历来为洪水汇纳之地（详情可参见下图）。另外，长江过湖南岳州进入湖北后，地势低洼的蒲圻、嘉鱼等县首当其冲，左有长江洪水的泛滥，右有西凉湖、斧头湖等众多湖泊的顶托，“承上流若建瓴”，经常被溢为泽国。②由上揭引文亦可知，夏秋之间，江水暴涨，四县不能幸免于灾害，这样的水资源环境给当地人民的生产和生活造成了相当大的影响，故“依江傍湖之地，皆创议建堤”③。

四邑公堤历史变迁示意图

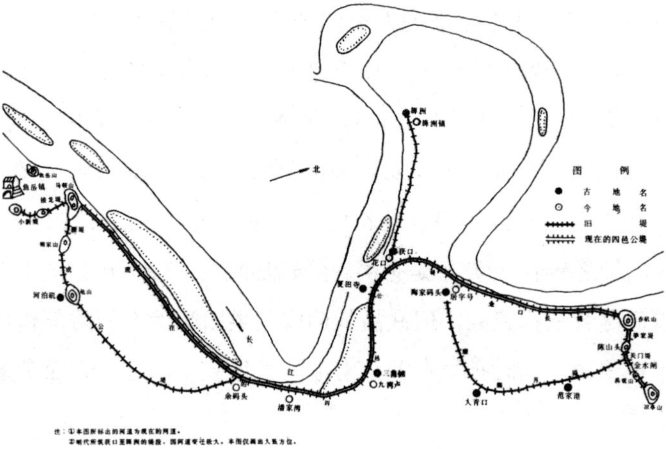

资料来源：《四邑公堤志》，湖北人民出版社 1991 年版，第 53 页。

---

① 光绪《嘉鱼县续修堤志》卷 1《再修长堤记》，光绪十一年（1885 年）刻本，第 6 页。

② 雍正《湖广通志》卷 20《水利》，四库全书本，台湾商务印书馆 1986 年版，第 673 页。

③ 光绪《嘉鱼县续修堤志》卷 1《四邑长堤说》，光绪十一年（1885 年）刻本，第 1 页。

而从农业生产与水利事业的紧密关系来看，随着移民的进入，以及当地人口的繁衍，鄂东南地区的垦殖活动也在不断发展之中，这从根本上推动了该地区水利工程的发展。从历史自然地理变迁的角度来看，已有史料和考古证实，江夏、嘉鱼、蒲圻、咸宁所面临的长江中游这一段河道变迁的总体趋势是长江水道逐渐向北迁移，长江南岸从嘉鱼县马鞍山至江夏县赤矶山沿江逐渐淤成“一线沙壤”。换言之，四县所靠近的江边，原来地多低洼，以后随着江水向北冲刷，南岸“渐远江声”，且逐年淤高积厚，形成可供开垦的湖田。史载：

> 长江发源岷山，合巴蜀沅湘洞庭之水，汇赤壁，过鱼岳，绕西凉、斧头诸湖。江、咸、嘉、蒲四邑皆有滨江地，水患所在也。迄宋，江北徙，南岸渐远江声。然每当春夏汛发，仍成泽国。其时依江傍湖之地皆创议建堤。①

这些淤塞的河岸逐渐为人类的开垦活动提供了可能，人们开始逐渐迁入，并开发利用土地。从历史来看，鄂东南的经济得到比较迅速的开发肇始于三国时期。当然，此时的经济开发具有突出的政治、军事的原因②。当时三国鼎立，战乱频繁，孙吴的政治中心在建业，地处长江下游，一旦有警，鞭长莫及。而鄂南“当荆吴汉江之冲要，为藩镇固护之雄制”③，于是孙吴曾经建都武昌（今鄂州）八年零五个月，以后尽管还都建业，但武昌长期成为吴国政治上的陪都和长江中游的军事重镇。当时孙吴在鄂东南地区大量驻军，这一方面带来了驻

① 光绪《嘉鱼县续修堤志》卷1《堤说》，光绪十一年（1885年）刻本，第1页。

② 黄惠贤：《公元三至十九世纪鄂东南地区经济开发的历史考察》（上篇），载中国唐史学会、湖北省社会科学院历史研究所编：《古代长江中游的经济开发》，武汉出版社1988年版，第166—196页。

③ 《湖北金石志》卷6《鄂州新厅记》，续四库全书本，上海古籍出版社2003年版，第383页。

地所在城镇的兴起和发展，另一方面也因为军事屯田的缘故，导致了荒地的开垦和农业的发展。

鄂东南地区经济开发真正的勃兴是在宋代。在经历过唐中叶的动荡之后，宋代极力推行招抚流民、奖励垦殖的农业政策。南宋初年，兴国知军王绚、永兴知县陈升因率先奉诏招诱农民垦田，得到了可转一官的褒奖。[①] 南宋孝宗时，鄂州知州罗愿专门写有《鄂州劝农》一文，针对鄂州农业生产的实际情况，谈到选种、播种、除草、施肥、纺织、多种经营、深耕、灌溉、农器、耕牛等有关农业生产方方面面的问题。其中有“我念此州，土多冒占。纷纷划清，扰扰定验”[②] 等语，由此似可窥见该地人口增加和土地垦殖的场景。

考虑到经济发展与行政建制的密切关联，我们不妨再从州县的增设情况来探寻鄂东南社会经济发展的内在脉动。在汉代，该地区仅有沙羡、下隽、下雉、鄂 4 个县；到了三国时期该地先后设置有沙羡、蒲圻、下隽、武昌、阳新、下雉 6 个县；而到了宋代，鄂东南共设置有江夏、咸宁、嘉鱼、蒲圻、崇阳、通城、武昌、大冶、永兴、通山 10 个县。而自宋以后，鄂东南就再没有增加新的州县，其间除了将永兴改名为兴国州之外，10 个州县的行政格局一直延续到清朝。这亦说明宋代此地发展到一个高峰。

宋代鄂东南经济的发展促进了该地区水利事业的发展：一方面是人口的迁入、土地的开垦；另一方面是每当春夏汛发，四县低洼之田仍成泽国，内在的需求和外在的胁迫使得修筑堤坝防水就成为当地民众和官员的要务。四邑公堤就是在这一历史背景下兴筑起来的。

北宋政和年间（1111—1118 年），当时嘉鱼知县唐均见长江南岸逐渐淤成大片滩地，但却无人耕种，为着招徕民人开垦，即向朝廷请

---

① 参见章开沅等主编，王瑞明、雷家宏著：《湖北通史·宋元卷》，华中师范大学出版社 1999 年版，第 47 页。

② （宋）罗愿：《鄂州小集》卷 1《鄂州劝农》，丛书集成初编本，王云五主编，商务印书馆 1936 年版，第 10 页。

款，在嘉鱼县马鞍山南麓向下踩地立堤，修筑江堤。方志《秩官》记载曰："唐均，始筑新堤，以苏民患。"[①] 此为四邑公堤修筑之始。对此光绪《嘉鱼县续修堤志》记载如下：

> 唐均，家世未得其详。政和间来任。先是江、咸、蒲圻地多低洼，距江尤近。宋时斧头湖、西凉诸湖犹与江通。时河泊所处矶石存焉。厥后江北徙，南岸渐淤高厚。其地正在嘉属，但芦荻荒芜，无人耕作。公莅嘉，即招徕开垦，并请帑于上，踩地立堤，以为捍卫，由是四邑之沾堤利者纵横数百里，岁有大获，民命始苏。故长堤之筑原自宋始，邑志秩官即以公始。[②]

由上可知，四邑公堤之创修乃是宋代江南土地垦殖、经济发展所带来水利事业发展的一个缩影。宋代靖康兵兴以后，四十余年无人续修，堤防毁坏不堪，至乾道年间，有赖嘉鱼知县陈景福"继其功"，"复相地量度，去旧堤三百余步，因两山距杨家潭上横亘为堤，凡集夫七百，三旬而成，故曰新堤"。[③]

元代皇庆元年（1312年），时任嘉鱼知县的成宣"以廉能闻"，据元人曹珏《长堤记》所言：成宣有感于"马鞍山渚洪溢其害，及于蒲咸江夏率为沮洳"，于是"筑堤自马鞍山，延袤数十里"，时人仿杭州之以苏公堤纪念苏轼之功劳，乃命名此段堤防为"成公堤"。[④] 又据明人吴廷举《长堤奏略》所言："长堤，元皇庆元年县尹成宣始筑，一名成公堤，上自马鞍山，下至三角铺，捍护嘉鱼、蒲圻、咸宁、江

① 同治《嘉鱼县志》卷3《秩官》，同治五年（1865年）刻本，第6页。

② 光绪《嘉鱼县续修堤志》卷2《历代县尹堤功纪实》，光绪十一年（1885年）刻本，第25页。

③ 光绪《嘉鱼县续修堤志》卷2《明志堤原》，光绪十一年（1885年）刻本，第5页。

④ （元）曹珏：《长堤记》，载嘉靖《湖广图经志书》卷2《武昌府·嘉鱼县》，日本藏中国罕见地方志丛刊，书目文献出版社1990年版，第240页。

夏四县迫湖滨江田地，民受其赐。”[①]这应该是在修复旧堤基础之上的延展，属于新堤之一部分。经过此次扩展后，新堤显然在嘉鱼已经成为一道引人瞩目的水利工程了，至少文人骚客开始关注新堤。如元代程巨夫在《过嘉鱼》中对当时嘉鱼的情形描绘为：“黄茅为屋荻为篱，水满新堤水四围。路入嘉鱼肠已断，更堪山鸟劝人归。”[②]

进入明代，由于朝廷的重视，堤防的修建更为频繁。据史料记载，明代弘治至隆庆三年（1488—1569年）的近百年间，先后有嘉鱼知县姜溥、工部侍郎吴廷举、嘉鱼知县刘元相建议或主持进行过三次大修，堤线又从三角铺延伸，经夏田寺、军营、获口，折向西北至簰洲夹口。至此，大堤虽能免除江水淋头直灌之患，但由于获口以下至江夏之金口无堤，“江水稍溢，则横道入湖，朝茹夕满”，四县滨江之地仍受其害。为了引江水由金口入湖，以缓其势，自明万历三十九年（1611年）开始，嘉鱼知县葛中选、江夏知县徐日久在光禄寺卿李憭、大司马熊廷弼等人的支持下，自获口起“横截上沙湖，中断赵家港，由下沙湖、韩家衖、瓦湖口、鲤鱼料至赤矶山”，增筑新堤40余里，名金口长堤；同时修筑了窑岭至长港长588丈的关门堤，并在长港岸边筑以石墩，镇以铁牛，工程于万历四十三年（1615年）告竣。从此，大堤自马鞍山至赤矶山绵亘百余里，当时被人们誉为“江上长城”。[③]

清代对于四邑公堤的兴筑达到高潮，据《四邑公堤志》所记载：康熙四年、十三年、二十三年、三十九年、五十七年，雍正五年、十二年，乾隆二年、三年、四十七年，嘉庆元年、二十一年，道光九年、十年、十一年、十二年、十三年、十四年、十九年、二十七

① （明）吴廷举：《长堤奏略》，载嘉靖《湖广图经志书》卷2《武昌府·嘉鱼县》。按：在光绪《嘉鱼县续修堤志》卷1《记疏》中亦有吴廷举之《请修长堤疏》，但较嘉靖《湖广图经志书》所录删减了不少，因此本文主要应用嘉靖志书中的内容。

② 嘉靖《湖广图经志书》卷2《武昌府·嘉鱼县》，日本藏中国罕见地方志丛刊，书目文献出版社1990年版，第190页。

③ 四邑公堤志编纂委员会编：《四邑公堤志》第二章《大堤兴筑》，湖北人民出版社1991年版，第52页。

年、二十九年，咸丰七年，同治二年、六年、九年、十年、十二年，光绪二年、四年，朝廷和地方或完善修防管理制度，或及时修复被洪水冲毁的堤防，使之能长期持续发挥应有的功用。[①] 史料云：“堤成，上无直灌之虞，旁无横流之势。外江循故道而下，内河由金口而出，四邑之民利赖。”[②]

以上是有关四邑公堤修建的大体经过，一般认为大堤的修筑是洪水等自然环境和灾害等因素使然，但笔者更倾向于将其视为长期以来（特别是三国以来）地方经济文化各方面不断发展的结果，因为水利事业和农业垦殖往往是相伴而生的。而各级地方官府出于保证国家赋税征收和保持地方正常的生产生活秩序之目的，对于堤防的修筑也给予了极大的关注，由此形成了一个跨越几个朝代的水利工程。有关四邑公堤的具体形状和历史变迁可参见下图。

清代四邑公堤示意图

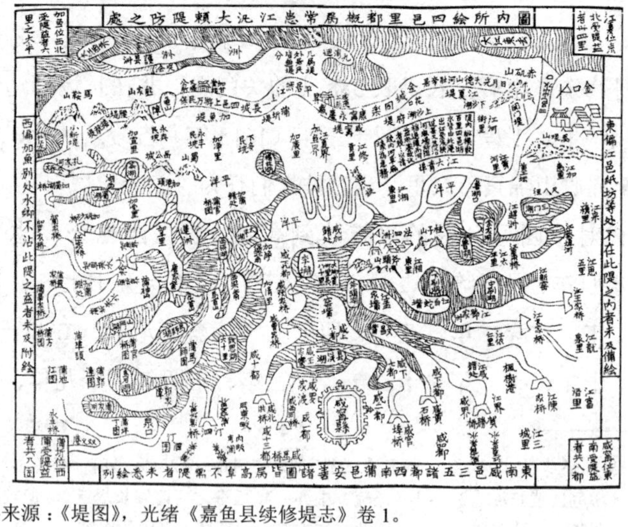

资料来源：《堤图》，光绪《嘉鱼县续修堤志》卷1。

---

① 四邑公堤志编纂委员会编：《四邑公堤志·大事记》，湖北人民出版社1991年版，第12—14页。

② 光绪《嘉鱼县续修堤志》卷1《嘉鱼堤志序》，光绪十一年（1885年）刻本，第2页。

（二）四邑公堤公修制度的形成

四邑公堤从肇基起，尽管系江夏、咸宁、嘉鱼、蒲圻四县受益，但在明代以前尚无固定的协济制度，其经费或来自地方官员向国家请款，或由各县协济经费。修筑方式或通过徭役派夫，或招募民夫修筑，不一而足。而且因为嘉鱼首当其冲，故开始几乎是由嘉鱼主修、创修，以后随着堤坝不断延伸，受其保护的江夏、蒲圻、咸宁不断参与协济，最终形成四邑公修的局面。换言之，这一公修制度的形成有一个从临时性转向正式化规章化的过程。这一过程的完成大约在明末清初，之前还是各地区的自发行为。诚如清雍正年间任嘉鱼知县的张其维在《嘉鱼堤志》序言中所言：

> 先则费筹于上，力役于民。或一县专任，或四邑均徭。或数十年一修，或百余年一筑，久无成规。[①]

以上表明四邑公堤在明代以前修筑期限长短不一，皆因事因人而异，其修筑方式也属临时拼凑、杂乱无章，往往是因为面临洪水威胁、各县在关心民瘼的地方官绅的倡导下进行一次次修建。

但从明代开始，在修筑过程中，四县协修的趋势已日趋明显。如正德十四年（1519 年），工部尚书吴廷举就提议“若用嘉鱼、蒲圻、咸宁、江夏四县人民堤成得利之人，每县出银若干，共用银若干可以始终其事”，并委派官员逐一勘量计算，然后“将项所议应修堤岸预先定委江夏、蒲圻、咸宁、嘉鱼四县佐贰或首领官每县一员，分定地方，各司其事”。[②] 至万历二年（1574 年），嘉鱼县知县杨光宇有

---

① 光绪《嘉鱼县续修堤志》卷 1《嘉鱼堤志序》，光绪十一年（1885 年）刻本，第 2 页。

② （明）吴廷举：《长堤奏略》，载嘉靖《湖广图经志书》卷 2《武昌府·嘉鱼县》，日本藏中国罕见地方志丛刊，书目文献出版社 1990 年版，第 246 页。

鉴于此前四邑长堤“按年培修，无成规”，提出“请勘各邑堤内田庐，以水迹所经，定堤段”，然后“议江夏、咸宁、蒲圻、嘉鱼四县协筑。每年各县于均徭内编银募夫”。[①]万历四十二年（1614年）修筑艾家墩至赤矶山堤段时，开始提出由四县分修。是时，江夏县知县徐日久和嘉鱼李憭亲自勘测，“别疆域，分山泽，核里数，酌丈尺，以所受害多少为准”。[②]

到了康熙四年（1665年），长堤复圮，御史顾如华奏请修筑，并最终制定了详尽的四县分修制度。其方法为：

> 论四邑救田多寡，参差其数，分任修堤。江夏准五千五百四十九丈四尺，咸宁准二千七百七十四丈七尺，蒲圻准二千四百五十丈，嘉鱼准三千九十九丈四尺。康熙八年勒石为界。[③]

这是历史上有记载的第一次正式的建立具体明确的四县分修制度，改变了过去临事之举和各自为政的局面。自划定修防界限之后，各县根据各自的条件和具体情况，制定了相应的征费办法、兴工方式和其他措施，比如在明代，“咸、蒲派费募筑，江、嘉照粮役夫”[④]。乾隆三年（1738年），由于江夏县士人杨天德和嘉鱼县士人刘学洪等为了一段江堤的修筑任务而发生互控（详情见后面章节），最后经武昌府和各县商定，重新划定了修防责任区段（见下图），并且用文字进行了编排：

① （清）顾炎武：《天下郡国利病书》原第十四册，《湖广上·水利》。另见光绪《嘉鱼县续修堤志》卷2《堤功纪实》，光绪十一年（1885年）刻本，第27页。

② 同治《嘉鱼县志》卷9《艺文志·再修长堤记之三》，同治五年（1865年）刻本，第16页。

③ 康熙《湖广武昌府志》卷3《水利志》，康熙二十六年（1687年）刻本，第4页。

④ 光绪《嘉鱼县续修堤志》卷2《详请派费募夫修堤文》，光绪十一年（1885年）刻本，第15页。

四邑公堤修防区段图

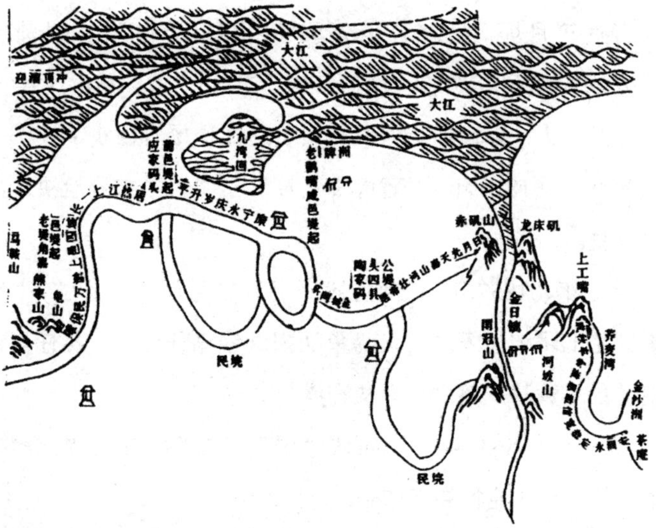

资料来源：（清）俞昌烈：《四县公堤图》，《楚北水利堤防纪要》卷 1，湖北人民出版社 1999 年版，第 84 页。

自马鞍山至石家墩，编八字，共长三千二百三十九丈，系嘉鱼县修：四、邑、上、游、万、民、保、障。

自老堤角至应家码头，编七字，共长二千五百二十六丈，系蒲圻县协修：居、然、江、上、一、长、城。

自平字号至老贯嘴，编七字，共长三千三百七十九丈，系咸宁县协修：康、宁、永、庆、岁、升、平。

自夏田寺起，至陶家码头止，堤编四字，共长二千九十七丈，系江夏、嘉鱼、咸宁、蒲圻四县，今由府派修，有专款生息，作岁修之用：金、城、同、乐。

自金口赤矶山起，至陶家码头止，堤编十字，连月堤共长三千六百六十三丈，均有民捐堤工专款生息，作岁修之用：日、月、光、天、德、山、河、壮、帝、居。[1]

① （清）俞昌烈：《楚北水利堤防纪要》卷 1《四县公堤记、江夏县水利堤防记》。湖北人民出版社 1999 年版，第 85、87 页。

以上各段编排字号、立有界石，“嗣是各邑承修，或有坍卸改筑，或有挽筑月堤，皆在各邑分承界内自行筹办”[①]。以蒲圻县为例，其分修堤编列为“居、然、江、上、一、长、城”七字号，长二千四百五十丈，以后蒲圻对此段负责之江堤屡有修筑：

道光九年（1829年），蒲圻段“长”、“城”二字号溃决，次年知县王达修复。[②]

咸丰七年（1857年），蒲圻段“上”字号溃口三百丈，“知县任海晏集受益七团绅民筹款，又嘉鱼认捐助钱壹仟余缗。接任夏锡麟详禀上宪委县丞黄基挽筑六百余丈在案”。

同治二年（1863年），蒲圻段“居”、“然”二字号堤岸崩挫，知县恩荣岁修。[③] 其他各县亦如是。

四县何以可以达成共同承担分段修防和公修制度？对此已有论著进行了较好的剖析：一是“水之患四邑共之”。由于特定的山水地形关系，四邑公堤与滨江四县的民众相依为命，这是四县合作修筑的重要基础，也是四邑公堤得以发展的重要原因。二是在修防发展过程中，特别是清康熙四年以后，逐步建立符合四县民众自身利益的承修负担制度和与之相应的施工组织、施工管理、堤费筹集制度，对合作修防起到了保证作用。[④]

其实，从堤图可以看出，四邑公堤仅仅位于嘉鱼和江夏二县境内，只是由于山水地形的缘故，它间接地起到保障咸宁、蒲圻二县安全的作用。[⑤] 既然四邑公堤是按照受益原则来进行协修，这就涉及堤

---

① 光绪《嘉鱼县续修堤志》卷2《堤防纪要》，光绪十一年（1885年）刻本，第4页。

② 道光《蒲圻县志》卷5《沟洫》，道光十六年（1836年）刻本，第5页。

③ 同治《蒲圻县志》卷2《堤防》，同治五年（1866年）刻本，第2页。

④ 四邑公堤志编纂委员会：《四邑公堤志·概述》，湖北人民出版社1991年版，第4页。

⑤ 对于咸宁距离四邑公堤很远，并不与江堤相连，但却参加堤防的修筑，当地百姓有一个传说：清代咸宁有一个人在京城做官。有一次返回家乡，当地许多地方官来迎接他。他

防保护的范围与效益问题。诚如有学者指出的那样："尽管不少矛盾和冲突都以行政区划间的交涉表现出来，究其实质，却是水之利害相关的利益集团间的纠纷，行政地区只是其依托的形式而已。"[①] 因此，我们发现，在四县之内，有一个更为具体细致的受益范围的划分。以下即为各县具体受益地区：

堤内田地属于江夏县者，修贤一里、二里、三里、四里、五里；黄鹤一里、二里；龙泉一里、二里、三里；湘东一里、二里、三里；依仁一里、二里、三里；来苏一里、二里、三里；嘉惠一里、二里、三里；河街一里、二里、三里；富济一里、二里、三里；太平一里、二里、三里；恩五一里、二里、三里。共计三十四里。

属嘉鱼县者，宣化里、广贤里、净保里、居仁里、清洪里、受澥里、丰义里，共七里。

属蒲圻县者，上十二都、十八都、十九都、二十七都、三十都，下十九都、二十七都、三十都，共八里。

属咸宁县者，上一都、七都、九都、十都、十三都，下四都、七都、八都，共八里。

属楚府者，王把头、余把头、张把头、李把头、外王庄无算。

按版图，江夏六十三里，堤内三十四里；蒲圻三十里，堤内八里；咸宁十六里，堤内八里；嘉鱼十二里，堤内七里。合之共五十七里，又有楚庄田在内，不啻一大县。利害相关，非

（接上页）是走水路来的，等他下船后，就问咸宁到了没有，当地官员说没有到。这个官员听后很纳闷，为什么自己家乡连个码头都没有？于是便吩咐将自己的轿子一横，在堤上走了一段后，对当地官员说，我刚才走过的地方就是咸宁的地盘了。这个故事大约是咸宁人想表达咸宁人对这个江堤是有份的。其实，从成公堤、长堤，到江堤、咸堤、嘉堤、蒲堤，最后到四邑公堤，其名称变化的背后就有一个四县民众的不断认同的过程。

① 彭雨新、张建民：《明清长江流域农业水利研究》，武汉大学出版社1993年版，第223页。

小矣。[①]

以上所列名称皆为各县之里甲都图，其一是表示四县各自具体受益范围，因为里甲尽管是根据人丁田产来进行编排，但落实到具体区域，每一个里甲还是对应有一定的地域范围。其二也是便于按照里甲系统来进行赋税徭役的征派。在清代摊丁入地之前，地方性事务一般都是通过里甲徭役来进行的。不过随着均徭和赋役的纳银化，包括堤防修筑等在内的许多水利工程也开始从按粮按田役夫修筑到按税粮摊银募夫修筑。咸宁、蒲圻以及江夏大约在明代中后期就已经是“派费募筑”，嘉鱼则在乾隆年间也“循照江、咸、蒲三邑之例，每石粮米派费三钱五分，照依市戥随粮自封投柜，官募修筑”。[②]这些修筑方式的变化其实是与当时国家赋役制度的变革息息相关的。由此，四县的公修由原来各负责修筑若干丈演变为负责分摊银两多少，然后募夫进行修筑。当然，尽管受益区域已经由县下沉到乡里，常识告诉我们，由于山川地形等影响，即便是在同一个村落内部，其受益的田地范围也是不同的，于是在一个共同利益体内部也还是免不了有一些纠纷。

三、四邑公修中的利益纠葛与协调机制

（一）四县公修中的争端

四邑公修制度的形成可以说是嘉鱼、咸宁、蒲圻、江夏四县面临共同水患时所形成的一种协防机制，是长期不断演变而成的一种传统与习惯。但这并不意味着四县之间就绝对没有任何异议和争执。在决定公修的同时，还有一个如何“公修”的实际运作问题，即在尽量

---

① 光绪《嘉鱼县续修堤志》卷2《武昌府台取造修堤事宜册》，光绪十一年（1885年）刻本，第6页。

② 光绪《嘉鱼县续修堤志》卷2《详请派费募夫修堤文》，光绪十一年（1885年）刻本，第16页。

做到利益和责任一致的情况下，如何进一步细化和分配各自修防职责的问题。因为各自面临的水患威胁有大小、直接间接之分，所受益的范围也有多少之别，于是就必然会产生纠葛。

首先，四县之中，嘉鱼和江夏是直接面临长江，故其修筑更为急要，而蒲圻、咸宁相距江边较远，并不直接界江，而且其受益范围相对较少，故蒲圻、咸宁两县多少有些怨言：

> 康熙四年，御史顾如华题为水灾岁警等事，奉上檄修堤，嘉鱼扯蒲分修。惟蒲田在堤内者池江、马狮二团，止占田三四里。以三四里在堤内之田，驱三十里不在堤内之民而困顿之，是利一而割百也。且水势澎湃，冲啮无常，自必近江之民能伺其隙而为之防。蒲距堤百里而遥，所谓鞭长不及焉。[1]

在此我们注意到文中的措辞和表述很有意思，第一，蒲圻认为嘉鱼是“扯”其分修，显示是受了上宪之压力不情愿而为之。第二，在受益面积上面，蒲圻认为其仅有三、四里的人民受到大堤的保护。这和前揭《嘉鱼堤志》中所述的蒲圻有八里民众受益有近一倍的差距。[2]第三，蒲圻指出由于本县距离江堤有“百里”之远，鞭长莫及，

① 同治《蒲圻县志》卷2《堤防》，同治五年（1866年）刻本，第2页。

② 这里涉及一个文本解读和话语霸权的问题。水利文书的编纂者一般是水利主要受益者，他们一般试图通过编纂水利文书来确认他们固有的权力，以便在别人染指该水利工程时提供有力的证据，因而主要体现他们的“声音”与“话语”。比如笔者在田野考察中收集到的湖北专门记载某一塘堰的水利文书——崇阳县《华陂堰簿》，该史籍就是华陂畈的民众为了排斥居于上游的移民而编纂的水利文书，以确立他们独享华陂堰的用水权力。而《嘉鱼堤志》却是力图证明长堤自宋代以来一直是四县公修，除了嘉鱼之外，其他三县对于长堤的修筑都是有份的。所以它一直强调受长堤保护的不仅是嘉鱼，还有江夏、咸宁、蒲圻三县，即一直强调有一个“一荣俱荣、一损俱损”的“水利利益共同体”存在。

两个水利文书都大量收录各级官员的相关奏折、告示、章程、诉讼词稿等等，体现了对来自国家的政治和文化权力的倚重，其实质都是力图争取自己的利益最大化。而官府则在尊重既有用水传统和已经变化的地理、社会经济环境之间，权衡利弊，并以“国家赋税征收”和“民生安定”为官府最重要的考量尺度。

给人一种推托之感。

事实上，早在明万历三十八年（1610年），当江堤崩溃，大司马熊廷弼号召各县协修之时，蒲圻就有推诿的事情发生："是时蒲圻以堤不在蒲境，争控迟诿"，从而使得该堤延迟至五年之后的万历四十三年（1615年）才修筑成功。[①]

同样，咸宁县也表达了类似的不满，并对修堤采取拖延和不太合作态度。比如道光二十一年（1841年），咸宁、蒲圻堤溃，"士民呈扣督宪批饬筹修，惟咸县倡禀请缓，称俟民力稍纾再行筹修，至久延不修"。按：咸宁等县的拖延修堤当时也是有客观原因的，即在道光二十一年鄂东南的崇阳县发生了钟人杰起义。尽管起义时间较短，只持续了43天，由于短时间内汇聚了上万起义队伍，并不断以崇阳为根据地，起义进攻蒲圻、通山、通城等县市，其中对蒲圻县城的争夺最为激烈，对当地居民生产生活造成了一定的影响。

长堤的年久失修，让嘉鱼堤内有田住户深受洪水之害，于是在道光二十一年，发生了嘉鱼生员李含华"京控"案。是年，生员李含华联合该县熊宏章、刘凤锴、刘绍烈，监生孔步瀛等，因"田地距堤较近，形势较低，希冀堤修可以保田。历赴院司府县呈请修理，并遣抱赴京，至步军统领衙门递呈请修"[②]。但当时勘察的结果大约工费需要银两八万一百七十余两。当时正值"库藏支绌，民力竭蹷，工巨费繁"，官府除了敕令该四县会同修理之外，并无他法。迨道光二十三年（1843年），"蒙嘉宪禀修，因咸、蒲迟延不修，以致嘉堤久无成功"[③]。对此光绪《嘉鱼县续修堤志》中撰文一针见血地指出：

---

① 康熙《湖广武昌府志》卷3《水利》，康熙二十六年（1687年）刻本，第4页。

② （清）《京控承当各案看语》第10册《嘉鱼县生员李含华等京控呈请兴修河堤一案看语》，日本东京大学东洋文化研究所藏汉籍珍本，不分页。

③ 光绪《嘉鱼县续修堤志》卷2《部控请修呈》，光绪十一年（1885年）刻本，第41页。

> 上宪批虽严而终不奉行，总缘咸、蒲内，而江、嘉外，不顾唇亡齿寒，故意因循。不知先人立法尽善，以地有远近，故定为分修。以民心难齐，故定为官督。今官不督而民不能自修，咸、蒲不修，江、嘉不能独修，累年间，堤内颗粒无收。[①]

其次，在濒江的嘉鱼和江夏之间也有不和谐的音符。嘉鱼无疑是四邑公堤的最大推动者和直接受益者，其原因即在于所面临的水患最大也最直接：

> 嘉鱼每首事议堤，何也？以十二里之县，在堤内水乡者七里，外怀仁等五里虽不在内，亦系水乡，是被水患者三分之二，且沿边皆江，长江一涨，则傍江者先见剥肤，下乡受灾则上乡者势必连累。故其情独急耳。[②]

但是从修防的堤段长短和经费多少而论，如果将四邑公堤均为五，则嘉鱼、咸宁、蒲圻各占其一，而江夏独占其二。即江夏是嘉鱼的两倍之多，这就形成一种奇怪的局面，居主导地位和倡议修建者是嘉鱼县，但实际修筑过程中承担任务最多的却是江夏县，这也在一定程度上引起了江夏县的不满。同治《江夏县志》即认为："其堤虽为嘉、蒲、咸、夏四邑保障，而嘉之受利更大"，但"其自赤矶山至嘉邑下田寺常为江民任工而领其工费。其后加派里民，竟相沿不改，不分老堤、新堤，一概分派江民分修，至五千五百四十九丈，此受累之由也"。[③]

---

① 光绪《嘉鱼县续修堤志》卷2《部控请修呈》，光绪十一年（1885年）刻本，第41页。

② 光绪《嘉鱼县续修堤志》卷2《武昌府台取照修堤事宜册》，光绪十一年（1885）刻本，第7页。

③ 同治《江夏县志》卷2《疆土志·堤防》，同治八年（1869年）刻本，第39页。

由此，在江夏人眼中，嘉鱼受利最大，但江夏却受累最多。[①]于是在乾隆三年（1738年），江夏士人杨天德有感于当时江夏河道迁徙，改建了新堤，加上原有的旧堤，其修筑堤坝超过五千丈，徭役负担过重。于是江夏县愤然向上宪具控，要求将原来由江夏承修的陶家码头以上至夏田寺一段三千一百三十三丈五尺卸归嘉鱼修筑。对此嘉鱼县自然不会“欣然接受”，于是嘉鱼士民刘学洪等奉固有的堤防分修制度为圭臬，亦向上宪呈控江民杨天德等“灭古制”，认为陶家码头堤坝，地虽属于嘉鱼，修应为江夏，请求按照旧例承修。双方相持不下，在嘉鱼县认定的传统习惯和江夏县面临的现实困难之间，最后经抚宪批转武昌府妥议后，不得不采取折中调处如下：

> 江、咸、嘉、蒲四邑分筑长堤，自宋元明至康熙四年，御史顾如华奏请修筑工费，以五分为率，江夏筑二，咸嘉蒲各筑一，载在郡志可考。所有陶家码头至夏田寺，久系江修，一朝改卸，嘉民自不能踊跃从事。而江邑建筑新堤，民劳已甚，又不得不稍为变通。查江邑历来承作堤工六千六百丈。今以赤矶山至陶家码头旧堤三千五百一十丈，改筑新堤，自禹观山而至陶家码头长五千一百六十七丈，计增筑一千六百五十七丈。仍照旧例，亦应通融分任。江嘉二县所议公帮堤费，似为妥协可行。[②]

根据以上引文及相关史料可知，乾隆年间围绕江夏、嘉鱼之间

---

① 但在嘉鱼人看来却不是这样的，史料中有“嘉邑受此堤之益者不及三邑之多，即嘉邑集费亦不及三邑之易”，而且“四邑之中，惟嘉土瘠民贫”。光绪《嘉鱼县续修堤志》卷1《堤说》（光绪十一年〔1885年〕刻本，第5页）。两县立场不同，所以计算受益面积也出现差异，在嘉鱼人看来，江夏县受益面积有34里，而嘉鱼才8里。而在江夏人看来，嘉鱼县受益面积占全县的三分之二，而江夏县为二分之一。显然，一个计算的是绝对受益面积，一个是相对受益面积。

② 光绪《嘉鱼县续修堤志》卷2《江咸嘉蒲分修公堤碑记》，光绪十一年（1885年）刻本，第20页。

的互控，最终的解决方案为：江夏县所提出的陶家码头至夏田寺一段堤防，既没有改归嘉鱼修筑，也没有责成江夏循旧例专修，而是由四县折中议定，共同出资帮筑。其中江夏、嘉鱼各出银三十两，咸宁、蒲圻各出二十两，共银一百两，雇夫修筑，这个堤就是狭义上的“四邑公堤”（后来由武昌府督修，故称府堤）。以上这种处理方式是典型的按照情理法的平衡处理。既尊重传统各县分修制度的安排，同时又考虑到实际情况而加以通融，故能为各县所接受。以后直到清末，四邑公堤的公修制度都没有太多的变革。

（二）国家的主导作用与干预机制

尽管我们一向认为中国古代国家的职能更多地体现在两个方面：治安和赋税，对于其他社会公益事业和公共工程更多的是由地方民间社会来完成，特别是到了明清时期，随着地方民间力量的崛起，但我们也得看到，国家除了是一种暴力工具外，还是一种秩序力量和公平力量，维持社会的相对公平是国家的一项重要职责。而且在权威性社会中，国家权力的边界是相当模糊的，它会随着国家和地方社会的需要进行一定的弹性伸缩。至少在两湖地区，我们无法忽视国家权威的存在，也许我们需要进一步探讨的是国家权力或权威何时、以何种方式、多大程度上介入到一些地方事务中去？这个问题从另一个层面来发问也许就是，地方社会是否需要国家的介入？何时需要国家权力以何种方式介入？等等。可以设想如果没有地方的需求，国家权力的介入将引起社会普遍的不满和抵抗，在此情形下，我们很难想象国家权威能持续很久。

从四邑公堤创修开始的宋代，一直到明清时期，国家一直“在场”，即整个修建过程都有赖于国家的干预和参与，否则我们很难想象四邑之间能够进行如此长久的协济和合作。也许在像修路架桥、设置义渡，甚至是修筑陂塘等公共事务中，地方社会并不一定需要国家的介入。但类似于修筑堤防甚至跨县际的协济，这些大工程显然是需要国家的强力介入，以四邑公堤为例：

首先，在创导修筑堤防水利上，各级官员起到了带头作用。仅就嘉鱼县而言，从宋代政和年间知县唐均开始向朝廷请款修筑，以后乾道元年（1165 年）的知县陈景福、皇庆元年（1312 年）知县成宣、隆庆三年（1569 年）知县刘元相、万历二年（1574 年）知县杨光宇、万历三十九年（1601 年）知县葛中选、雍正年间知县张其维等等，几乎历次修筑都是与这些地方官员的提倡和组织相关联的。再如正德十四年（1519 年）工部尚书吴廷举疏请修筑，先是委荆州府通判赵景鸾逐一勘量，由武昌府同知唐翱督理工程，又委江、蒲、咸、嘉四县首领官或佐贰一员，分定堤段，各司其事。因此前揭光绪《嘉鱼县续修堤志》中即云“今官不督，民不能自修”。

其次，在经费筹措上，尽管一般的维修和兴筑也是由各县或募夫或纳税进行，但这更多体现在承平时期的维护上，只要是大规模的兴筑，多半还是由国家拨款进行的。远不说宋代政和年间嘉鱼知县唐均就是请求朝廷拨款进行始修，仅就道光十二年、十四年、十九年、二十九年，嘉鱼、蒲圻等县先后向朝廷请帑银合计 24.47 万两。[①] 即便是各县摊钱募夫修筑，其堤费筹集的途径也往往是通过对受益民众“税粮加派”的方式进行，这也有赖于国家固有的基层行政体系。以下史料也许能部分说明问题：

> 蒲圻县协修长堤，于嘉庆三年内，据该士民县捐输银一万两，发交典商筹备。均系一分二厘起息。所收息银按季解贮盐法道库，遇有应修工程，由该管府县勘明详请动支本工筹备息办理，并不报部。其余咸宁、嘉鱼二县系照向例官征费银，交堤长承修。咸

① 四邑公堤志编纂委员会编：《四邑公堤志 · 大事记》，湖北人民出版社 1991 年版，第 13 页。

宁县每年额征银六百两。嘉鱼县每年额征银七百九十余两。以为修防之用。或遇水泛之年，堤身冲溃过多，实征费银实不敷用。仍按工程大小酌量加增。每年由该管府县堪明估计工料，造册赍司，详情核销，亦不报部。[①]

再次，官府为堤防修筑提供了组织上的保障。万历十四年（1586年），武昌府就制定了《修堤事宜册》，详细记载了当时的堤势、堤内田地、湖泊等情况，同时制定了兴建堤防、堤身防浪、汛期巡视等办法。康熙十三年（1674年），清政府议准，湖北省武昌府属由府同知督领江夏、蒲圻二县县丞，咸宁、嘉鱼二县典史专门负责长堤修防管理。这无疑有利于统一规划，统筹兼顾，减少冲突对抗，获得良好的水利效益。

康熙三十九年（1700年），朝廷议准湖广筑堤，责令地方官于每年9月兴工，次年2月告竣。如修筑不坚，以致溃决，将巡抚按总河例、道府按督催官例、同知以下按承修官例议处。对此同治《江夏县志》有记载曰："各县分修有界，江夏县应修赤矶山至陶家马头二十里，计长三千七百丈，照田派夫，每于孟冬兴筑，仲春告竣，官为督理。"[②]这说明四邑公堤的修护已经规范化、制度化。

道光十一年（1831年），武昌知府裕谦拟定堤工章程，"今将必应如何采土、如何夯硪，及完工如何验收之处，就其所知，谨拟数条，其余悉遵原发章程，一律照办。以期工归稳固，费不虚靡"。[③]同治年间，嘉鱼县署衙头门镌碑《堤规二十四条》，内容包括修防组织、

---

① （清）佚名辑：《湖北通省政务事宜》，《堤埂险易》，清道光二年（1822年）抄本，不分页。

② 同治《江夏县志》卷2《疆土志·堤防》，同治八年（1869年）刻本，第42页。

③ （清）裕谦：《裕靖节公遗书》，载《再续行水金鉴》，湖北人民出版社2004年版，第118页。

经费、防汛和管理等。这些都为四邑公堤的修防与管理提供了制度上的保证。

最后，在四县利益出现纠葛之时，还必须要上级官府出面进行调节，比如滨江的嘉鱼、江夏和内陆的蒲圻、咸宁之间，上游的嘉鱼与下游的江夏之间，由于利己主义和本位主义，还是存在一些利益上的冲突。我们难以想象，类似四邑公堤这样大型的、跨县际的水利工程，倘若没有国家权威的介入如何能顺利进行下去。

（三）民间力量的勃兴与官民互动

在四邑公堤的兴修过程中，除了官府的作用之外，我们也看到民间力量的勃兴。即到了明清时期，越来越多的地方士绅的确对于地方事务表现出了极大的热情。当然他们也是和官府相互配合的。

如果说在明代之前，主要是关心民瘼的各级地方官员在为修建堤坝而奔走倡导的话，那么，到了清代，我们发现更多当地士绅的身影。在各县地方志以及光绪《嘉鱼县续修堤志》卷二《堤功纪实》中，我们可以找到很多这样的事例。

如在道光十九年（1839 年）冬，嘉鱼士绅孔起恭、王鼎元，咸宁士绅陈椿，蒲圻士绅覃周道，江夏士绅程对廷、周桂林等联合向上宪恳请加修长堤，督部堂筹款 10 余万两，将四邑堤塍全部加高培厚。道光二十七年（1847 年），嘉鱼士绅孔起恭、王鼎元等甚至北上京师请帑修筑嘉堤。其具体情形在史料中记载如下：

> （道光）十四年，（堤溃），知县梁绍芝照米派费，原一时权宜之计，修而复溃。当事不敢请帑，不能派费。缘是罢修者数载。十九年冬，绅士孔起恭、王鼎元、王润、王正心，同咸绅陈椿，蒲绅覃周道，江绅程对廷、周桂林等上控，恳请一律加修，督部堂周筹款十余万两，将四邑堤塍加高培厚。

二十一年又溃，适崇邑不靖，邻皆惶恐，因以未修，而堤又几乎废矣。

二十七年，经绅士孔起恭、王鼎元、熊宏章、李之庆、李士铨、刘凤锴等商同公举生员李某北上京控。蒙批仰湖北巡抚委员勘明，筹款修筑。二十八年春，抚部院唐奉旨给帑银五万九千两，委武同知劳督修，嘉堤较旧堤愈为高厚。①

这里，似乎显示出当地士绅对于堤防修筑的影响力逐步增强，甚至开始越过府州县一级而直接向朝廷请帑。当然可以想见当地官员对于修筑堤防这种公益事务还是持支持态度的，乐观其成。其他更多的史料显示这些士绅在地方事务中的作用愈加重要。以孔起恭为例：

公号益轩，贡生，净里人，孔国玉之父也。生平好善乐施，凡有义举必捐金以为之倡，无少吝。道光甲午，邑侯梁举以监修堤工，经费不足，公捐钱二百贯以成之。己亥，堤复溃。丙午又溃。公备费邀邑人士先后赴省、赴京请帑银，堤乃得全修。公近处有净堡石桥，为七邑往来通衢，屡倾圮。公捐修。至辛卯，邑大饥，公输谷二百余石，以济族党，穷民全活甚众。要之，公之阴行其德，余堤工为多且永焉。②

以孔起恭为代表的士绅在地方公益活动中起到越来越重要的作用，当然这可以看作地方民间力量的不断崛起。但这并不意味着国家权力的削弱，它只能说明随着地方事务的增加，士绅弥补了官府在某些方面的不足，双方更多的是一种合作和互动的关系。

① 同治《嘉鱼县志》卷1《封域志》，同治五年（1865年）刻本，第16页。

② 光绪《嘉鱼县续修堤志》卷2《堤功纪实》，光绪十一年（1885年）刻本，第43页。

以同治九年（1870 年）嘉鱼知县毛隆安倡导修堤为例。毛在发布的《谕六里赶紧修堤告示》中首先表明了官府的难处："各大宪亦力有难支，皆由军饷浩繁，库款支绌。诚恐吾民观望请费，致误堤防要工。"此时刚经历过太平天国运动，国家财力拮据是必然的，因此不可能拿出更多的资金来从事水利工程的兴修，只能借助于民间力量。所以毛隆安指出："今岁之堤，吾民必须自己赶紧修筑。本县前已邀集绅耆会议妥筹自保之方。"最后毛希望官民能和衷共济："所愿与六里绅耆父老竭力同心，于事期于有成，于堤期于有济。"接下来在另一篇《勉励堤绅谕帖》中，知县毛隆安又"逐加遴选局首，慎重择人"，并勉励堤绅要"深明大义"，"毋负民望"等。[①]

四、结语：水利事业中的官府介入与区域协作

通过对四邑公堤这一跨区域的大型水利工程的考察，我们发现，尽管在经费方面官府不可能大包大揽，但对于堤防修建的重视程度并没有降低。它通过筹集民间资金，借助地方士绅的影响力，授权给士绅来完成地方事务。反之，民间力量尽管有所壮大，但在分散的小农经济模式下，整个社会尚不能自愿联合起来自主地进行修防，必须由官府介入来组织动员和协调矛盾。换言之，地方社会的发展需要"王朝国家力量"的介入。

根据笔者对于鄂东南崇阳县华陂堰的研究表明，在南方广大丘陵山区，广泛兴筑的陂塘灌溉由于工程较小，民人易于修建，而且灌溉田亩较小，规模有限，涉及的区域也不大，因此其维修和管理以及

---

① 光绪《嘉鱼县续修堤志》卷 2《六里修堤示、勉励堤绅谕》，光绪十一年（1885 年）刻本，第 44—46 页。

水资源的分配利用主要是由各地民间水利组织进行管理已足，国家只是在灌区内部以及不同灌区之间以为水源争夺而发生大规模冲突时才介入。①

而堤防则不同，由于其工程量较大，而且跨越不同行政区，往往不是个人或小区域所能解决的。加之平原湖区的洪水往往定期泛滥，来势汹汹，极易造成堤防崩塌。所以无论是修建还是维护或组织管理，都需要官府的干预和参与。这大约是堤防建设与陂塘修筑的不同之处。

历史上出现不同区域之间“以邻为壑”的水利现象也揭示“你死我活”的尖锐的利益冲突，但任何判断都需要放在具体生活的场景中去理解。在堤防修筑过程中，尽管也存在不少冲突和纠纷，但也不能否认其中也有利益攸关之时的和衷共济：“一定程度的不一致、内部分歧和外部争论，恰恰是与最终将群体联结在一起的因素有着有机的联系。”② 进而言之，在基本利益和大的目标一致的情况下，纠纷和冲突恰恰构成整合地方社会的有机成分。比如本文所论及的四邑公堤，由于同处长江南岸，地势低洼，都易受到洪水的侵蚀，于是都依靠长堤为保障之根本，并因为利益攸关，在修防发展过程中，逐渐形成了符合各县自身利益的分段承修的公修制度。而官方在组织和协调修防工作中发挥出积极的作用，由此形成了“官府介入”与“地方合作”的共存逻辑，于是四邑公堤合作修防逐渐成为一种具有鲜明地方特色的传统和习惯。这种传统与习惯建立在自身利益的基础上，使得修堤防洪成为地方各界的一种强烈愿望。而《嘉鱼堤志》的不断撰写又在一定程度上重塑与强化了这种四县公修的传统惯习和水利秩序。当然这里也有一个前提条件，即四县的自然边界相连，同属于江汉

① 杨国安：《塘堰与灌溉：明清时期鄂东南地区的水利组织与民间秩序——以崇阳县〈华陂堰簿〉为中心的考察》，《历史人类学学刊》（香港）第5卷第1期（2007年）。

② 〔美〕L. 科塞著，孙立平译：《社会冲突的功能》，华夏出版社1989年版，第17页。

平原向鄂东南丘陵山地过渡地带，经济类型相同，又同属于武昌府这一大的行政区划，这些特定的要素为区域水利协作提供了更为便利的外部环境。

（原载《人文论丛》2012 年卷）

空间与秩序：明清以来鄂东南地区的村落、祠堂与家族社会

一、引言

我们习以为常的现象却能引起局外人的好奇和关注，在晚清的中华帝国生活了十余年，也观察了十余年后，让美国在华传教士、外交官何天爵感受最深的也许就是中国人的乡土情结。他在一本描写中国的书籍中更为我们展现了一幅中国家族与地域紧密结合而形成的独特的乡村聚落图景：

> 中国人的地域观念和彼此之间的地域联系非常强烈和紧密。因此，当新的家庭建立时，他们总是将房子盖在所分化出来的“老家”最近的周围地方。这样在中国你就会发现一组组的家庭群落，或一窝一窝的家庭组合紧密围绕在其老根——父母双亲的周围。你也许会发现整个整个的村落几乎无例外地由同姓的人家组成，并且你也可能发现这些同姓人家中有的家庭是四世同堂、甚至是五世同堂。“史密斯村”（Smith Ville）、“琼斯庄”（Jones Ville）或者说得更地道准确一些，“张家庄”、“王家镇”、“李家十字村”等等，这些村庄乡镇的名字或者类似的地名在中国极为普遍，比比皆是，在清朝帝国内的所有地名中占很大的

比例。[①]

近几年我们一直行走在鄂东南乡村[②]，初步考察的区域包括阳新、通山、通城、崇阳、大冶等市县，同样，我们也能真实感受到何天爵所描绘的传统乡村聚族而居的村落形态以及建立在这种村落形态之上的宗法文化：一方面，在鄂东南地区遗存了一批保存相对较好的家族聚居的古民居和古村落——通山县宝石村、王名璠大夫第；阳新县玉堍村、坳上村古屋等等——在历经沧桑的白墙黛瓦间让我们切身、真实、直观地感受到幽远的村落文明；另一方面，矗立在乡间巍峨的古老祠堂、书写在门楣上的堂号，以及发黄的族谱又向我们昭示了此地浓厚的家族文化。[③]

目前学术界对于宗族的研究已经逐步深入，从封建社会形态视野下的近世宗族农村公社论、族权论、宗法思想论、土地关系制约论到近几年基层社会史视野下的宗族庶民化、自治化、国家认同论、宗族乡约化等。[④]笔者以为，有鉴于宗族主要是血缘和地缘的结合，而村落是其活动的舞台和空间，“进入村落”也许是进一步深化宗族研究的路径之一。村落是中国农民祖祖辈辈生产、生活、聚居、繁衍的场所，也是构成帝国大厦的基石，对于村落的剖析无疑是了解乡村基层社会结构的基础和起点。

---

① 〔美〕何天爵著，鞠方安译：《真正的中国佬》，光明日报出版社 1998 年版，第 61 页。

② 本文所指的鄂东南地区，大致包括现在的湖北省咸宁市、黄石市及其所属五县两市一区，即赤壁市（原蒲圻县）、大冶市（原大冶县）、咸安区（原咸宁县）、嘉鱼县、崇阳县、通城县、通山县、阳新县（原兴国州）。以上各县市在清代基本属于武昌府管辖。因这些州县都位于湖北境内长江以南、鄂省南端，故也称“鄂南”。

③ 在阳新县的田野考察中，我们发现了湖北规模宏大的伍氏宗祠、保存完整的梁氏宗祠以及其他大小不一、或新或旧的各色祠堂，这一点为湖北其他地区所少见。并且，自 20 世纪 80 年代以来，当地日益兴盛的修家谱、建祠堂、行祭祀等宗族活动似乎让我们感受到“传统文化”在乡土社会某种程度上的复归。

④ 参见常建华：《宋明以来宗族制度形成理论辨析》，《安徽史学》2007 年第 1 期；《二十世纪的中国宗族研究》，《历史研究》1999 年第 5 期。

而在传统乡土社会中，矗立在村落中的祠堂无论在仪式象征还是实际运作方面，对于宗族而言也都具有重要的地位和意义。有学者通过对湖南衡山县村落祠堂的田野考察后指出："任何社会权力，总是要通过一定的社会活动来体现，而社会活动则是主体行动与时间和地点统一"，"族权的实现也需要活动的空间，祠堂就是族权得以实现的重要空间。这种空间首先是物理性的，是人们从事权力行为的活动场所，无论是作为祭祖和族学的场地，还是作为执行家法和族人会集的场所，都体现了族权的真实存在，没有这种物理性空间，公共行为和公共决策都要受到影响和制约。另一方面，祠堂又是族权的精神空间，因而它是一种权威的载体，是族权象征性的建筑物，是族人根底所在。由于祠堂具有这种精神上的象征作用，族权才变得具体而有质感"。①

事实上，在史学界"族权"论者的视野中，学者一般也将祠堂与族谱、族长一起视为宗族组织的象征和核心。以后随着研究的深入，一些学者从区域、个案出发，对祠堂的祭祀功能、组织化程度等方面进行了更为微观的研究，并注意结合地域发展脉络。②与此同时，一些建筑学者，特别是乡土建筑学者也将眼光投向了祠堂③，不

① 参见于建嵘：《岳村政治：转型期中国乡村政治结构的变迁》，商务印书馆2001年版，第78—79页。

② 相关的著作有：冯尔康：《中国古代的宗族与祠堂》（商务印书馆国际有限公司1996年版）；常建华：《宗族志》（上海人民出版社1998年版）；《明代宗族研究》（上海人民出版社2005年版）；赵华富《徽州宗族研究》（安徽大学出版社2004年版）。相关论文有：左云鹏：《祠堂族长族权的形成及其作用试说》（《历史研究》1964年第5、6期）；刘淼：《传统农村社会的宗子法与祠堂祭祖制度》（《中国农史》2002年第3期）；科大卫：《祠堂与家庙——从宋末到明中叶宗族礼仪的演变》（《历史人类学学刊》2003年第一卷第二期）；罗艳春：《祠堂与宗族社会》（《史林》2004年第5期）。

③ 仅就本文所论及的鄂东南地区而言，即有李晓峰、邓晓红：《鄂东祠堂》，载《室内》2005年九月刊。王炎松等：《鄂东杰构——阳新县祠堂建筑及文化特征初探》，《华中建筑》2006年第11期。张飞：《鄂东南家族祠堂研究》，华中科技大学建筑与城市规划学院2005年硕士学位论文未刊稿。承蒙该论文指导老师、华中科技大学的李晓峰教授惠赠，本文对此论文、特别是所绘图示多有参考，谨致谢意！

过恰如科大卫所言："中国社会史研究者往往对建筑史缺乏足够的敏感，建筑史的研究者，也不见得对社会生活的演变有深入的认识。"[①]在多学科交叉融合的趋势下，注意到地理性空间的限制能在一定程度上改变地方社会关系的构成和治理模式的实施，在此认知的前提下，引入空间维度来重新审视祠堂之于家族社会的关系，追问建筑背后可能蕴涵的社会意义也许是一种值得尝试的路径。村落和祠堂是凝固的历史，是特定历史时期的产物，是特定群体与自然环境长期交融的结果。本文试图在历时性和共时性的基础上，尝试通过具体的空间维度来探讨抽象的社会关系。换言之，从历史的角度，结合区域发展脉络，将祠堂置于村落结构中，通过祠堂的空间形态，探讨建筑格局与组织形态之间的相互关系，并进一步揭示祠堂在鄂东南乡村社会中所具有的功能与作用，由此达到从建筑空间的视角来揭示在星罗棋布的村落背后所蕴藏的内在的社会组织结构与运行机制的目的。

二、聚族而居：鄂东南地区的移民定居与村落形态

传统的乡村空间基本是在农耕社会中形成和发展起来的，农业经济和社会形态是它的大背景，自然生态环境是它的基础。农业经济的开发与生存空间的扩张则直接导致聚落形态的形成与演变。一般而言，其村落的布局与大小主要受以下三个方面的影响和制约：第一，地理环境，如地形、地貌、水源等；第二，经济因素，如生产方式、土地占有情况等；第三，社会及文化背景，如居住传统、移民的迁移方式、家族制度等。这三者有时是交叉作用，综合制约的。

① 科大卫：《祠堂与家庙——从宋末到明中叶宗族礼仪的演变》，《历史人类学学刊》2003年第1卷第2期。

（一）《地名志》所见鄂东南乡村的聚居形态

据笔者以前的研究，散居是湖北地区聚落的一种常态，其表现形式在山区为村落依山势零星而建，在平原沿江沿堤或绕湖分散而居。[①] 但聚居的现象在部分地区也较为普遍，其中鄂东南的“家族聚居”现象最为典型。据光绪《兴国州志》记载：

> 兴国一隅……无巨商大贾，聚族而居，往往棋置数百户，重宗谱，严别异姓同姓。宗有祠，祠立之长，家法一就长约。岁时承祀，肃衣冠，百十里外毕至。丧谨殡葬，必封必树。或历千百年，石碑竦峙，春秋榉扫，凡无主之塚亦遍及之。[②]

这一方面与其所处的地理环境和生产方式不无关联。鄂东南地处长江以南和幕阜山北侧之间，东临赣北，南接潇湘，西望荆楚，北靠武汉，属江汉平原向江南丘陵过渡地带。其地理面貌主要以山地和丘陵为主，丘陵与盆地交错分布，山麓田野间河流纵横、溪泉密布。这种地貌颇符合“依山傍水、靠近水源”的村落选址原则。[③] 同时大小不一的盆地和河流也为传统农耕提供了有利的生产条件，水田和旱地交错构成鄂东南耕地类型，农业也成为当地的主要产业。在阳新县，“农勤垦殖，境无旷土，工不尚技巧，艺事以坚朴为贵，无巨商大贾”[④]。通城县亦是“四野小农务农立本，五方杂处，家自为俗。……男务耕凿，女攻纺织，少事商贾，士勤学问，

① 杨国安：《明清两湖地区基层组织与乡村社会研究》，武汉大学出版社 2004 年版，第 28—31 页。

② 光绪《兴国州志》卷 4《舆地志 · 风俗》，光绪十五年（1889 年）刻本，第 1 页。

③ 刘沛林：《古村落：和谐的人聚空间》，上海三联书店 1997 年版，第 15 页。

④ 光绪《兴国州志》卷 4《舆地志 · 风俗》，光绪十五年（1889 年）刻本，第 1 页。

风俗淳朴”[①]。可以说鄂东南地区山地、丘陵的地理环境、男耕女织的生产方式为乡民聚居提供了必要的条件。

另一方面，鄂东南村落聚居形态的形成更多的则与当地移民定居及家族繁衍相关，这一点在村落的命名方式上得到充分体现。正如新编《通山县志》所言：

> 本县人口按姓氏聚居的习俗，与江南各县略同，多以一姓聚居于一个地区或一个村庄，并多以姓氏命名所居村名，如汪家畈、祝家楼、毛坪、坳上焦、瞿塘张、洞口罗等村即是。两姓同居一村的村名，则以人口多少区别先后，如焦夏等村名。同宗同姓聚居在一处，主要是长期受封建思想和保守势力的影响而形成，特别是某姓历史名人、宗祠、谱乘等更具有凝聚力，无论是从本地迁出，或外地迁入，或本地土著，皆不例外。[②]

因此，在八十年代鄂东南所属县市编纂的《地名志》中，相当数量的村庄名称由来都与家族姓氏有关，如《崇阳县地名志》所载白霓镇之“玉圳肖家”村20户70人，创业祖名肖玉圳，故名；“石垄陈家”村13户90人，陈姓聚居，处丘陵山冲，地表多石灰岩，故名；“堰上庞家”村9户40人，庞姓聚居，处远陂堰（南宋创建）上游，故名，等等。[③] 兹以《阳新县地名志》所记载“白沙公社”（现为白沙镇）的村庄为例制下表以窥一斑：

---

① 康熙《通城县志》卷1《志舆图·风俗》，故宫珍本丛刊，海南出版社2001年版，第389页。

② 湖北省通山县志编纂委员会：《通山县志》第二卷《人口·姓氏》，中国文史出版社1991年版，第60页。

③ 湖北省崇阳县地名领导小组编：《崇阳县地名志》，1982年，内部资料，第140—145页。

阳新县白沙镇村庄名称一览表

命名方法	村落名称示例	该类型村落合计	占总村落比例
以祖先姓名命名	甘必中，马良珍，陈阿冯，胡必显，吕广，姜文高，汪天，梁天洪，陈秀，李奇，罗志六，梁寿，何子华，吴锦寒，罗时茂，陈阳武，罗洪刁，李昌，刘念，石子政，马彩，朱通，许云，石荣……	63	21%
以房份命名	冯四房、五房，罗家四房，吴家三房，潘祥六房、潘祥五房，冯家三房，刘福七房、六房，马家三房……	17	5%
以方位加姓氏命名	上冯，下洪，下边陈，下何，上何，下陈秀、上陈秀，上梁、下梁，下魏、上魏……	28	9%
以姓氏加地名命名	胡家坜，黄塘，张家垅，梁家湾，张家畈，冯家湾，秦家庄，冯家庄，坳上董……	30	10%
以姓氏加建筑物命名	韩老屋，姜太屋，冯家祠，冯家新屋，潘祥港边，石屋林，夹墙董，魏家屋……	48	16%

资料来源：湖北省阳新县地名志领导小组编：《阳新县地名志》（内部资料），1984 年 12 月，第 91—111 页。

以上以与姓氏有关的方式命名的村庄占到整个白沙镇的一半以上，而且大部分村落都是单姓村落，说明此地家族文化的发达。这种村姓传统也集中体现了湖北地区以“村户结构”为特征的宗族模式。① 而且，几乎所有以祖先名字命名的村庄，其祖先就是移居该村落的肇基祖。而以房份或添加方位的方式命名的村庄则是家族繁衍、村庄扩散的历史进程在名称上的直观反映。

不过，我们也发现，尽管是家族聚居，总体而言，鄂东南所属自然村落的户数和人口都不太多。以 20 世纪 80 年代的阳新县为例，每自然村平均只有 20—30 户、150—200 人的规模，如下表：

① 林济在《长江中游宗族社会及其变迁》（中国社会科学出版社 1999 年版）一书中曾经揭示了黄冈地区王权推动下的小农社会中以一户一村为表征的村户宗族模式。参见该书第 55—67 页。

阳新县自然村落平均户口数

公社名称	自然村总数	总户数	总人口数	自然村平均户	自然村平均人数
沣源口	132	4879	24982	36	189
太子	194	6674	33263	34	171
海口	146	5338	27231	36	186
白沙	306	9340	50636	31	165
陶港	174	3465	19381	19	111
三溪	307	6288	33609	20	109
龙港	396	7996	37890	20	95
新建	66	2549	13510	38	204
枫林	204	3242	16497	15	80
木港	207	4277	22199	20	107
排市	182	4801	24453	26	133
王英	95	1522	7737	16	81
大王	159	7326	35418	46	222
富水	204	5787	28500	28	139
洋港	234	4808	23941	20	102

资料来源：湖北省阳新县地名领导小组编：《阳新县地名志》（内部资料），1984年。

鄂东南其他县市自然村落人口与阳新县亦相似，规模都比较小。如《通山县地名志》记载，其县城附近的大路乡，1982年人口统计数据为167个自然村、4358户、24822人，每自然村平均26户、148人。[①] 如果说以上很多都是丘陵、山地为主，因而导致村落规模较小的话，我们不妨以崇阳县白霓镇为例，该镇地处崇阳盆地，土壤肥沃，河网密布，渠道密布，水利条件优越，自古以来是崇阳县主要产粮区之一，人口相对较为集中。但据《崇阳县地名志》所统计的数据表明，20世纪80年代，全镇167个自然村、4558户、28130人，

① 湖北省通山县地名领导小组编：《通山县地名志》，1983年内部资料，第43页。

每自然村平均也只有27户、168人。以上阳新、崇阳等县的数据是20世纪80年代进行地名普查时统计出来的数据，应当比较可靠。据此往前推断，明清时期每自然村的户数和人口数不会高于此数。

鄂东南地区每个自然村落人均户数和口数较低的部分原因也许可以归于移民较为晚近，但更主要的则在于该地区地处低山丘陵，地形零碎分割，可供开垦的土地资源有限，耕作半径较小，每个村庄的土地承载量有限，其土地垦殖呈现扩散性开发。即便是山间平原和盆地，因为考虑到选择较高地势以防水患和尽可能靠近耕地的缘故，一般村落也是分散于盆地四周的山脚下。① 不断繁衍的人口不得不在一定区域内分迁，于是一个老村庄逐步演变、分化为多个子村庄。

由此看来，鄂东南一带的村落形态从“点”上观之，主体是在一个个较小的居民点上、由单姓族群构成的宗族聚居形态。这一个个类似于“细胞”的家族性单姓村落随着人口数量的不断繁衍，反映在“面”上，即表现为空间扩散方式和空间布局特征，呈现出一定地域内同姓村落聚居和异姓村落杂居的局面。综合考虑动态的扩散过程和静态的平面布局，粗略可以划为两种模式：

1. 弥散式的村庄扩展模式，在空间上呈现出同姓数村块状（团聚）分布，即在一定区域内形成“一姓数村、团状聚居”的局面。

这种布局的形成有赖于两个条件：一是有足够的发展空间和较优越的地理环境，比如河谷开阔地带和较大的山间盆地；二是家族繁

① 在田野考察中还发现，即便是在一个较大的山间盆地，村落一般也是选择在环盆地边缘的山脚下，面向盆地，沿山脚均匀分散聚居。这一方面是风水和环境上的考虑，背山面水是村落选址的一般原则，而且盆地中央地势往往较低，河流纵横，容易遭水患。建村于山脚，又可以节约盆地上丰饶的土地资源。另一方面，村落分散布局于盆地边缘而不是一侧，则是为了各个村庄靠近盆地中央的耕地，方便耕作、收获。

衍的历史悠久，而且受动乱影响较少。从时间来看，它们往往是移民和定居较早的土著世家大族。从另一层面上讲，就是在原有村庄周围，有足够的空闲土地供进一步开垦，即土地资源相对丰富、暂时也没有发生族内与族际之间的争执，只是受制于割裂的丘陵山地，耕作半径不能过大；同时出于靠近耕作田地的考虑，于是逐步脱离原有老村庄，但又距离原老村落不太远的地方新建房屋，形成新的村庄，并与原有村庄形成团状（或块状）聚居形式。从历时性来看，这种村落之间也许构成中心村—边缘村，或者说是老村—新村、母村—子村的关系。一般中心村（亦可曰核心村）规模相对较大，周围形成依附型村落。但也有少数分迁出去的新村发展规模超过老村，或老村衰落而被新村超过的情况。

2. 嵌入式的村庄扩展模式，在一定区域内形成“一姓一村，多姓杂处，分散聚居”的布局。

这往往出现在开发较为充分的地区和移民较为晚近的家族。一方面是由于单个移民家庭或单身移民因为受到土地资源的限制而不得不采取分散住居的形式；另一方面则是缘于一定区域内已经先行有土著居民和村落的存在，后移民者一般只能选择土著尚未开垦的土地从事耕作，并就近建筑房屋，随着自身人口的繁衍逐步形成村落，该村落与周围异姓村落形成插花状态。也是就说，从居民“点”上看，是一姓一村的宗族聚居，从“面”上看，又是多个姓氏杂居的状态。因此这里所谓的“分散聚居”是将单姓村落视为一个单元，相对于块状宗族聚居而言。

对于第一种弥散式、团状宗族聚居形态，地名志中所记载的村庄的名称本身也有所反映，比如《阳新县地名志》记载：

> 刘达丁亥村，以祖人刘达于丁亥年在此定居得名，220人。
>
> 刘达大新屋，刘达丁亥东南250米，东傍公路，由刘达丁

亥分居于此，故名，240人。

洪胜老屋，以祖人洪胜居此得名，25人。

洪胜新屋，由洪胜老屋分居于此得名，80人。[①]

其他如韩老屋→韩新屋，石和老屋→石和新屋，吕广→细吕广，潘云大屋→潘云新屋→潘云上屋等等，后者都是由前者移居出来的新村落。也就是说，以上村庄的发展模式即是在原有村庄人口不断繁衍生息、超出了原有的土地承载量，人口不断外迁以寻找新的生存空间，于是衍生、裂变出新的村庄。但新的村庄距离老的村庄都不太远，由此容易形成团状聚居。

（二）移民定居与村落布局：以阳新县梁氏与通山县方氏为例

以下我们不妨以阳新县梁氏和通山县方氏为个案，来考察早期移民家族定居与组团式村落布局的关系。

据《梁氏宗谱》记载："吾族自始祖万年公仕宋雍熙朝，致仕归林，选胜潜迹，由山左卜居楚北下雉之宋山，子文通公复迁城北之箕麓而胥宇焉。"[②]万年公即洲公，为阳新县梁氏始迁祖，大约在宋代前期的雍熙朝，即984—987年间，洲公由山东东平迁居阳新之宋山。按：明代天启年间通判马歘所撰的《下雉纂》记载：兴国"八景"之一有"宋山樵唱"，并云，宋家山在州东门外，隔湖，州人樵采处，山上有石马洞。[③]想必此地一定是风景秀美，故洲公致仕后没有返回山东东平，而是迁居于阳新县东之宋山，是为阳新梁氏之一

① 湖北省阳新县地名领导小组编：《阳新县地名志》，1984年，内部资料，第96页。

② 阳新县《梁氏宗谱》卷首《重修宗谱序》，1988年光裕堂重修本，第8页。

③ 马歘：《下雉纂》，明天启四年（1624年）传抄本，第7页。阳新（兴国州）一带最早设县为汉代的下雉县，故名。

世祖。洲公之子文通公复迁阳新县北箕山之麓，也就是现在的白沙镇一带。以后就在此繁衍生息，形成了一个较大的梁氏聚居区。谱载：

> 吾族由宋历今，虽年代甚远，丁男蕃盛，而棋布星罗，俱属同乡共里，即和庄嗣徙金湖，亦毗连郡界。[①]

这里所言“俱属同乡共里”即昭示出阳新县的梁氏家族自宋代以后，其迁徙是近距离弥散式，而箕山一带开阔的田野为他们的生存和发展提供了可能。下图即为梁氏宗族聚居分布情况：

阳新县梁氏宗族聚居分布图

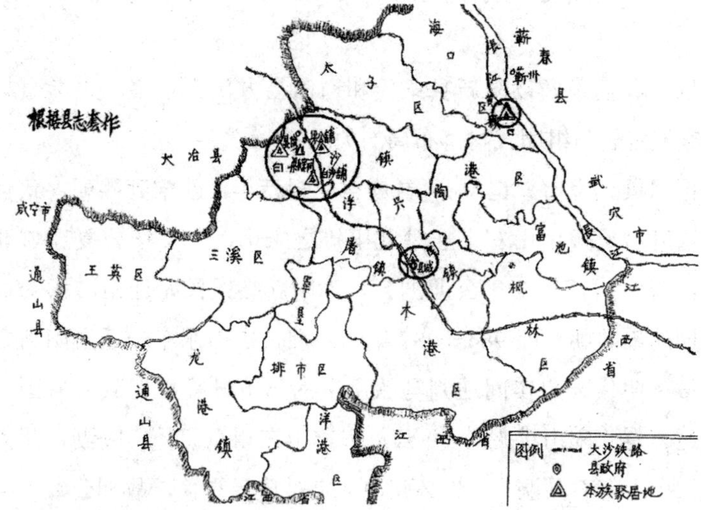

资料来源：阳新县《梁氏宗谱》卷首，1988年重修本。

以上是1988年该家族修谱时绘制的一个简明的聚居示意图，图

---

① 阳新县《梁氏宗谱》卷首《重修宗谱序》，1988年光裕堂重修本，第15页。

中县城梁氏居民主要是近代城镇化以后迁徙的结果，而靠近长江边上黄颡口的梁氏是何时何支派迁徙，由于目前笔者掌握的家谱不全，一时尚难阐释清楚。[①]但毫无疑问，阳新梁氏村落主要分布在县北白沙镇的箕山一带。不过该示意图过于简略，并没有将箕山一带所有的梁姓村落标示出来。事实上，以白沙镇之梁公铺（昔以姓梁的人在此开店铺而得名，处于交通要道）为中心，周围聚居了不下十余个梁姓村落，较大且历史较悠久的村落如下：

梁显垅，在梁公铺西北800米

梁寿，在梁公铺东500米

梁家庄屋垅，在梁公铺东北500米

梁天洪，距梁公铺西南700米[②]

黄塘庄，在梁公铺北650米

另外据《梁氏宗谱》康熙三十七年（1698年）所制定祠规后的落款村庄显示，除以上各村庄之外，还有英庄、大屋庄、太庄屋、夏家庄、万兴庄、新屋庄、麻园庄、鸭子庄、金墩庄、面前庄等。据考证，以上近15个村庄在清初都已经形成。[③]以后随着时间的推移，村落还在扩展。如民国年间又新增有刘公子庄、上庄、中庄、下庄、面

① 在前揭《阳新县地名志》中记载黄颡口（靠近长江边）一带有梁普、破屋梁、梁家、上梁湾、下梁湾、福神梁、大凹梁、山下梁、江边梁等梁姓村落。见前揭《阳新县地名志》第84—88页。

② 按前揭《阳新县地名志》记载，天洪庄在梁公铺西南700米，以祖人姓名取名（见该书第98页）。可惜没有记载村庄建立的时间。查《梁氏宗谱》卷首《洲公派下世系目》记载，天洪字伯海，官授丞信校尉，管黄州协左司。生于元至正甲辰（1364年）九月初三日午时，殁于明宣德丁未年（1427年）十月十九日。据此可以推断，梁天洪庄建立的时间当在元末明初。而访谈得知，梁显垅、梁寿的历史较天洪庄更早，因此其建村的时间当在元代，甚至可能更早。

③《梁氏宗谱》卷首《祠规并建祠原序》，1988年光裕堂重修本，第5页。另外，梁氏宗祠中道光年间所立《课会序》碑刻附录的捐款名录中也有以上各庄的名称。

前屋等等。据田野调查，现在梁氏有 64 个庄门，其中白沙镇有 40 余个。

对于梁氏家族各村落衍生发展的过程，由于《阳新县地名志》中没有记载各村落创建时间，现仅就《梁氏宗谱》中零星记载进行粗略的勾勒。据《梁氏宗谱》之《海济公建业黄塘传》记载：

> 公讳海济，乃十二世祖兴龄公次子，吾庄（注：即黄塘庄）始基祖也……公诞于小箕之阳，两娶淑德贤妣，而生我四支之公：曰材、曰节、曰劲、曰崇。后公以天年终。其他行事之实、生平之懿，传于后人之口，铭乎后人之心者，可不殚述。其时见白杨胜地，背山面水，佳气祥钟。左有金桥沃壤之野，右有黄泥静深之池。阴阳善利，水火充资。于是去其故居，卜宅于兹。大启尔宇，燕泽流长。频经济鸿基展拓起昌明，迄今子孙蕃衍，田庐增廓，居分数地，耕读弥盛，尤特著者，若讳方经举康熙乙酉科孝廉，至游泮水，列成均，才识超群，冠冕于世者更难仆数。是皆我公作善之应，亦我公贻谋之得而利及后嗣也，以视世之当时则荣，殁则已焉者，判若云泥。用是以详家乘。[①]

以上是一篇关于梁氏第十三世祖海济公移居、创建黄塘庄的过程，按辈份推断可能是在南宋后期或元代初期。当时海济公娶有两妻，育有四子，家大口阔，发现白杨一带田地肥沃，于是“去其故居，卜宅于兹”。事实上，从老宅移出建立新的村庄后，黄塘庄在以后的历史发展中又在进一步不断衍生出更新的村庄，其他各老庄演变亦如此，详见下表：

---

① 阳新县《梁氏宗谱》卷首《传赞·海济公建业黄塘传》，1988 年光裕堂重修本，第 2 页。

阳新县梁氏宗族新、老各庄对应简表

老庄	分支新庄
寿庄	梁寿庄
太屋	太屋庄
黄塘庄	山塘庄、黄塘庄、港边屋、对面屋
新屋下	上新屋、太洼庄、老二房、天龙庵、双树垴、江边庄、新屋下、塔桥庄、老新屋
麻园庄	上庄、中庄、下庄、畈庄、梁朴各庄、下梁各庄
夏家宕	夏家庄、万兴庄
大庄屋	港东庄、港西庄
金墩庄	金墩庄、张屋湾、六公子庄、上金墩、面前屋、
押纸庄	押纸庄
天洪庄	大塘庄、天洪庄、章山庄、梁许庄、浠水巴河、萧家铺、暖水湖、柯家庄、梁河庄、经头嘴、鸦鹊嘴、道陈嘴、金牛西畈
瑛庄	上梁庄、万塘庄、梁瑛庄、江西武宁、梁公铺、龙港、梁家堰

资料来源：阳新县《梁氏宗谱》卷首，《宗谱目录·资料》，1988年重修本。

由于鄂东南家族中的庄门是和世系相连的，具有一定的血缘特征，因此和地域特征的村落之间并非完全对应，但在聚族而居的宗法思想和惯习下，两者在一定程度上也有着同一性。因此，上表也可以在一定程度上反映村庄不断繁衍的轨迹。

这种团状式的家族聚居模式，在鄂东南其他地区移民较早的家族也是存在的，比如通山县的方氏家族。据记载，方氏是宋末（1276年）由江西南昌铁柱宫迁居通山下城尾居住，始迁祖为方宗胜。[①] 以后瓜瓞绵延，分居通山各地。下图即是通山方姓现在的家族聚居图。

① 方名林主编：《通山县方姓简史》卷9《大事记》，2003年内部刊本，第129页。

通山县方姓聚居分布图

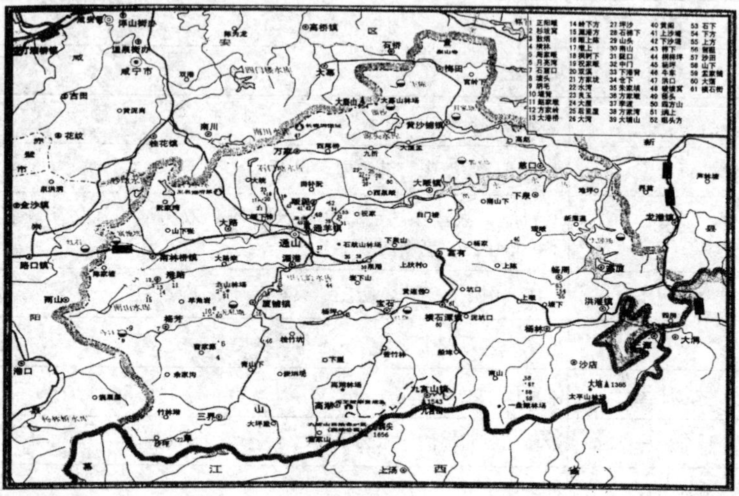

资料来源：方名林主编：《方姓分布图》，《通山县方姓简史》卷 7，2003 年内部刊本，第 88 页。

以上方姓在通山县各个不同地区形成团状聚居模式，其村庄也是不断扩散的结果。据《通山县方姓简史》记载，1289 年，德三公由下城尾迁居三都兴隆庄大屋。1330 年，应文公由兴隆大屋迁居下首石梯下落业。以后在 1371 年、1373 年、1375 年、1376 年，均绅公、均络公、均开公、均纲公由兴隆大屋分别搬迁到屋背后、老屋、谭家林庄、大湾。[①] 这样在不到一百年的时间，兴隆大屋一个庄门派生出五个庄门，基本是近距离扩散。至今，由于兴隆庄中的大屋、后里屋、坪沙三个小庄门地理相近，长期以来生息与共，形成了一个相互协作的、超村落的“地域共同体”，因此当地人合称之为兴隆庄里三门。[②] 其他各支派亦如之，据《仓下方庄简史》载：

① 方名林主编：《通山县方姓简史》卷 9《大事记》，2003 年内部刊本，第 132 页。

② 方名林主编：《通山县方姓简史》卷 15《各庄门简史 · 兴隆庄里三门简史》，2003 年内部刊本，第 257 页。

> 迁通邑龙口庄一世祖万二公六世孙志高公来此审龙，见东面田畴旷阔，西面凸冈似鼓，北面翠岭如钟，脉承太母之秀，且有潺潺溪水，足灌田园，南收群山美景，又畔衢潭之丽水，离老庄龙口，仅一箭之地，隔河相望，唇齿相依，故于明年间（1480年）左右迁居仓下，迄今六百余年。[①]

由上引文可知，明代初期，方志高创建新庄所考虑的因素除了田畴广袤，“足灌田园”，有利于农业垦殖之外，“离老庄龙口，仅一箭之地，隔河相望，唇齿相依”也是一个重要的因素。由此可见，只要资源条件允许，家族村落的扩散总是以靠近发源地村庄的“近距离”为原则。就此而论，鄂东南宗族聚居村落格局的形成与移民较早以及特殊的地理环境有一定的关联。

（三）“江西填湖广”：波浪式移民运动中的鄂东南家族

在明清“江西填湖广”的移民运动中，有一个自东向西的波浪式移民过程，即鄂东南——江汉平原——鄂西北——鄂西南的渐次拓展过程。[②]鄂东南因毗邻江西的缘故，是接纳移民较早的地区，而移民多选择聚族而居。个中缘由也许在于他们要面对一个陌生的环境，重要的是如何生存，如何让自己的后代生生不息地繁衍下去。移民的艰辛历程，对杂草丛生的田野的垦辟，对不同族群资源争夺的压力，使宗族观念在移民家族的思想中愈加深入，对于这些背井离乡的人们就更有着其他人所不能体会的意义。“抱团”成为他们应对环境的一种必然选择。对于鄂东南移民怎样聚居的一般情形，我们不妨以下表通山县为例窥其一斑。

---

① 方名林主编：《通山县方姓简史》卷15《各庄门简史·仓下方庄简史》，2003年内部刊本，第262页。

② 参见张国雄：《明清时期的两湖移民》，陕西人民出版社1995年版，第36页。

通山县部分氏族移民、聚居情况一览表

姓氏	迁入时间	原籍	聚居地	姓氏	迁入时间	原籍	聚居地
焦氏	宋末	江西兴国	城关、厦铺	余氏	明末	江西长茅	余长畈、杨芳林
吴氏	元末	江西兴国	城关	徐氏	宋代	通城、江西瑞昌、安徽休宁	慈口、南林
朱氏	宋	江西婺源、武宁	慈口九甲、城关、横石、高湖	陈氏	宋	江西兴国	
谢氏	宋初	江西巨石巷	厦铺、高湖	王氏	宋末	江西兴国	
夏氏	宋末	江西巨石巷	石门、焦夏	汪氏	元末	江西	横石汪家畈
舒氏	明初	江西	宝石、畅周	成氏	宋初	江西兴国	三源、横石、杨林
方氏	宋末	江西巨石巷		乐氏	南宋初	江西兴国	黄沙里慈、城关
张氏	宋代	江西、曲江	畅周、港路、牌楼	郑氏	元初	江西巨石巷	翠屏
刘氏	元末	江西		黄氏	元末	江西义宁双井	杨芳林、雨山
宋氏	元末	江西	大路	许氏	元初	江西	厦铺、泉港、中许
程氏	宋时	安徽徽州、江西武宁	城关、船埠	熊氏	明初	江西	
李氏	宋末	江西武宁	界牌、船埠	廖氏	明初	崇阳	杨芳林
吉氏	不详	江西					

资料来源：民国《通山县乡土志略》，民国七年（1918年）抄本，上海图书馆藏。其聚居地参考湖北省通山县志编纂委员会：《通山县志》第2卷《人口》，中国文史出版社1991年版，第60—61页。

以上共计25族，从移民空间来看，来自省内移民，兴国州6例，崇阳县1例。来自省外移民19例，占76%。从移民时间来看，其中宋代移民占13例，元初2例，元末明初6例，最晚移民为明末1例。

因此就通山县而言，其移民特点有二：第一，移民主体还是江西为主，与湖北其他地区相仿。第二，移民时段较早，以宋代为主。这点为湖北其他区域所少见。个中原因较为复杂，这也就印证了两湖移民自东向西的波浪式移民，鄂东南是首入区，家族繁衍的历史也较悠久，容易形成世代聚居的世家大族。

此外，由于鄂东南地处湖北南端，属于湘鄂赣交界的边缘地区，并且各县地形皆为丘陵山地，因此这一区域所受到的战争破坏应当比中部的平原地区为轻，因之宋元时期就已迁入鄂东南的土著氏族保留下来的较湖北其他地区为多。而且即便是由于元末明初的战乱有所逃散，但战事甫定，逃散的土著大多回归故乡。所以有学者称鄂东南地区在明初洪武年间为人口补充式的移民区。[①] 阳新《梁氏宗谱》就曾记载该族历经战乱而幸免于难的情形：

> 梁氏，吾兴（即兴国州）望族也，抑号旧家。自元末蕲黄红巾贼寇掠江西，郡城当其冲，往来攻克者四。南宋时所谓衣冠族姓，胥逋窜亡灭荡焉无存。而梁氏今岿然甲第门高，生齿繁盛，居址相错。去郡六十余里，地曰小箕山，绵亘于冶湖之间，不下数十村。其余落落散布者未暇更仆数也。猗欤盛哉！……自洲公由山左东平爱湖山之胜，寄寓雉水，遂家焉。阅南宋元明，世凡几十，年凡几百，鼎湖屡徙，鸡犬不惊。[②]

由梁氏在鄂东南的历史境遇可知，尽管元末明初的战乱造成了

---

① 曹树基：《中国移民史》第5卷，福建人民出版社1997年版，第136页。另，就湖北历史人口发展与分布而言，秦汉时期人口主要分布在汉水中下游和江陵一带。东汉、三国时期，吴国控制下的鄂东一带开始发展，至宋元时期，鄂东南的人口密度已经大大超过了鄂西北襄樊地区，武昌府7路和兴国路3县人口密度每平方公里约在50人以上，而襄樊路10县人口密度平均每平方公里仅5人，相差10倍以上，这是宋金和宋元在汉水中下游一带长期对峙造成的。参见谭崇台主编：《中国人口·湖北分册》，中国财政经济出版社1988年版，第46页。

② 阳新县《梁氏宗谱》卷首《梁氏倡修宗谱序》，1988年光裕堂重修本，第10页。

湖北地区人口的大量凋敝，但在鄂东南这样一个相对边缘、地形复杂的山地丘陵区，因缘际会，有一些世家大族还是幸免于难。故同治《通山县志》有云："里多世家巨族，望衡对宇，鸡犬相闻。"[①] 这些世家大族由于移民较早，繁衍较久，周边土地资源较为充裕，因此能够形成"一姓数村"的团状聚居形态。

对于移居较为晚近或者是陆续迁入的家族而言，由于他们不得不面对早已入住的土著家族，只能分散插入，因而形成"一姓一村"的散居形态。我们以阳新县袁氏宗族为例，据袁氏族谱记载：

> 我族自汝南衍派，施及寰中。南宋时，我祖全、清、仲七三公，俱为世贤公五世孙。全、清二公俱由吴迁楚，全公则卜居于兴国之铜桥畈，清公始奠基于同邑之享潭，后徙居于白果，至今已属通山。仲七公其时尚未定居何所。至兴广公，乃仲七公之八世孙，始定居于荆溪之覆钟山下，厥裔遂尊为不迁祖云。[②]

按其族谱记载，阳新县的袁氏似乎迁入时间也较早，至少在宋元即有移入者。但有一点值得注意，阳新县的袁氏是分批移入的，其中全公和清公较早移入，仲七公较为晚近才移入，因此他们一开始就处于分居各地的局面。事实上，我们今天看到的阳新县《袁氏宗谱》是1988年袁姓合修的，属于联宗谱。因此他们所记载的全公、清公、仲七公三大支派之间的关系可能是虚拟的血缘关系。所以目前阳新县袁氏家族大多是一姓一村的散居状态。比如仲七公派下的袁广村位于靠近长江边的富池镇，与袁广村毗邻的自然村落均为王、陈等其他大

① 同治《通山县志》卷1《舆地志·乡里》，同治七年（1868年）活字本，第16—17页。
② 阳新县《袁氏宗谱》卷1《袁氏合修宗谱序》，1988年传诗堂重修本，第2页。

姓。袁氏其他较老的村落如陶港镇的袁均立村、排市镇的袁家垄、木港镇的东春下袁、慈口乡乌岩等等也大多处于一姓一村的独立的家族聚居形态。也许根源在于单个移民家庭受到土地资源限制而不得不采取分散住居的形式。这种分散住居的形式在清代移民家族中应当更为普遍。[①]

当然，湖北村户结构下家族聚居在地域空间上呈现的所谓“块状”和“嵌入”模式是相对而言的。可以想见，随着人口密度的增加，原来单一宗族的“块状”聚居也可能由于自身的衰落或外族的强力嵌入，甚至由于政府的强制性移民等因素而被打破，呈现各姓杂处的局面。事实上，我们也发现，随着时间的推移，受制于可资利用的土地山林等资源，原先团状聚居的梁氏家族迁移的距离开始拉大，出现了跳跃式迁徙，比如前《阳新县梁氏宗族新老各庄对应简表》中，天洪庄、瑛庄等老庄的族人开始迁入到县东靠近江西的龙港镇、本省的浠水县，甚至是江西武宁等地创立新庄。

这说明，团状（或块状）式的家族聚居格局更多地出现在家族历史发展的早期，同时也是该区域经济开发的初期。较为充沛的山林资源，可供开垦的土地较多，为家族性村庄的近距离扩散提供了条件。而山区丘陵地形以及河流等因素决定了村庄规模不可能过大，为着耕作的便利，于是家族村落呈现细胞分裂模式，一分为二，二分为四，逐渐实现对整个土地的占据。当然，随着人口密度的增加，不同家族之间资源争夺的加剧，各姓杂居的格局会更多。

总体而论，由于鄂东南在历史上属于移民型社会，单个的移民家庭或家族随着人口的不断繁衍逐渐形成家族型村落。因此就一个个自然村落本身而言，更多以“一姓一村”的单姓村落为主，尽管受到

---

① 参见鲁西奇：《区域历史地理研究：对象与方法——汉水流域的个案考察》，广西人民出版社 2000 年版，第 514 页。

地形的限制，其村落规模可能较小。[①]同时，由于鄂东南移民较早、区域相对边缘和封闭、遭受的战乱相对较轻的缘故，宗族聚居的村落形态较湖北省其他地区更为普遍和典型。这些为该地区宗族组织的发展提供了较为有利的土壤和环境。

三、兴建祠堂：清代鄂东南移民宗族的构建

台湾学者陈其南认为宗族有广义和狭义之分，并分别用宗族范畴和宗族团体来指代：同属于一宗族的成员之间，虽然其系谱相当明确，但彼此如果没有聚居在一起，也无共同祭祖或其他互动关系，那么它就只是一种宗族范畴。而狭义上的宗族团体的含义或者说构成要素包括以下三个方面：第一是聚居的条件；第二是族产或祠堂的建立；第三是族谱的修纂。[②]

笔者比较赞同陈其南的看法，并认为，宗族按实际功能和社会作用的不同可以分为文化层面上的宗族和制度层面上的宗族。文化意义上的宗族没有实体性的组织作保障，只是受传统宗法文化的浸润，对于血缘群体具有一种自觉的认同感和凝聚力，但对族众没有强有力的制度性的约束作用，只是一种仪式或文化象征意义，大约与陈其南所谓的广义的宗族范畴相仿；而制度层面的宗族具有制度化和组织化的特点，具有一套以族规、族长、祠堂为核心的组织管理系统，并在实际生活中对族众具有强有力的约束能力和管理功能。前者“务虚”，而后者“务实”。

---

① 在阳新县田野考察中，被调查者和村民们都非常强调他们村子姓氏的唯一性，村中所有的男丁一律同姓，绝无他姓，直到现在都是如此。

② 陈其南：《家族与社会：台湾和中国社会研究的基础理念》，台北联经出版事业公司1992年版，第218—219页。

毫无疑问，在古代交通、通信较为落后，不同区域相对封闭的情形下，家族聚居是宗族组织构成并发挥作用、实现家族式管理的前提和基础。只有当某一共同祖先所繁衍的家庭和村落集中定居和分布在特定的乡村范围之内，即血缘和地缘的紧密结合，才会使得该地方社区的社会、经济、文化等活动具有宗法特色，在国家正式权力难以直接渗透到基层社会时，作为重要民间组织的宗族就能在基层社会管理中发挥重要作用。因此家族血缘的地域化是构成功能性宗族团体的重要条件。

鄂东南聚族而居的村落形态无疑为宗族组织的孕育和发展提供了土壤，一俟条件成熟，各家族纷纷建立祠堂、修缮家谱、举行祭祀活动。阳新县自不必说，其他地区亦如此。兹仅据地方志风俗卷之记载各县市祠堂、祭祀等罗列如下：

> 每姓各建宗祠，元旦香烛茶酒告祖，初二日，通族集公祖祠堂，香灯赞礼，先中龛始祖，次左昭祖，次右穆祖，次昭祧祖，次穆祧祖，次无后旁亲祖。先次三殇，各八拜，毕序尊卑，以次递拜。社日前祭新葬先塚。清明前后备香椿猪酒告醮历代先塚，毕祭，奠祠堂先灵，唱赞，奠次如前。[①]
>
> 大族各建祖祠，置祭产，立祭会。清明寒食，合族老幼衣冠舆马，诣墓所，挂椿钱，杀牲备物以鼓吹声，不绝于道，祭毕而归，记口分胙。绅耆倍之。秋冬，联族于祠，以序昭穆，遵行献礼。招优演戏以燕，或百数十席不等，亦敬宗收族之一端也。[②]
>
> 清明扫墓，登谷荐新，中元、岁除及忌日焚楮致奠。大家

① 同治《通城县志》卷6《风俗》，同治六年（1867年）活字本，第9页。

② 同治《通山县志》卷2《风土志》，同治七年（1868年）活字本，第53页。

则建祠堂兴瑞，人于冬春之际舁其祖神行锣过邑，遍历彼族。[①]

私祠：各姓宗祠、支祠皆为私祠。其祀之日期不一，规约亦异。祭期，吴姓春祭以二月初一，张姓秋祭以九月十五，洪山宋姓以冬至日，其余春祭多以清明，秋祭多以霜降。取春露沾濡，秋霜怵惕之意。规约，贺姓用帖，刘姓用票，饶、宋等姓皆用筹。[②]

以上史料其实是对鄂东南地区祠堂祭祖活动的简要概述。历史研究喜欢追根溯源，但因为鄂东南世家大族较多，而且目前几乎每个姓氏都重修了家谱，在没有穷尽所有家谱的情形下，推断最早修建祠堂的时间并非易事。现仅就笔者所查阅的数部家谱而言，阳新县伍氏祠堂修建的年代较早。据《伍氏宗谱》记载：

吾族自宋进仪公始迁以来，立有祠宇。至本朝顺治十年，族中长老数人提领改造。后因老祠朽蠹，于乾隆乙酉年族中诸老因其旧址，更而新之。由是庙貌始焕然矣！[③]

这里说宋代就有祠堂似乎难以置信，但考虑到清顺治年间有改造之举，而且康熙戊戌年族人所作《修饰庙貌》中有“祠立两朝百十余年”之语[④]，则可能在明中后期即有祠堂。另外，尽管伍氏实际是宋代始迁入阳新的，但其追溯根源认为是伍子胥的后代，不排除他们

① 同治《大冶县志》卷1《疆域志·风俗》，同治六年（1867年）刻本，第7页。

② 民国《蒲圻乡土志》第21章《礼俗·祭礼》，民国十二年（1923年）铅印本。按：据该书记载，蒲圻祠庙祭祀有公祠、私祠之分。诸如先农坛、社稷坛、城隍庙、文庙、武庙（关岳庙）、名宦祠、乡贤祠、忠孝祠等带有官方色彩的为公祠。家族祠堂为私祠。

③ 阳新县《伍氏宗谱》卷首《重建祖祠兼续修宗谱序》，1988年树德堂重修本，第36页。

④ 阳新县《伍氏宗谱》卷首《经理宗祠银谷条例》，1988年树德堂重修本，第22页。

在宋元时期为祭祀春秋名士伍子胥而修建家庙式的祠堂。因为至今，在阳新县三溪镇的伍氏宗祠中还供奉着伍子胥和他的两位夫人。

但总体而论，鄂东南大规模修建祠堂、编纂家谱、祭祀祖先的活动主要出现在清代前中期。据《阳新县志》记载，该县祠堂有百余座，皆砖木结构，或三重，或五重，两侧常见偏厦，这些祠堂大部分为清代建立。[①] 如阳新梁氏尽管在宋代就移入，并很早就形成家族聚居形态，但其祠堂的修建却是在康熙三十七年（1698 年）。[②]

再以阳新县富池镇袁广村建立袁氏宗祠为例，据镶嵌在祠堂墙壁上的一块《袁氏重建祖祠碑记》记载：

> 康熙庚子夏，袁氏建祠将竣，受业八载，袁子尧文持宗谱诣【旅馆】，备道伯父时瑞建祠始末，属予作记示不忘也。闻之唯唯，因览袁氏宗谱，【知】为先朝书香人家，地灵人杰，贤士【屡】生，景泰、成化年间，以举人【显】者则袁公讳渼、其【子】讳相也；以岁贡显者则讳熺讳朝佐也。自是学孔孟者入黉宫，习孙吴者谙韬略，代不乏人，指难胜屈。人文后先，济美立祠享祭，盖袁氏之有祖祠也由来旧矣。迄明季之衰，兵荒接踵，祠宇倾圮已经多年。我清定鼎，袁氏将具气运循环，无往不复。时则有讳六龙，号时瑞者睹故址而心恻，毅然以复祠为己任。承祭银生放，不徇情，不苟利。十余年来，金成数百，一出一入，不假人手。经之管之，皆由己裁，历两寒暑，告厥成功，祠则新而焕，朴而坚，如昔年庙貌也。高曾祖考，昭昭穆穆，前人之风规不改也。子孙曾元秩秩彬彬，先世之礼乐可复也。善继善述，真大有造于袁哉！昔钟竟陵读苏老泉先生族谱，

① 湖北省阳新县县志编纂委员会编纂：《阳新县志》之《经济篇・城乡建设》，新华出版社 1993 年版，第 348 页。

② 阳新县《梁氏宗谱》卷首《谱例祠规》，1988 年光裕堂重修本，第 6 页。

凛凛然动木本水源之思，噫！仁孝之感人，疏者且然，矫在至亲，由今以往，袁氏后裔时乎春雨露濡而怵惕，入斯祠也，当思建祠立祭者之不匮也，【永】锡也，而怵惕更深矣。时乎秋霜露降而凄苍入斯祠也，当思建祠复祭者之永言维则也，而凄苍倍切矣！予深服时瑞之能绍先，能启后，畅尧文示不忘之说以记之，又从而歌曰：云山苍苍，泉水泱泱，仁孝之举，山高水长。

长村子胡养贤颐大氏谨撰

族侄懋建口书

清康熙五十九年岁官庚子孟夏[①]

据此碑文可知，现存的袁氏宗祠重建于康熙五十九年（1720年）。按碑文中所云："济、美立祠享祭。盖袁氏之有祖祠也由来旧矣"，似乎袁氏在明代中期就有了祠堂，因为袁济、袁美为袁氏第四世祖，皆出生于明中前期。按袁广村坟山上弘治十六年（1503年）所立的袁美的墓碑《先考奉议大夫素公之墓》记载：

先相国府君讳美，字实之。行顺十八，别号筠直轩。世家【居】湖广兴国州丰义里。正统己未秋，年仅十龄，补先群庠弟子员。……景泰丙子乡荐上春官，中乙榜，不就，庚辰再试，遂授四川茂州儒学正……（成化）戊子谒选，改授淮府纪善，寻以年劳，荐升右长史……不幸于明弘治壬戌年十月十六日正寝而终，享年七十三岁。[②]

① 此碑立于阳新县富池镇袁广村袁氏宗祠内的墙壁上，2005年12月15日由笔者带领武汉大学2002级历史学基地班张妍妍、刘嘉乘、周倩文、陈才艳、汪志杰、林小昭等同学抄录，碑刻中模糊不清的字由家谱补之。

② 该墓碑立于阳新县富池镇袁广村北面的乐家岭。另，袁广村周边的家族墓地上保存了从明代景泰年间以来的明清古墓碑约40余块，而且碑文有墓主详尽的生平介绍。2005年12月13日至17日，笔者曾经带领学生对此进行了部分抄录。

因袁美是明景泰七年（1456年）乡试举人，方志中亦有记载，云其由四川茂州学正升淮王府右长史。[①] 考虑到袁美的官员身份和当时的时代背景，明代中期享祭济、美二公的祖祠很可能是家庙，合族共祭意义上的袁氏祠堂应该就是清康熙五十九年建立的。其他如通山方氏祠堂为康熙四十四年（1705年）年新建。[②] 通山舒氏祠堂为乾隆壬申年（1752年）年建成。[③] 通山陈氏祠堂为乾隆六年（1741年）年落成。[④]

因此，尽管鄂东南部分巨家大族也许在宋代以后建立了家庙甚至祠堂，但真正大规模修建祠堂的热潮出现在清代前中期。这里既与国家在明代中叶以后祭祖礼制上的改变有关，特别是清初统治者提倡忠孝治家，如康熙圣谕十六条中首要两条就是“敦孝弟以重人伦，笃宗族以昭雍睦”（鄂东南各家谱往往在卷首收录此项圣谕，以表明其修谱祭祀的合法性和权威性）。但更与清代以后鄂东南区域社会经济发展相联系。

一方面，湖北移民以江西为主，而江西是宗法意识较强的省份，当地移民进入湖北后，往往将宗法制度移植到迁入地。作为毗邻地区，鄂东南无疑是受江西影响最深的地区。同治《大冶县志》之《余公宗祠记》有云：“今之祠即古家庙之遗制也。……今海宇十五国之风不一，而维吴楚风景相接，其俗近似。然豫章之地无不祠堂者，即子孙浸微，其祖先之祠未敢废也……余氏尤望族……余氏之未谋居室，先营家庙。”[⑤] 这里提到江西修祠堂风气之甚，言下之意是认为大冶余氏修祠堂是受其影响。

---

① 光绪《兴国州志》卷14《选举志》，光绪十五年（1889年）刻本，第18页。

② 方名林主编：《通山县方姓简史》卷8《宗谱宗祠与统派》，2003年内部刊本，第115页。

③ 通山《舒氏宗谱》卷1《重修祠堂记》，1988年双峰堂重修本，第13页。

④ 通山《义门陈氏宗谱》卷3《严轩肇修宗祠落成碑记》，1989年重修本，第29页。

⑤ 同治《大冶县志》卷13《艺文志》，同治六年（1867年）刻本，第35—36页。

另一方面，移民大量涌入后，人口繁衍，内部支派蔓延，需要收聚人心，加强管理。而外部地方族群之间因为土地山林等资源竞争日趋紧张，需要一个强有力的组织来应对各种社会危机。换言之，晚近的移民面临一个已经被逐步开发的区域，为了求得生存空间而不得不本着拿来主义和功利主义的精神尽快构建一个世俗化、功能化的家族组织。先期的移民家族（特别是世家大族）在清代以前也零星修建有家庙，处于文化意义上的宗族范畴。而随着明清以来外来移民的大量涌入，他们也面临新的群体性移民的挑战，于是原本松散的宗法文化意义上宗族也向庶民化、世俗化、制度化方面转变。而国家对地方的低度渗透也为民间组织提供了生存和发展的空间。

在鄂东南地区，至清代，村庄的密度开始增大，村庄之间的隙地急剧缩小，其家族村庄的扩散距离开始拉大。更为明显的是，在清代开始纂修的家谱中出现了大量坟山的详细记载和图说，以及各种山林田房契约等文献的记载，这其实反映了各家族对于山林资源的占有与争夺的加剧，村落之间的边界也开始由模糊而变得清晰。而鄂东南聚族而居的村落格局使得宗族的组织化过程较容易在短时间内完成，这种群体效应不仅体现在清康乾时期的祠堂修建上、道光年间的家族宾兴活动上，甚至也体现在1988年前后的普遍性修撰家谱和祭祖活动上，该区域似乎一直存在一种家族式的竞争格局。

四、鄂东南祠堂类型与家族结构

概而言之，鄂东南的家族祠堂可以分为三类：宗祠、支祠、家祠；与之相对应的是家族结构为宗族、房份、家庭。分论如下：

（一）宗族与宗祠

宗祠是合族为祭祀始迁祖而立的总祠，为该族所共有，它既是祭祀祖先的中心，也是宗族议事、执法，实行宗族管理的中心，其建制规模比宗族其他种类的祠堂要大，是家族中规模和等级最高的建筑，代表整个家族的兴旺和荣誉，是全体族人的象征。建设一座宗祠需要大量的人力、物力，即较为充足的财富和具有极高威望的族人。在以自给自足的农业为主要经济方式的鄂东南地区，这些条件需要几代甚至更长时间的积累才可能具备，所以并不是每个姓氏在宗族聚居范围内都有豪华的宗祠。而一旦时机成熟，特别是有族人当上高官，宗祠的建设就会提上议事日程。

以阳新县白沙镇梁氏宗族修建宗祠为例，据《梁氏宗谱》之《祠规并建祠原序》云：

> 吾族原籍山东，自始祖洲公宦寓下雉，卜宅于兹。厚德流衍，更历数朝，乡贤绅士前后相望。斯有家庙，宜也。顾美业待人而兴，亦待时而成。有其人而弗遇其时，或为狼烟所阻，或为堍荒所乘，则举事诚难。且聚众心众力，如筑舍道旁，其忽举忽废者又有之。岁之戊寅（注：即康熙三十七年），祖灵默佑，相锡以丰年，合议建立祖祠。维时兄勇孟官陕都督，慨然寄资倡捐。一启口而莫不响应。其殆人与时之相待已久而忽焉相值，遂举数百年难成之功而决之崇朝也乎。爰议领首，聚材鸠工，阅一岁而祖祠成。[1]

由上可知，梁氏家族自宋代移居阳新之后，多次欲修建祠堂，但时运不济，或因战乱，或因灾荒，到康熙年间方才具备条件。抛

① 阳新县《梁氏宗谱》卷首《谱例祠规》，1988年光裕堂重修本，第4页。

开祖先保佑这种套话，家族财产的丰厚，特别是族中出现了官至都督、正二品衔的梁勇，他的身份、地位和倡导在梁氏修建祠堂中发挥了重要作用。梁氏乾隆二十五年（1760 年）的《修家谱序》有记载云：

> 第自宋至今，治乱反复，图谱屡毁，宗祠莫修。越本朝康熙戊寅，我先君任陕西都督，身勤王事，兴切本源，忧支派愈繁愈远，各自为宗，有乖一体之谊。爰捐俸，邀集族众，襄建祖祠，合六族以展欢，承蒸尝于不替，我先君实有劳焉。①

梁氏宗祠规模宏大，前后三进，左右三排。中轴线上第一进为戏台、廊坊和天井，并且在大门入口两边八字墙的后面设置了专门的乞丐房②，第二进为享堂，众柱挂有对联，上方悬三块牌匾，分别题为“博士第”、“都督府”、“光前裕后”③。第三进为设置神龛和祖先牌位的祖堂，中轴线两边分列有花厅、受胙所、饮福所、厨房、钱谷仓、宾兴馆、先贤祠、乡宦祠等，由于家族不断整修，整体格局至今保存完好，为县级文物保护单位。图如下：

① 阳新县《梁氏宗谱》卷首《修家谱序》，1988 年光裕堂重修本，第 13 页。

② 据 2005 年 12 月 17 日对梁氏族人梁勋武老人的访谈得知，宗祠中设立乞丐房是为了在举行大型的宗族聚会活动时避免乞丐的骚扰而专门施舍、收容乞丐之用。

③ “都督府”是缘于曾任陕西都督的梁勇。而“光前裕后”据《梁氏宗谱》卷首《家礼》记载是康熙年间兴国知州张辉祖借宿宗祠时所题送。谱云：“康熙己卯岁桂月望日，吾族祖祠工竣，仪规初就。始郡侯张公讳辉祖者以公过小箕，谒祖祠而宿焉。祠宇辉煌，祭仪稍备，家规森严，弟子彬雅，不胜叹赏，爰书‘光前裕后’四字以赠，随给印条规并赐刑具，至今藏之祖柜，永遵勿替。”这里是想彰显官府对于梁氏宗祠的认可，考之光绪《兴国州志》卷 12《秩官志》，的确有康熙辛酉年知州张辉祖记载，所记应不虚。

梁氏宗祠（附伍氏祠堂）

阳新县白沙镇梁氏宗祠（笔者摄）

阳新县三溪镇伍氏宗祠（笔者摄）

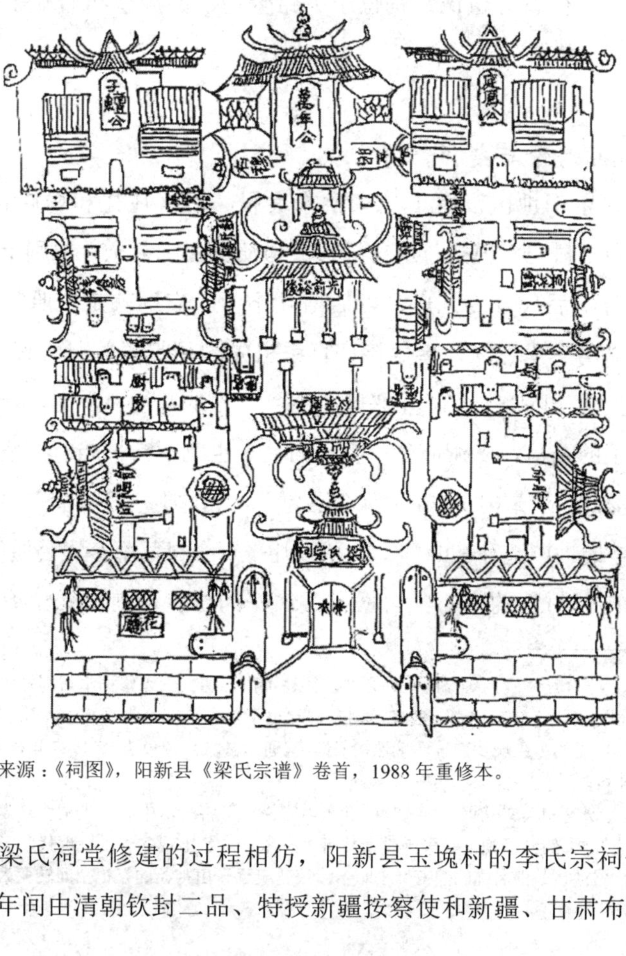

资料来源：《祠图》，阳新县《梁氏宗谱》卷首，1988 年重修本。

与梁氏祠堂修建的过程相仿，阳新县玉塊村的李氏宗祠也是清代咸丰年间由清朝钦封二品、特授新疆按察使和新疆、甘肃布政使李衡石告老还乡之后主持修建。而阳新县三溪镇伍氏宗祠是缘于历史悠久，人口众多，共计十二个庄户，约三四万人口，有相当的人力财力积累，所以其祠堂气势较梁氏宗祠有过之而无不及（见上附图）。以上几个宗祠规模宏大，似乎已经超出了祭祀礼仪所需要的规格，宗祠的修建在一定程度上凸显该宗族在当地经济文化中的优越地位。[①]

以上所列梁氏宗祠、李氏宗祠、伍氏宗祠皆为该姓氏的总祠，其选址一般不依附于某一个村落，而是位于村落与村落之间风水最好的地方。比如梁氏宗祠就位于梁公铺附近，属于附近梁氏宗族聚居区的中心位置。伍氏宗祠位于大路旁边，四周散布着众多的伍姓村落。

（二）房份与支祠

在鄂东南地区，由于是家族式聚居，村落往往和房族相联系，即所谓的“村户”模式。房份的形成与演变极为复杂，原则上是家族祖先的若干后代分为几房，以后增减不一。支祠就是依照宗族的分支——“房”来建立、奉祀该房直系祖先的祠堂，并非所有的“房”都建立祠堂，除非该房人丁兴旺，达到一定的数量。反之，一个家族随着人丁的繁衍，支派蔓延，支祠的数量也就不断扩展。

鄂东南的支祠又被称为“祖堂”、“祖祠”、“宗屋”、“公屋”等[②]，是最为广泛存在的祠堂类型。几乎每个村落都有“公屋”。它一般处于自然村落的中心，占据村落最好的位置，前临水塘或一空场

---

① 在通山县，经济较为雄厚的大姓之间，往往不惜一切代价兴修祠堂与别姓比美，至今群众中流传：“舒家祠堂一枝花，刘家祠堂也不差，汪家祠堂平平过，陈家祠堂破风车。”参见通山县城乡建设环境保护局编：《通山县城乡建设志》，1987年，内部资料，第74页。

② 根据家谱等相关文献可知，清代的鄂东南家族一般将村落中心的支祠记载为“祖堂”、“祖祠”，大约到了晚清、民国时期才有“宗屋”之名出现，到了近现代，当地人则称之为“公屋”。由名称的演变似乎昭示出该建筑逐渐由神圣的祭祀空间转变为世俗的公共建筑。

地，背后靠山，为坟山阴宅，其他住宅围绕着公屋或祖堂而建。如《梁氏族谱》对于老屋阴阳两宅图说云“观其阳宅，方位座东北向西南，左右系各人私居，而祖堂在其中，宫面案若玉屏，文峰秀丽，且门前之水随发脉处而来，如玉带缠腰”①。祖堂既为全村的公产，当为全村族人共同修葺。但到了晚清以后，随着族产的衰减，似乎开始依赖于个人的捐修。如民国九年（1920年），梁氏祖屋即由经商之梁栋臣“出私财修葺之”②。对于公屋与村落的布局，可参见下图之阳新县玉堍村支祠（即公屋）平面图。

阳新县玉堍村部分公屋和村落的关系平面图③

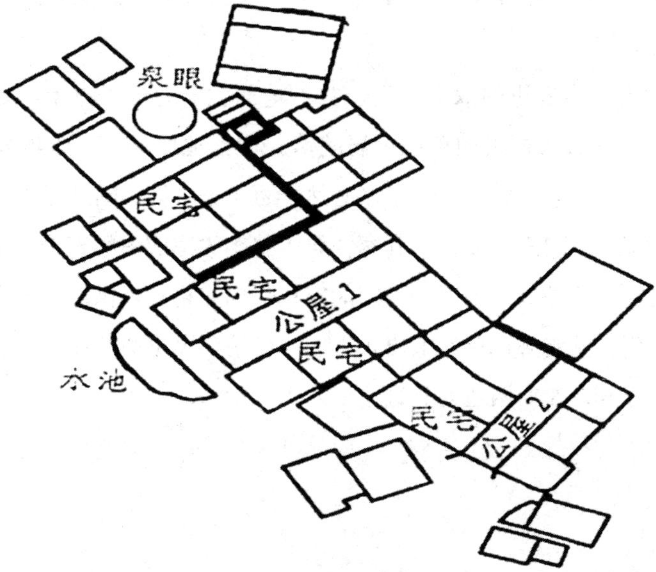

---

① 阳新县《梁氏宗谱》卷首《墓图》，1988年光裕堂重修本，第35页。

② 阳新县《梁氏宗谱》卷首《传赞·梁君栋臣重修祖屋序》，1988年光裕堂重修本，第102页。

③ 此图转引自张飞：《鄂东南家族祠堂研究》，华中科技大学建筑与城市规划学院2005年硕士学位论文（未刊稿），第25页。

（三）家庭与家祠

鄂东南家祠相对较少，基本是家庙的遗制。主要是显贵的家庭，子孙繁多，在建筑房屋时，在住宅中修建专门供奉嫡系祖先和父母牌位的家祠。[①]家祠的布局和住宅有着密切的关系，一般居于住宅的中间。兹以被誉为“楚天第一大夫第”的通山县王明璠大夫第为例，据史载：“王明璠，号扑夫，一里人，咸丰戊午举人，援例分发江西试用，辛酉署乐安，厘奸剔弊，讼狱衰息。同治壬戌摄上饶。”[②]当时适逢太平天国运动，王明璠因为征讨有功，一度升任知府，后归家，年七十三岁卒于家。估计其在任上积累了一笔钱财，在回乡后修建了一座大宅院，即现在的大夫第。现已被列为湖北省级文物保护单位。

大夫第为五进的深宅大院，共占地面积一万多平方米，是湖北省目前保存最大规模的单栋民居院落。据当地住户说，1949年新中国成立后分给老百姓住居，最多时达一百余家，以后陆续迁出，现在仍住有三十余户王氏族人。其家祠居于整个大宅的中间部分，左右分别为五进四天井的住宅区，中间的家祠后面为祖堂，供祭祀之用，前面又作为公共走廊，供家人出入之用。详情参见下面的图（其中间之长廊为家祠，左右两边为五进住宅）。

① 由田野调查可知，一般的家庭就是象征性地在堂屋的神龛上供奉牌位。专门修建家祠除了文中提及通山县大夫第外，还有通山县通羊镇岭下村的熊家大屋、阳新县枫林镇的坳上村古屋等。坳上村古屋并排5间，3道正门、2道偏门，家祠位居中间。古屋一进三重，共85间房、28口天井。据谱载，其建造者为柯道曙，生于嘉庆元年，太学生，后弃学经商，带领兄弟五人养猪、贩盐、开铺，渐成巨富。年四十开始建造此屋，据云历20年而成。2005年7月31日，笔者和张建民教授曾对此古屋进行过考察。

② 民国《通山县乡土志略》，《人物·宦绩》，民国七年（1918年）手抄本，不分卷。

通山县吴田村大夫第之家祠与住宅平面图①

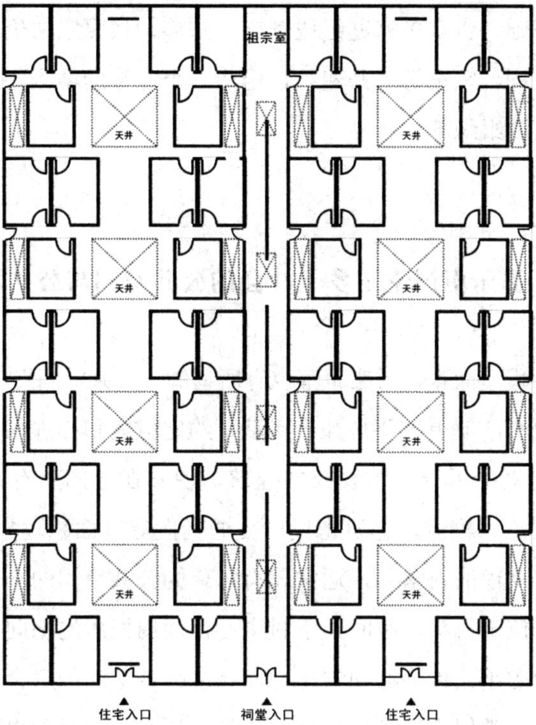

概而言之，在宗族聚落中，宗族组织的宗祠——支祠——家祠基本对应着聚落结构中的聚居区——村落——大家庭。宗祠，是一个姓族落业开宗之地，由合族共建，在团状聚居的家族中，它往往居于若干村落中间地带；在散居的宗族，它可能会选择始迁祖所在的村落建设。无论如何，宗祠对应着一群家族性村落，是一个家族聚居区的公共建筑；支祠，是一个姓族中分支之后人丁旺盛，房头支系聚居形成村落后建立的祠堂，一般居于自然村落中心位置，对应单个家族村落，是一个村落的公共建筑；家祠，则是一户一家发达之后，家庭独建，以纪念一个家庭祖先之祠，一般位于家庭住宅的中间，是一个家

① 此图转引自张飞：《鄂东南家族祠堂研究》，华中科技大学建筑与城市规划学院 2005 年硕士学位论文（未刊稿），第 92 页。

庭住宅的中心区域和公共空间。鄂东南地区以血缘关系为纽带，以聚族而居为基础，将众多家庭组成家族、宗族，按照宗法伦理道德，依托家祠、支祠、宗祠等公共建筑，组成一个完整的结构，成为管理村落空间的重要组织部分。

五、鄂东南祠堂：乡土社会的公共空间与公共活动

从某种程度而言，村庄聚落也有所谓的“公共空间”[①]，它可能是几何物理中心，但更主要是社会活动、约定俗成和心理指向的中心场所，表现为集中了一些主要公共建筑，使其在空间上有别于其他区域，或以人流、物流、建筑密度、交通指向等方面相对集中为特征。在具有一定规模的村落中，通常就有可称为公共空间的一片空地，这种空地有时位于村头，有时位于村中心，四周民居均朝向公共空间开门，村落中的小路也多通向这里，而围绕公共空间的房舍的等级也较高。除了这些类似小广场的村落中心外，还有一些元素也可成为村落的中心，例如宗祠、庙宇、水塘、水井、谷场、廊桥、杂货店等。

对于聚族而居的鄂东南乡村而言，祠堂构成乡村重要的公共建筑和公共空间，是族人活动的中心。就田野考察所见，一般祠堂位居村落中央，族人的私宅就分列于祠堂左右。祠堂的前面有水塘和广场，祠堂的后面是坟山，在族谱中一般称为阴阳两宅，下面以通山县宝石村为例，由下图可以看出，该村落沿宝石河南北两岸团块聚居，有两个宗祠和五个支祠（祖祠），都占据了村落中的最佳地理位置。

① 这里笔者并不想给“公共空间”赋予太多的政治色彩，比如前几年一度在中国流行的、明显是在西方话语体系下形成的“公共领域”理论，而更愿意将之简单地理解为乡村社会的“活动中心”，并想考察实实在在的“物质空间”——祠堂以及它在古代乡民日常生活中的功能和作用。

通山县宝石村舒氏宗族阴阳两宅图

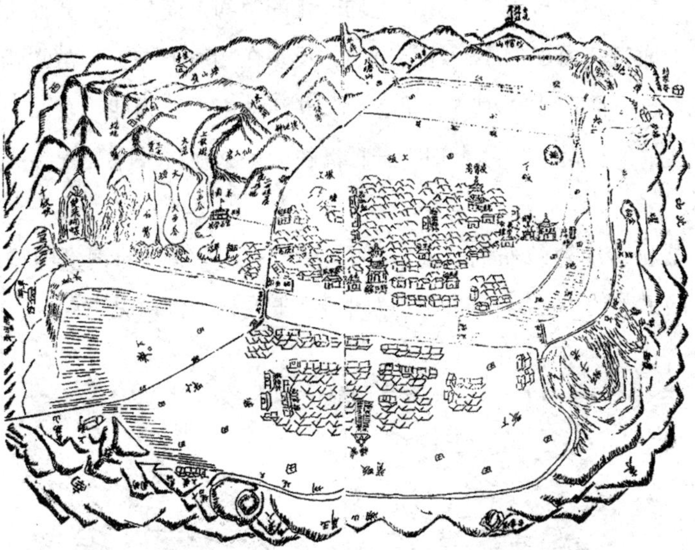

资料来源：通山《舒氏宗谱》卷首，《墓图》，1988 年重修本。

族人在祠堂里的祭祀活动和其他公共生活是宗法文化最有力的表现，在乡村生活中扮演着重要角色。新编《通山县志》即云：

> 建国前，乡村的主要公共建筑有各姓氏宗祠、庙宇、桥屋、茶（路）亭等。祠堂建筑在乡间首屈一指，高大宏伟，风格别具。建造时，由各姓按丁派资，是为本氏族祭祀、修谱、处事和唱大戏的场所。①

显然，祠堂是构成南方广大乡村公共空间和日常生活的主体。因为传统村落聚族而居，血缘关系成为维系人际关系的纽带，而且家

① 湖北省通山县志编纂委员会编纂：《通山县志》卷 11《城乡建设》，中国文史出版社 1991 年版，第 244 页。

族内部的社会等级与地位是不同的，家庭、家族、宗族等并非孤立地存在于村落中，村落本身并不是均一化的空间，而是有社会性质的分化，形成村落内部的不同社会空间。反映在物质形态上，常常就是以祠堂为核心而形成一种节点状态的公共活动中心。因此，表面上看来似乎松散的村落，实际上却为一种潜在的宗族血缘关系而连接成一个整体。[①]

从村落的建筑布局来看，鄂东南地区不同等级的祠堂即构成大小不同聚落的中心，在此不妨以阳新县玉堍村为例，见下图。

阳新县玉堍村平面图

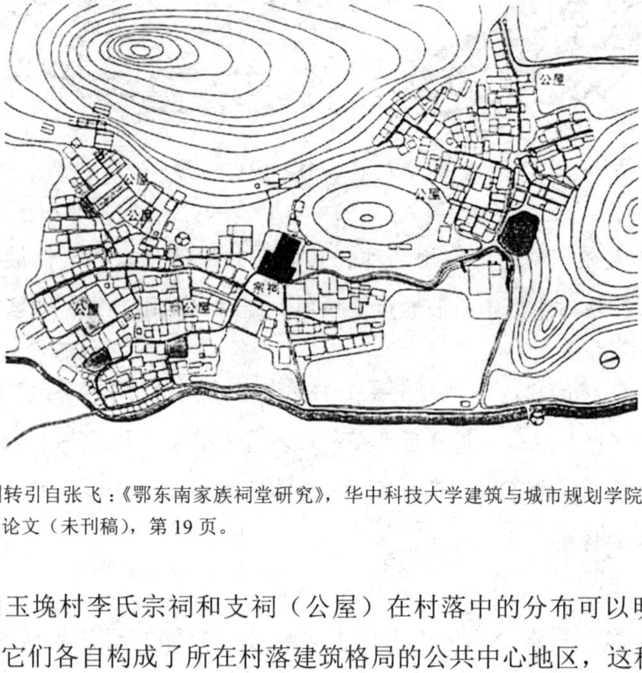

此图转引自张飞：《鄂东南家族祠堂研究》，华中科技大学建筑与城市规划学院 2005 年硕士学位论文（未刊稿），第 19 页。

由玉堍村李氏宗祠和支祠（公屋）在村落中的分布可以明晰地看出，它们各自构成了所在村落建筑格局的公共中心地区，这种建筑的中心也构成了族众在空间上的活动中心。如果我们对鄂东南祠堂的三个类型做进一步考察就会发现，由于宗祠往往远离村落，而且只是

① 张小林：《乡村空间系统及其演变研究》，南京师范大学出版社 1999 年版，第 120 页。

在合族祭祀时才启用，所以它更多地具有礼法性的宗族象征意义，如前面笔者所言，其等级与规格的奢华更多地凸显该家族经济文化的优越地位。而家祠只是个别达官权贵家庭才会修建，并不普遍。只有处于中间的、与自然村落相联系的支祠，即鄂东南地区的所谓“祖堂”、“祖祠”、“宗屋”、“公屋”等祠堂，因其与族众日常生活关系的密切而更具有村落公共空间和中心的特征，从其“公屋”名称自身就彰显了它的“公共性”。祠堂作为乡村的公共空间，其公共活动大概可以分为以下几个方面：

（一）祭祀活动

毫无疑问，祠堂最开始、最基本的功能是家族组织祭祀活动的地方，这也是祠堂最初修建的原因。通山义门陈氏于乾隆六年（1741年）修建祠堂时即云：“典莫大于敬宗，诣莫隆于睦族。二者交举，必藉祠宇以为功。”[①] 鄂东南的合族祭祀一般在冬至、清明、除夕举行，祭祖礼仪极其隆重，世家大族还专门制定有家礼。以下为阳新县《梁氏家礼》之一部分，其祭礼程序如下：

> 大典礼　肃静　序立　启鼓　鸣金　奏大乐　发炮　停乐　奏小乐　通赞者进　诣盥洗所　盥洗　诣拜案前　朝揖　登台呼礼
>
> 正通　引赞者进　副通　诣盥洗所　正通　盥洗　副通　诣拜案前　正通　朝揖　副通　就位……[②]

在梁氏家族的祠堂祭礼中，还有诸如执事者、司酒者、司帛者、司香者、司肴馔者、歌诗者、主祭者、助祭者、正引、副引等等职务，分工细致而明确，有牲牷所、香帛所、茗献所等祭祀场所的设置

---

① 通山《义门陈氏宗谱》卷3《严轩肇修宗祠落成碑记》，1989年德星堂重修本，第29页。
② 阳新县《梁氏家礼》之《祭祖仪节》（不分卷），1988年光裕堂重修本，第1页。

等。总之，祠堂祭祀时，老少咸集，尊卑有序，秩序井然。仪式化、秩序化、神圣化是祠堂祭祀活动的主要特征。

（二）修谱、藏谱

家谱的修撰从搜集、走访、整理、编纂到印制，往往需要相当长的时间，也常常需要一个专门的机构（谱局）和场所（祠堂）进行。如阳新县袁氏家族同治三年（1864年）合修家谱即云："今岁首夏，松、和、梅三公后裔同志合修，公举首士，立局祖祠。已往者仍照老谱编辑，后起者亦依老例增修。寒暑三周，即已告竣。"[①] 这里修谱之始，即立谱局于祖祠。同时，谱大成之后，除了分发各房支之外，一般也会将宗谱收藏于祠堂之中，并有专人看管。由于家谱里面有人丁、族产、契约、坟山等记载，相当于一部家族档案，而祠堂则相当于家族的档案馆和博物馆，很多重要的契约、禁示等都会以碑刻的形式镶嵌在祠堂的墙上。

（三）家族日常管理

族中有重大公共事务，包括选举族长、购置族产、救济贫困族人、修族谱等，一般都会齐聚祠堂进行商议。如梁氏《祠规并建祠序》云：

> 因于岁腊十八日，大会族人，议礼立法，于敬祖之中寓齐家之道。开示条例，其有不遵者祖宗殛之，合户惩之。祠中择素行公正娴习礼法者为祠长，祭则总领祀事，有家议则听裁决处分。又必每庄各立庄长分为统率，以勤赞襄，以备参议。今合户于祖祠择定神人所共许，自后不得轻为易置，祠长、庄长

① 阳新县《袁氏宗谱》卷首《合修宗谱序》，1988年传诗堂重修本，第16页。

所议条款胪陈于左，记十二条。祠柜中藏家礼一函、国律一函，以备用。再置刑具二，有犯者照律权轻重施行。

祠堂公议：有祠长、有庄长，照序理论。其说之已当者，不必重复纷出，其未当者可徐徐申之，不得悻悻词色，致蹈犯上之愆。[①]

同时祠堂也是族长行使权力，族众违法犯规，小则交由祠堂治以家法，大则送官施以国法。梁氏祠堂在清代即有知州张辉祖赠送的两件刑具。一般的惩戒，如杖责、罚金、罚苦役、逐出家族等都是在祠堂进行。

（四）宾兴、课会等教育活动

在清代的鄂东南，各家族曾经大兴宾兴活动以鼓励本族弟子求学上进，考取功名。这也是光耀门庭、提高家族声望的重要途径。所谓“自来家声丕振，功名为之也，人才奋兴，作育为之也”。梁氏在修建祠堂时即设有宾兴所。道光年间，族中几位长老有感于家族求学之式微，“遂集各庄首士，公、私两捐，而课会起焉”。至今，道光年间的梁氏《课会序》和《课会条款》的碑刻还清晰地保留在梁氏祠堂的宾兴所墙上，在此不妨将其课会条款抄录如下：

一、课会原作育人才，除应试帮费，成名送礼外，杂费概不承当。

一、总管须选择读书清白公正者经理，庶出入账目清晰无讹。查有情弊，斥革公惩。

一、课会系本州六户乐捐，其外不得籍口同宗，希图帮资

---

① 阳新县《梁氏宗谱》卷首《祠规并建祠序》，1988年光裕堂重修本，第4页。

送礼。

一、每岁租课须如期完结，不得拖欠短少。如违，临祭，视六户一体倒祭扣筹。祭户则扣祭费。

一、货贷借钱文，务要田契质押，上户二十千文，下户断不准借，如有挟借，公惩。

一、田契质押，必本庄课长查无典当、勾绞情弊，方准收质。否则斥革，公惩。

一、欠柱定于祭期五日内陆续完息。违者，临祭，视六户一体倒扫。

一、赴祠应课，原以核其实学。凡学内诸生，俱要作文。违者不准入席。及录旧代作，查实，均扣钦福。

一、每年课艺，由课总酌备束修，择老名宿校正。凡应课者，毋得潦草及蹈录旧贷作等弊，贻笑大方。

一、课题由课师拈出，于上年课师，即出下年课题；下年课师，即出来春课题。所出各题课，总预宜悬牌，以便周知。

一、年少斯文，正值努力爱春之候，如不从所肄业，一意游荡，不准发费。

一、子弟作文满幅时，必请祠课总及该祭老成当堂面试，文理粗通，方准钦福。

一、始祖大祭之年，绅衿、长帮轿价钱若干，步行帮钱若干，临时斟酌。[①]

鄂东南其他宗族亦有在祠堂进行家族教育活动的情形，如阳新县伍氏祠堂也刻有宾兴活动的碑刻，通山舒氏家族、陈氏家族等在祠

---

① 《课会序》碑现存于阳新县白沙镇梁公铺梁氏宗祠内，文2005年12月17日由笔者抄录。另，《梁氏宗谱》中亦有收录。

堂内设有族学和义塾，崇阳、通城等各有族塾数十所。可以说，鄂东南的祠堂到了清代中后期逐步承担起了家族教育的功能。下图是至今仍然被充当学校的阳新县玉堍村李氏宗祠。

长期充当学校的玉堍村李氏宗祠（笔者摄）

（五）族人日常活动的中心

祭祀活动之后在祠堂中进行的分胙、宴饮在此就不用赘述，梁氏宗祠中有专门的受胙所和饮福所（见前），据云能同时摆下一百桌的酒席。至今，在鄂东南乡村，居于村落中央的支祠亦成为许多家庭婚丧嫁娶办酒席时的重要场所和聚集空间。我们在大冶市殷祖镇新修的殷氏祖堂中发现，他们利用捐款在祖堂中备齐了办几十桌酒席所需要的桌椅板凳、锅碗瓢盆等。

此外，鄂东南的祠堂都有戏台，处于祠堂大门进门处的上方。前面是一大天井，两边是厢房，供女眷们看戏之用。每逢祭祖和族人办喜事，都会请戏班来演戏，这些活动与其说是娱神祖，还不如说是族众们的一次狂欢。新修的殷氏祖堂的戏台更像舞台和主席台，下面和两边是大厅和会议室，感觉更像一个乡村俱乐部。作为村落的公共空间，鄂东南祠堂，特别是支祠（公屋）还具有儿童游戏、老人乘凉、农民劳作、丰收时临时储物等其他功能。[①]

就祠堂的功能而言，从历史来看，有一种微妙的转化，即由礼法向世俗的转化。祠堂由最初的祭祖逐渐演变成为集会、唱戏、拜神、聚餐等多重功能于一身。传统的礼法观念中，更多地融入了世俗功利色彩。正因为如此，清代鄂东南祠堂的社会功能不断上升，并成为族众生产、生活的公共空间。[②]

如果将祠堂的兴起置于明清以来乡村社会管理体制的演变过程来看，我们可以想象，在明代里甲制度健全和完善之时，也许官府设置在乡村的申明亭、旌善亭以及社坛、厉坛等一度构成乡村的活动中心。到了明代中后期和清初，各地的乡约所也成为重要的公共建筑。然而随着清代人口日益增加，社会事务日益繁重，国家有限的官僚机构难以应对各种社会危机和社会问题时，宗族的管理职能日益突出，作为聚族而居地区村落中心的公共建筑和公共中心的祠堂，其地位和作用就日益凸显，并承担了许多公共事务，比如清代鄂东南各祠堂主办的宾兴会承担了家族义务教育的职能，还有社会救济、户籍管理、文化传播与教化等等。由此，在某种程度上，清代鄂东南地区祠堂的大量修建，既标志着该区域宗族普遍的组织化，同时也在一定程度上表明了乡村的基层行政秩序逐渐被民间秩序（家族秩序）所填充和替补。

---

① 详情可参见张飞：《鄂东南家族祠堂研究》，华中科技大学城市建设与规划学院2005年硕士学位论文（未刊稿），第38—41页。

② 鄂东南地区在20世纪80年代几乎村村修有家谱，以后又兴起了修祠堂之风，老祠堂维护之，无祠堂或毁坏者重建之。而且据我们对鄂东南新修祠堂考察时发现，其功能的演变更为明显，感觉许多村落借祭祖之名义，实际是在构建一个村落的公共建筑和公共空间，以处理一些公共事务，比如聚会、宴请、看戏等等，甚至有的村委会就设立在祠堂之中。这些反映出宗族组织具有极强的适应能力和较强的生命力。

六、结语

马克·布洛赫曾经说过："各个时代的统一性是如此紧密，古今之间的关系是双向的，对现实的曲解必定源于对历史的无知，而对现实一无所知的人，要了解历史也必定是徒劳无功的。……只有置身于现实，我们才能马上感受到生活的旋律，而古代文献所记载的情景，要依靠想象力才能拼接成形。"[①]笔者对于鄂东南村落、祠堂的探究既来自于方志、家谱、碑刻等史料，同时也来自于田野考察时的切身体验。

鄂东南地区聚族而居的村落形态实际是宋代以后历代移民定居的产物，它既受宗法思想影响而习惯于家族性聚居，同时受制于当地的山区丘陵地形而导致单个村落规模较少。移民在不断的迁徙过程中实际上也在不断寻找定居点。每一个定居点（聚落）又不断繁衍成村落，因为移民先后的不同，导致村落扩散和布局的差异性。先期移民因为占有先手优势，土地资源充裕，村落呈现出近距离、弥散式的扩散方式，并在一定区域形成组团式的家族聚居区，即"一姓数村、团状聚居"；而后期移民家族因面临竞争态势，受资源的限制，不得不分散定居，以后繁衍成"一姓一村、分散聚居"的居住模式。

山区交通不便，宗族村落与社会交换率低，与自然交换成为族众生存的基础，这样大大缓解了宗族内部的阶级分化，无极贫亦无巨富之人，贫富差距较小有利于血缘团体长期维持。于是地方资源的争夺更多地体现在族群之间，而不是个人之间。所以当人口繁衍，土地

① 〔法〕马克·布洛赫：《历史学家的技艺》，上海社会科学院出版社1997年版，第36页。

山林等资源开发完毕后，势必引发宗族之间、村落之间争夺生存空间的纠纷和竞争，早期山林边界产权的模糊性也是引起宗族摩擦的一个原因（族谱中对于坟茔的重视部分与争夺山林产权有关），族际斗争反过来促使血缘团结。对于湖北移民型社会而言，族群的矛盾除了土著与客民的冲突外，更多的还是先后不同时期移民群体之间的矛盾，对于聚族而居的鄂东南而言，地域呈现家族式竞争。这种竞争也加速了后期移民宗族的建构步伐。清代鄂东南祠堂的普遍修建可视为移民宗族建构的重要体现形式之一。

按照实际功能来区分，宗族可以分为文化象征意义和制度组织型两种。大多数宗族只不过是一种祭祀团体，很少承担经济、行政功能。何况多数宗族组织并无自己的共同经济，更没有组织形式。但鄂东南的宗族组织在地域社会中却扮演着重要的角色。尽管它没有南方那样有雄厚的祖产和具有强有力的士绅，甚至没有占据主导地位的大宗。它更多地体现出平等式、共同参与、大众化的管理模式，这包括祭祀的各族姓村庄房份的轮充、集体捐助的普及、若干庶民士绅的倡导等，但地理空间与血缘宗族空间的重叠决定了其内部空间秩序与家族秩序的合一，如此情形下宗族的运行模式反映在空间上就是以宗祠—支祠（祖堂、祖祠、宗屋、公屋）—家祠等公共中心为主的支配和管理模式。这种建筑和层级是一种时空统一的实体，对家族的管理和支配家族生活起到了十分重要的作用。

从建筑格局而言，鄂东南的宗祠一般位居村落中央，面向空地、池塘建造，左右与民居紧密相连，构成了村落的公共建筑和公共空间。祠堂的建造水平和规格，是家族组织实力和荣耀的象征。对于一个以血缘关系为纽带的宗族社会，鄂东南的祠堂不仅是宗族组织的象征，也是村民在生活空间上的活动中心（各种祭祖、诉讼、喜庆等族中大事都在此进行），更成为族众心目中的政治、文化和精神的中心。在许多表面上看来似乎是松散的村落，实际上被一种以祠堂为标志的潜在的宗族关系连接为一个尊卑有序的秩序场。而这种高度同质的家族式空间形式曾经长期有效地维持了乡村社会的生产和生活秩序。因此，清代祠堂的兴建在一定程度上预示着鄂东南地域社会家族秩序的形成。

（原载《中国社会历史评论》2008 年卷）

族谱所见清末民初地方“宗族自治”践行的一个实例
——以民国黄陂《周氏宗谱》为中心的考察

一、引言

民国学者胡朴安在《中华全国风俗志》中曾对清末民初湖北黄陂地方风俗和社会形势做过如下描述：

> 地方自治能力甚大。各姓有各姓之宗祠，各社有各社之董事。不安分之人，由祠逐出，知照社绅，即可处以活埋之刑。故乡里无敢为非者。黄陂四乡无地保，皆董事也。董事奉到县令之日，则必开贺，以炫嚇乡人，故其社得一恺悌君子，四邻受福；得一威福小人，受害不浅。因董事皆贡监选充，不比地保可以随时笞责也。①

清末民初的中国社会无疑处于新旧更替的重要转型期，国家权力对于地方社会控制力相对弱小，由此我们不难发现，在清末民初的黄陂乡村社会，自清代以来官府延伸到县以下的乡里基层组

① 胡朴安：《中华全国风俗志》下篇卷6《湖北·黄陂风俗记》，中州古籍出版社，1990年版，第9页。

织——地保甚至已经不复存在，而其地方治理模式则呈现出一种宗族与地方精英——董事"自我管理"的模式。但这是不是"地方自治"呢？

地方自治一词，译自英文local self-government，即地方自我管理。在西方的语境中其实它是有特定含义的，即地方自治权力在法理上被认为源于国家，即被视为国家统一权力机构对于地方的一种让与，因此其实施受到国家行政和立法机构较多的支配和限制。但在清末中国人的观念中，一般认为所谓的"地方自治"就是"以本乡之人办本乡之事"，"使地方人任地方事"或"以本地之绅民，集本地之款项，图本地之公益"。[①] 如此看来，中国的地方自治权力似乎更多的来源于民间社会与普通民众的授予。因之，作为维护中国乡土社会秩序的重要组织资源——家族被视为具有"自治因素"的团体也就不足为奇了[②]。事实上，在清末预备立宪时，时人也说："地方自治之名，虽近沿于泰西，而其实则早已根荄于中古，《周礼》比闾、族党、州乡之制，即名为有地治者，实为地方自治之权舆。"[③] 此种说法尽管不无道理，但不免给人一种"古已有之"的牵强比附之感。究其实，中国古代的家族更多的只是在"自我管理"这一层面上蕴涵一定的自治性质，在民主成分上还是极其缺乏的，与近代的自治团体不是一回事。[④]

目前学术界从政治层面对于清末民初地方自治的研究已经较为

---

① 《清末筹备立宪史料》下册，中华书局1979年版，第727、717、718页。

② 比如郑振满在研究明清时期福建宗族组织之后，提出了"基层社会自治化"的论点。在他看来，宗族组织在国家法律和官府授权的基础上，最大限度地对家族事务实行自我管理，这就是"家族自治"。参见郑振满：《明清福建家族组织与社会变迁》，湖南教育出版社1992年版。

③ 《清末筹备立宪史料》下册，中华书局1979年版，第724页。

④ 冯尔康：《简论清代宗族的"自治"性》，《华中师范大学学报》（人文社会科学版）2006年第1期。

繁富[①]，而笔者对此问题的关注却源自于两年前在湖北省图书馆偶尔查阅到的一部民国黄陂《周氏宗谱》，它所记述的主要村落与笔者的家乡恰好同属于一个行政村，即周梅田村。这部编纂于民国初年的宗谱“依科学之方法”，“以人种学及优生学之眼光”进行了大胆的革新：

> 在个人方面，则生卒、性情、职业、事实，既应逐项详载；在团体方面，则里居、产业、户口、教育皆当分类特书；而于世系一项，则母系祖宗应与父系平列，女系子孙亦当与男系并重，不可存尊男抑女之偏见。以此体例编纂宗谱，则不独为新科学研究之资料，实为新道德发生之源泉。[②]

而该宗谱最为独特之处还在于一批受过新式教育，甚至留学海外的家族精英们为周氏家族精心构建了一套家族自治章程——《经祖祠自治章程》。它改变了以往以族长为核心的传统宗族管理模式，引入了近现代的选举与议会制度，以一种更为自由、民主、协商的方式来处理家族及地方事务。而在谱序中，编撰者更是表达了“由一姓自治而达至万姓之自治”的志向和理念。考虑到当时的时代背景，这无疑是清末地方自治思潮下，部分家族精英试图将西方近现代的“自治”移植到东方古老的“宗族”组织中去的一次实践，从而昭示出宗族所具有的适应性和可塑性。

从宗族史的角度来研究地方自治[③]，或者在地方自治的背景下探

---

① 相关研究仅专著就有马小泉：《国家与社会：清末地方自治与宪政改革》，河南大学出版社 2001 年版；丁旭光：《近代中国地方自治研究》，广州出版社 1993 年版。

② 民国黄陂《周氏宗谱》卷 1《谱序》，民国十二年（1923 年）教稼堂刊藏，第 9 页。

③ 冯尔康先生曾经指出：清代宗族及其活动，毫无疑问，具有自治因素，但是晚清以前的思想家并没有将它同“自治”联系在一起，因此从宗族“自治”的角度探讨清代宗族史的某种侧面，相信是有价值的研究方向。参见冯尔康：《18 世纪以来中国家族的现代转向》，上海人民出版社 2005 年版，第 84—91 页。

讨宗族的相关变革，无疑有助于深化对于农村宗族与乡村政治的关系问题的认识。而且与政治学者对“自治”概念的术语辨析不同，历史学者更属意于对于具体史实的揭示和实证性探讨。比如饶伟新就曾撰文指出，在清末民国地方自治过程中，江西地方精英借重同姓联宗的这一传统方式结成政治联盟和扩大社会基础，以有利于其在地方政治权力中的角逐，由此体现出传统社会组织与近代派系政治之间的内在逻辑性。[①] 毫无疑问，在清末民初的中国，自然经济趋于瓦解，西方思潮不断涌入，一次次的社会改良和革命，各地的宗族形态在延续传统的同时，又出现或式微或变革的不同趋向。在各种浪潮的激荡下，近代的宗族发展呈现出多元、复杂的态势。本文即在此思路启发下，试图透过黄陂周氏在民国初年推行宗族自治这一个案，一方面窥地方宗族自治豹之一斑，另一方面也欲补史志之明，以展现清末民初宗族形态演变的一个面相。

二、黄陂东乡：周氏宗族地理、人口与村落分布

黄陂县在明代隶属于湖北黄州府，清雍正年间改隶汉阳府。县境地势西北高、东南低。西北为山乡，常有旱灾；东南为泽国，常有水患。由于田地瘠薄，农业所出难以维持生计。史料记载“陂地瘠民贫，近来风气渐薄，家无敝帚者”[②]。故人民多商贸及外出务工为生，又因临近武汉，故外出人员遍及武汉三镇，并进而辐射至全国众多市镇，因之当地流行有“无陂不成镇”之说。

仅就黄陂基层社会组织结构而论，清初为“乡会”体系。据康

① 参见饶伟新：《同姓联宗与地方自治——清末民国时期江西地方精英的文化策略》，《学术月刊》2007 年第 5 期。

② 同治《黄陂县志》卷 1《风俗》，同治十年（1871 年）刻本，第 26 页。

熙《黄陂县志》记载："陂邑以乡辖会，以会统保，其来久矣。按旧籍，保凡五百二十有三。"[①] 当时黄陂分为高邑乡、礼教乡、崇义乡、滠源乡四乡。当时高邑乡有64个会社，礼教乡有61个会社，崇义乡有43个会社，滠源乡有61个会社，合计全县共229个会社。

清中后期，黄陂高邑、崇义、礼教、滠源四乡逐渐演变为人文地理意义上的东、西、南、北四乡，其中高邑乡因居县城之东，当地人习惯称之为"东乡"。本文所论及的周氏家族即居于黄陂东乡。对于周氏家族移民定居湖北黄陂之过程和村落聚居形态，族谱记载如下：

> 吾族自始迁祖昌后公于明洪武二年由江西徙居麻城，数传以后，复迁黄安，再迁黄陂。今日同族除转徙外，其居黄陂东乡者，在会龙山社有周里河、夏家田；在印堂会社有梅田村、邓家田；在七里岗社有周家大屋、向家弄；在六银庙社有周家细湾。大小记七村，相距皆不过数里，男女共千余口，而多以农业为业。有祠堂、有学校、有森林、水利、卫生、慈善公益等会，出入相友，守望相助，疾病患难相扶持。[②]

据此，周氏宗族也是在明清"江西填湖广"的移民运动中迁徙至湖北，并经历过几次转徙。[③] 大约清初，最后有几支定居于黄陂东乡一带，形成了周里河、夏家田、梅田村、邓家田、周家大

---

① 康熙《黄陂县志》卷2《建置志·乡会》，故宫珍本丛刊，海南出版社2001年版，第29页。

② 民国黄陂《周氏宗谱》卷1《谱叙》，民国十二年（1923年）教稼堂刊藏，第11—12页。

③ 对于黄陂东乡周氏的迁徙历程，周氏十六世孙宗森于咸丰八年所撰谱叙中亦有更为详尽的记载："（吾）族世居江右，为乐平旧族。明洪武二年我昌后公别兄裕后迁楚之麻邑新店，迨三世楚华公又迁安邑中和乡，八世祖应辟公又迁陂邑会龙山周里河，十二世祖辅公又于雍正八年迁印堂会梅田村。"参见民国黄陂《周氏宗谱》卷1《续叙》，民国十二年（1923年）教稼堂刊本，第7页。

屋、向家弄、周家细湾共计七个相距不过数里的聚居村落。但从行政区划来看，又分别从属于会龙山、印堂、七里岗、六银庙四个会社。①

又，族谱中的《里居志》所记载的村落情况，为我们提供了七个村落详尽的聚落图景：

> （一）梅田村：梅田村西距黄陂县城四十五里，西南距汉口九十里。……前临大塘，塘为三角形，东边一百六十步，西、北两边各一百三十步，塘之北面恰与村之东西相齐，后依宝山，高三丈许，倾斜约十余度，其行为椭圆，状类元宝，故名宝山。……五村即在宝山之阳，坐北向南，对面皆山……村中因与汉口商埠最近，其以商工劳力谋生于汉口者最多。设有小学堂一所，除蔡姓三户，阮姓一户，男女记十余口以外，其余皆辅祖之后，记有男女四百零一口，田六十六石三斗一升，屋五十八栋云。
>
> （二）周姓各村：周里河，士朝后裔居村之东头，迄今男女共一百三十口，田十二石四斗一升，屋十二栋。士才后裔居村之两头，迄今男女共一百八十八口，田十三石八斗六升，屋二十一栋。两共为男女三百二十一口，田二十六石二斗七升，屋三十三栋云。向家弄，除熊姓一户外，皆十五世祖云祥之后，计有男女八十七口，田十一石三斗，屋十栋。邓家田，分上下二村，上村皆曾姓，下村则周姓与曾姓同居，周姓居村之东头，周姓之居邓家田者，皆十三世祖世福之后，迄今记男女五十二口，田四石七

① 按同治《黄陂县志》卷2《乡会》记载，高邑乡（即东乡）当时下辖的会社中即有七里岗、印堂、会龙山、六音庙等。方志中的“六音庙”应为后来之“六银庙”。由此说明这些周氏所从属的四个会社早在清代即已存在并延续到晚清民国年间。现在属于武汉市黄陂区蔡榨镇的范围。

斗，屋九栋。夏家田，该村现系陈姓田主，周姓与曾姓同居该村，为佃户。除曾姓外，记周姓居该村者十二世祖士俊后裔，男女十八口，田九斗，屋四栋。又十七世祖元胜后裔男女十九口，田一斗五升，屋一栋。周家细湾，与杨姓同居，杨姓居村之中间，周姓居南北两头，记周姓居该村者皆十二世祖士旻之后，男女三十六口，田二石三斗，屋六栋。周家大屋，该村为周姓与詹、阮、丁、舒各姓杂居，记周姓居该村者为十四世祖家弼之后，男女二十八口，田四斗五升，屋八栋。

以上本宗在黄陂者计共七村，内惟梅田村及周里河、向家弄三村皆周姓所居，其余邓家田、夏家田、周家细湾、周家大湾皆周姓与他姓杂居。各村相距近者里许，远者亦不出十里以外，庆吊相通，患难与共，友爱孝笃累世不变。既为文以志其里居，复为图以明其方位，欲使后人知其出自一本，加意亲睦也。[①]

根据以上家谱所记载七个村落的情形可知，当时周氏除了在梅田村、周里河、向家弄为周姓主导村落外，其余四村实际处于各姓杂居，而且处于小姓状态，甚至在夏家田村，周氏还处于佃户地位，可见宗族内部分化较为严重。

周氏所定居的这七个村落，从姓氏来分析，在村落布局上，似乎处于一种满天星似的分布，而且一般村落规模较小，大约只有20—30户。这可能因为黄陂处于丘陵地形，土地较为贫瘠，土地承载量有限。村庄规模一般不大，所以随着人口繁衍扩张而不得不外迁。周氏宗谱在记叙里居情形时就曾分析其原因曰：

① 民国黄陂《周氏宗谱》卷9《里居志·黄陂村落记》，民国十二年（1923年）教稼堂刊本，第6—11页。

> 闭关时代，耕田凿井，衣食足以自给，尚可聚族而居。数传以后，生齿浩繁，地力有限，给养困乏，往往人有为饥寒所驱迫，转徙四方，以谋温饱者。[①]

但由于受到宗法观念的浸润，当地又有一种按姓氏聚居的倾向和趋势。在黄陂东乡周氏所移居的七个村落中，有三个村落基本是以周姓为主体，可以算得上是周氏单姓宗族聚居村落，在类似的单姓村落内部，其住宅房屋大体按房份聚居。而在杂姓村落中（即一个自然村落中有两个以上的姓氏定居），其房屋也是尽量按照同一姓氏聚拢，分片聚居，比如在邓家田下村，周氏与曾氏两姓杂居，但周氏集中聚居于村东头。

我们不妨将此种“聚”中有“散”、“散”中带“聚”的村落布局称之为松散型宗族聚居。其形成的原因大约是两种相反力量角力的结果：一是宗法伦理惯习下的宗族性聚居倾向；一是受制于黄陂地区所属分割性丘陵地区地形、地貌的影响，聚落不得不呈现散居的状态。这种宗族性聚居的倾向与囿于地理环境、耕作条件而不得不散居的结果，最终造就了丘陵地貌下黄陂地区“大分散、小聚居”的村落分布格局。

在黄陂东乡周氏宗族聚居区，梅田村无疑居于核心位置，笔者称之为族姓中心村[②]，其特征如下：一，人口最多。周姓在梅田村中

---

① 民国黄陂《周氏宗谱》卷9《里居志·叙》，民国十二年（1923年）教稼堂刊本，第1页。

② 本文所谓的族姓中心村主要是从家族村落在宗法体系中的作用大小来定义的，即在一定地域空间范围内，由若干同姓村落相对集中成片聚居构成的一个相对完整的宗族聚落体系，一般会有一个规模相对较大的家族性聚居村落，或因移民较早、地理环境较为优越、经济较发达等原因，形成人口众多，宗法势力较强、公共服务设施（比如祠堂、戏台、道路等）相对完善的家族村落，在当地族姓村落中居于主导性地位。族姓中心村往往也是该族祖先移居该区域较早的村落，即所谓的“开基村”，一般也是始迁

居于绝对优势地位。如前揭史料记载，梅田村除了蔡姓 3 户，阮姓 1 户，男女合计人口 10 人之外，其余皆周姓辅祖之后，周姓男女合计人口有 401 人。同时，梅田村在周围周姓村落中人数也是最多的。二，经济最发达。因其靠近汉口，在汉口谋生者较多，商业较发达，所以我们可以看到七个村落中唯有该村设有一个小学堂和一座周氏祠堂。而且家谱艺文中还专门有《记梅塘》、《记宝山松林》、《记梅田碾屋》等，详尽地描述了梅田村的公共建筑与公共设施①，而其他村落除了房舍之外，并无相关公共设施的记载。三，该村人才繁盛，所出官宦和士人最多。事实上，该家谱的编修主要是以梅田村族人为主体，所以该家谱专门绘制有以梅田村为中心的交通道路图（见下图“梅田村附近道路图”），如果说地图本身具有某种象征功能和表征意义，那么此道路图也从一个方面凸显出梅田村的中心地位。

（接上页）祖或落业祖“墓庐”所在地，在以后的区域性宗族构建过程中，该村一般也是该姓总祠堂所在地，族长或一些家族管理的精英分子大多也出自该村落。当然也不排除有些族姓中心村并非始迁祖所在的老村，而是后来在移居过程总不断壮大起来的新村落，以其在当地人数众多，势力最大，因而构成该区域的族姓中心村。比如周氏最早迁入黄陂东乡定居的是周里河，嗣后才再迁居梅田村。

族姓中心村的功能主要体现在跨村落的宗法活动中居于中枢纽带和领导者的地位，即在大型祭祀、修撰家谱、协调立场、日常管理以及对外事务方面，其活动往往由该村族人发起和倡导并居于主导地位，其他族姓村会派人参与并对它产生一种依附感。对宗族之外的事务，族姓中心村也有“出头”处理的责任。比如当规模较小的族姓村落受到周边异姓的“欺压”时，族姓中心村有义务出面“保护”他们。如果以“家国同构”来类比，族姓中心村就有点“宗主国”的意味了。所以在黄陂乡村，平时各姓分散聚居，各安其业。一旦有事，两个异姓村落之间，甚至一个村落两个异姓家庭之间的纠纷，很容易演变为方圆几十里之内的两个不同姓氏宗族之间的大规模械斗，当地人称之为打“户架”。这部分和族姓中心村的奥援和居中领导协调作用有关。

① 以上《记梅塘》、《记宝山松林》、《记梅田碾屋》均载民国黄陂《周氏宗谱》卷 9《里居志》，民国十二年（1923 年）教稼堂刊本，第 7—10 页。

黄陂东乡周氏村落图

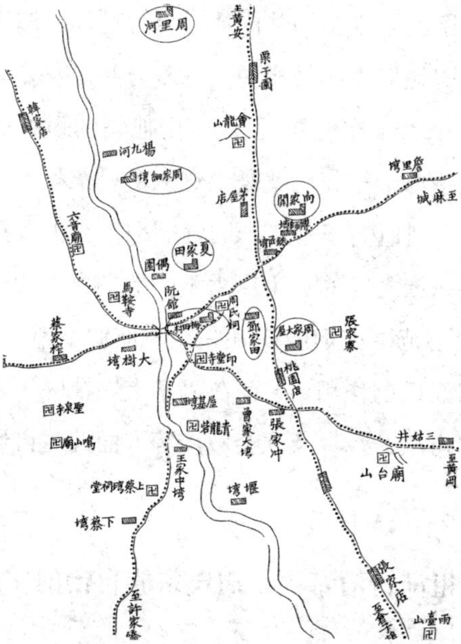

资料来源：民国黄陂《周氏宗谱》卷9《里居志·乡土》，民国十二年（1923年）教稼堂刊本，第84页。

梅田村附近道路图

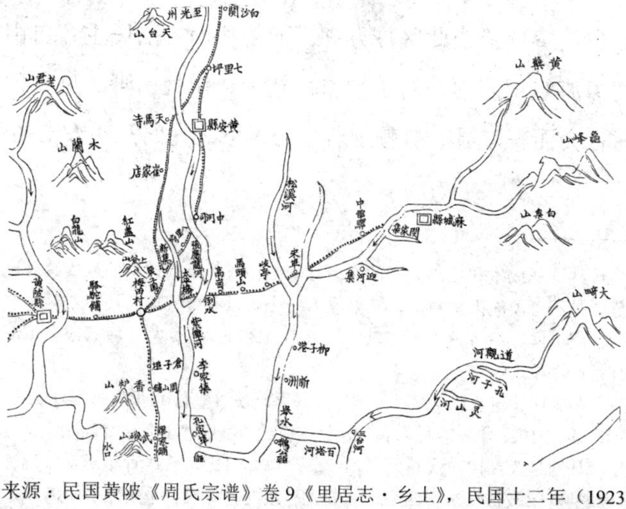

资料来源：民国黄陂《周氏宗谱》卷9《里居志·乡土》，民国十二年（1923年）教稼堂刊本，第83页。

总之，以梅田村为核心，在黄陂东乡移居的七个周氏村落共同构成了一个小范围的宗族互助共同体，尽管他们分属于四个不同的乡社，但这并不妨碍他们“庆吊相通，患难与共，友爱孝笃累世不变”。这些村落俨然一个“家族性社区”：一则他们的距离都不算太远，近者里许，远者也不出十里。也就是说这七个村落处于方圆不到十余里的范围之内。[①] 二则他们基本属于同姓同宗，在大多数村落中处于杂居状态。在异姓宗族之间的竞争压力下，他们会本能地寻求同姓之间的帮助，从而在小范围内形成同姓联盟。他们不断借宗族祭祀仪式，发挥社会联谊与娱乐的作用。[②] 并在“家族性社区”之中不断深化宗族组织在经济、司法、教育及社会救济等方面的“自治”功能。

三、经祖祠自治章程：周氏宗族自治的实施纲领

在清末民初，当各地推行地方自治之时，黄陂也在原有乡会的基础上积极推行地方自治。全县划分为 15 个区，作为自治行政之区和选举之区。东乡有三区，每区包含有原清代乡会基层组织中的 20 个会，各项自治事项皆依此区域办理。而要将西方的民主、自由嫁接于中国传统家族组织之内，对于清末民初尚“僻处山野、风气闭塞”的黄陂乡村社会而言，显然有赖于若干得风气之先的开明人士的倡导。

---

① 考虑到日常管理成本和信息沟通的有效性，要构成一个管理型的家族聚居区，其地域空间范围是不可能无限扩展的，它必须有一个可以有效管理的边界。这与宗法文化意义上的宗族不同，后者理论上可以由一个小的区域，比如某一村落或乡镇渐次扩展到县、府、省等等。

② 在黄陂乡村盛行过春节舞龙灯，民国黄陂《周氏宗谱》卷 9《里居志 · 乡土 · 黄陂风俗》（民国十二年〔1923 年〕教稼堂刊本，第 58 页）记载：“上元张灯演杂剧。自十三日至十六日，凡四昼夜，比户庆祝，名曰说彩，以龙口之珠致送青年男女，祝其生子，名曰送珠。复以锣鼓张灯游于四乡，有高龙、滚龙、高跷、采莲船各种游戏，竞赛于四乡集会之地，名曰上会。灯与灯遇动辄酿成人命大案。”

（一）家族精英与宗谱及自治章程的编纂

清末民初的黄陂周氏家族中，有一个关键性的人物——周仲曾。据家谱记载，周仲曾为其官名，其谱名周光斗，字孝鲁，号卧云，又号翠山。同治十三年（1874 年）出生于黄陂东乡梅田村，十七岁外出游学，负笈于晴川、两湖书院。此时正值晚清洋务重臣张之洞在湖广提倡新式教育时期，因周仲曾表现优异，被张之洞派赴日本学习法律，并于光绪三十二年（1906 年）翻译出版了日本学者大道良太的《最近警察法教科书》。[①] 回国以后任职于陆军部，于 1922 年被授予陆军军法监[②]。在黎元洪任民国大总统期间，或许因同为黄陂籍之缘故，周仲曾被任命为京师大总统府秘书兼辑瑞处处长，管理国玺事宜。如此身份和经历，周仲曾在黄陂东乡，其地位可谓显赫。由于周仲曾的父亲一直居住在梅田村的老宅春晖堂，所以周仲曾和家乡一直保持较为密切的联系。比如为了告慰父母，周仲曾另在家乡购买地基，建筑房屋两栋，并将西边一栋名之曰“博爱堂”、东边一栋曰“自由庐”，而将两屋中间之通道曰“平等巷”。由这些颇具时代气息的名称我们即可窥见周仲曾欲以新时代之精神改造传统乡村的志向和理念。

民国十一年（1922 年），时任陆军军法监的周仲曾和他的两个同为法官的儿子——周文冕、周文冠[③] 以及其他家族精英共同编纂了一部颇具时代气息的家谱。据文冕在其所撰的序文中指出：“严君官京

---

① 清末维新变法前后，为了变法图强，出洋的中国留学生中有相当一部分人投身法律学习，这部分留学生中有不少人参加了外国法学名著的翻译工作，其中尤以赴日留学生所做出的贡献最为突出。周仲曾亦是其中的一员。参见田涛：《清末翻译外国法学书籍评述》，《中外法学》2000 年第 3 期。

② 按：陆军军法监属于中华民国北京政府军佐将官同等官。孙殿英东陵盗墓案发生后，国民政府组织特别军事法庭，周仲曾是首席法官。

③ 据家谱记载：周文冕，1918 年毕业于北京朝阳大学法律预科，1920 年考取并供职于京师法院书记官。周文冠，1916 年毕业于武昌中华大学法律科，1921 年派署吉林省城地方审判厅推事。

师，虑先德不传，将遗后憾。官书之暇，蒐集旧存墨谱及现有资料，手自纂修。不肖兄弟肄业京校，时于课余从事缮校，今已数载，得庆成功。”① 由此可见此次纂修家谱，仲曾、文冕、文冠父子三人是积极参与并倾注了大量心血。谱序中即注明周仲曾为督修，而其他编辑与缮写者分别有如下若干关键性人物，兹列表如下：

周氏部分参与撰修家谱者名录

姓名	文治	文明	文田	文兰	文弁	惠姬、文珊（女）
身份	上海沪北纸烟查验所委员	京汉铁路总局警察学堂毕业生	山东曹县清乡委员	陆军军部监办事员	北京商业学校毕业生	黄陂木兰女子学校教员

他们多为官僚、知识分子出身，包括有留学东瀛者，甚至包括女性也被吸收到家谱的修撰活动中。显然，他们是一批得风气之先的家族精英，深受当时时代潮流的影响，包括民主、科学、自由、地方自治、男女平等等先进观念和思想。当然，他们也深谙传统家族在地方社会中的作用，如此，才促使他们萌生将西方自治与古老家族相结合的理念。比如督修家谱的周仲曾就明确指出宗族与族谱构成地方自治的重要基础：

自民治主义风行以来，凡关于地方公益事务莫不取民族自决之精神，藉各种组织以为自治之根本。族谱即此项组织有系统之记录，实联贯一姓之血脉而成者。后人之读之者当知族谱系社会组织之一种，为一姓自治之基础，而欲求万姓之自治，必须有各种组织之联合。②

① 民国黄陂《周氏宗谱》卷1《谱叙》，民国十二年（1923年）教稼堂刊本，第12页。
② 民国黄陂《周氏宗谱》卷1《序》，民国十二年（1923年）教稼堂刊本，第3页。

在此，周仲曾认为宗族既为中国传统社会重要的社会组织之一，即可以藉宗族而实施地方自治。其子周文冕在撰写的谱序中进一步指出，宗族固有的互助功能和当代的互助主义是相通的，“今日学者研究社会进化，实由氏族制度而始，推其发源，则在取同族之互助。……吾等对于先人之互助，当殚其继志述事之诚；对于族人之互助，当尽其通力合作之职。更以此用之同族而小效者，推诸社会之群众，国家之国民，世界之人类，莫不以互助维持生活之本，而各限制其过度之自由与竞争，庶几世界永久和平可以渐次出现”[①]。这表明当时的社会进化论在家族社会中已有回应，开化的民众已经初步认识到了自由、竞争与阖族互助之间的相互关系，并试图将家族建设成进步的互助团体。

周文冠则从人种学、优生学、人类学的观点出发，主张在修谱中融入新时代的科学因素，他认为：“顾欧美社会组织纯采个人主义，除世家大族依承袭爵位，注重传统，有谱可考外，普通人民对于家谱观念极为淡薄，搜集是项材料极感困难，若吾国社会组织系采家族主义，且以宗法为维持社会之元素，几无族无谱。倘以人种学及优生学之眼光，将各姓家谱详加研究，讵非极丰富之科学资料乎？”因此他主张：“家谱之体例，亦应依科学之方法，求其详尽真确。在个人方面，则生卒、性情、职业、事实既应逐项详载，团体方面则里居、产业、户口、教育皆当分类特书。”[②]民国十二年的《周氏宗谱》的确是按照这种新的体例进行编纂，而其所载之《黄陂县沿革》、《黄陂县乡会》、《黄陂县风俗》、《黄陂县物候》、《黄陂县田赋》、《黄陂县农事、农产收入表、物价表》等又突破了传统家谱仅限于家族内部事务的记载，着眼于整个地方历史的记载，体现出由爱家而爱乡，进而爱国的

---

① 民国黄陂《周氏宗谱》卷1《谱叙》，民国十二年（1923年）教稼堂刊本，第11页。

② 民国黄陂《周氏宗谱》卷1《谱序》，民国十二年（1923年）教稼堂刊本，第9页。

情怀。

而家族精英在此次编纂的周氏家谱中，最为重要的是制定了家族自治的纲领性文件——《经祖祠自治章程》。章程共有十一章三十九条，第一章为《总纲》，内容如下：

> 第一条：本祠堂基于全体族人之意思，以实行家族自治为宗旨。
>
> 第二条：本祠堂为家族自治机关。
>
> 第三条：自治事务为教育、农业、交通、警察、卫生、慈善及其他关于公益各项，依经管之决议施行之。
>
> 第四条：族中无论何人关于自治事务，得向经管建议，作为会议提案。

在以上总纲中，本自治章程首先确立了家族自治机关为祠堂，即经祖祠，并强调全体族人共同参与的精神。经祖祠为周氏总祠，位于梅田村东边（可参见前图），修建于同治十年（1871 年）。关于其形制与名称来历，在《经祖祠堂纪略》中有详尽介绍：

> 梅田东百余步为经祖祠堂，明堂、享殿，上下两栋。坐北向南，后负宝山，前面汇水势，东由新塘冲，东南由石堰冲，朝会于祠堂前面，集于村前三角塘。塘后有村，村前有山，为掩护水口之屏障，形势雄壮，基址轩敞，乃十六世祖宗秀公之所创建也。吾族之有祠堂自此始。……祠祀始祖昌后，而配以本支十一世祖大经，故称经祖祠。以下昭穆依序而祀，每年于冬至日举行祀典，与祭之人按照祭柱派出各房经管，于祀典告竣以后结算，经年出入账项，著为成例。族中有事故发生，则随时开祠堂，召集经管会议，决定办法。盖俨然一家族自治机

关也。[①]

周氏祠堂的始建者为周宗秀，乃是周仲曾的祖父。[②] 到了清末民初的自治活动中，祠堂则由祭祀场所演变为自治机关，族谱即云：“虽然祠堂在昔日则专为祭祠之场所，而在今日则兼为自治之机关。所有族中一切兴革事宜，皆由各房经管在祠堂会议决定施行。故祠堂之兴废可以观一族自治之程度。”[③] 而周仲曾给祠堂所撰写的一副对联则云：“丈夫以四海为家，应打消血缘制度；人类本一祖所出，愿创建世界祠堂。”[④] 这里所提出的“打消血缘制度”、“创建世界祠堂”显示出周仲曾改造旧有宗族的胸襟和意愿。

（二）经祖祠自治章程与家族自治的运行模式

经祖祠中进行的梅田村家族自治事务，涉及农业、交通、教育、警察、卫生以及公益慈善事业。这几乎全部是现代化的事业分类和词语表述。在此，传统和现代出现了奇异的交融：祠堂之于宗族的象征意义是不言而喻的，它培养了宗族成员植根于传统土壤的荣誉感、归属感、历史感，乃至某些形式上的思考，显示了宗族文化的深层价值。[⑤] 而西方的“自治”却有机地嫁接于以乡土社会的公共建筑——祠堂为象征的宗族组织之上，我们不能不感慨中国家族型社会生命力

---

① 民国黄陂《周氏宗谱》卷8《经祖祠堂纪略》，民国十二年（1923年）教稼堂刊本，第26页。

② 据民国黄陂《周氏宗谱》卷7《褒扬录》载：宗秀公在麻城迎河集经营鞭炮作坊，因轻财仗义，为人刚正，“阖族数百家，事有疑难，莫不就而取决。乡党有争斗，得公一言立息”。咸丰三年（1853年），适逢太平军起，“（宗秀）公纠约乡里，举办团练，兴筑寨堡”，并于同治十年（1871年），“倡修宗祠，祀典赖以举行”。

③ 民国黄陂《周氏宗谱》卷8《丘墓志·祠庙志叙》，民国十二年（1923年）教稼堂刊本，第24页。

④ 民国黄陂《周氏宗谱》卷8《丘墓志·经祖祠堂物品》，民国十二年（1923年）教稼堂刊本，第33页。

⑤ 钱杭、谢维扬：《传统与转型：江西泰和农村宗族形态——一项社会人类学的研究》，上海社会科学院出版社1995年版，第159页。

的顽强。在接下来的自治章程中，对于宗族自治的相关组织架构、职能、运作情况进行了较为详尽的规约，并形成了以经管会议为中心的家族自治管理运行模式。

1. 总管、经管及其选举、任期　周氏宗族办理自治事务的人员主要由总管和经管两类人群组成：祠堂设总管一员，经管若干员（实际是 12 人）。其职责分工为：总管指挥、监督各经管办理事务，由阖族选出公正殷实者充之。经管商承总管办理事务，由各房支选出公正殷实者充之。这里总管主要起监督作用，实际办理各项自治事务的皆为各位选举出来的经管。

关于总管、经管的任职年限，总管任期六年，经管任期三年，但均可以连任。其改选日期与祭祀结合在一起，为“每轮三年之大祭日，即为改选经管或总管之期”。如果经管“行为不正或办事不力者，由总管交经管会议决定后，即予除名”。

有趣的是有关经管人员的选举。在自治章程中，对于经管的选举权和分配进行了详尽的规定。按章程第十条规定“凡本支族人在本经祖堂有祭柱一柱者，即有一选举总管或经管之权”。[①] 事实上，对于经管人员的分配，章程主要是按照所在村落人数多少来定的，但同时也兼及世系房支、地域分布等。周氏经祖祠中各经管名额详尽的分配方案如下表：

周氏各分支及村落经管人员分配方案

世系房支	世福		世显	世敏	世祥	世裔	世钦	士俊
所居村落	邓家田	向家弄	梅田	梅田	梅田	梅田	周里河	夏家田
经管名额	1	1	2	2	2	1	2	1

资料来源：民国黄陂《周氏宗谱》卷 1《经祖祠自治章程》，民国十二年（1923 年）教稼堂刊本，第 44—45 页。

① 民国黄陂《周氏宗谱》卷 1《经祖祠自治章程》，民国十二年（1923 年）教稼堂刊本，第 45 页。

以上经管人数共计12人，分别来自梅田村、邓家田、向家弄、夏家田、周里河五个村落，其中梅田村最多，占据了7个席位，是有意为之还是无意中形成不得而知。由后面可以知道，周氏宗族事务的处理基本以经管会议为核心，并依“多数人”原则处理，而梅田村占据经管会议12席位中的7位，人数刚好过半，由此也进一步确立了其族姓中心村之地位。其余名额分配为周里河2位、夏家田1位、邓家田1位、向家弄1位，而周家细湾和周家大屋则可能因为人数较少且与众多异姓杂居而一个席位也没有。

2. 经管办理的各项事务　周氏经祖祠内部分设有总账、银钱、租课、保管、庶务五股，各股有一二经管为主任，具体办理宗族各项事务，如下表：

经祖祠经管办事细则一览表

机构名称	职责范围
总账股	专掌核算银钱、租课两股之出入账目，统计全部公款收支及报告、公告各事项。并且总账股主任应于每年春季做成预算收支书，报告总管。冬季做成决算收支书报告总管，并公告族人。
银钱股	专掌完纳过割放款及其他收支事项。银钱股主任应于每年冬至日将本年银钱储放及开支各账目备交总账股办理。并且章程强调，无论何人借钱，除须妥实保证人外，必须要有不动产作为抵押。债务人若无抵押品者应由经手人负责赔偿。
租课股	专管收谷、折钱、卖谷各事项。租课股主任应于每年卖谷后，将本年收谷、折钱、卖谷各账目备交总账股核办。收谷应该按照经管决议办法，按各佃户应缴实数风干、扬净、除皮收足，不得含混。
保管股	专保管公产契据、公款借券、各房墨谱、公用器具及清洁祠堂等事务。保管股应备置保管簿，将保管各件编列号数，并抄录一份送交总账股查核。
庶务股	凡不属于上列各股之事项皆归庶务股办理。
备注	各股在改派主任时，前任应将经手各事交代清楚，方准卸责。

资料来源：民国黄陂《周氏宗谱》卷1《经祖祠经管办事细则》，民国十二年（1923年）教稼堂刊本，第51—53页。

以上这些经管分工和办事细则主要涉及周氏宗族的经济事务，其中有别于以前传统宗族之处在于：第一，分工更为明确，总账、银钱、租课、保管等各司其职。第二，收支和管理分开，以总账股来监督银钱、租课二股的账目出入。第三，出现了新的经济名词，比如预算、决算以及不动产、债务人等经济学意义上的名词。

3. 经管会议、族人会议与宗族自治　对于宗族事务的决策方式，周氏宗族确立了“常态管理”和“非常态管理”两种管理与决策模式：一般性日常事务由经管会议解决，非常性事件则交由全体族人会议解决。并确立以 12 人构成的经管会议为具体执行和实施的机构，此种议事方式和管理模式，体现出了一种大众平等参与、公同决策的宗族自治模式，有异于前此宗族组织以族长、房长为核心的层级管理模式。

按章程第二十六条规定：“本支族内之民事及人事纷争事件，由当事人约请经管会议决定，量予和解”，经管会议的决议方针为“依多数人之决定施行”。同时为了监督和约束由 12 人组成的经管会议，章程也赋予了当事人上诉的权力，即当事人不服从经管会议决定时，允许其禀官处断。同时，总管认为经管会议所议决的事件不当时，总管也有权将此事发回经管会议重新审议。对于非常性事件，当经管会议不能决断时，可以召开全体族人会议，依多数人决定。这大约有“全民公决”的意味。

会议日期，每年于小祭日开经管会议一次，如有特别事发生时，得由经管半数或总管提议，临时召集开会。对于当选的经管在三年任期内行为不正或办事不力者，由总管交经管会议决定后即予除名。

经管会议的职责包括奖励、救济及惩治。

按章程第十九条规定：凡本支族人有“尽心经理祖事或学校学务”、“捐助祭田学款者”、“孝子节妇及义行特著者”、“读书成名者”、

“热心公益者”，由经管会议决定后量予奖励。

按章程第二十条规定，凡“年老残废无依者”、“妇女苦节者”、“孤贫无告者”，由经管会议决定后量予救济。

按章程第二十一条规定，凡“为子大不孝者”、“毁坏祠堂、祖茔或盗伐其树木者”、“生子命名触犯祖讳不改者”、“凶横无理或恃势欺人者”、“私取宗派紊乱世系者”、“酗酒赌博或吸食鸦片烟者”、“不经许可在祠堂堆积物件者”、“游手好闲者”、“自治事务依经管多数议决不肯服从阻碍公益者”，由经管会议决定后量予惩罚。

其惩罚分为负荆请罪、设席赔礼、革除族籍三项。其中革除族籍之处罚不涉及其子孙。并且如果被罚者实有悛改情形，可以于三年后恢复其族籍。族籍在此有“国籍”的意味，是一个族人作为宗族成员身份的基础，对于一个靠相同血缘连接而成的封闭的宗族社会而言，如果革除族籍，就意味着被作为“外人”排除在熟人社会之外，不仅失去了被救济、被保护的资格，而且心灵也失去归依，成为“孤魂野鬼”。

以上有关经祖祠自治章程可谓是清末民初周氏进行宗族自治的第一步，即进行有关自治纲领和自治组织的设计。众所周知，制度的设计和制度的实施是两个不同的概念，从现有的史料，我们尚难洞悉其实施的效果。其附则云：“本章程未经事宜，经族人会议、经管会议或总管之提议，得随时修改之。”此规定似乎给该自治章程相当的灵活性和应变空间，而更为关键的一句则是“本章程以载入谱牒内即发生施行效力”。[①] 由此我们似乎也可以想象该自治章程在周氏家族中还一度被践行过。

---

① 民国黄陂《周氏宗谱》卷1《经祖祠自治章程》，民国十二年（1923年）教稼堂刊本，第47—49页。

四、梅田学校：乡村的新式教育与村落自治

除了以上七个村落围绕着经祖祠所开展的宗族自治活动之外，作为族姓中心村的梅田村，它自己还进行了一些特有的村落自治活动，即设立梅田学校、梅田教育会、梅田公益会等活动。

（一）梅田学校之创立

前面已提到，黄陂东乡周氏有一所学校设在梅田村，其开设过程据《梅田学校纪略》所述如下：

> 吾乡在黄陂万山间，风气陋塞，清季以来，士子皆守八股、试帖，以为进取之具。问以世界现势，国家大事，则瞠目结舌而不能对。而吾族复为生计所迫，纯以旧式农工自活，其能独立营商业者，族中盖无几人。若读书明理之士，则数十年绝迹弗一见，盖式微可知也。
>
> 十七世祖元洪于清季在梅田村中创设小学一所，管理、教授一切按新章办理，造就人才甚众。今日吾村能营独立生计之人，无不由当时学堂而出。民国五年，十八世仲曾在大总统府秘书任内，首捐廉俸，赓续办理。并呈明黄陂县署在案。复由十七世元卓、十八世光第、光翠、光朝、光耀、光旭，十九世文献、文太、文冠等约集村人，会议决定以梅田村后隙地变价存放，作为学堂基金。并将元富遗产及他零星款项一并拨入学堂，藉资补助。自兹以后，改革与扩充并进，知吾族之新教育，必将有可观者。果使后人皆能以感受新教育所得之智识，藉职业以效用，于社会而自建设适应之新生活，斯学堂不为虚

设钦。①

据此可知，梅田学校最早创设于晚清，当时族中开明士绅有感于世事变化，而族人仍醉心于科举应试，决定创办一所不同于旧式私塾的新式学校。学校就设在祠堂内，该小学堂注重培养学生智识和能力，即培养“博通时务”、“具备艺能”的新式人才。而且开办伊始就表明是“按新章办理”，这里的新章可能就是指光绪二十八年（1902年）十月，湖北巡抚端方颁布的《鄂省普及学塾章程并示》24条。众所周知，晚清湖北的教育改革领先于全国许多地方，当时在晚清重臣张之洞、端方等地方要员的大力倡导下，湖北首先创办“普遍”、“免费”的普及学塾，试图改变过去私塾中以“四书”、“五经”和八股文为主要教学内容的状况，改造陈腐落后的教学方式，传授学生新的科学文化知识。

办学除了观念上的改变外，经费问题依然是需要考虑的。尽管以张之洞、端方等为首的教育改革者试图以官费为主，不收取百姓分文，并确已利用庚款以及其他捐费等在全省各地创办了众多的官立、公立初等小学，例如宣统二年（1910年）黄陂即有官公立79所学堂，但毕竟国家财力有限，而中国有着悠久的民间重教兴学的优良传统。因此章程第五条规定有：“民间有志愿兴学者，能设此学堂愈多愈有益；随时报知学务处，即发告示准办。”即鼓励民间办学，因此在《鄂省普及学塾章程并示》颁布后，兴办小学成为湖北兴学的重点。②梅田村学校应是在此背景下兴办起来的私立家族性新式小学堂。其经费除了个人捐款之外，亦将梅田村后公共隙地，由经管会议决定捐入学校，得由祠堂变卖，作为教育基金。

---

① 民国黄陂《周氏宗谱》卷10《学校志·梅田学校纪略》，民国十二年（1923年）教稼堂刊本，第3页。

② 参见熊贤君主编：《湖北教育史》上卷，湖北教育出版社1999年版，第209—211页。

（二）梅田教育会之创建

到了民国初年，在新式教育的影响和宗族自治的宗旨下，梅田村的乡村教育也不断发展和变化，其中最为显著的是在梅田村专门成立了梅田村教育会。其宗旨为普及梅田村教育暨研究教导儿童之方法，附设于经祖祠堂之内。

按照梅田教育会章程的规定，凡本村热心教育者及学生家长皆得为本会会员。其组织形式为会长一人、干事三人，由大会公推，任期一年，可以连任。其分工为，会长综理全会事务，干事分任文牍、会计、庶务等事务。

教育会经费收入有三：一则入会费，会员入会时缴纳入会费铜圆一百枚；一则常年费，会员每人年纳铜圆四十枚；一则特别捐，本会会员或非会员热心捐助者捐资，作为本会基金。

教育会的会议分为“通常会”和“临时会”两种，均由会长召集。“通常会”于春秋二季举行，开春季会时改选职员并缴纳会金；“临时会”则于遇到特别事故时举行。教师有资格出席会议。教育会的文件须得到与会人数三分之二以上同意方才有效。[①]

（三）梅田学校的新式教育

在梅田村教育会的指导下，梅田村的教育事业取得了长足的进步，在办学理念和办学方法上，一方面因应了时代的进步要求和国家的教育制度改革[②]，另一方面也结合了乡村现实，做到了注重理论和

---

① 民国《周氏宗谱》卷1《梅田教育会章程》，民国十二年（1923年）教稼堂刊本，第54—55页。

② 辛亥革命之后的1912—1913年间，国民政府陆续制定公布了新的学校教育制度，核心为初等教育分初等小学4年，男女同校；高小3年，男女分校。中学4年，男女分校。高等教育分为两阶段，预科3年，本科3—4年。此学制实施到1922年。1922年11月，北洋政府以大总统徐世昌名义又发布了《学校系统改革草案》，是年干支为壬戌，故称“壬戌学制”。该学制将小学、初等中学和高级中学的修业年限分别定为六、三、三年，故又称“六三三制”。

实践相结合、知识和能力相结合。据《梅田学校记》记载：

> 梅田学校在梅田村东头，就经祖祠左右两方辟为讲堂、自修室、图书室等四楹，而以祠堂正殿为礼堂，祠堂各处厢房为餐堂及宿室。更于祠堂前后左右各筑短垣为园四所，以供学生运动及农事试验之用。……学校教育除高等小学及国民两班以外，尚有夜班及妇女班，并星期讲演、夏夜讲演各种。凡所以启发村人之智识，陶淑村人之性情，无所不至，而其目的尤在养成村人自治之能力与互助之生活，此梅田学校之所由设也。[①]

从以上记载中，我们几乎难以想象民国十二年（1923年），在一个较为偏远的乡村，居然能兴办一个具有如此现代化的学校：除了高等小学、国民班以外，学校设有夜班、妇女班，还有星期讲演、夏夜讲演等等。以上这些颇具现代化特征的教育的目的，就在于提高村民素质，陶冶情致，培养村人自治能力和互助精神。这也是当时梁漱溟、陶行知等学者倡导的文化下乡、教育农民的理念。

除了重视科学文化的教育，梅田学校还注重社会实践教学，比如在课程设置中居然还有农事试验课程。为了更好地了解梅田学校的试验课程设置情况，笔者在此不妨将《梅田学校农工实习计划简章》抄录如下。

> 梅田学校农工实习计划简章
>
> 一、学校设农作场，专为应用学理，改良本地农业而设。
>
> 二、农作场暂分种稻、种棉、种桑、种落花生数种，由经

---

① 民国黄陂《周氏宗谱》卷10《学校志·梅田学校记》，民国十二年（1923年）教稼堂刊本，第4页。

祖祠附近田地内酌提若干亩为之。

三、学校内附设养猪所、养鸡所，即以其粪充农场肥料之用。

四、桑园设在学校左近，专供试验养蚕之用。

五、学校设工作场，专为本村妇女谋职业而设。

六、工作场暂分织布、缝衣二科，由学校购备织机、缝机，教授妇女即用织出之布缝成衣服，向各市镇出售。

七、学校酌设造酒所、制粉所、制面所、豆腐所，利用所余麦麸、米汤、酒糟、豆渣作为鸡豚食料。

八、以上各项农工之实习，由教师指导学生行之，并由学校延聘有学识经验者为名誉顾问。

九、学生于各项实习力不能胜任者，于必要时由其家人助理之。

十、教师每年以学生实习之结果报告于教育会，并公布之。

十一、以上各项农工收入除酌提工价外，余款均充补助学校之用。

十二、以上各项农作工作，有应增加改良或废止者，由教育会决议行之。①

这里将学习和产业相结合，并结合农村实际，从事相关的农事实践活动，学以致用，既可以培养学生动手能力，同时也为将来的就业谋生打好了基础，可谓是一举两得，切实打通了社会与学校之间的隔膜。

梅田学校的新式办学还体现在学校管理方面的规范化、现代化以及民主、自治等方面，相关学校章程有：《梅田学校职员服务规

① 民国黄陂《周氏宗谱》卷10《学校志·梅田学校农工实习计划简章》，民国十二年（1923年）教稼堂刊本，第4页。

程》、《职员会规程》、《学长勤务规则》、《教室值日勤务规则》、《寝室规则》、《会食规则》、《自习室规则》、《寝室、自习室值日生勤务规则》等等。这些规则对于学校的各项工作进行了详尽的规定，并力图做到民主化、专业化管理，比如成立“职员会”就是为了“研究本校管理上、训练上一切事务，以谋教育进步为宗旨”。梅田学校全体职员皆为会员，会期为每月一次，每次约为两个小时。① 这种形式无疑有助于促进和完善学校的各项管理工作。

其他各项规则对于整个教学过程各个环节进行了周密、细致的规定。比如《教室值日勤务规则》下又细分为“始业前之秩序”、“始业时之秩序”、“教授中之秩序”、“终业时之秩序”、“终业后之秩序”，对于教学过程中教师和学生的行为举止进行了详尽的规定。如《始业时之秩序》规定：“每始业前二分钟，鸣笛令各级儿童整队于指定处所同时授课，教员亦均列队前，齐其行列。入教室后，使均直立桌旁，依学长口令：一，立正；二，鞠躬；三，就坐；行礼就坐。”《教授中之秩序》规定：“一，教师点名，儿童须朗声应到。二，教师讲授时，非有不得已之事故，不得就坐。三，学生坐之姿势如左：张胸敛颚，掌心向下置腿上。阅教科书时，两手执课之下端，书与桌面约倾斜四十五度。”② 其他如梅田学校的《寝室规则》规定：“第一条，寝榻由教员编定姓名，不得任意更换。第二条，起眠宜依时间表所定，不得迟延。第三条，就寝后熄灯不得谈话，干扰他人安眠。第四条，注意收拾油烛火柴及一切发火行为。第五条，各室内窗户日间均须洞开，夜间临卧时须关闭。第六条，晨起时床帐挂于钩上，其被褥须折叠整齐，并宜时常晒洗，以期清洁。第七条，室内地面禁止痰

① 民国黄陂《周氏宗谱》卷10《学校志·职员会规程》，民国十二年（1923年）教稼堂刊本，第8页。

② 民国黄陂《周氏宗谱》卷10《学校志·教室值日勤务规则》，民国十二年（1923年）教稼堂刊本，第9—13页。

唾及抛弃废物。第八条，衣服物品宜随时整理，置有定处，勿妨碍公众。第九条，日间无故不得擅入休息或偃卧。”①

以上所举仅是其中诸多规章之一部分，可以说，梅田学校各项规章制度之细致、规范、完备超出了我们的想象，而考虑到这是在民国十二年（1923 年）前后发生在一个乡村刚刚由私塾而改变过来的小学堂，而且是设立在一座旧式的祠堂之中，怎不令人感慨古老乡村进行新式教育所带来的新气象与新生活。

可以说梅田学校是族学改为近代学校的一个典型，它将原来宗族的祠堂以及办理族学的经费转而用于学校；开办了妇女班，允许女子入学；在教学内容上开始与近代科技文化相衔接，并以培养学生民主、自治思想为办学宗旨，文化知识学习与农事实践相结合，适应了社会发展趋势。

（四）梅田公益会与村落自治

如果说梅田学校和教育会是为了提高族人智识水平和自治能力，那么梅田村公益会则以办理公益事项，实行本村自治为目的。公益会亦附设于经祖祠堂，凡热心本村公益者皆得为本会会员。其组织结构为会长一人，综理全会事务；文牍员一人，掌管本会一切文件记录及保存本会往来书札印信等事；会计员二人，掌管本会出入款项及编收支表册等事；庶务员二人，凡文牍会计权限之外的一切事项皆为庶务员管理。任期一年，由大会公推，可以连任。

梅田公益会经费来源与教育会类似，亦是由入会费、常年费、特别捐构成，会议有三种：第一种，通常会，于春秋二季举行，开春季会时改选职员并缴纳会费；第二种，临时会，遇有特别事故时举

① 民国黄陂《周氏宗谱》卷 10《学校志 · 寝室规则》，民国十二年（1923 年）教稼堂刊本，第 18 页。

行；第三种，职员会，由会长召集举行。其有关会议决议以到会人数三分之二以上同意决之。[①]

梅田公益会主要通过从事公益活动来倡导村民自治。这也是与清末光绪三十四年（1908 年）十二月二十七日颁布的《城镇乡地方自治章程》中第一条所云“地方自治以专办地方公益事宜，辅佐官治为主”[②]相呼应。梅田村自从创设公益会后，尽可能地为村落民众提供了一些公共服务，比如前揭修建梅田碾屋以方便村民碾谷等。此外，还着力培养村民良好的卫生习惯，并使村容村貌得到了一定的改观：

> 往者村中人畜粪秽皆流入塘中，居民四百余人向就此塘汲取饮水，疾疫丛生而不知其为饮水不洁所致。自村中设有公益会，始知讲求卫生之道。佥议深浚东北小池以为储蓄饮料之源。[③]

重视教育、关心公益应该是宗族社会固有的特质，现在梅田村不过是试图将其纳入到现代会团组织的形态。与原来私塾下仅仅以考取科举为唯一之目标不同，教育会试图研究教导儿童之方法，并建立会社基金。而公益会也和村落自治联系在一起，这与之前宗族已有的会社进行的公益活动有相通之处，比如周氏宗族原有孝友会、摇钱会等经济互助组织。按族谱所载：

---

① 民国黄陂《周氏宗谱》卷 1《梅田村公益会章程》，民国十二年（1923 年）教稼堂刊本，第 56—57 页。

② 徐秀丽编：《中国近代乡村自治法规选编》，中华书局 2004 年版，第 3 页。

③ 民国黄陂《周氏宗谱》卷 9《里居志 · 黄陂村落记》，民国十二年（1923 年）教稼堂刊本，第 8 页。

家有老人，约定于人死之日，助以一定之丧葬费者曰孝友会。按时期之先后为出钱多少之标准，用抽签方法定得钱之人者曰摇钱会。二者寓储蓄之意于互助之中。若能扩充而光大之，皆于社会之经济、道德大有裨益者也。①

这些家族固有的互助组织和民国十二年（1923年）进行的宗族自治中的公益会、教育会等大有名异实同之感。这是否意味着在中国传统乡土社会中，蕴涵着现代政治学意义上的“自治”的因子？

五、移植、模仿或其他：有关周氏宗族自治践行的若干思考

地区小事件的发生总是离不开时代大背景，民国年间黄陂周氏的家族自治是晚清以来西学东渐之后，民主、自治等西方政治思想在中国传统家族社会中的回应。中国的家族源远流长，构成古代社会的基础，实系国家的缩影。因此，当晚清西方宪政观念传入中国之后，特别是清朝提出预备立宪和地方自治之后，一些开明士绅自然就想到了将家族与自治联系起来。他们试图将西方民主自治“移植”或“输入”到古老的宗族组织之内，或者说尝试着将传统的宗族组织改造成具有西方民主色彩的近代自治团体。

黄陂东乡的周氏宗族共计七个村落，因为血缘和地缘的结合，互通声息，构成一个家族聚居区。民国年间的宗族自治就是在这七个村落基础上建立起来的，其倡导者为周仲曾、周文冠、周文冕等一批在外接受了新式教育，甚至留学海外的家族精英。他们在吸收了西方

① 民国黄陂《周氏宗谱》卷9《里居志·经济》，民国十二年（1923年）教稼堂刊本，第62页。

民治、自由、民主等观念之后，重新审视古老的家族组织，力图挖掘其中早已蕴涵了互助与自我管理的自治因子，将西方的“自治”之名与家族的“自理”之实加以有机结合。这种复杂的互动与其说是“移植”与“模仿”的过程，不如说更像一个不断借用传统又试图突破传统的过程。

学术界一般认为辛亥革命更多的是上流阶层的革命，对于农村的影响是相当有限的。[①] 因此，革命所带来的民主、自由、宪政、自治等新鲜事物更多地体现在城镇，而在广大闭塞而偏远的县市乡村，恐怕大多还是沿袭传统。但也肯定有一部分乡村，比如本文中的梅田村，因缘际会，在周仲曾等一批和家乡还有信息联系的有识之士的倡导下，以家乡为试验田，随其兴之所至进行所谓的“革新”，以图实现士人“齐家、治国、平天下”的政治理想。

民国年间黄陂《周氏宗谱》中编纂的《经祖祠自治章程》，其价值也许更多地体现在制度的设置和规划上，即更多的是文本上的意义。但正如编纂家谱的过程就是宗族联合和认同的重要手段和方法一样，我们也可以认为设计这个家族自治章程的过程亦是周氏族人接触和认同“地方自治”的过程，因此也构成周氏家族“践行”宗族自治的一个重要组成部分。何况在编纂自治章程的同时，周氏宗族还成立了梅田学校、教育会、职员会、公益会等新式社团组织，开展教学研讨、演讲等活动传播先进的思想和观念，普及大众文化知识，改变各种不良陋习，提高村人自治能力。同时开展各种公益性活动，让家族自我组织起来，自己管理自己，以实现其“家族自治”的理念。

当然，本文也许仅为读者呈现了一幅静态的、制度的甚至可能

---

① 〔美〕周锡瑞著，杨慎之译：《改良与革命——辛亥革命在两湖》，中华书局 1982 年版，第 298—300 页。

是昙花一现的历史片段。但从家谱中流传下来完整的自治章程和部分人物的活动轨迹[①]，我们有理由相信它确实在一个偏远的乡村发生过，而且对于当地的民众而言，对于梅田村以及黄陂东乡周氏宗族聚居区的族人而言，这场乡村版的家族自治运动一定被他们用生活的实践亲身感受过，并体现出对美好生活的追求和向往。而作为历史学者，我们也有必要将它记录和揭示出来。

每当走过静谧的梅田村，尽管早已物是而人非，但笔者深知在这片土地上，在清末民初这个特殊的年代，因缘际会，西方先进的民主、自治思想和中国古老的家族组织曾经奇妙地结合在一起。也许这只是家族精英分子导演下的一次类比、模仿和移植，也许只是昙花一现，但我们不应轻视这种"草根民主"所蕴涵的巨大潜能，它正是家族自治与地方自治内在历史逻辑的真实体现。正因为家族自治与地方自治的这种历史内在关联性，所以我们丝毫不会感到奇怪，为何当今中国的民主进程首先是在文化相对落后的乡村展开，而不是在文化素质相对较好的城市社区进行。而如何将现代的村民自治与历史资源和本土资源有机地结合起来，至今依然是我们应该思考和面对的问题。

（原载郑振满主编《族谱研究》第一辑，
社会科学文献出版社 2013 年版）

---

① 民国黄陂《周氏宗谱》卷 5《世系·向家弄世福房世系表》载："文华，字灼廷，生清同治癸亥年八月十二日辰时，清季及民国以来，为经祖祠经管，向家弄村长，秉性慷慨，为人爽朗，颇饶心计。"又卷 6《世系·梅田村世裔房世系表》载："光弟，生清同治己巳年十月十四日辰时。清季及民国初元以来，为经祖祠经管，又为梅田村村长及国民学校承办员，正直慷慨，任事热心，理祭田、租谷及学堂公款，不辞劳怨。"

长江中游乡村社会权力结构
其变迁（1368—1911）

一、引言

（一）中国传统乡村政治的理论解释

与古代欧洲庄园经济或城邦制不同，传统中国是一个以个体小农经济为基础的农业社会，乡村构成整个社会的基础。而古代中国乡村社会的一个显著特征就是高度的分散性。个体农民几十户、几百户集中居住在一个居民点上，烟火相连，形成村落。这些星罗棋布的村落构成帝国大厦的基石。

众所周知，传统中国正规官僚机构的设置只延伸到县一级，所谓“天高皇帝远”，于是在一些人眼中，皇帝的专制并不能触及每一个农民，乡村基本处于一种“自治”状态。但另一方面，在“溥天之下，莫非王土；率土之滨，莫非王臣”这一观念的影响和支配下，对于中国这样一个很早就建立起统一中央集权的国家而言，皇权似乎又是绝对和无限的。

因此传统中国乡村社会的政治特征，特别是县以下乡村的基层权力结构，始终为中外历史学家和社会学者极为关注的对象。早在20世纪40年代，费孝通先生即指出，传统中国从县衙门到每家大门之间的一段情形是最重要的。[①]它是理解中国传统政治的关键。近些年来，随着社会史的兴起，研究视角的向下转移，中外学者对中国基层社会结构的研究愈益繁盛，并形成了不同的理论解释和学术观点，现粗略归纳如下[②]：

（1）费孝通："双轨政治"。费孝通重视旧中国士绅在沟通民众与国家政权之间所起的重要作用，并提出了"双轨政治"的概念。所谓"双轨"乃是指由自上而下的皇权和自下而上的绅权所构成的政治格局。进一步说，即是县以上通过官僚集团实现政治整合，县以下乡村则通过士绅实现社会整合。两者互为依靠，相互补充。费孝通认为，近代以来，随着大量士绅离开农村进入城市，一些恶棍进入村庄政权，充当政权现代化过程中的国家代理人，将双轨政治变成了一种单轨政治，将大量的赋税以及摊派通过这些乘机勒索的恶棍而加到农民身上，恶化了农民与国家之间的关系。[③]

（2）黄宗智："三角结构"。针对以往主要由国家和士绅间权力转移的改变所塑造的二元结构，黄氏在研究华北小农经济时认为应该考虑一个涉及国家、士绅和村庄三方面的三角结构。他指出20世纪前的国家权力没有完全渗入自然村，华北地区各自然村是相对闭塞的，村庄内各阶层中只有最上和最下层与外界关系较多。国家对村庄的联系是通过乡保进行的，而乡保是国家与士绅间的缓冲器。由于华北家族势力影响不大，因此各村庄是由士绅形成的乡村领袖管理的。这些人对村庄起保护作用。但随着地方的军事化和现代国家政权的官僚化，来自外界的压力迫使原来内生的保护型村庄领袖退出了领导地

---

① 费孝通：《中国绅士》，中国社会科学出版社2006年版，第48页。

② 另参见郭建如：《百年乡村发展道路的理论解释》，《科学时报》1999年4月20日。郭文从经济、政治两方面简要地归纳了不同学者对传统乡村的理论解释。

③ 费孝通：《乡土重建》，观察社1948年版影印，载《民国丛书》第三编第14册，上海书店1991年版。

位，而一些恶霸、地痞勾结外来人员出任领导，祸害人民，使旧的国家、士绅和村庄的三角关系被破坏，导致国家与村庄的关系处于紧张状态。①

（3）杜赞奇："经纪模型"。杜赞奇利用满铁调查资料研究华北农村的权力结构，从"大众文化"的角度，提出了"权力的文化网络"等新概念。且详细论证了国家权力是如何通过诸如商业团体、庙会组织、宗教、神话及象征性资源等来深入乡村社会底层的。他在讨论国家政权与村民在赋税等方面的关系时，提出了"经纪模型"的概念，即官府通过"经纪人"（或称"中介人"）来统治乡村社会，经纪人又分为"保护型"和"赢利型"两种。在19世纪末期，清朝政府就是通过双重经纪来征收赋税并实现其主要的统治职能的。到了近代，当国家政权现代化进程加快时，摊派加重，打破并破坏了原有的文化网络，使原有的保护型经纪人退出村庄领导职位，一批恶棍乘机占据，这些人加重勒索，于是出现了政权"内卷化"问题。②

（4）张研："双重统治"。张研所说的中国传统社会的双重统治，是指上层政权与基层社会实体组织、或者说"国"与"家"的双重统治。这里"国"指上自朝廷、下至州县，由国家任命的正规官僚行政机构。"家"则是由里社保甲坊厢、家族宗族乡族、行业组织与经济型乡族组织三大系列基层社会实体组织纵横交错构成。她并以安徽为例，认为随着19世纪中期战乱的爆发、地方军事化发展，基层社会实体组织的政治力量凸出，导致原来的以上层政权为主导的双重统治格局逐渐演变为以基层社会各实体组织为主导的"单一统治"。③

---

① 〔美〕黄宗智：《华北的小农经济与社会变迁》，中华书局2000年版。

② 〔美〕杜赞奇著，王福明译：《文化、权力与国家——1900—1942年的华北农村》，江苏人民出版社1996年版。

③ 张研、牛贯杰：《19世纪中期中国双重统治格局的演变》，中国人民大学出版社2002年版。

此外还有诸如“二元权力体系”[①]、“乡级社会结构”[②]等不同的论点提出。可谓见仁见智，莫衷一是。

由上可知，国家与乡村社会之间的关系极其复杂，甚至可以说是扑朔迷离。其背后的根源就在于皇帝任命的地方官员到县级就停止了，造成了国家政权与乡村社会出现某种程度上的脱节现象。但从“资源——体制”的角度而言[③]，这或许也是当时最为可行的管理模式。因为国家权力在介入乡村的过程中，资源缺乏始终是一个最大的困难，在当时的社会条件下，如果国家机构延伸到乡村，必然会引起官僚体制的急速膨胀，而对于一个以传统农业为主要经济支柱的国家而言，它缺乏足够的资源来满足这一要求。面对广大乡村，在只能维持较小官僚机构的前提下，国家对于乡村只能实施一种“间接管理”。于是造成了县以上官僚体制层级明晰、规范有序，而县以下权力结构错综复杂、纵横交错。

通过对以上观点的爬梳，我们可以大致明晰前此学者对国家与乡村关系的研究理路，与最初学者过分强调封建中央集权的强大，从而将乡村组织与地方精英看成是国家政权的附属物的观念不同，在20世纪50—60年代，以费孝通为代表的一批学者开始重视乡绅在国家与乡村之间的中介作用，即认为士绅具有双重身份：一方面绅权是皇权的延伸，是维护封建统治的基础；另一方面，士绅又是地方利益的代表。这就是所谓的“乡绅社会”模式。

---

① 徐勇：《中国古代乡村行政与自治二元权力体系分析》，载《徐勇自选集》，华中理工大学出版社1999年版。该文认为中国古代乡村具有自上而下的国家行政权和蕴含在乡村社会中的自治权的二元一体的权力体系。

② 从翰香主编：《近代冀鲁豫乡村》，中国社会科学出版社1995年版。该书首次提出了“乡级社会结构”这一说法。他们指出乡作为一个半官方机构，在当时的官府与乡村社会之间起中介作用。由于有这一中介机构，所以官府对乡村的控制是间接的，村庄在一定程度上处于“自治”状态。

③ 参见彭勃、〔韩〕金柱演：《国家与乡村社会关系的发展沿革——“资源—体制”框架的可行性分析》，《中共福建省委党校学报》1999年第1期。

到了20世纪80年代，随着社会史的兴起，特别是区域历史研究的加深，人们感到过于宽泛的“乡绅社会”理论也不能解释许多问题。首先，士绅集团内部也是一个高度分化的阶层；其次，国家政权对于乡村的渗透并非仅士绅一种渠道。所以，在杜赞奇的“经纪模型”以及黄宗智的“三角结构”中，他们所提及的联系国家与乡村之间的中间阶层，其成分就有所扩展，包括士绅、乡保或族长等地方精英阶层以及胥吏群体等。而杜赞奇则走得更远，在他所构筑的“权力的文化网络”中，各种商人团体、庙会组织、神话信仰、祭祀体系等权力的象征性资源都构成国家政权深入下层社会的途径。同时，有的学者对宗族势力强大的华南地区的研究表明，该地区宗族在联系国家与社会之间起着相当大的作用。

张研的“双重统治”则是一种“官”、“民”二元结构体系。这一点在很大程度上与以前傅衣凌先生所提的某些观点有相似之处。如傅先生很早就认为中国传统社会可分为“公”和“私”两个部分：一方面是从国家直至县和次于县（如清代的巡检司）的、组织严密、拥有众多官僚胥吏的国家政权体系；另一方面，实际对基层社会直接进行控制的却是乡族的势力。[①]这里所言的“公”与“私”两大系统即是国家与乡族的双重控制。不过张研将“私”的系统有所扩大，几乎包含所有的基层社会实体组织。

无论何种解释模式，学者们实际都承认传统国家是通过某种中间阶层对乡村社会实行间接统治，即其出发点都是国家与社会的分离或脱节。中间阶层犹如跷跷板中的支点，使国家与乡村之间保持着某种平衡关系。按照他们在沟通国家与地方之间的性质和作用，中间阶层又可分为保护型和盈利型两种，在国家政权稳定之时，主要以维护地方利益为目的的保护型为主，他们在沟通国家与乡村社会之间关系

---

① 傅衣凌：《中国传统社会：多元的结构》，《中国社会经济史研究》1988年第3期。

上起着正面的积极作用：一方面，作为官僚系统的延伸，这些精英阶层积极配合官府向人民征收赋税、维持地方治安；另一方面，他们又作为地方利益的代表，对有损地方利益的官府进行抵制。从而在官民之间形成一种良性互动关系，在某种程度上维持着传统国家与乡村社会的整合。

回顾以往的研究理路我们还发现，早期学者多关注封建中央集权体制，往往强调国家政权对乡村社会的绝对控制，近年来随着人类学及社会史对乡村社会的大举进军，人们似乎又转过头来强调社会共同体的自治功能。而显然过分强调某一点都是失之公允的。国家对乡村社会的管理与控制肯定是存在的，现在的问题是政府通过何种方式将国家权力渗透到基层社会？这种国家权力机构与基层社会其他民间组织和乡土权威之间的关系如何？诸如此类的问题都值得我们深入探讨。而且由于中国幅员辽阔，区域间政治经济发展很不平衡，对于涉及基层社会诸问题自然只有分区域进行微观研究方能明晰。

至于区域的选择问题，华北和江南地区是以前学者们着笔较多的区域。但作为传统政治中心的华北地区和作为传统经济中心的江南地区究竟能在多大程度上代表中国当时的实态颇值得怀疑。李伯重在《江南的早期工业化》一书中就曾精辟地指出："相反，因为这个地区（即江南）的经济发展水平高出全国大多数地区很多，所以可能反而不具典型性。"[①] 因此要想更加全面深入了解明清时期中国的发展实态，我们还应将研究的视角转向其他并非最发达的区域。

在此需加以说明的是，在从事区域史研究的过程中，许多学者常喜欢论及该区域的"典型性"问题，并以是否具有典型性作为选择

---

① 李伯重：《江南的早期工业化（1550—1850）》，社会科学文献出版社2000年版，第19页。

区域的重要依据之一。这其实陷入了一种误区：既然我们承认区域的差异性，那么就无所谓典型性了。因为如果认为某区域具有典型性，在某种程度上就是认为它能反映或代表全国、至少是绝大部分地区的历史面貌。而这恰恰在无形之中又有意无意地否定了不同区域的差异性原则。因此，对于中国这样一个区域辽阔而社会经济发展又极度不平衡的国家而言，每个地区都有各自的特点，试图寻找一个完全能代表全国水平的区域几乎是不可能的。而且，对于社会科学研究而言，没有不具有“典型性”的区域，更何况区域社会史主要关注地域社会内部的整合以及与国家政权的互动关系。故此，本文选择以前学者较少涉足的长江中游进行区域研究，而湘鄂赣三省在明清以来属于发展中地区，这一点对于我们探寻明清时期社会发展的一般规律是非常重要的。

从时段上来说，对于乡村社会权力结构的研究，以前学者多集中于19世纪，即清末民初。的确，这是一个变动较剧烈的时期，但任何一种历史现象的产生都是有其延续性的。而且按照法国年鉴学派的代表人物布罗代尔历史时段理论的观点，历史时间可分为长、中、短三种不同的时段，其对应的概念分别称为“结构”、“局势”、“事件”。所谓“结构”，是指长期不变或者变化极慢的，但在历史上起经常、深刻作用的一些因素，如地理、气候、生态环境、社会组织、思想传统等。[①]据此，乡村社会权力结构显然属于长时段，其演变更有一个漫长的过程，我们只有通过长时段的考察才能真正了解历史的真相。所以本文的时段由明朝建立的1368年，一直延续至清朝被推翻的1911年，横跨近五个半世纪。

另外，结构往往呈现一种“体系”的特征，即组成一个整体的

① 〔法〕布罗代尔著，顾良、施康强译：《15至18世纪的物质文明、经济和资本主义》第1卷，生活·读书·新知三联书店1992年版，第7页。

各个因素之间有一种稳定的相互联系，而其中任何一种因素的改变，必然会引起其他因素的改变。因此对于乡村社会权力结构的演变问题，我们应从联系的观点，进行综合考察。特别是乡村许多基层组织，具有多重性质和多种职能。如明代的里甲组织，它既是一种政治型组织，又是一种经济型组织。就其性质而言，是融政治、经济、社会于一体的组织模式。从职能上讲，它具有户籍管理、赋税征收、治安教化等多种功能。而且这些功能之间是互相联系、彼此制约的。任何一项制度的变革都受到其他因素的影响，并且会联动到相关制度的变革。因此用联系的观点，整体史的方法进行研究是十分必要的。

（二）“准基层行政组织”概念的提出

在中国传统社会，自秦汉建立中央集权体制以来，历朝历代正规官僚体系的设置到县一级就终止了，因而县政府就成为中国古代最基层的行政组织。作为最基层的行政长官，县官因而有“亲民之官”或“父母官”的称谓。而据施坚雅的统计，从汉朝到清朝的两千多年间，尽管人口增长了七倍，而中国最低一级政府即县的数量几乎没有增加。笔者依据施坚雅所举出的数据列如下表：

中国历代县数及每县所辖人口统计表

朝代（公元年份）	汉(180)	隋	唐(875)	宋(1190)	元	明(1585)	清(1850)
县数	1180	1255	1235	1230	1115	1385	1360
人口数（万）	6000		8000	11000		20000	42500
每县所辖人口数（万）	5		6	9		14	31

资料来源：〔美〕施坚雅主编，叶光庭等译：《中华帝国晚期的城市》，中华书局 2000 年版，第 19 页。

由上表可知，汉朝末年县政府管辖5万人口，而到清末却增加为31万人[①]，而县的数量几乎没有随人口增加而增多。这在施坚雅看来十分明智，如果按汉代5万人口设一个县，那么清代需要8500个县，这之上又需1400个以上的府级衙门，地方行政规模如此增长，不但要连带引起衙门的增加，而且要连带引起各级官僚和僚属人员的膨胀，各种负担累加起来将大大超过任何一个以农业税为主要财政来源的国家的承受能力，那么朝廷就无法进行工作。[②]所以中国古代的做法通常是巩固人口稠密的中心地区各县，只在边远地区设置新的县份。朝廷的目标是让县政府始终作为上层的政治机构而不进入村庄，从而保证官僚机构的精练。

但是对于中国这样一个以极度分散的个体小农经济为主体的农业大国，朝廷所需的赋税、徭役要想仅依靠县政府这样小的机构收上来几乎是不可能的。[③]此外诸如登记人口、编制土地册籍、维持地方秩序、修葺水利工程、调解民间纠纷等工作都需要相应的组织来做。所以自秦汉以来，历代政府都设置有乡村基层组织以填补县政府以下的权力真空。

---

① 据有关学者的研究表明，与19世纪中国每一县官统治人数30万人形成鲜明对比的是，革命前的法国，每一地方行政官统治的人口仅为3千人。参见 Joseph W . Esherick and Mary Backus Rankin, *Chinese Local Elite and Patterns of Dominance,* University of California Press, 1990 p.3。

② 〔美〕施坚雅主编，叶光庭等译：《中华帝国晚期的城市》，中华书局2000年版，第20页。

③ 关于县级衙门的官员设置，因各地州县衙门大小事务繁简不一而有所增损。我们以明代江西新城县为例窥其一斑。据正德《新城县志·秩官》（天一阁藏明代方志选刊续编，上海书店1990年版，第46册，第432—437页）载，本县官三员：知县、县丞、主簿；首领官典吏一员（注：其职主出入文书，赞理县政）；本县儒学官三员（其中教谕一员、训导二员）；县属二巡检司巡检二员；阴阳学、医学、僧会司、道会司各一员；另设吏房、户房、粮科、礼房、兵房、刑房、工房六房，每房额设司吏一，典吏二；承发司典吏一员（注：凡每日上下出入文书皆附簿挂号以备稽考）；铺长一名（注：专管铺舍什物查考、公文稽迟）；架阁库典吏一（注：掌军黄籍册）。连官带吏共34人。

这些组织依次是秦汉的乡亭里制、魏晋南北朝的三长制、隋唐的邻保制、宋代的保甲与乡约、元代的社制、明代的里甲制和清代的里甲与保甲制。[①]其间有一个转折，即唐宋之际由乡官制向职役制转变。但总体而言都是由一些不拿官俸的乡里民众来担任各种职务，基本贯彻“以民治民”的管理方针。

由于中国传统乡村组织机构名称繁多，长期以来不能形成共识，有些学者则干脆以明清时期的里甲制或保甲制代称整个传统时期的乡村基层组织[②]，这显然失之偏颇。最近赵秀玲主张用“乡里制度”来概括历代乡里组织。[③]应该说这一称谓是目前为止最为贴切和准确的。

但对于明清时期的乡村社会而言，乡里基层组织的种类很多[④]，从广义而言，基层组织包括县以下、家以上的所有组织，里甲、保甲只是其中的一种。但相对于宗族、行会、义庄等民间组织而言，里（保）甲又有其独特之处，即其权力来源于政府，带有官方色彩以及合法性原则。[⑤]从政治行政学的角度出发，我们有必要对里保甲制进行一种重新界定，以反映它在基层组织中的独特地位。由此，本文提

① 参见张哲郎：《乡遂遗规——村社的结构》，载《吾土与吾民》，台北联经出版事业股份有限公司1982年版。

② 如闻钧天在《中国保甲制度》（商务印书馆1935年版）中将西周至民国的基层组织统括为保甲制。而汪士杰则在《里甲制度考略》（重庆商务印书馆1944年版）中又以里甲制概称。

③ 赵秀玲：《中国乡里制度》，社会科学文献出版社1998年版，第12页。

④ 张研就指出清中后期基层社会组织包括里社保甲坊厢、家族宗族乡族、行业组织与经济乡族组织三大系列。见张研：《清代中后期中国基层社会组织的纵横依赖与相互联系》，《清史研究》2000年第2期。

⑤ 已有学者注意到各基层组织的不同特性，如苏州大学徐茂明在梳理明清江南社会基层组织时，将其分为三类：官方基层组织，如里甲、保甲制、粮长制等；官民共建基层组织，如乡约、社仓、义仓等；民间基层组织以血缘关系为纽带的家族组织。参见严昌洪、彭南生：《经济发展与社会变迁国际学术研讨会综述》，《历史研究》2001年第1期。

出“准基层行政组织”这一概念[①]。这是因为：一方面，里保甲作为法定基层组织，拥有国家赋予的统治乡村的权力。与世世代代聚族而居的血缘群体不同，它是由政府强制在乡村推行的，是以地缘为特征，在村落共同体的基础之上制定的法定行政区划。它是官府控制乡村的主要工具，是国家政权管理基层社会的一项基本制度。里保长秉承官府的政令，管辖乡村社会各方面的事务。他们内部还有明确的职务分工，如明代的里甲制中，里长负责征收赋税徭役，三老则掌管教化治安。就权力来源和实质而言，他们体现了国家的行政支配。从这一意义上讲，里甲、保甲组织具有国家基层行政组织的性质。另一方面，我们也应看到，就地方行政单位而言，县级衙门的确是传统国家对地方控制最基层的行政设置[②]。里保甲只具有“半官方”的色彩。首先，保甲长是一种职役，他们是不拿国家俸禄的，更谈不上官品和职位，只能是给官府跑腿听差的一种贱役。其次，保甲长都是由当地土著人员担任，不像县级官员实行回避制度。而且其职务一般实行轮流充任，并没有严格的选拔考试、监督考核等程序。从正规官僚体系而言，里保甲又不具备完全意义上的行政组织资格。

---

① 出于对美国地方政府的认识，美国学者曾把中国县以下的地方组织如里甲、保甲、乡约、社学等称为“地方自治政府”。中国学者萧公权、瞿同祖则竭力否认中国地方组织具有这个概念所包含的民主意味，他们认为从未见过防止官府干预地方组织的法律，所以不能称之为自治政府。有鉴于众多一时一地名目繁多的地方组织的个别研究常失之于过于琐细或节外生枝，导致不能形成共识，挪威学者列夫·里特罗普（Leif Littrup）建议用“准官僚政府”一词来界定地方组织以突出其“中性”的性质。他在《中国明代山东省的准官僚政府》（*Subbureaucratic Government in China in Ming Times: A Study of Shandong Province in the Sixteenth Century*）一书中，以1571年山东人编纂的《山东经会录》为主要资料，重点研究了明代山东的里甲制。由于各地实际情况千差万别，用中性的“准官僚政府”概念比较明智。但该概念似乎有点西化色彩。参见胡志宏《西方中国古代史研究导论》，大象出版社2002年版，第149—151页。

② 另，贺跃夫认为县级衙门并非皇权的终点，在县与村落之间还有巡检司等次县级的基层官署。（贺跃夫：《晚清县以下基层行政官署与乡村社会控制》，《中山大学学报》（社会科学版）1995年第4期）但笔者以为这些佐贰官（县丞、主簿）和属官（典史、巡检司等）仍属于县级政权范畴之内，是附属于县衙门的吏役群体，没必要再细分出次县级。

为了体现里保甲组织在县级行政组织之下，又不同于其他纯粹民间组织的“半官方”色彩及“合法性”特征，我们不妨在“基层行政组织”之前加一个“准”字。通过“准基层行政组织”这一概念，我们可以凸显出里保甲不同于其他民间基层组织的特性。同时通过这一中性的概念，我们也可以归一各种名异实同的基层组织，特别到了清中后期，乡里组织的名称出现混乱，因各地地理环境、风土人情的不同，不同的区域有不同的称谓。诸如庄头、村正、乡地、地方、团正、乡约等等，许多学者不明就里，往往看见不同于里保甲的称谓，就以为是新的地方组织，以至于有关基层组织的研究枝蔓横生，失之琐细。只有规范概念，抓住历史的本质特性，才更有利于我们对相关问题的学术对话与交流。

二、里甲与保甲：明清乡村基层政权的建设与嬗变

（一）明初里甲制的确立及其对乡村社会的控制

从历史来看，对乡里制度最为重视的朝代有两个：一为汉代，一为明代。而极其巧合的是，历史上以布衣得天下者，唯汉高祖刘邦、明太祖朱元璋二人而已。他们都出身卑微，一为亭长，一为寺僧。都有过乡里生活的体验，都曾生活在社会的最底层，对基层社会的认识较其他帝王更为深刻。这样的出身和经历无疑会影响到他们日后治理国家的策略和方针。而且他们参与和领导了轰轰烈烈的农民起义，亲身体验到农民潜在的力量。知道安抚小农、控制农村对于巩固一个强大的中央集权政权的重要性。

因此，明太祖朱元璋在削平群雄以后，一方面对从中央到地方的官僚机构进行了大刀阔斧的改革：地方上分设不相统辖的三司，中央则废除丞相，皇帝一人独揽朝纲，并设锦衣卫来严密监视群臣；另

一方面，作为出身民间的皇帝，朱元璋对强化皇权对地方的控制更是殚精竭虑，从清丈田亩到编造鱼鳞图册和赋役黄册都有规定，与这些相联系的里甲制度则是他在乡村设立的主要制度之一。

在中国古代，田赋一向是传统王朝的“维正之供”，是国家财政的最主要的来源，赋税的征收也最能体现国家对民众的控制。因此，我们可以看到，明代里甲制度与赋役黄册制度几乎是同步进行的。[①]关于里甲制的设立，据《明太祖实录》载：

> 是月（洪武十四年正月），命天下郡县编赋役黄册。其法以一百一十户为里，一里之中，推丁粮多者十人之为长，余百户为十甲，甲凡十人，岁役里长一人，甲首十人，管摄一里之事。城中曰坊，近城曰厢，乡都曰里，凡十年一周，先后则各以丁数多寡为次，每里编为一册，册之首总为一图，其里中鳏寡孤独不任役者，则带管于百十户之外，而列入图后，名曰畸零。[②]

由这则史料我们可以看出，明代的里甲制与赋役黄册制度几乎是相辅相成、彼此交融的，甚至可以说里甲制的建立就是出于推行使用黄册来管理户口和征调赋役的需要。因此就里甲组织本质而言，它实际上是一种役制单位。

就整体而言，里甲制的全面推行是在洪武十四年（1381年），但由于里甲制有一个由南向北先后推行的问题，地处长江中游的湘鄂赣三省部分地区里甲制的实施实际要早于这一时间。如湖南临湘县：“洪武八年，编八都十三区，统三十六里。”[③]至于政府以一百一十户

① 韦庆远认为，从某种意义上来说，里甲制度的建立甚至是由于推行使用黄册来管理户口和征调赋役的需要。参见韦庆远：《明代黄册制度》，中华书局1961年版，第47页。

② 《明太祖实录》卷135，洪武十四年正月丙辰，台湾“中央研究院”历史语言研究所1962年影印本，第2143—2144页。

③ 同治《临湘县志》卷3《建置志·都里》，光绪十八年（1892年）刻本，第6页。

为一里的规定在很大程度上只能是一种理想。中国辽阔而分散的农村不同于军队，要想做到整齐划一是不可能的。

由于受到地形、地貌等地理环境，居住习俗，家族制度等社会条件以及土地利用等经济因素的影响和制约，乡村聚落的大小和布局各不相同。就长江中游而言，其地形较华北平原和江南水乡更为复杂，兼有平原、山区、丘陵、沼泽等多种地形地貌，所以村落形态也较纷繁。在江汉平原一带："村落依高阜而居，或百余家，或数十家。"① 而在鄂西山区的兴山县："在邑者聚庐而处。居乡者户不相比，高原下麓散若晨星，村邻远至四五里犹云隔壁。"②

这种或聚或散、或大或小的乡村聚落布局必将影响到里甲制度在现实乡村中的实施。里甲虽说以户为中心进行编排，但不可能逾越自然村落的现实。相对于人为组建的行政组织而言，由地缘与血缘聚集而成的、经过数代人共同生产与生活而形成的村落更为固定和永久。除非大的战争或灾害，村落总会留存下来，并在中国农民多子多福的独特生育文化的浸润下，不断壮大和繁衍出新的村落。任何一种乡村基层组织的构成必须以村落为基础③，不可能强行打破自然村落的布局和初始社会结构。

因此我们通过统计发现，湖南、湖北在洪武年间每里平均编户

---

① 民国《湖北通志》卷21《舆地志·风俗》，民国十年（1921年）刻本，第754页。

② 同治《宜昌府志》卷11《风土志·室庐》，同治五年（1866年）刻本，第20页。

③ 对于里甲与村落的关系，中外学者分歧颇大。如日本的清水盛光和松本善海认为如果政府想统治乡村，则必须重新组织、重新划分乡村的社会结构。因此他们认为在里甲制实施之时，为了符合户数的需求，必然破坏了自然村落的组织。这显然犯了教条主义的错误，我们在讨论里甲制度与村落的关系时，必须明白里甲只是一种政府为了赋税征收、劳役分配及地方控制而设置的一种无形的组织，它不可能去割裂自然村落，将人户从此处迁往彼处以满足110户的需要。事实上我们也没有找到任何史料来证明政府有过这种举措。那么实际操作情形很可能是以人户为依据，以自然村落为基础，倘若自然村的户数大致与里甲规定的规模相当或伸缩幅度不大，就会出现两者的叠和。过大或过小就会出现一个村庄编排为数里，或数个村庄共同合编为一里。这种分析与合并只是名义上的统合，并非地域上的割并。

一般在 150 户左右[①]，在部分地区如湖北襄阳府所属各县每里则高达 212 户。可见各地并非严格按照每里 110 户的标准执行，而是按照当地的实际情况灵活编制里甲。事实上政府规定每里允许有些许畸零户和代管户的存在，这就成为里甲制度下的缓冲器，使里甲具有一定的伸缩性，以便于地方官的实际操作，从而使朝廷的政策也具有广泛的适应性。

那么政府又为何不厌其烦地用里甲户（包括后来的保甲户）作为基层组织的划分标准呢？张哲郎提供了一个在我看来比较合理的解释，即统治者用一种与自然村落完全不同的制度来编组，可以减少地方村落组织的影响。[②]这也是体现国家对乡村社会统治的一种形式。

总体来看，至迟到洪武二十四年（1391 年），湘鄂赣三省除了少数民族土司地区外，大体都完成了里甲的编排工作。其编制原则如前所述，以 110 户为一里，一里之中，推丁粮多者 10 人为里长，其他 100 户，分为 10 甲，每甲 10 人，有甲首 1 人。作为明代的一种役制单位，里甲组织的一项重要职责就是向政府提供赋税徭役。每年征派里甲役时，由一名里长带领一甲十户去应差役："轮年在官曰见年，里长空歇者曰排年，十岁而周。"[③]

从明代里甲制度本身而言，它首先是作为赋役征收的一种役制组织来推行的[④]。而后逐渐赋予它督劝农桑、维护治安、教化乡里等

---

① 曹树基推测的结果是明代南方各地一般每里编户 130—140 户。见《中国人口史》第 4 卷，复旦大学出版社 2000 年版，第 74 页。

② 参见张哲郎：《乡遂遗规——村社的结构》，载《吾土与吾民》，台北联经出版事业股份有限公司 1982 年版。

③ 嘉靖《南康县志》卷 2《里籍》，天一阁藏明代方志选刊续编，上海书店 1990 年影印本，第 744 页。

④ 在里甲制之前，明太祖还在田赋额数较高的浙江、南直隶（今江苏、安徽两省）、湖广、江西、福建等省设立粮长制以征解税粮，地处长江中游的湘鄂赣三省由于设置的粮长数大多与里长数相同，叠床架屋，造成"粮少而役多"，到景泰年间逐渐被里甲制所替代。

各种职能，使之成为联系国家与乡村的重要的准基层行政组织。里甲长带领民众向官府提供赋税和徭役，同时又代表官府在乡村行使管理职能。朱元璋力图使里甲制成为国家在政治、经济、社会诸多方面强力控制乡村社会的基层组织。

明初的社会基础是小农经济，有效地管理小农就成为洪武时期社会控制的主体和中心工作，朱元璋颁布了一系列的诰谕严治旷夫以达到“使游惰皆尽力于田亩”的目标，如洪武十七年和十八年，明太祖先后颁行大诰、大诰续编、大诰三编。在大诰中，里长又被指定负责督导人民日常生活，使人民安于本业。倘若有人变更职业，里长必须亲自向地方官报告。明太祖还给予里长捉拿地方上偷懒不做事的人即“游民”、“逸夫”的职权。同时，明太祖又利用里甲制度之方便，命令每里之人互相监视，每个人必须知道里内其他人的工作，商人出外经商，要让邻居知道其行踪。里甲制在无形中成为政府设置在乡村社会中的一种类似特务网的组织。但其目的并不同于清代的保甲制，明初的里甲制是明太祖为了促进农业生产及经济发展而设定的一种督劝机构。其目的在于强化小农经济基础。

洪武三十一年（1398 年），明太祖颁布了《教民榜文》。在榜文中，里长及老人皆给予解决乡里中小纠纷的权力，如：“户婚、田土、斗殴、争占、失火、盗窃、骂詈、钱债、赌博、擅食田园瓜果、私宰耕牛、弃毁器物稼穑等，畜产咬杀人、年幼私擅用财、亵渎神明、子孙违反教令、师巫邪术、六畜践食稼禾等。”[①] 当然强盗杀人等重大案件依然必须由官方处理。里长及老人享有相当大的司法权，这是中国历史上其他朝代所无者。由此，日本一些学者如松本善海在研究明代的地方政府时，即认为里甲制是一种地方自治。但显然明代的里甲制离地方自治是有一段距离的。虽然明太祖让里长及老人有劝农、教化

---

① 《皇明制书》卷 9《教民榜文》，续修四库全书本，上海古籍出版社 2013 年版，第 353 页。

及解决地方争端之权，但他们并不能自由自主全权运用这些权力。至于老人处理纠纷被认为是有司法职能显然也是对中国古代乡村社会的一种误解。中国是一个崇老的社会，敬老尊贤是一种传统美德，地方上出现小的纠纷请年纪大、威望高的老人来劝解平息的现象历代皆然，而且里老人的所谓“司法权”并不大，只是处理一些日常小纠纷和小摩擦，如万历《慈利县志》载：“每里设老人一名，掌风俗小讼。”[①]可见，明太祖真正的目的只在于利用他们来负责民众的教化与治安的维持，将圣谕灌输给广大乡村民众。因此我们认为里甲制下的乡村控制体系主要是一种以教化为主的控制体系。

明代“老人”的设置是里甲制下教化体系中的一个重要组成部分。明代“老人”又称“耆民”、“耆宿”、“耆老”、“乡老”、“里老人”等，这些人不是普通的高龄老年人，而是明代乡村基层组织中的非正式公职人员。日本学者藤泽弘昌认为：乡里税粮征收是里长的职责，而村落的自治则主要是以“老人”为中心来实行的，明代的专制王朝是通过以征收赋税为主的里甲制和实行村落自治的老人制两个系统来统治农村的，二者紧密结合在一起。[②]这里藤氏指出了老人的实质，但他将老人不列入里甲制之内，显然不妥。明代“老人”又称里老人，他是每里中选出的年高有德者，其职责是裁决争讼、督责怠惰、劝民为善、导众务农、协助里长征收钱粮等。老人与里长职责不尽相同，但同属于里甲制度之内，因此不应将老人列于里甲制之外。

在明初，里老人的选充较为严格，德高望重者方能充任。在湖北蕲水县老人，“里设一名，惟教民劝俗，如汉三老之意，择行止颇端者充之”[③]。在江西广信府亦是，“每里中又选年高有德者为老

---

① 万历《慈利县志》卷9《职役》，天一阁藏明代方志选刊，上海古籍书店1964年版影印本，第6页。

② 〔日〕藤泽弘昌：《明代的农村支配体制》，《史学研究》1962年第82号。

③ 嘉靖《蕲水县志》卷1《徭役》，嘉靖二十六年（1547）刻本，第31页。

人……凡民间户婚土田斗殴竞争一切小事，皆许剖断”[1]。

其后，朱元璋又设立“木铎老人”，即由那些稍有残疾的老人每月几次敲着木铎巡行乡里，宣讲朱元璋的六谕：“孝顺父母，尊敬长上，和睦乡里，教训子孙，各安生理，毋作非为。”[2]设木铎老人以宣教化，集中体现了朱元璋礼法之治的思想，据隆庆《永州府志》载：

> 木铎老人：按尚书每岁孟夏，遒人以木铎，徇于路，木铎之制古矣！我太祖混一之初，亲制谕俗六言曰：孝顺父母，尊敬长上，和睦乡里，教训子孙，各安生理，毋作非为，令耆民执铎于朔望及每日五鼓，朗诵街巷，使斯民夜气清明之际，忽闻此语，冷然省惕。[3]

为了便于乡村教化，明初各乡里都设有申明亭与旌善亭，据史载：申明亭始建于洪武五年（1372年）二月，是年：“上以田野之民不知禁令，往往误犯刑宪，乃命有司于内外府州县及其乡里之里社皆立申明亭，凡境内人民有犯，书其过名，榜于亭上，使人有所惩戒。”[4]

由湘鄂赣三省各地方志中的记载可知，洪武初年长江中游各地方里都的确遵诏设立有申明亭与旌善亭。以江西嘉靖《南康县志》为例，该志对于当地申、旌二亭的设置、功能及建筑样式都有详细的记载：

> 申明亭二十四所，洪武八年知县沈安奉颁降成式督民创立。

---

① 嘉靖《广信府志》卷5《食货志》，天一阁藏明代方志选刊续编，上海书店1990年影印本，第298页。

② 章潢：《图书编》卷92，广陵书社2011年影印本，第3177页。

③ 隆庆《永州府志》卷8《创设志上》，隆庆五年（1571年）刻本。

④ 《明太祖实录》卷72，洪武五年二月丁未，台湾“中央研究院”历史语言研究所1962年影印本，第1332—1333页。

以乡耆老掌之，所以劝善惩恶而厚风俗也。凡民之有过恶者，录之于亭，使知有所治而不敢为恶。其制：厅屋一间，中□四柱，门房一间，但南向，环以周垣。

旌善亭二十四所，洪武十六年知县金挺奉颁降成式督民创立。亦以乡耆掌之，所以崇仁尚义而厚风俗也。凡民之有善者录之于亭，俾知所劝而益归于善。其制二亭并列，但旌善亭居申明亭之东，基高三级，余并同。[①]

另据洪武《永州府志》载：除永州府城及各县县城而外，零陵、祁阳、永明、东安、灌阳等县所辖各乡，每乡亭二座。[②] 该志修于洪武十三年（1380 年），说明此前二亭即已普遍设立。而据弘治《岳州府志》所载，洪武年间，该府所属平江县、华容县、巴陵县，几乎也都是在乡每里置申明亭与旌善亭各一所。

在乡村社会中，申明亭主要是书恶，旌善亭主要是扬善，二者相互配合，共同起到惩恶扬善、明扬教化的功用。有的学者认为申明亭是里老人理讼的场所，甚至有的学者认为申明亭具有乡里基层法庭的性质[③]。无论性质如何，它都构成明初地方控制的一个组成部分。明代设置申明亭，目的之一在于要保证中央政府的申文能够在乡村社会中充分得以宣扬。其另一个意图是要利用申明亭和乡村里老人来处理最基本的民间词讼，以减轻官府的压力，起到减震器的作用。

明代“老人”的地位较高，在乡村社会中的作用也较明显，因此有人将此称为“老人制度”。据弘治《衡山县志》载：“喻礼，字文仪，坊厢民。洪武中老人，赴京三领安民谕敕，年九十一，受冠带

---

① 嘉靖《南康县志》卷 3《公署》，天一阁藏明代方志选刊续编，上海书店 1990 年影印本，第 822—824。

② 洪武《永州府志》卷 4《公署》，洪武十六年（1383 年）刻本。

③ 罗冬阳：《明太祖礼法之治研究》，高等教育出版社 1998 年版，第 103 页。

终身。”[①]这说明当时老人能有机会亲赴京城领取安民告谕，甚至可以一睹龙颜，而据嘉靖《罗田县志》载：“老人，每里各役一人，年终更替，时估老人一名，木铎老人二名，月给粮各四斗，死则给以衣棺。”[②]这种月给粮四斗，死则给以衣棺的待遇，里长并没有享受过，由此也说明明初的确给予老人相当的礼遇。

与此同时，官府也赋予“老人”相当的权限，除了前面所言理讼教化等职能而外，在蕲州，洪武二十三年（1390年）建立预备仓的过程中，即是由知州杨琪差本州随朝老人严进等分头在州境大同下乡、永福下乡、安平下乡、青山下乡建立预备仓。东西南北四处，各储粮1038石、1357石、639石和796石。[③]里老也有举办乡饮礼之责，据弘治《黄州府志》载：各县每里都设有土谷坛一所，“各乡里老，每岁春秋祭毕，举行乡饮礼”，[④]并且宣读誓词以劝俗，按照《洪武礼制》其誓词如下：

> 凡我同里之人，各遵守礼法，毋恃力凌弱，违者先共治之，然后经官。或贫无可告，周给其家，三年不立，不使与会。其婚姻丧葬有乏，随力相助。如不从众及犯奸盗、诈伪，一切非为之人，不许入会。[⑤]

乡饮其实在某种程度上也成为明代乡村教化的组成部分，一年

① 弘治《衡山县志》卷4《人物》，民国十三年（1924年）衡山康和声铅印周镗续修本，第7页。

② 嘉靖《罗田县志》卷2《食货志》，天一阁藏明代方志选刊续编，上海书店1990年影印本，第86页。

③ 嘉靖《蕲州志》卷4《预备仓》，天一阁藏明代方志选刊，上海古籍书店1962年影印本，第52页。

④ 弘治《黄州府志》卷1《地理·坊社乡镇》，天一阁藏明代方志选刊，上海古籍书店1965年影印本，第20页。

⑤ （明）章潢：《图书编》卷92，广陵书社2011年影印本，第3173页。

一度的乡饮可以增进里民之间的感情，制造乡里祥和的气氛；同时，通过席位的排列分别贵贱尊卑，维护统治秩序，培养尊老尚齿的风尚。乡饮正宾也成为乡村社会中一种荣誉奖赏，如衡山县："赵永成，字仲实，十三都民。尝心善自规，为乡饮正宾，年八十九终；刘铨，字延卫，第三都民。善医，永乐初从征，自沟河医药，有军功，与官不就，还乡。乡饮延为正宾，年八十而终；曹志广，字用宏，号坦斋，十九都民。早从戎九溪，归隐于乡。尚义好礼，本分自处，为乡饮宾，年七十二终。"[①] 这些人都是因自重、自律，或有功于乡里而被奉为乡饮正宾，也成为大家仿效的楷模。更重要的是通过宣读《抑强扶弱》的誓词，乡饮能够达到邻里亲睦，敦化风俗的目的。

此外，明太祖还赋予里老人以"上书言事"的权力，民间利病许其言。在各地方志中，我们经常可以发现里老人参与地方行政事务的事例。在应山县，嘉靖十一年（1532年），里老人张子辉、董文、高学、潘汉等联名上书请求将平里市之巡检司移于更为重要的行者关，最后被知县王朝遂采纳。[②] 在桃源县，明初八十余里赋役繁重，后经耆老苏彬上奏减去四十余里。[③] 在茶陵州，嘉靖四年知州夏良胜在《民情疏》中反映该州税则畸重即是依据本州西睦、茶禹四乡老人谭廷松、尹梗、谭景希、罗馆等所提出的意见而撰写的。这说明老人有权向官府提出一些有利于王朝统治的建议，并且在明初老人的请求大部分都获得了批准或受到当局的重视。

总之，在朱元璋的政治理想中，乡村里甲是一个具有多重职能的共同体性质的基层行政组织，它们在承担纳税服役的同时，朱元璋

① 弘治《衡山县志》卷4《人物》，民国十三年（1924年）衡山康和声铅印周镗续修本，第7—8页。

② 嘉靖《应山县志》卷下《艺文志》，天一阁明代方志选刊，上海古籍书店1964年影印本，第45页。

③ 光绪《桃源县志》卷1《疆域志·坊村》，光绪十八年（1892年）刻本，第1页。

又通过每里设祭坛，行乡饮之礼，以达到敦化风俗的目的。通过申明亭和旌善亭的设置，以及里老人和木铎老人的督促，使里邻之间能德业相劝、过失相规、礼俗相交、患难相恤。诚如弘治《夷陵州志》所言："行乡饮礼以序齿，立社学以督子弟，立木铎以警众。"[①]通过这些教化措施，从而使中国传统乡村社会保持一种稳定和谐的秩序和均衡状态。所以我们可以认为明代政府对乡村社会的控制主要是通过里甲教化体系来完成的。而且这些里甲职役都是来自民众，并非正式官僚职员。我们可以发现传统中国基层社会大多采用一种以民治民的自治管理模式，从而大大节约了中央政权的人力和财力，并有效地防止了中央政权的过分庞大和官僚体系的无效运转。

（二）明中后期里甲控制体系的松弛与保甲制的渐行

在中国古代有人治无法治的状态下，再完善的制度一旦用非其人，结果总是与初衷相去甚远。作为开国之君，又来自于社会底层，朱元璋励精图治，雷厉风行，因此各项制度都能得到贯彻执行，里甲制度更是备受他的关注。尽管里甲是一种职役，无薪俸可言，但朱元璋赋予其极高的政治地位，粮长、里长、老人等都能不时享受接见、免刑、赐爵等待遇。因此两湖方志中经常有洪武时里长地位极高、上待之优厚的记载。但这恰恰是人治的特征，即事因人而兴、因人而废。随着朱元璋的离世，继任者懈怠，制度也就随之走向松弛。

明中后期，里甲制对地方控制的松弛，首先表现在老人成分的复杂化，由此造成素质下降。老人本应由年高德重之人充任，但实际上到嘉靖前后，在湖北蕲水县："近则充之者与用之者殆非初设意矣。"[②]言下之意，老人之职已多为恶霸无赖、奸猾之徒所占据，他们

---

① 弘治《夷陵州志》卷5《乡约遗规》，天一阁藏明代方志选刊续编，上海书店1990年影印本，第330页。

② 嘉靖《蕲水县志》卷1《里甲》，嘉靖二十六年（1547年）刻本，第31页。

唯利是图、贪财受贿、妄张威福、善恶不辨，百姓只得赴官上诉。于是明中叶以后，狱讼渐繁。在湖南安乡县“明乡约在村者十一，木铎者悉以小姓充之，不堪任事，且累小民”[①]，朱元璋设想以“老人”来评理争讼，减轻官府压力的企图在很大程度上落空了。前面所引湖南永州府在洪武年间曾大力推行木铎老人以行教化，但到隆庆之时已是“各府废坠，忽而不讲”。尽管隆庆二年，分守道重新佥报老人“其制始复”。[②]但能够再行多久实在令人怀疑。

作为乡村实施教化的场所，申明亭与旌善亭在洪武之后不久即已废圮不用，这种现象在乡村中最突出。前揭江西南康县申、旌二亭到嘉靖年间已是“惟县前一所存俱”。虽然明弘治、嘉靖年间也有不少地方官对于申、旌二亭进行过多次重建工作，但从记载来看已仅限于县城，如嘉靖《大冶县志》载：“申明亭，在谯楼，洪武元年诏立，久废。知县赵赢重建，其余九里，旧各一座，今废，未及修。旌善亭，县市各里旧各一座，今废未修。”[③]

可以说乡里中的申、旌二亭洪武之后几乎难见踪迹，县治中的亭子则因地方官的个人情形而定，亦是屡建屡废，如潜江县：

> 申明亭，在县左，洪武五年知县史纯一创，弘治二年知县张禹重修，正德二年知县郭秉中重立。旌善亭，在县右，洪武五年知县史纯一立，正统三年知县陈敏政重立，天顺五年知县吕文重建，成化中知县汪志重修，正德二年知县郭秉中重立。[④]

即便兴建，由于地处县城，也仅具象征意义，起不到任何教化

① 康熙《安乡县志》卷3《赋役志·乡约》，康熙二十六年（1687年）刻本，第21页。
② 隆庆《永州府志》卷8《创设上》，隆庆五年（1571年）刻本。
③ 嘉靖《大冶县志》卷3《建设志》，嘉靖十九年（1540年）刻本，第3页。
④ 嘉靖《湖广图经志书》卷6《荆州府·公署》，日本藏中国罕见地方志丛刊，书目文献出版社1990年影印本，第512页。

作用。以下是明代时人谢锐对醴陵县所述之《申明亭记》，其中谈到申明亭之作用及荒废的缘由：

> 亭以申明名志，治之贵申而明之也。亭去治东仅数里，以地密迩，民情可随时随事裁决，且必择年高行端、足谙事体者居焉……凡田土户婚一切细务俱责之亭老……宣上之德，达下之情，然后不失为治，此亭之不可已也。倘上或才智自任，猥劣自安，则下必有罔上行私，掩义隐恶者，将焉用是亭？为我亭圮废近二十余年，凡以设亭之意不明于上，而居斯亭者亦不能以自申，尚安望其治安而民裕也？[①]

申明亭、旌善亭之于里甲制度犹如祠堂之于宗族制度，申、旌二亭的废圮从一个侧面折射出明代中后期乡村社会教化体系的崩溃。乡饮酒礼在许多地方也被废止或徒具形式，如江西南康县：

> 合众致祭所以教民敬也，会饮读誓所以教民和也。今（按：嘉靖年间）其制荡然无余，稍有里社，不过为醵饮浮靡之习。而厉祭则莫之见矣。[②]

另外商品经济的繁荣刺激了人们消费，社会风俗为之一变。明代湖北民间社会风气发生急剧变化的时期大约在弘治前后[③]，即由俭入奢，同时尊卑长幼的次序也被打乱。在应城县，“弘治以前，邑俗椎朴长厚少机心，巨门鸿族亦无缛礼，有讌集，持片纸相邀，客至则设短案，不具丰席。庠中长者有事学宫，则青衿辈执役如子弟，僮仆

① 同治《醴陵县志》卷12《艺文志》，同治九年（1870年）刻本，第30页。
② 嘉靖《南康县志》卷4《礼制》，天一阁藏明代方志选刊续编，上海书店1990年影印本，第851页。
③ 张建民：《湖北通史·明清卷》，华中师范大学出版社1999年版，第576页。

无惰容”。可谓生活俭朴、秩序井然。到了正德末年，“此风整改，近来谳集，烦缛无节，庠中小子或与长者抗席矣”。①

进入明中后期，长江中游各地区社会矛盾日趋激化，其中湖广宗藩之危害、主客之争、赋役不均等都非常突出，这些社会矛盾的激化也使得乡村教化体系逐渐解体和衰败，社会治理更加困难。据张居正《荆州府题名记》云：

> 成化、弘治间，吏治民俗风气纯古，户口蕃殖，狱讼稀简，民各安其乡里，其时治之为易。其继也，醇俗渐漓，网亦少密矣。一变而为宗藩繁盛，骫权挠正，法贷于隐敝。再变而田赋不均，贫民失业，民苦于兼并，又变而侨户杂居，狡伪权诡，俗坏于偷靡，如其时治之为难。②

在社会矛盾激化、秩序崩坏而乡村教化作用又大为减弱的情形下，以缉盗安民为宗旨的保甲制度和各种民间乡约组织在长江中游各地开始出现，以弥补教化体系之不足。

保甲制起源甚早，但作为制度推行则始于北宋神宗熙宁二年（1069年）十二月，当时大变革家王安石正式设立保甲法：“其法十家为保，五十家为大保，十大保为都保。选众所服者二人为都保正副。凡保丁，听自备弓箭，习武艺。于是诸州藉保甲聚民而教之。”③据此，保甲之本意在于邻里相保以维护治安。

长江中游各地区在明中后期开始陆续推行保甲制，如在湖北夷陵州，“弘治七年冬，流贼犯境，居民忧惶，知州陈宣急命捕逐之。

---

① 道光《安陆县志》卷8《风俗》，光绪《应城县志》卷1《舆地·风俗》，光绪八年（1882年）刻本，第37—38页。

② （明）张居正：《张太岳集》卷9，上海古籍出版社1984年版，第120页。

③ （清）徐栋：《保甲书》卷4《原始》，道光二十八年（1848年）刻本，第11页。

仿之保甲法，每乡居民约有百余户为一保，保分甲门，择年德老成众所推服者一人为保长，杀猪立盟，一听保长号令”[①]。在湖南岳州府，地方官还制定有严格的保甲条规：“大率城市或乡村各以所聚处，每十家为一甲，就中立一人以统之，名曰甲长。每十甲为保，就中立一人统之，名曰保长。”[②] 其他如英山、湘潭、罗田、黄冈、沔阳、永州、沅江等地都在明中后期有过推行保甲的记载。

此外，由于地处长江中游，江河纵横，湖泊众多，因而江湖盗贼颇为盛行，所以该地区又有水保甲之编排。以洞庭湖为例，该区自古为南北水路之要津，舟楫往来如织。在明正德年间，时任湖广郴桂兵备副使的姜仪为了防御盗寇，曾将渔船编为保甲。据嘉庆《巴陵县志》记载：“南昌姜仪，字君隶，正德甲戌进士，任湖广郴桂兵备副使。时洞庭湖寇盗充斥，仪编渔艇为保甲，使捕贼。听其蚁聚而击之，所获盗贼即以赏。官司不问。湖商赖之。”[③]

与保甲制渐行的同时，乡约也在长江中游部分地区开始出现。乡约是规范地方社会的一种重要形式。乡约作为民间的规范性活动，起源甚早。宋代由于理学的昌盛，其实施已经十分风行。最为著名的当为陕西蓝田的“吕氏乡约”，它成为后世地方民众行使乡约的典范。明中后期随着里甲制的松弛，官方设立的乡村教化体系也趋于崩溃。为了改变这种状况，一些地方官员和士绅开始在民间推行乡约制度。丘濬和王阳明即是其中的杰出代表。

正德年间王阳明在江西南赣巡抚任上推行的南赣乡约，历来备受中外学者的关注。从其背景来看，也与明中叶以后，赣南社会流动

---

① 弘治《夷陵州志》卷5《保甲法》，天一阁藏明代方志选刊续编，上海书店1990年影印本，第336页。

② 隆庆《岳州府志》卷6《军政考·保甲》，天一阁藏明代方志选刊，上海古籍书店1963年影印本，第29页。

③ 光绪《巴陵县志》卷55《杂识五》，光绪十七年（1891）刻本，第3页。

人口增多，社会成分复杂，盗贼横行相关联。为了消弭南赣社会普遍的为盗之风，正德十二年（1517年）正月，王阳明上任伊始即推行十家牌法。其目的“惟欲剪除盗贼、安养小民”，使“每甲各自纠察甲内之人，不得容留贼盗”，并且“十家之内但有争讼等事，同甲即时劝解和释……务令讲信修睦、息讼罢争”。[①]可见十家牌法是集“弥盗”与“教化”为一体的治安组织。

作为阳明心学的创始人，王阳明认为“治山中贼易，治心中贼难”。所以他在调集大兵征剿盗贼的同时，更注重对百姓的“格心”，即教化。于是继十家牌法之后，他又着力推出了《南赣乡约》。从条文来看，其仪式与程序非常繁杂。归纳后主要有以下9个方面的劝谕：一，督促寄庄人户纳粮；二，禁高利贷；三，禁居民小忿报仇；四，禁阴通贼情；五，禁差役扰民；六，新民不得怀前仇；七，新民改过自新；八，婚嫁从俭；九，丧葬合乎礼节。这些其实是王阳明企图在地方上完善一整套符合朝廷利益和儒家规范的制度与礼仪。[②]是当时国家对基层社会失控的状态下，各地方官员为应对日益严重的社会危机所采取的相应措施。

在湖南湖北尽管没有类似王阳明一样典型的事例，但也有乡约渐行的记载。据弘治《黄州府志》载：“乡约堂，在府城南高庙旧址，弘治己未改建，每月朔举行吕氏乡约，悉遵古法，以厉恶劝善焉。黄陂县乡约堂，在鲁台山西百余步，弘治己未立。”[③]另据万历《黄冈县志》载：在县城乡约所有二，在团风镇和阳逻镇各一，其余十二甲皆有，一般设在街、坊巷中，“有约长、约副、约史，择高年有行者给

① 同治《赣州府志》卷66《艺文志》，同治十二年（1873年）刻本，第72—73页。

② 参见黄志繁：《乡约与保甲：以明代赣南为中心的分析》，《中国社会经济史研究》2002年第2期。

③ 弘治《黄州府志》卷4《亭台》，天一阁明代方志选刊，上海古籍书店1965年影印本，第48、51页。

帖以朔望日教民圣谕六言”[①]。说明当地乡约较为发达。在浏阳县，嘉靖年间还出现了里约长之职，史载如下：“余自修，南乡人，治家修谨，月吉坐堂上，子弟雁行，立揖让，进退无失礼，知县苏志皋（嘉靖十一年任）举为里约长。”[②]

乡约是一种民众自治的条约和组织，以美俗息讼、安里弭盗为宗旨。各地士绅也积极参与乡约教化活动。据光绪《蕲水县志》之《易中斋先生传》记载：“嘉靖年间，县北有村名三店，俗尚慓悍，先生徙居此，慨然有移易之思。因与三十里众约为社会，取圣谕及已所制代俗文刊刻成篇，家喻户晓……行了三四年，人咸憬悟，谷粟牛马之属即遗之山郁无隐匿者。”[③] 即便是王阳明所推行的南赣乡约也在一定程度上利用了地方宗族和社会名流的作用。由此我们似乎可以推断，明初的乡村教化体系到明中后期有一种由官方向民间下沉的趋势。

在此需加说明的是，明中后期的保甲制只是在局部地区得到实施，朝廷并未降旨普遍推行。从这些实施保甲的区域来看，几乎都与社会不安或盗贼横行有关，显然此时所推行的保甲主要是作为防盗缉贼的一种治安手段，而并不是一种基层组织。它是部分地方官针对本地区社会动荡、盗贼横行所采取的一种治安联防措施。而且在推行保甲的区域，里甲编审仍在进行。尽管愈到后来，十年一次的里甲编审愈因循守旧，流于形式。但作为制度它还是存在。如湖北蕲水县，崇祯二年（1629年），在编审里甲的同时，并行保甲。[④] 因此，明中后期，部分地区保甲制的推行，主要是弥补里甲制在社会控制方面的不足，并非取代里甲。从组织形式上讲，明中后期仍是以里甲为主的时

① 万历《黄冈县志》卷2《建置志·乡保》，万历三十六年（1608年）刻本。
② 同治《浏阳县志》卷18《人物》，同治十二年（1873年）刻本，第40页。
③ 光绪《蕲水县志》卷18《艺文志》，光绪六年（1880年）刻本，第38—39页。
④ 光绪《蕲水县志》卷6《秩官》，光绪六年（1880年）刻本，第32页。

期，保甲只是在局部地区作为一种维护治安的手段和措施被推行。有鉴于乡村的复杂性，两者在某种程度上会有趋同性，正因为如此，随着赋役制度的改革，最终导致里甲向保甲的转换。

(三)由赋役改革看清代里甲制向保甲制的转变

关于明清里甲制与保甲制的关系问题，至今学术界还众说纷纭，赵秀玲在《中国乡里制度》中认为明代乡里制度经历了两个阶段：一是明初的里甲制，二是明中后期的保甲制，然后又指出清代乡里制度的演进与明代相似。[①]唐文基则在《明代赋役制度史》中认为："明后期是保甲与里甲双轨并存的时期，彻底取消里甲是在清代雍乾时期。"[②]

其实这两者的说法都有值得商榷的地方。如同前面笔者指出的那样，明中后期保甲制的兴起并非意味着里甲制的取消，在明代保甲制是作为一种治安手段，而非作为基层组织推行。

对于清代里甲制向保甲制的演变，目前学者一般认为是在雍乾之交，州县以下地方基层组织中保甲取代里甲的现象已相当普遍。[③]就全国而言，从主流上看，这一论断是可以成立的。但具体到各个区域则不尽然。首先这一转换是逐步和缓慢的。其次，这种转变不是简单的替代，其变化的内涵相当丰富。

李映发在《清代州县下社会基层组织考察》一文中已经认识到"康雍乾时期的里甲、图甲确实曾发生了较为普遍的变化，但变化的内涵不尽然是由保甲或乡庄所代替，而大多数是由户为编审对象变为以田亩为编审对象"[④]。

---

① 赵秀玲：《中国乡里制度》，社会科学文献出版社 1998 年版，第 40—50 页。
② 唐文基：《明代赋役制度史》，中国社会科学出版社 1991 年版，第 345 页。
③ 孙海泉：《论清代从里甲到保甲的演变》，《中国史研究》1994 年第 2 期。
④ 李映发：《清代州县下社会基层组织考察》，《四川大学学报》1997 年第 2 期。

因此为了弄清里甲与保甲的转换与演变，我们首先必须探讨清代里甲与保甲有异于前代的地方。以前的学者只是笼统地认为清代里甲沿袭了明代，但实际上在某些区域，清代里甲显然已不同于明代，这不仅体现在编排更加随意，更体现在编排的内容已经发生了变化，即里甲性质发生变异。下面以长江中游三省特别是湖南、湖北地区申论之。

我们知道，明初的里甲制度是按户进行编排，并通过“鱼鳞图册”为经，“赋役黄册”为纬，将人户与土地紧密结合起来。但国家征税主要是通过人户而不直接向土地征收，即“税人”而非“税地”。徭役的征发也是以户等高下为准进行轮充。湖南湘乡人洪懋德在“丁粮或问”中对明初里甲制的内容描述如下：

> 国初之制，以人丁之多少而制为里甲，粮因从之，于是而有版籍之丁则，系以口分世业之田。田有定而丁登降，田易主而丁不能改其籍。民知无田而丁自若则益保守，其世业之田深耕广垦，益相劝进于勤俭。而籍外之人虽豪有力不能横入其里而鱼肉之。①

这里里甲是一个相对内向保守的单位系统，除了上对国家承担赋税徭役、下对民众实施控制管理外，横向之间缺乏人员、商品的交流。明初也以实物税为主，不需要社会更多的商品交流，整个社会形成一个相对封闭的系统。

但作为传统社会晚期，商品经济已高度发达，这种意在巩固小农经济的里甲制显然只是出于朱元璋的理想主义，与现实之间有极大的差距。这种差距最终由于土地兼并和赋役繁重而导致人口大量逃

---

① 同治《湘乡县志》卷3《赋役志》，同治十三年（1874年）刻本，第45页。

移，土地买卖频繁，户口与土地日益脱离了原定的里甲编制，画地为牢的里甲制逐步走向崩溃。这首先表现在里甲的残破不齐。这一点前面已专门讨论过，兹再举万历《慈利县志》的记载为例：

> 余尝报慈图籍，而稽之大者能自为都矣，而其小者有一都而不能五六甲，有一甲而不能二三户，又有名存而实亡者，由今之道，不行调停之术，欲免不均之叹，难矣。①

同时，由于土地兼并，以及诡寄、欺隐田粮，必然会导致人地分离，即人在此里此甲，而田归彼里彼甲，如湖南麻阳县：

> 邑之所称都甲者，零落参差矣，有彼都之甲分搀入此都者。有此都之田户坐入彼都者。又有六卫屯田互相坐落者。弹丸封域几何不可问也。②

这种人地分离的局面使得明初里甲以人为主的原则遭到破坏。由于人员流动性大，随着一条鞭法的推行，里甲的编制对象已经由人户逐渐转移到田粮，即由"以田从人"变为"以人从田"。赋役的征派也以田粮为主，即嘉庆《宁乡县志》所云"皆论粮不论丁"。这是里甲制的一个重要变化。

清初两湖里甲的整顿过程，都是围绕着田粮展开的。里甲转向以田粮为编纂对象依然没有改变里甲众寡不均之虞，以京山县为例：

> 至若里甲，粮有多寡盈绌之数。维昔之时，或仕宦从于一

---

① 万历《慈利县志》卷2《建置志·图里》，天一阁藏明代方志选刊，上海古籍书店1964年版，第7页。

② 康熙《麻阳县志》卷1《方舆志·都甲》，康熙二十四年（1685年）刻本，第9—10页。

里，高赀骈于一甲，子孙日蕃，田产日增。遂一里而擅千余石之粮，百余人当十年一输之役。又有单丁、贫族飘零拓落，则一二人挟数石之粮，独当十年一轮之役。[①]

为了解决各里甲粮田多少不一、畸重畸轻之弊，清初两湖各地方官在整顿里甲时，都大力推行一种均平图赋的做法，以下是各地实施之详情：

潜江县：顺治十年，知县柯赓昌均平图赋，以四十三石为一里，征输用官民细户单。[②]

京山县：（顺治年间）东十五里，五百石为里，五十石为甲；西十六里，三百三十石为里，三十三石为甲，一时有均平之称。[③]

浏阳县：顺治十二年，前知县徐维岑奉文均图，编浏阳为五百甲，每甲一百零六石，按图输将，岁无逋欠。[④]

麻阳县：（康熙元年）旧编七里，通县额粮仅一千六百有零，合七里均之，每里该粮二百三十一石有零，每甲则该粮二十三石一斗有零。不必假手吏胥，不必佥议上民，止以每里二十三石为规，即人丁之均平亦然。[⑤]

另外，在黄陂县，“国初有平图之举”。4乡37图，每图均半为445石。[⑥]孝感县在顺治十六年（1659年），知县张翟士均里甲：“均

① 光绪《京山县志》卷3《赋役志》，光绪八年（1882年）刻本，第28页。
② 康熙《潜江县志》卷9《赋役志》，光绪五年（1879年）刻本，第39页。
③ 光绪《京山县志》卷3《赋役》，光绪八年（1882年）刻本，第28页。
④ 同治《浏阳县志》卷6《食货志》，同治十二年（1873年）刻本，第23页。
⑤ 康熙《麻阳县志》卷1《都甲》，康熙二十四年（1685年）刻本，第11—12页。
⑥ 同治《黄陂县志》卷4《赋役志》，同治十年（1871年）刻本，第25—28页。

定每里正米伍百陆拾伍石，每甲正米伍拾陆石伍斗。”[①] 大冶县在万历十年（1582年），知县吴仁即以每甲72石为准均粮，顺治七年（1650年），知县刘源湛又复沿袭此法。[②]

以上诸多事例清晰地表明，在清初整顿里甲的活动中，两湖部分地区里甲的编审完全是以田粮为准，即按粮为里。这在京山县和潜江县非常明显。里甲的划分是以粮石为率，并且按十进制：如京山县，50石为一甲，500石为一里；麻阳县，23石为一甲，230石为一里；孝感县，56石5斗一为甲，565石为一里。因此我们可以据此推断，清代两湖这些地区的里甲已经由明初的基层组织演变为赋役征收的单位。

正因为里甲已经演变为册书中的一种征税单位，所以必然造成作为赋役征收单位的里甲与实际地域范围的脱离。以湖南湘乡为例，史载：

> 国朝顺治十一年，沅抚袁廓宇奏请权立均都法：以熟粮七百八十石为一都，限期严迫，知县南起凤据册均分，悬榜为定。遂成纸上割裂之坊都，非复陌上鳞次之坊都矣。[③]

由于均图平赋，以粮定都里，所以整顿之后的里甲仅只是在征收赋税中存在，与民户的居住地域逐渐脱节。因而也就造成湘乡县里甲“遂成纸上割裂之坊都，非复陌上鳞次之坊都矣”的局面。

再以醴陵县为例，也出现了人户所居之都与户籍所载之都的分离，并且出现了根本无对应管辖区域的“空都”。史载，康熙二十一年（1682年），全县改编为三十都，一百零八境，“以都系乡，以境

---

① 光绪《孝感县志》卷21《艺文志》，光绪八年（1882年）刻本，第41页。
② 同治《大冶县志》卷4《田赋志》，同治六年（1867年）刻本，第3页。
③ 同治《湘乡县志》卷1《地理志・坊都》，同治十三年（1874年）刻本，第13页。

系都，以定征科册籍。其后户口迁移，民间庐墓所在之都，往往与户籍所定之都相距甚远。而新十五都，新二十二都及屯都、承恩、隆恩五都皆无属境，谓之空都，更有都隶此乡，而都内之境更隶他乡者，大约匀都编境时别有区划也”①。

正是由于“都”已演变为纳税的单位，因此就出现了人户纳税所属之都与人户居住所属之都出现了空间上的分离。“空都”的出现则说明此都在赋役册上存在，但在实际地域中并无对应的管辖范围。

事实上这种“空都”的现象在两湖并不少见。如邵阳县，康熙二十六年（1687年），以民役不均，增编十四都，通曰洪仁都。但事实上洪仁都仅是为了平均赋役而设置的“空都”，并无管辖的地界，所以只能侨参于原十四都之中。②

同样的情况也发生在溆浦县，“溆邑向分七都，实止六都，七都则参错其间”③。至清末，据民国《溆浦县志》所载：“（全县）通称三十八里，然所云里者，特为粮户所寄，彼此厕集，不能确定地界，故各区或以里划（一区仍分三里），或以团分（二三四各区皆然），或以段计（六区分上中下三段），参差不一。”④

这种分离必然导致赋税与地域各自形成独立系统。如湘阴县，在康熙初年以里为都，“乡都相附，秩然有序，犹明制也”。到咸同时期，则更设团局，“其分团亦径以东西南北为名，乡都自为系属、不至混淆”。⑤这说明都里作为赋役系统与地域单位团局出现分离。在宁乡县亦是“往往都之名与其地风马牛不相及者”⑥。

而且，由于人户的迁移与田地的转换，也必然导致一些“都里”

① 民国《醴陵县志·建置志》，民国三十七年（1948年）铅印本，第7页。
② 光绪《邵阳县乡土志》卷3《地理·疆域》，光绪三十三年（1907年）刻本，第7页。
③ 同治《溆浦县志》卷8《风俗》，同治十二年（1873年）刻本，第3页。
④ 民国《溆浦县志》卷2《区乡》，民国十年（1921年）活字本，第6页。
⑤ 光绪《湘阴县图志》卷2《舆地志》，光绪六年（1880年）刻本，第1页。
⑥ 嘉庆《宁乡县志》卷2《地理》，嘉庆二十一年（1816年）刻本，第4页。

成为一具空壳。如道光《宝庆府志》载：

> 明制分州县为若干乡，分乡为若干里，分里为十甲……国朝因之，然里甲无一定之域，随甲中人所并之地而转移。有一里之地，此甲在县东数十里，彼甲在县西数十里者。又有同为一甲，张家在县南数十里，而李家在县北数十里，守望赴诉皆有不便。于是宝庆五属因形势之便，设立村团，各置耆老。惟邵阳、城步尚略仍里甲之旧，而邵阳之洪仁乡亦已天地界矣！于是村团既设，里甲仅为收丁粮之统率。而并丁于粮之后，民间且不复知有里甲矣。[①]

这里即明确地指出“里甲仅为收丁粮之统率”，说明清初里甲的的确确已经演变为记载丁粮的赋役单位。同治《浏阳县志》亦云：“土人率以乡分只呼村历地名，多不知都甲，惟征收粮册例载之。”[②]

对于清初里甲的这一变化，以前大多数学者并没给予足够的关注。李映发在前揭《清代州县下社会基层组织考察》一文中虽意识到清代里甲有异于明代之处，但仅指出编排对象的不同，显然由两湖的部分史料来看，实际情形要复杂得多。[③]而笔者以为，清初里甲经过变革之后，演变为赋税征收单位或征收符号恰恰是理解里甲向保甲转化的关键。

如前所述，在清初清廷实行“双轨制”，即充分利用里甲、保甲的不同功能，一个主赋税，一个主治安，并行不悖。但两者一旦真正

---

① 道光《宝庆府志》卷9《疆里表》，道光二十九年（1849年）刻本，第1页。

② 同治《浏阳县志》卷2《舆地志》，同治十二年（1873年）刻本，第5页。

③ 笔者注意到韦庆远、叶显恩主编的《清代全史》第五卷（辽宁人民出版社1991年版）中已经指出到明中后期里甲制度已经趋于瓦解，以后只是作为户籍登记和征收赋税的系统而存在。可惜这一点似乎还未引起其他学者的关注。见该书第419页。

具体落实到村社，功能实际上是很难截然分开。复杂多样的乡村社会具有抗拒单一整齐制度的天性，面对复杂多样的乡村社会结构，任何政权作用下的控制系统都只能在变通的情况下才有可能实施，而且“双轨制”也很容易让地方官无所适从。于是两者的转换与合一就成为必然趋势。

这种转换的前提是里甲的功能逐渐萎缩，而保甲的职能不断拓展，在此转变过程中，清初的赋役改革是关键。诚如许多学者所言，雍正时实行摊丁入亩政策之后，人丁编审失去了实际意义，于是就有“自丁归地粮，乾隆五年遂并停编审，以保甲丁额造报”[①]之结果。这说明原由明代里甲制承担的户口编审以及清初里甲与保甲为各自目的进行的户口编审，至乾隆时统一归于保甲编审。从而事实上取消了里甲制中编审人口的这一功能。

康熙年间，又有革除里排徭役的活动。而且自一条鞭法后，赋役定额化、折银化已成为定局，清初又大力推行自封投柜的交纳方法，也就是说纳税人直接与政府打交道而不需要里甲的收纳上交。这样里甲的赋役功能也被弱化甚至剥夺，农户与官府之间所需要的工作就是催征。而这一催征的职能显然保甲更易胜任。因此经过清初的赋役改革，里甲的各项实际职能事实上被架空，它所能做的仅是作为一种纳税单位而保留在册籍之中。因此清代州县以下基层组织由里甲向保甲的转化就成为必然趋势。也就是说清中后期，保甲制逐渐取代了里甲制的大部分职能，由“弭盗安良”的功能而扩展到“一切户婚、田土、催粮拘犯之事”[②]。从而使保甲成为集社会治安、人口编查、赋役征收等职能于一身的地方基层组织。

因此我们发现清代里甲与保甲的转换有一个“退”与“进”的

---

① （清）王庆云：《石渠余纪》卷3《纪停编审》，北京古籍出版社1985年版，第105页。

② 《清朝文献通考》卷24《职能四》，浙江古籍出版社2000年版，考5062。

过程，即清代大部分里甲逐渐由当初集赋税、徭役、户籍管理、治安教化于一身的乡里基层组织，收缩蜕变为一种征税的单位与符号。而随着赋役的定额化和折银化，保甲开始起到催征的作用，从而逐渐由单纯的治安联防组织扩展到集治安、编户、催征于一身的乡村基层组织，简言之，即赋役制度改革——里甲性质变化——保甲制兴起。

三、族权与王权：明清宗族组织与官府的相互关系

（一）由家法族规看宗族与官府的关系

与传统王朝在乡村社会普遍推行的准基层行政组织里甲、保甲制度不同，以血缘关系为特征的宗族在某种程度上是一种“自组织”。所谓“自组织”指的是一种依靠宗族的理念、原则，对本族人员的日常行为进行规范和组织的过程。[①] 因此我们很难将其架构于国家基层行政体系之内，它基本上是民间社会一种自发的内部调节机制。所以有学者又称之为“原生组织”。

但在明清时期，宗族组织在乡村社会日益普遍化、民众化的同时，这一民间组织也更加政治化，即在巩固封建政权方面发挥着重要的作用，族权与政权也日益融合。对此李文治先生在《明代宗族制的体现形式及其基层政权作用》一文中给予了充分的阐释，他认为“宗法宗族制，既具有意识形态的内涵，又是一种具有政治性社会体制，它的发展变化要受一定的物质经济条件所支配和制约。……就总的发展趋势而言，它的血缘关系逐渐削弱，它的政治因素逐渐增长”。就明代二百多年间宗法宗族制的变化，可归纳为两点：一是“废除关于建祠及追祭世代的限制，如建祠由品官遍及庶民之家，追祭由限于数

① 钱杭、承载：《十七世纪江南社会生活》，浙江人民出版社 1996 年版，第 94 页。

代之内上推到始迁祖。这一变革，使一个族姓所联系族众范围较前扩大。二是宗族关系的政治性质加强。此前宋元时代，宗族制着重于尊祖敬宗和睦族收族，此后则更着重于对族众的控制和制裁，变成为维护封建统治的基层社会组织”。与此相适应，宗族制体现形式也发生了变化，“即由过去专重谱牒制的修撰进而把建祠、修谱、制定族规等结合起来”。①

另外，王思治先生在《宗族制度浅论》中也指出：中国传统乡村社会的族权大致形成于明代后期，在清代时则进一步强化。且与西欧封建社会宗法组织与皇权相对抗有所不同的是，中国传统乡村社会的这种族权从来都是依附于皇权，甚至可以说是皇权的另一种表现形式。特别是到清代，它最终与封建政权配合，起到了基层政权的作用。②

在长江中游，江西的宗族组织发展较早，势力也较强大。在乾隆年间一度引发了江西巡抚陈宏谋和辅德对待江西宗族组织的不同处理方法：前者主张因势利导，加以利用；后者则坚决予以抵制。这表现出政府对于族权既利用又防备的矛盾心理。但族权对政权的威胁主要来自于强宗巨族，一般的宗族对于官府更多地表现出一种相互依靠的关系。这在宗族势力较之江西为稍弱的两湖地区比较明显。

在“江西填湖广”的移民运动下，两湖地区的宗族显然更多的发源于江西。由于移民在落居地重建宗族组织需要一个长期的过程，作为宗族发展初期的两湖地区，宗族组织对官府表现出极强的依赖性和亲和倾向。这表现在各地宗族组织在制定家法族规的过程中，往往会求助于官府的介入，另外家法族规的内容也深刻地揭示了家族在对待王朝政权方面的态度。因此，家法族规为我们考察宗族组织与官府的相互关系提供了一个极佳的视角。

---

① 李文治：《明代宗族制的体现形式及其基层政权作用》，《中国经济史研究》1988年第1期。

② 王思治：《宗族制度浅论》，载《清史论丛》第四辑，中华书局1982年版。

一般而言，作为自组织或原生组织，宗族组织通过合族公议的形式制定一定的家法族规来调整家族内部的社会矛盾和社会秩序，进行自我约束。从法律角度而言，地方官员主要是依国法治天下，族长则依家法治宗族，两者具有“公”与“私”的对立性。尽管已有学者指出家法是国法的辅助与补充，但在制定程序上两者应是无涉的。然而在两湖地区，许多宗族往往将自己所制定的家法族规上呈县令，求其批呈。县令也会饬谕首肯，两者体现出一种彼此高度的认同感和依赖感。

咸丰九年（1859年），湖南湘阴狄氏家族将所定之《家规》十六则呈请湘阴县令予以批准，呈词如下：

> 为呈请钧示，赏赐教刑，以肃家规，以彰宪化事。窃惟治弼周官刑章，以佐典章之用，士遵祖训家法，以辅国法之行。……用是恭请宪章，书登祖庙，以警奸盗，以惕凶顽。俾知家教难违，即是国威宜凛。初犯则系家堂示罚，怙恶则送县署严惩。庶几君子怀刑，共仰廉明之治，细人守法，各安生业之常。为此具呈，须至呈者。
>
> 湘阴县令陶在批示中云：“阅呈《家规》十六则，均极周备，准悬示众人，共知观法。俾阖族子弟，咸兴礼让而远嚣陵，本县有厚望焉。”①

这份给官府的呈词指明了家法族规与国法的关系，即前者是后者的补充，与以前学者所论相同。问题在于该族为何要将族规上呈县令？县令在批文中有“准悬示众人”之语。难道没有县令的批示，家法族规就不能“悬示众人”吗？答案显然是否定的。那么家法上呈的

① 湖南湘阴《狄氏家谱》卷5《家规》，民国二十七年（1938年）天水堂木活字本。

目的之一可能在于提高这份家规的权威性，进而提高整个家族在当地社会的影响。而县令对家族的“厚望”则反映出官府对村落家族体制的利用和依赖。

在湖南善化县，当地的谭氏家族也将其所定之十条家规上呈善化县令。光绪二十四年（1898 年），善化县令陈清学在谕饬中不仅批准了所呈之族规，而且还要求“该户首务须秉公执法，毋得徇情枉纵”[①]，表明该家法亦被官府所认可。

最为有趣的事例是发生在湖南宁乡县的“申请刑具事件”。当地的熊氏家族有鉴于晚清以来社会矛盾加剧，匪类猖獗，为了有效地禁止族众的违规行为，该族居然向官府提出申请刑具的要求。而且竟然也被县令所允许。光绪十年（1884 年），该族职员熊汉泉等人在“请刑禀词”中说：“特虑迩年来匪类蜂起，邪教肆行，恐族中愚蠢，有被其蛊惑者。一朝破露，其贻害也小及一家，大及同族，爰立家刑，通知各房房长，遇有不孝不悌、游荡、嫖赌、偷窃、无赖、酗酒、行凶、吃洋烟以败家、藉茹斋而斩祀等弊，该房长传亲属父兄毋得纵庇，押送交祠处治，取其悔结。……请于祠内设立刑具，以便刊谱，临时酌用。此示为戢匪安良起见，是否有当，理合禀请。”该县令在批示中曰：“子弟偶有违犯，应由父兄治以家法，房长、户族严加教诫，如实系藐法妄为，及为匪为盗，自应家祠设立刑具，准请存案，计开刑件：小刑竹板两幅、木枷两幅，祠壮号褂四件。”[②]

这里该族从官府请来了竹板、木枷等刑具，并让祠壮穿上官府发给的号褂，那么该族之祠堂显然成为一个被政府所批准认可的行刑场所。其所行之家法就具有官方的色彩。

以上这些事例中，宗族组织制定家法族规，甚至在祠堂中备有

---

① 湖南善化《谭氏族谱》卷首《谕饬》，宣统二年（1910 年）福荫堂木活字本。

② 湖南宁乡《熊氏续修族谱》卷 8《祠规 · 禀词》，光绪十年（1884 年）江陵堂木活字本。

刑具等事在当时并无特别之处，事实上大部分宗族都是如此。但他们将家法上呈地方官，甚至向县令申请刑具，将家族之事公开化、政治化，其意义就非同一般。在中国古代名与实往往是相分的，在传统乡村社会中，宗族实际拥有处治（甚至处死）族人的权力，官府往往也会事实上默许这种行为，但较少有官府在名分上明确地赋予他们这些权力。而以上这些禀呈事件则表明家族组织已经从名到实，完全成为控制基层社会的实体组织，而地方官的批示则显示这一组织的政治性色彩加强。而以上这些事件往往发生在清中后期。这表明国家在基层社会控制方面已经愈来愈需要借助家族组织实行间接管理。

刑名与钱粮是官府的两件大事。刑名实质就是要维持当地的社会治安，而在控制地方秩序方面，宗族组织远较其他组织更为有效，因为它有族规、族长、祠堂等一套严密的管理体系。家法族规往往为族人确立了一个严格的行为标准和社会规范，范围几乎涵盖了族内生活的一切领域：财产纠纷、婚姻继承、买卖租赁、窃贼赌博、祭祀祖先、忠君孝亲，甚至关于包括森林的保护、田间茬口的安排等[①]，并辅之以一定的惩罚手段。由于族规一般是合族公议，且为族人认同的行为规范和道德准则，所以较易为族人所接受和遵守，何况还有血缘亲情为前提，有族田、义庄等族内救济为后盾。可以说，中国乡村社会的和谐与宁静（特殊的动荡时期除外），很大程度依赖于传统社会中或明或暗、不绝如缕的家法宗族制度，以及由此衍生的乡土秩序与乡土权威，它恰如江湖之水，有一种“自净”的功能。

在对待钱粮问题上，各地家族组织体现出极强的纳税观念。几乎所有的家族都将“急征课，重国课，供赋税”等项列入到家法族规中去，要求族人按时完成课税任务。并且对不按时交纳赋税的族人进行相应的处罚，兹举例如下：

---

① 朱勇：《清代宗族法研究》，湖南教育出版社1987年版，第10页。

例一：

> 供赋役：以下事上，古今通义。赋税力役之征，国家法度所系。族中钱粮仓谷等项，各户当依限输纳，切勿任意拖欠，连累族长，烦恼官府。甚至追呼问罪，身体被亏、玷辱父母。且又准不得免事，仍要赋税交纳，是何算计？族中如有蔑视法律，不急公赋者，族长押令速完，务使本家税粮输纳在各里之先。庶国为良民，家为肖子矣。语曰："要讨宽，先了官。"斯言不甚然乎？①

例二：

> 国课务须早输，谚云"完得钱粮早，耕种般般好"，又云："要得安，先妥官。"且查抗饷一条，即举贡生监人欠至八分以下、四分以上，俱褫革为民，分别责惩。凡我房众务于开征后，踊跃急公，不得拖欠。②

此类规条俯拾皆是，不仅势力较小的宗族如此，就是那些强宗大族在赋税上也积极督劝族民交纳。在江西流坑村，董氏家族历史上曾出现了三十二名进士，仕宦迭出，而且历经千年家族不衰，在当时可谓是族大人繁、势力雄盛的宗族之一。但在明万历年间所定的《董氏大宗祠祠规》中，对于供赋役依然是："有田出租，有丁往役，为下奉上之分也。董氏丁粮，俱有定册，照册承纳粮差，彼此响应，不

① 湖南桂阳《朱氏通谱》卷首《族规》，光绪二十年（1894年）鼎兴堂木活字本。
② 湖南湘西《沈氏房谱》，《家规三十一则》，光绪七年（1881年）四支堂木活字本。

劳而赋易举矣。”[①]

不仅宗族组织以族规家训的形式督促族众完税，而且许多族田义庄也直接负有完税的任务。如湖北江夏陈氏义庄即明确规定：“义庄办事，宜先公后私，虽遇歉收，不得迟缓输赋。即有急用，不得暂借债负，以免拖欠受累。”[②]

宗族组织督催族人完纳田赋，一方面是保证国家税收、维护王朝统治，另一方面则在于避免国法之追究，以维护家族自身的生存和发展，有“公”与“私”两种意图。在强大的国家机器面前，单个的家族是难以和官府相抗衡的。因此这种完粮纳税也有一种自保的意味。

在对待封建皇权上，各地家族组织在族规家训中也贯穿着浓厚的忠君的思想。封建家训族规大力宣扬的纲常名教、伦理思想，其核心就是要做封建社会的忠臣、孝子。尽忠，首先是对做官子弟的要求，为君尽忠，要做到不顾身家性命，如武昌刘氏家训即言：“身登仕役，便要致身。身尚不顾，遑曰保全妻子哉。”[③]

就绝大部分家族而言，是不会有很多人跻身仕途的。那么他们的尽忠就表现在日常行为上，以善化《谭氏族谱》为例，该族家训中首列“忠君”一条，其文云：

> 我辈都是君的百姓，家家神龛上供着天地君亲师，可知除天大地大就是君大。百姓未做官，未受朝廷爵禄，如何尽忠哩？
>
> 只要时时有个君恩在心里，忠便随处可尽。粮饷早完这是尽忠，就是抽厘捐饷也是尽忠；去当兵奋勇杀贼这是尽忠；就

① 转引自周銮书主编：《千年古村——流坑历史文化的考察》，江西人民出版社1997年版，第356页。

② 江夏《陈氏义庄条规》，《续增条规》，光绪十四年（1888年）刻本。

③ 湖北武昌《刘氏家谱》卷1《家规》，同治八年（1869年）二妙堂木活字本。

是纯良百姓莫入匪党，也是尽忠；各勤职业，莫作游民，这是尽忠；恪守王法，莫作罪民也是尽忠；推之在乡间办团务、清户口、立社仓、行义举，都是与皇上出力，安民无处不可尽忠，故家训首一条，从忠君说起。[①]

这样就将百姓的“尽忠”具体落实到日常生活的点点滴滴：完粮纳税、抽厘捐饷、奋勇杀贼、莫入匪党、莫做游民、多行善事等等皆为尽忠之表现。

这里所谓的忠臣，实际上就是鼓吹族人争做封建统治的顺民、良民。尽忠既然是早完国赋，那么抗拒或拖欠国赋即为不忠，要受到家法的惩处。湘潭陈氏家训说：“耕田完粮，分内事也，若抗逋不完，是为不忠。”[②]做官的，做忠臣；未做官的，做顺民。这就是家训族规对族众的要求。所以各地家法族规所体现出的主旨都是在约束族人遵守封建伦理道德，竭力维护封建统治秩序。而各级地方官对上呈家法族规所做的批呈，甚至给予行刑的工具，表明统治者允许宗族部分地代行国家基层行政组织的某些职能。官府与宗族在某种程度上是相维相系、相得益彰的。当然这种相辅相成的统一关系是建立在官府对族权的控制基础之上的。换言之，就是处于族权不彰显的时期。

在中国这样一个有着强大中央集权的国家，宗族之所以能够扮演着重要角色，就在于家族能够适应乡土社会的现实，为家族成员提供一定的社会帮助和社会保护。并在某种程度上与政府达成一种默契，在一定程度上，家族对于中央所起到的是一种推动和巩固的作用，而非离间和背叛，尽管后者一直有这种倾向和可能。这也就是中国传统社会的“家国一体”。

---

① 湖南善化《谭氏族谱》卷2《初修家训》，宣统二年（1910年）福荫堂木活字本。

② 湖南湘潭《白沙陈氏支谱》卷首《家训》，宣统元年（1909年）木活字本。

（二）宗族组织与国家基层政权的交叉与融合

从历史上来看，中国传统王朝控制乡村的基层组织（保甲制与里甲制等）与乡村自身的宗族组织之间关系一直含混不清：一方面，封建国家为维护封建道德及行为规范，经常会利用和支持宗族势力；另一方面，为了防止族权过大，国家又会禁止宗族势力过分干预行政事务。“虽然自先秦至秦汉，中国政治制度受宗法制度的制约有式微的趋势，但是自秦汉以降，乡里制度受宗法家庭的影响有强化的趋势也是事实。”[①] 作为封建社会的晚期，明清时期乡村社会中的宗主权与基层政权之间的相互关系很值得探讨。

在国力鼎盛之时，清政府在利用宗族的同时，也在抑制它的发展，这在江西表现得较为典型。乾隆年间，江西的宗族势力一度膨胀，据巡抚辅德所上奏折云：“总计查核计同姓共建者八十九祠，一姓独建者八千九百九十四祠，祠有荒远不经之始祖者一千一十六姓，又公宇一百四十一处。”[②] 于是辅德对江西发动了一场大规模拆毁宗祠活动。

但总的来看，随着国家政权对基层社会控制力的削弱，政府对乡村社会的管理愈来愈倚重于宗族。特别是到了十九世纪中叶以后，清廷逐步将基层权力下放给宗族；道咸之际，清政府正式将族权写入法律条文。在《大清会典事例》中明文规定：“凡聚族而居，丁口众多者，准择族中有品望者一人为族正，该族良莠责令察举。”[③] 于是宗族势力与保甲组织相互混合，成为乡村社会权力网络的一个重

---

① 赵秀玲：《中国乡里制度》，社会科学文献出版社 1998 年版，第 181 页。

② （清）辅德：《请禁祠宇流弊疏》，《清朝经世文编》卷 58，载《清朝经世文正续编》第 2 册，广陵书社 2011 年版，第 31 页。

③ 光绪《大清会典事例》卷 158《户部 · 户口 · 保甲》，续修四库全书本，上海古籍出版社 2001 年版，第 558 页。

要环节。康熙二十八年(1689年)，汉阳县民邓汉贞妻苗氏殴辱母亲，康熙在批示严惩邓汉贞夫妇的同时，还提出："族长不能教训子孙，问绞罪。"[①]这表明国家授权族长教训子孙，在圣谕十六条中也有"笃宗族以昭雍睦"的条款。雍正四年，国家颁行编排保甲的内容更有："地方有堡子、村庄，聚族满百人以上，保甲不能编查，选族中有品望者立为族正，若有匪类，令其举报，倘以情容隐，昭保甲一体治罪。"[②]

在湖北汉川县，保甲制中设有族保与族甲之职，史载该县南乡有族保4名、族甲1名，西乡族保5名，北乡保正族保共216名，保甲族甲共232名。[③]这即表明保甲与家族的有机结合。在湖南遴选族正副也是同整顿保甲同时进行的，卞宝弟在札饬各府州厅的公牍中指出："湖南一省，地阔民稠"，"乡里连接，类多聚族而居"，"多有不肖之徒，好勇斗狠，暴戾恣睢，乡里侧目。或强伐山树，或硬夺耕牛，或捏造中凭，重利盘剥，或横争水利，冒认坟山，往往结为党类，一呼则千百成群，持械而约期互斗……欲清源杜弊，实非整顿保甲不可。而整顿之方尤在责成户族，务使各族合举年高董事，众所推服者一人为族正，再举朴实而耐劳者一二人副之。族大丁多酌添族副"。[④]

按清廷的规定，保甲组织中的首领保正、甲长等都是一种职役，由所辖人户轮充应役，并且毫无薪俸可言，但实际情形显然与这些规定有异。在湖北武昌县张氏宗族中，收录有一份"保正轮充合约"，为我们提供了一份认识当时保甲制在实际运作中的情形的珍贵资料。

---

① 《清史资料》第一辑，中华书局1980年版，第114页。

② 《清朝文献通考》卷23《职役三》，浙江古籍出版社2000年版，考5055。

③ 光绪《汉川图记征实》第六册，《保甲》，光绪二十一年（1895年）刻本。

④ （清）卞宝弟：《抚湘公牍》卷1《札饬各府州厅》，光绪十五年（1889年）刻本，第33—35页。

该合约内容如下：

> 族居神五里五甲，原有保正之役，是役十甲轮流，逢丙年五甲役，则蔡顶一名，张与高顶一名，张承役则高否，高承役则张否，故张与高俱是二十年一届。老例历来如是。至当我东、西村承役之年，亦照老三房轮充，嘉庆丙辰年公议拈阄定次，祖堂勒石为据，每逢丙戌年，老长房当役；丙寅年老二房当役，丙午年老三房当役，俱不得推委妄报。每逢当役年分，照老例，公凑九九六钱十串文帮当役者。向有合约，今著于谱。[①]

由这份保正轮充合约我们可以看出：第一，保正之役在当地是由各姓轮流顶充，有一姓顶一届的（如蔡氏，按此蔡氏当为十年一届）。也有两姓合顶一届（如张氏与高氏），故此张氏与高氏各二十年一届。第二，在张氏家族内部，保正之役又由三个房支轮流充当。无论如何分配，这都显示在实际乡村社会中，保甲与宗族是相互交融，甚至是迭合在一起的。第三，保正之役尽管在国家方面无俸禄可言，但在实际生活中，众人会共同出钱补贴服役者，这种做法显然是在“佥役”难行的背景下，民间自行摸索出来的，体现出民间自我调适的功能。

这种宗族与保甲在实际运作中的相互交融的事例在长江中游乡村社会并非仅此一例。笔者在湖南新化《长塘李氏家史》中又抄录到一份与张氏宗族相似的各姓轮充保正的原始记录，据该谱牒所载：

> 清时旧俗，各姓轮充旗保（即保正），时半村分三甲，每甲四住，共十二住，按十二支轮流分配，长塘甲任子午卯酉四住，

---

① 湖北武昌《张氏家谱》卷首《保正轮充合约》，宣统元年（1909年）孝友堂刻本。

吾族广庚两房各任一住。钟、谢两姓各任一住。庚房任卯，广房任酉，每届充当旗保。[1]

时半村是一个复姓村庄，有李、钟、谢三姓。每姓之下又分房，其保正由各姓轮充，然后各姓之下又由各房轮充，其分配原则与湖北武昌张氏宗族相仿。这也表明此地保甲与家族在实际生活中是合二为一的。

以上所举两例深刻地揭示出湖南、湖北乡村社会中，宗族与保甲在基层社会中实际处于一种边界模糊、相互重叠的状态。这些现象也同时印证了在传统乡村社会中，任何基层政权在实施过程中都无法绕开宗族这一无形的网络结构，而且双方会在实践中达成一种默契的事实。所以早在乾隆年间，江西巡抚陈宏谋曾主张赋予族权一定性质的政权，其好处在于："族房之长，奉有官法，以纠察族内子弟。名分既有一定，休戚原自相关，比之异姓之乡约保长，自然便于觉察，易于约束。"[2]

进入清中期以后，随着川、陕、楚白莲教起义的爆发，清政府的统治力量遭到削弱，基层社会的秩序也遭到破坏，在此形势下，国家在基层社会控制方面不得不更多地依赖于宗族组织，政权与族权在新的历史条件下更加高度结合，对此清人冯桂芬的表述最为贴切，在《复宗法议》中，他认为"宗法行而保甲、社仓、团练一切之事可行"。并且主张在基层控制方面要"以保甲为经，宗法为纬，一经一纬，参稽互考。常则社仓易于醵资，变则团练易于合力"。[3]

这种主张应该说有其合理之处，是较符合当时社会实际的。以

① 湖南新化《长塘李氏家史》卷4《风尚志》，民国二十三年（1934年）铅印本。
② （清）陈宏谋：《选举族正族约檄》，《皇朝经世文编》卷58，载《清朝经世文正续编》第2册，广陵书社2011年版，第30页。
③ （清）冯桂芬：《校邠庐抗议》下篇《复宗法议》，中州古籍出版社1998年版，第168页。

咸同年间长江中游三省团练为例，其特点之一就在于将宗族、地域、保甲三者有机结合，融为一体，而其中宗族血缘关系又起着极为重要的纽带作用。族团便成为三省团练组织的基本细胞。“练团必先练族”成为当时时人的共识，凡聚族而居的地区，一律举族为团也成为各地的普遍现象。宗族中的族老充任团练中的团首也是必然之事。如湖南湘乡县之刘大瑛，“曾任户首，修建宗祠，整饬族规，秩如也。充团正，处事刚决，可否立剖”①。

从清初湖北汉川等地保甲制中的族保、族甲，到中后期各地团练中的族团，我们都可以找寻到宗族与保甲、团练相结合的情况，并且族权在其中发挥着重要的作用。在长江中游各地区，村庄与宗族的边界相一致的情形很多。这无疑使族长与村长职责的划分变得模糊起来，在处理纠纷时，难免出现相互混杂的局面。如在武昌地区，出现纠纷之后，往往是族长、村长和士绅共同出面处理。因此我们认为乡村的控制体系是多元的，而非单一系统。

许多学者论述到“家法大于国法”，其实还可以加上一句“家法先于国法”。在长江中游，各地宗族族规中都有当族内发生争执时，必须先经房长、族长审判解决，不允许径自向官府投诉。这样做的目的一方面在于达到“无讼”，避免伤和破家，辱没祖先及家族的声望并削弱宗族组织自身的权威性；而另一方面对于官府则可减少繁杂的诉讼，达到无为而治的效果。在湖南醴陵县，“国法家规，互相惩戒，如有败类，则合族惩之，不待官府之督责，亦维持风俗之善法也”②。在江西流坑董氏家族亦是“今后族中有争竞者，许投逐月班上公处。是者直之，非者照条抽罚，不许紊烦官府”③。

---

① 同治《湘乡县志》卷18《人物》，同治十三年（1874年）刻本，第38页。

② 民国《醴陵县志》，《礼俗志·祀祖》，民国三十七年（1948年）铅印本，第7页。

③ 江西《董氏大宗祠祠规》，转引自周銮书主编《千古一村——流坑历史文化的考察》，江西人民出版社1997年版，第358页。

正是由于有了宗族组织对地方社会的有效管理以及族权与封建政权的相互支持，互相补充，使得中国封建社会具有不断自我修复、自我完善的机制。宗族统治比单纯的封建政权更加细密和有效，而且因其以血缘关系为纽带也使乡人在情感上更易于接受。湖南蓝山县钟伯毅在“蓝俗琐记”中即云：“凡一社会之成立，以情以义合者十之八九，以政以令为之轨范者，不过二三。情义相缘，遂为善俗，亦即政令之所取资也。”[①]这大概道出了中国乡土社会以道德、人情相维系的本质。也正是在以血缘、伦理、道德为基础的宗族组织的协助下，使封建秩序更加稳固，从而也使得中国封建社会难以瓦解。

四、士绅与团练：绅权的扩张与乡村权力结构的演变

（一）乡土权威：绅权的形成

士绅是传统中国乡村社会中的一个独特阶层[②]，他们具有人们所公认的政治、经济和社会特权及各种权力。他们位居四民之首，介于官民之间，事实上支配着传统乡村社会的经济生活，所以西方学者往往称中国为“士绅之国”，中国的传统社会为“乡村绅治”。因此绅权也就构成乡村社会基层权力网络结构中的重要一环。

事实上，尽管从历史来看，绅士阶层作为科举制的伴生物早已诞生并存在，但作为一个完整的、有影响的政治、经济和文化集团出

① 民国《蓝山县图志》卷13《礼俗》，民国二十一年（1932年）刻本，第11页。

② 对于士绅的界定目前学界有不同的看法，依张仲礼所言，绅士主要由那些获得功名、学品、学衔和官职的人组成。他还将士绅集团划分为上下两个阶层，上层绅士主要包括官僚、进士、举人、贡生等；下层绅士则包括各类生员层。由于清王朝出于政治和经济的需要，大开捐纳之风，为“庶民”跻身士绅阶层提供了可能，所以到十九世纪士绅阶层的来源呈现出多元化趋势。参见张仲礼：《中国绅士》，上海社会科学院出版社1991年版，第1—6页。

现在历史舞台上却是传统社会晚期，即明清时期。这主要缘于明清时期有限的官僚集团和日渐壮大的知识分子阶层之间的矛盾导致大量的士子文人不得不沉淀在广大乡村之中，形成一种比较稳定的社会集团力量。而传统儒家思想入世的观念以及对于权力的渴望使得他们积极介入到地方事务中去，从而使士绅逐渐拥有对于一个地方社区民众的领导权力，即民间权威[①]。

当然，绅权与皇权不同，绅权具有一定的区域性，即士绅的权力只能在一定范围内有效，一旦离开他所在的社区，就不会对别人的生活发生影响，就失去了控制和领导别人的权力。当然随着士绅身份、地位的不同，其所影响和控制的范围也有大小的差别，因而形成县绅、里绅、乡绅等不同称谓。

士绅权力首先来自于他们对教育资源的垄断，以及由此所带来对信息资源的垄断。在传统社会只有少数富裕家庭才能供养子弟读书，所以整个社会理所当然地形成两类人群——识字者与不识字者。而且已有学者研究表明，十九世纪以前的中国，80%的人为文盲。[②]作为文化并不发达的长江中游三省情况也大体如此。我们不妨以民国《湖南各县调查笔记》中对当时湖南各县农民识字率的统计结果来了解一下当时社会的文化水平：

保靖县：全邑识字者百人中不过六七人，能文者十三万人中不过四五百人，能文之中，堪以济用者又不过三分之一。

安化县：民众之识字者，不超过十之二三。

---

① 胡庆钧：《论绅权》，载吴晗、费孝通等著：《皇权与绅权》，天津人民出版社1988年版，第117页。

② Evelyn S.Rawski, *Education and Popular Literacy in Ch'ing China,* University of Michigan Press,1979, p. 23,241. 转引自张朋园：《湖南现代化的早期进展（1860—1916），岳麓书社2002年版，第75页。

常宁县：全县人民，平均能识字者不过十之一二。

汝城县：野老村夫，不识字者约十分之七八。[①]

总的来看，大约也是80%左右的农民是不识字的，而且这是民国时期的调查结果，往前推至明清时期，情况只会比这更糟。而对于一个大字不识的农民，文字具有相当的神秘性。由古代乡村社会中流传的“敬惜字纸、功德无量”等习俗观念就凸显出人们对于文字的敬重。所以在中国古代，文字并不仅仅只是一种社会工具，而是一种阶层与特权的象征。诸凡接受过教育的人就有可能跻身上流阶层而拥有各种特权。在江西《安福民风琐记》中即有“科举时代苟能博得一领青衫者，即能厕身绅界，握地方政事权，为合县所崇仰”[②]。我们可以想象，广大农民对于有关国家制定的法规条文以及告示等官方信息都只能是来自于士绅们的传达，士绅对于官方文本的解读本身就是一种权力。也就是说士绅们垄断了国家与乡村之间的信息资源，国家的意图和信息需要通过士绅下达，民众的疾苦也需要他们上传，自然士绅就成为双方共同依赖的群体。

正因为士绅作为一个拥有知识的阶层具有将国家意识向普通民众普及的任务，所以王朝政府给予他们诸多特权，比如在经济上享有赋税和徭役上的优免权，在法律上对于士绅违法的处置，必须按照严格的特定程序：生员犯小事，由府州县行教官责惩；犯大事，申学黜革，然后定罪等。这些特权的拥有使得士绅有别于普通民众而更接近于“官”。何况他们中间一部分人本是卸官回家之后的“旧官”，另一部分人则是潜在的“新官”。在这些光环的照耀下，士绅自然就成了乡土社会中显赫的人物了。

---

① 民国《湖南各县调查笔记》，《文化类》，民国二十年（1931年）铅印本，第60、70、88、103页。

② 胡朴安：《中华全国风俗志》下编，河北人民出版社1986年版，第294页。

士绅权力一方面来源于官方所赋予的各种特权，这也就决定了官绅在一定程度上其利益是相一致的。但绅又不完全等同于官，其原因在于绅士的权威另一方面又主要来自于民间社区，更加牢固。而官员的权势很容易被皇权剥夺。因此，不论是皇帝继退后引起的朝政风波，还是王朝易代的江山易色，都很难从根本上触动绅士阶层在广大乡村社会中的地位。[①]

士绅的乡土权威主要还在于他能为所在社区的民众提供“必要的利益”[②]。布劳曾说过：“提供必要的利益无疑是获得权力的最普遍的方法……为其公民提供必要保护的官府，为其雇员提供必要工作的雇主以及为社会提供必要服务的职业，都使其他人依赖于他们并潜在地服从于他们的权力。”[③]这些利益即包括上节所言士绅在兴修水利、赈饥救灾等公益事业中所起的作用。这些活动在造福乡梓的同时，也为士绅赢得了乡民的信任和支持。此外，当农民的赋税徭役负担过重时，士绅一般会出面反映民意，与官府论争。此类事例在长江中游各地区不在少数，如湖北麻城县，“喻仪，诸生，以县不通舟楫，漕粮运兑甚为民苦，万历二十四年，仪呈请当事奏准永改折色，入一条鞭内征解。今碑记尚存。邑人推为义士”[④]。在湖南攸县，顺治年间，该县“役杂派浮于正供”，士民不堪其苦，庠生刘承锜“鸣之当道，革除站夫……里民始苏”。[⑤]甚至有许多士绅会在乡民处于灾年时，替他们上交赋税。这些行为都为士绅赢得了民众的爱戴，进而获得地方权威。

因此，绅士权威实来源于农耕社会的基本需求。而国家权力对于

---

① 王先明：《近代绅士》，天津人民出版社1997年版，第71页。

② 参见秦宝琦、张研：《18世纪的中国与世界》(社会卷)，辽海出版社1999年版，第330页。

③ 〔美〕布劳：《社会生活中的交换与权力》，华夏出版社1988年版，第138页。

④ 光绪《麻城县志》卷21《耆旧志·义行》，光绪八年（1882年）刻本，第9页。

⑤ 同治《攸县志》卷39《义行》，同治十年（1871年）刻本，第8页。

基层社会的低度渗透也为士绅统治提供了空间。由于国家行政系统只延伸到州县一级，州县之下的广大乡村尽管也设置了诸如里甲、保甲等准基层行政组织，但由于里保长职役繁重而位卑权轻，实际效果并不理想。作为乡村社会中唯一享有教育和文化特权的社会集团，士绅肩负着“社区”的利益，所以黄仁宇说：“我们的帝国是由几百万个农村聚合而成的社会。数以千万计的农民不能读书识字，全赖于士绅的领导，村长里长的督促，他们才会按照规定纳税服役。”[①] 在中国这个辽阔的土地上，虽说有“溥天之下，莫非王土，率土之滨，莫非王臣”之说，但同时也有“天高皇帝远”之语，在广大的乡村社区中，与百姓更为贴近的士绅显然更具有实际控制力，清人汪辉祖曾言：

> 官与民疏，士与民近，民之信官，不若信士。朝廷之法纪不能尽喻于民，而士易解析，谕之于士，便转谕于民，则道易明，而教易行。境有良士，所以辅官宣化也。且各乡树艺异宜，旱潦异势，淳漓异习。某乡有无地匪，某乡有无盗贼，吏役之言，不足为据，博采周谘，唯士是赖。[②]

由上我们可以认为士绅自身所占有的资源优势及基层社会所需，是绅权得以实现的基本途径，同时加之士绅在社区生活中通过充当公益事业的倡导者和管理者，在诸如铺路架桥、赈饥救灾、兴修水利等方面发挥着重要作用，进而使其获得公众认可的地方性权威和权力。

（二）长江中游士绅阶层的构成及其特征

张仲礼曾经按水平高低将绅士阶层划分为上层和下层两个集团。

---

① 〔美〕黄仁宇：《万历十五年》，中华书局 1982 年版，第 230—231 页。

② （清）汪辉祖：《学治臆说》卷上《礼士》，辽宁教育出版社 1998 年版，第 49 页。

根据这一划分，许多通过初级考试的生员、捐监生以及其他一些有较低功名的人都属于下层集团。上层集团则由学衔较高以及拥有官职的士绅组成。[①] 据此划分标准，我们发现，长江中游士绅阶层中上层集团人数较少，其主体是拥有低级学衔或官职的中下层士绅，其中又以生员层占主导地位。这大概与该区域教育文化的不发达因而考取高级功名者较少有关。

也许这一点对于地处“吴头楚尾”的江西有点不妥，因为从历史来看，长江中游三省中，江西开发最早，教育也较发达，也曾有过文人仕宦繁盛的局面。特别是在两宋时期，江西进士共有五千余名，涌现出了如曾巩、王安石、刘恕、孙文仲、洪迈等一大批文人高官。但时至明清，江西在政治、经济和文化上都呈现出边缘化的趋势，科举乏人、官宦不昌也是事实。以江西流坑董氏为例，两宋三百年，董氏一族就中进士二十六名，其官职上至宰相、尚书，下至主簿、教谕，竟达一百余人，仕宦鼎盛一时。但到了明清，其家族却大为式微，自明成化年间董时望中进士之后，流坑董氏再无登科者。清代董氏由正途出仕者亦不过十余人，且多为教谕、训导之类八品以下的小官吏。[②] 这其实是整个江西经济文化在明清衰败的一个缩影。

而湖南、湖北在历史上长期属于经济欠发达地区。到明代中期随着移民的大量涌入，两湖地区才形成开发的高潮，可以说明清时期两湖地区属于经济发展的新兴地区，也正是由于这些地区开发未久，土地尚未高度集中，所以就造成大地主较少而多为中小地主的局面。这批中小地主在经济地位逐渐上升的同时，也开始热衷于求取功名，他们或通过科举正途，或通过捐纳而获得一定的功名头衔，但他们离

---

① 张仲礼著，李荣昌译：《中国绅士——关于其在19世纪中国社会中的作用的研究》，上海社会科学院出版社1991年版，第4页。

② 周銮书主编：《千古一村——流坑历史文化的考察》，江西人民出版社1997年版，第53页。

缙绅权贵显然还有一段距离。于是在两湖乡村社会中涌现出了一大批获得初级学衔功名的中下层士绅。他们在努力扣问科举之门的同时，也在当地社会生活中日益发挥着重要的作用和影响。

对于长江中游以生员为主体的士绅阶层在地方社区中的作用，已有韩国学者吴金成进行了深入研究。他在广泛考察了士绅在湖南、湖北、江西三省农村社会，特别是水利工程中的作用之后指出，明代士绅继承了宋代士大夫的传统，但两者存在巨大的差别：一，明代士绅以其故乡作为地方基础，而宋代士大夫的概念没有这一前提；二，明代士绅包括有当官经历的人和有功名者如生员、监生、举人等，而宋代士大夫只限于那些曾经当官的人；三，明代士绅发挥着广泛的社会作用，这是宋代士大夫做梦也不敢想的。[①] 在此，吴金成已经清楚地揭示出了明代士绅阶层不同于前代的主要特征，即士绅阶层的数量在扩大，其范围已由官僚缙绅延展到普通生员阶层，而且他们对地方社区的作用和影响日益增强。

当然我们也必须承认，士绅对于地域社会影响范围的大小和程度的深浅往往与其各自所处社会地位的高低有着密切的关联。上层士绅如乡居官僚等因其背后有官府或朝廷引为奥援，所以他们的影响力一般较大，跨地区的大型水利工程多由他们出面组织协调，甚至当地地方官员在处理地方行政事务时，必须征求他们的意见。如在湖北黄陂有一个名叫张树生的乡绅，曾官居四品，于是“凡令是邑者，每事必咨访于公”。清初，黄陂有一批草料启程解运湖南澧州，后上级又突然下文将此草料改解荆州，但此时这批草料已经抵达澧州并交纳完毕，而荆州方面依然手持票黄频催。黄陂县官吏左右为难，只好求助于张树生。于是“（张树生）因往省呈司，蒙以一牌至澧作数，以

---

① 〔韩〕吴金成著，渡昌弘译：《明代社会经济史研究——绅士层的形成及其社会经济作用》，东京汲古书院 1990 年日文版。

一牌至荆勿提，并知会黄府勿催，干办原物，任缴于官，官拍案称快”。[①]这件事无疑反映出缙绅在地域社会中巨大的活动能量。而张树生本人的官僚背景以及他与上层官员的私交无疑是一个重要的因素。

对于大多数中下层士绅而言，他们的作用和影响则主要体现在对当地社会中的各种日常公益性活动的赞助和倡导上。尽管他们单个的影响力不及上层士绅，但由于他们人数极为庞大，而且多数都是乡居，更贴近基层民众，所以总体而言，明清时期长江中游普遍沉淀在乡村中的生员阶层对地域社会的影响更为具体和深远。他们成为广大乡村中不可忽视的一股强大的政治力量。

在各地区日常公益性活动如修路架桥、捐资办学、赡族恤贫、调解纠纷等事务中，我们都能看到以生员为主体的中下层士绅活动的身影。在道光年间湖北襄阳府所建的19座义学中，16座为士绅捐资创办。而在这批士绅中，除了1名武进士外，其余27名全部为生员层，从童生、贡生、廪生，到监生不等。[②]在长江中游各省地方志中，关于士绅施粥、舍药、栖流、救生、赡族、恤嫠、施棺等义举的记载不胜枚举，其中也尤以生员为最多。如同治《浏阳县志》载："曹应奎，字亮斋，县西纱帽港人，监生。生平广行善事，置公渡，捐义山。又独施汤药、棺木，救生恤死，每行事必载之书，曰正心录。"[③]再如康熙四十二年（1685年），湖南攸县大旱，"村民苦桔槔无所施"，庠生欧阳光朝出资做江车15乘，兼给灌浆，引以溉田数百亩。"是岁大熟，永无后旱之患，至今乡人德之"[④]。

长江中游各地乡村广泛存在的中下层士绅由于处于社会政治地位上升的初期，因而也就具有图谋发展、孜孜以求向上的进取精神。

① 湖北黄陂《张氏宗谱》卷1《树生公传》，光绪二年（1876年）刻本。
② 光绪《襄阳府志》卷14《学校志三·义学》，光绪十一年（1885年）刻本，第3—5页。
③ 同治《浏阳县志》卷18《人物·义行》，同治十二年（1873年）刻本，第49页。
④ 同治《攸县志》卷39《义行》，同治十年（1871年）刻本，第22页。

而且相对于饱经商品经济大潮浸润的江南地区，长江中游诸省依然以农业为主体，更多地保有传统农耕社会的本色和古风，而这恰恰是中国传统儒家文化得以滋长的土壤。以耕读传家也就成为该地区广大士子文人所信奉的圭臬，曾国藩即是典型代表。这种民风士习也就使得广大中下层士绅更具有质朴实、守先正、去浮靡、勇任事的习性。他们在“修身、齐家、治国、平天下”的传统道德指引下，在承平之时视自己家乡的福利增进和利益保护为己任，通过充当公益事业的倡导者和管理者，在诸如铺路架桥、赈济救灾、兴修水利、创办义学、调解纠纷等日常事务方面发挥着重要的作用。一旦进入社会动荡之际，他们也能肩负起地方守望之职和维护正统之责。而且由于这批中下层士绅较之缙绅官僚更贴近基层社会，更了解民间疾苦，所以在组织动员民众方面更有号召力。这在太平天国起义爆发之后，长江中游三省各地士绅纷起创办团练的活动中就表现得尤为突出。

（三）团练兴起：绅权扩张与乡村权力结构的演变

到了18世纪后期，清朝即进入了极度不稳定的时期，嘉庆元年（1796年）以湖北襄阳为源头爆发的白莲教起义很快席卷了川、鄂、豫、陕、甘五省，长期养尊处优的八旗、绿营等经制之师在强大的农民起义军面前显示出其不堪一用的虚弱本质。清军屡战屡败，于是在龚景瀚、德愣泰等朝野大臣的建议下，各地方官开始广行坚壁清野、团练乡勇的政策。当时湖北鄂西如竹山、郧县、郧西等地就曾大兴团练以对抗起义军，这是清朝推行团练的初始阶段。此阶段的团练基本上还是在政府官员的直接指挥下作战，是由国家出资招募乡勇，而且偏处一隅，数目、规模都不大。战争结束后，除部分乡勇增补地方营汛之额外，其余皆遣散回家，各复本业。因此对于国家政权和基层社会结构的影响并不十分明显。不过团练武装在平定白莲教起义中所显示出的战绩却给统治者留下了极为深刻的印象，从而为以后清廷再次面临农民起义的危机时全国团练的大兴埋下了伏笔。

咸丰元年（1851年），以洪秀全为首的太平天国运动在广西金田爆发，并迅速向全国扩展，席卷了大半个中国。其规模之宏大、气势之磅礴令清廷震撼。太平军更令清军望风披靡，溃不成军。为了挽回败局，清廷再次动员各地大小官员和地方士绅大兴团练以对抗农民军。地处长江中游的湘鄂赣三省则更是成为兴办团练的中心区域。

湖南团练在清代享有“天下之最”的称誉，在当时其规模和影响为他省所罕见。特别是在曾国藩的倡导下，各地的中下层士绅被广泛动员起来。而且有鉴于团练不同于保甲，它需要制旗造械、抽丁延师、操练武艺、并村结寨，所需费用远远大于保甲，曾国藩在湖南推行“团”与“练”分离的组织模式。按曾氏所言：“团者即保甲之法也，清查户口，不许容留匪人，一言尽之矣；练则必制器械，造旗帜，请教师，练壮丁，或数日一会，或一月一会。又或厚筑碉堡，聚立山寨，皆大有新举，非多敛钱文不可。”[①] 可见“团”则费省，“练”则费多，故而曾国藩主张：“（练）或择人而举，团则宜遍地兴办。”[②] 正是由于湖南实行团与练分离的模式，团数极为可观，仅湘阴县就达318团。其他如华容县153团，善化县121团，蓝山县36团，常宁县33团，耒阳县19团。

湖北、江西两省在各级地方官和广大生员等中下层士绅的领导下，也成为全国大办团练的重要省份之一。在湖北，自咸丰五年（1855年）胡林翼抚鄂之后，团练数目共计60余个，而且主要集中于战乱频发的鄂东黄州府、武昌府等地。江西则在由扬河厅任上守制回籍的官员刘于浔的倡导下，在南昌县形成以中洲局为总局，与南洲局、万舍局、保安局、定安局五局并举的局面：“无事则分头操练，

---

① （清）曾国藩《覆文任吴书》，《清经世文续编》卷81《兵政·团练》，载《清朝经世文正续编》第4册，广陵书社2011年版，第309页。

② 《曾文正公全集·书札》卷2《与吴甄甫制军》，吉林人民出版社1995年版，第1909页。

有事则由总局会商，声势既通，人力愈壮，登高一呼，万山齐应。"[①]其他如新建18局、丰城10局、进贤34局、靖安20团、武宁4军、奉新3军等。[②]

从团练的编制来看，或以原有的保甲制为基础，按乡、都、牌、甲立团；或以村落、氏族为单位建团。并由团丁、什长、百长、团长、团总构成。团勇武器一般自备，故参差不齐。其团费也由各地自筹，或士绅捐输，或按亩摊派。总之，长江中游三省各地民众在"富者出钱、贫者出力"的口号下纷纷卷入到团练组织之中。

从团练的倡导者和领导者来看，士绅无疑占据有重要地位，团练首领大部分都由士绅充任。由于太平军试图推翻原有的政权体系，并给予士绅和官僚以沉重的打击，使他们的根本利益受到威胁，自然激起了士绅的反对。另外太平天国所信奉的拜上帝教也成为以儒学为正统的士绅们攻击的目标。在朝廷无力提供强有力保护的情形下，士绅只得自己组建地方武装来保卫自身利益和传统社会秩序。据郑亦芳的统计，在湖南，士绅居团练首领的占56%。[③]在湖北，据笔者对黄冈县的统计，此比例高达78%。[④]在江西，南昌县五局中，主事者20余人则全部为士绅或官僚。

作为社会动荡时的一种基层武装组织，长江中游各地团练的兴起，实现了对地方社会的强控制，维护了当地的社会秩序，并在协助官军镇压太平天国的活动中发挥了巨大的作用，从而帮助清政府度过了江山易代的危机。与此同时，也使得原本业已存在的地方绅权得以

---

① 同治《南昌县志》卷28《武备志·团练》，同治九年（1870年）刻本，第2页。

② 同治《南昌府志》卷18《武备志·兵事·团练附》，同治十二年（1873年）刻本，第73—75页。

③ 郑亦芳：《清代团练的组织与功能》，《中国近代现代史论集》第28编，台湾商务印书馆1987年版。

④ 光绪《黄冈县志》卷24《杂志·兵事·团防附》，光绪八年（1882年）刻本，第26—30页。

扩张，并且改变了乡村权力结构。

其一，团练的兴起，意味着士绅在乡村控制体系中的转变。在清前期推行的保甲制中，士绅是被控制的对象，所以在保甲编查上，官府一再强调士绅必须一体编入。如乾隆年间汉阳县规定："所住土著及外来住家，开张行栈、店铺各户，毋论绅士，俱应一体编查。"[①]而且保甲长都是一些平民充任，萧公权先生认为此乃清廷政策，欲藉保甲长的权力以压制绅权。美国学者孔飞力也认为"保甲的一个特征显然是企图提供一种平衡力量，以制约士绅在其地方社会中早已存在的影响，包括绅士必须和平民一道登记"[②]。但显然政府的这一努力到咸同时期随着团练的兴起而付诸东流。如前所述，士绅凌驾于团练之上，成为各级团练的组织者和管理者。因此从保甲到团练的根本性变化，实质上表现为绅士阶层在乡村控制体系中角色和地位的转变。团练的崛起即意味着绅权的扩张。

其二，士绅通过创办团练获取了超乎平常的权力。如曾国藩就以非常时期当"便宜行事"为由，放纵士绅的捕杀之权。他说："书生岂渐好杀，要以时势所迫，非是则无以锄强暴而安我孱弱之民。"[③]有史料表明，许多士绅正是获此旨义后纷起创团，如同治《浏阳县志·兵防》载："咸丰二年秋，贼果犯长沙，而浏（阳）征义堂匪变作，知县赵光裕再谕民团。时大吏令格杀拒捕乱民勿坐，于是各乡始多言团练，擒诸煽变及盗劫者戮之。"所以时人评论曰："咸丰四年，在籍侍郎曾公国藩奉命办团，严拿土匪，其得力处在谕乡团格杀勿论。"[④]此擅杀之风一开，各地团总纷起效尤。咸丰六年秋，宁乡县五都乡团在罗仙寨农民陈玉华处"搜出悖字样"，

---

① 同治《续辑汉阳县志》卷8《户口·保甲》，同治七年（1868年）刻本，第38页。

② 〔美〕孔飞力著，谢亮生等译：《中华帝国晚期的叛乱及其敌人》，中国社会科学出版社1990年版，第27页。

③ 《曾文正公全集》书札卷2，《与魁萌亭太守》，吉林人民出版社1995年版，第1890页。

④ 光绪《善化县志》卷15《团防》，光绪三年（1877年）刻本，第13页。

将余正亨、余八姑、易春元等就地处决，其后共计有五十八名农民被团总们诛杀。[①]

其三，士绅通过团练堂而皇之地介入到国家的赋税征收过程。赋税的征收最能体现国家对社会的控制，所以清前期政府一再禁止绅衿包揽钱粮，但这一切随着团练的兴起而发生了改变。在衡阳、清泉等地甚至出现了团练专管催征钱粮，反置查匪事件于不闻不问的情况。清廷对此也只能听之任之，甚至在保甲瘫痪的情形下，官府的钱粮征收都需求助于团练的协助。在两湖各地，敦促本团团众缴纳国家钱粮的条文都被写进了团练章程。至光绪三年（1877 年），在京山县已是“革粮差，易以团正，同保甲催收钱粮”[②]。可见团保征税已经合法化。

其四，士绅还尽量延展团练的社会功能，以达到控制乡村的目的。在浏阳县：“赌博、宰剥、酗酒、偷盗者，团总、团佐罚之；其勾引奸民不轨及强掠不逞者，白有司治其罪；团族徇纵者，官并坐之；游匪入境掳掠，格杀勿论。凡平粜救荒、排纷解难，行乡、社约以激劝乡愚，悉有条。”[③]至于清查户口、登记造册、维持地方治安，更是团练的主要职责。由此可见，团练已由单一的军事防御功能逐步向行政功能与社会救助功能扩展。

此外，士绅还通过创办族团的方式使绅权与族权融为一体。聚族而居是中国乡村社会的一大特色，长江中游地区宗族势力极为强大，对此团练也加以利用。以血缘关系为纽带的族团也成为各地团练的一个重要组成部分。许多团练章程规定，凡聚族而居的地区，一律举族为团。如湘乡知县朱孙诒在办团之初即下令：“各都保正速传各族，无论大族、小族，俱令先练族，随练团。各族户首俱宜

---

① 同治《续修宁乡县志》卷 23《职官五》，同治六年（1867 年）刻本，第 5 页。

② 光绪《京山县志》卷 9《名宦列传志》，光绪八年（1882 年）刻本，第 16—17 页。

③ 同治《浏阳县志》卷 5《兵防志 · 团练》，同治十三年（1874 年）刻本，第 6 页。

克期从事……如有不服团练，及子弟有为匪不法情事，即着户首会同都团公同禀究。”[①] 通过族团，地方士绅加强了对传统宗族组织的利用与控制。

其五，通过创办团练也使长江中游士绅阶层在数量上得以扩张，晋升阶梯的垂直流动性增强，以“军功起家”者甚众。相对于人文繁盛的江南而言，长江中游三省考取高级功名者并不太多。民国《醴陵县志·礼俗志》即云：“前清一代二百六十年，成进士者绝少，有‘举人不满桌，进士不开科’之谚。”[②] 所以大部分下层知识分子不得不沉淀在乡村之中。而团练的兴起无疑给广大低级士绅提供了一个通过军功获得晋升的机会。据光绪《湘阴县图志》所载：

> 荐举之典，历代所重……自咸丰以来，广西寇起，保举之途浸广，综其大端：曰军营保举、曰团练保举、曰捐输保举。然奋起立功名盖不可胜纪也。今一以知县、盐大使得以实保者为断，此下若生员之保训导，及府经、县丞以下起自保举、捐纳二途并带有虚衔者，无虑数百千人。[③]

由于各地因创办团练有功，湖南巡抚骆秉章、湖北巡抚胡林翼以及其他官员都先后向朝廷奏加文武学额，从而使各地士绅在数量上更加壮大。据笔者对湖南省的统计，从咸丰二年至同治六年，湖南各府县累计共增加学额 765 名。[④] 在江西，许多生员及其他低级士绅通过军功都获得了职位或头衔上的晋升，据史载“江军先后保举文职不

---

① 同治《湘乡县志》卷 13《兵防志·团练》，同治十三年（1874 年）刻本，第 6 页。
② 民国《醴陵县志》《礼俗志·风俗》，民国三十七年（1948 年）铅印本，第 9 页。
③ 光绪《湘阴县图志》卷 12《选举志下》，光绪六年（1880 年）刻本，第 7 页。
④ 光绪《湖南通志》卷 67《学校志六·学额》，光绪十一年（1885 年）刻本，第 1—12 页。

下千员”，其中如“周大璋，由监生累得花翎，即选知府；燕毅，由举人特选知县，累得花翎、知府衔，即选同知；万光洵，由附生累得花翎、运同衔，即选知县”。[①]

由此表明，通过军功，更多的平民可以跻身低级士绅，而低级士绅通过荐举或捐输又可跻身上层士绅，从而增加了三省士绅上下层的垂直流动。所以民国《醴陵县志·礼俗志》即云：“咸同中兴，湘人各以军功起家。”[②]这也就是为什么湖南在以前碌碌无为于天下，而晚清以后直至民国却在全国拥有举足轻重的地位，以至“天下不可一日无湖南”。这实肇始于咸同军兴之际。

因此我们认为，以咸同年间社会动乱为背景，借举办团练为契机，长江中游各地士绅权势得到空前的扩张。在湘乡县，团练头目“借名办团，把持公事，恃符武断，干预钱漕及一切非分之事”[③]。在善化县，“团总、团长借以渔利，凌弱暴穷、鱼肉一方。幸而胜贼、恃功骄横。小之狱讼赋税，官不得问。大之施虐吏民，法不得加”[④]。这种绅权的恶性膨胀已经严重危及地方官府的行政职能。在沔阳州，咸丰四年，太平军攻陷州城，知府萧荫恩奔走荆门，最后是在庠生曾学廉等人领导的团练协助下才得以收复沔阳城。这些士绅居功自傲，使继任知府陈五典大为难治，史称：“粤匪陷沔，知州萧荫恩仗团练复官，优待军功，于是骄横生众。五典笞其，尤数人犯纲。”[⑤]

咸同之后，各地士绅的权力继续不断扩展，官府已不得不大量依靠士绅来处理地方事务。时任湖北巡抚的胡林翼曾感叹道：“自寇

---

① 同治《南昌县志》卷28《武备志·团练》，同治九年（1870年）刻本，第39页。
② 民国《醴陵县志》，《礼俗志·风俗》，民国三十七年（1948年）铅印本，第9页。
③ 光同治《湘乡县志》卷5《兵防志》，同治十三年，（1874年）刻本，第25页。
④ 光绪《善化县志》卷32《续艺文志·论兵2》，光绪三年（1877年）刻本，第45页。
⑤ 光绪《沔阳州志》卷7《秩官志·名宦》，光绪二十年（1894年）刻本，第78页。

乱以来，地方公事，官不能离绅士而有为。”[①]在绅权勃盛的湖南，亦形成“自咸同军兴以后，绅权大张，虽举贡诸生皆得奋其口舌与地方官长为难”[②]之势。清末署湖广总督瑞徵亦云：“湘省自咸同军兴以来，地方官筹办各事，借绅以为辅助。始则官与绅固能和衷共济，继则官于绅遂多遇事优容，驯致积习成弊。绅亦忘其分际，动辄挟持。”[③]光绪年间，担任湖北沔阳知县的李钠更是一针见血地指出：“官不过为绅监印而已。”[④]当地绅权之盛可见一斑。

绅权的扩张最终必然会引起乡村权力结构的演变，结果“保甲旁落到地方士绅之手的趋势，成了咸丰朝及以后中国农村的共同特征”[⑤]。美国学者周锡瑞亦认为：“太平天国及其被镇压的实际效果，其中之一肯定是通过地主士绅所控制的民团加强了乡绅的权力，特别是湖南这样的省份。这种发展是确凿无疑的。”[⑥]日本学者重田德也说：太平天国时期组建团练的过程，同时也是“乡绅在政治上明确地显示其独立存在的过程”[⑦]。

就19世纪中叶以后的长江中游各地乡村社会而言，团练组织在许多地方基本取代了保甲，或者以团保合一的方式成为乡村社会的基层准行政组织。这表现在太平天国平定之后，许多地方团的设置并没

---

① （清）胡林翼：《麻城县禀陈各局绅筹办捐输情形批》，《胡林翼集》（二）批札，岳麓书社1999年版，第1012页。

② （清）胡思艺：《退庐疏稿》卷3，转引自王先明：《近代绅士》，天津人民出版社1997年版，第53页。

③ 《署湖广总督瑞征奏特参籍绅挟私酿乱请分别惩儆折》，载《湖南历史资料》1958年第3期。

④ （清）李钠：《牧沔纪略》卷下，光绪刻本。

⑤ 〔美〕孔飞力著，谢亮生等译：《中华帝国晚期的叛乱及其敌人》，中国社会科学出版社1990年版，第227页。

⑥ 〔美〕周锡瑞著，杨慎之译：《改良与革命——辛亥革命在两湖》，中华书局1987年版，第10页。

⑦ 〔日〕重田德：《乡绅支配的成立与结构》，载《日本学者研究中国史论著选译》第二卷《专论》，中华书局1993年版，第199页。

有被撤销，而是走向常设化。如蓝山县“旧有二百九十甲之称，然绝者并者，今不能足数矣。咸丰初患盗，练民兵，厥分三十六团，民国之初言自治，就乡团划十区，近并为五”[①]。说明此地的民团一直保留到民国年间。在黄冈地区，从清末到民初，在社会动荡与政府控制力下降的驱使下，团练局及其武装走向常设化，成为介于地方官府与乡村社会之间的准权力机构。

此外，光绪十三年（1887 年），武昌知府李有棻在武昌推行保甲制度，这在某种意义上可被认为是统治者企图重新恢复战乱之前乡村统治秩序的一种努力。但显然历经团练活动之后，重建的保甲制度已不再是原来意义上的基层组织与统治格局。扩张的绅权是统治者不得不认真对待的问题。绕开或控制自是不可能，唯一的选择只能是承认绅权的存在，并正式将行政权委托给士绅掌握，这也正是李有棻所推行的保甲制与清初所行之保甲制相异之处。在《督同江夏设局举办保甲禀》中，李有棻即云：

> 所以收其利而杜其弊者，不外委绅得人之一法。现于城内设立总局，择各乡正绅夏建寅等十人总习其事。……县凡三乡，为里者四十八，为屯者十三，为州者一，各举二绅或三绅，统谓之里绅。悉为总局所遴选。分司各里各屯与州之事。复各有保正以供奔走。造册以十户为牌，立牌长，十牌为甲，立甲长，大族则更立族长，皆统于里绅，总局复统各里绅而督率之。颇有指臂相使之势。[②]

由上可以看出，武昌的保甲制度已演变成了总绅——里绅——甲

① 民国《蓝山县图志》卷 2《建置下》，民国二十一年（1932 年）刻本，第 2 页。
② （清）李有棻：《武郡保甲事宜摘要》卷 1《禀》，光绪十三年（1887 年）刻本。

长——牌长——民户的组织结构，并且族长亦听命于里绅。由此士绅成为基层组织的实际控制者，保正亦供其驱使，绅权在乡村社会权力结构中的支配地位得到明确的肯定。而且公举出来的总绅与里绅督率保甲清查户口、处理狱讼、办理孤贫育婴等地方事务，这实开清末地方绅董自治之滥觞。这种绅董制的出现是对晚清以来乡村基层管理组织崩溃的一种回应，这种乡绅支配体系的成立也是咸同军兴之后，绅权扩张的必然结果。

五、结语

一般认为，明清时期的专制集权得到了高度的发展，但这也许只是官僚政治的一种表面现象。高度的中央集权主要体现在对官员的督控上，而非对民。换言之，中国历代的中央集权主要体现在县级以上的官僚政治，县以下的基层社会由于具有高度的分散性，任何有限的行政官员面对着如此辽阔星散的村庄与小农，都会有一种力不从心之感："中国又是一个幅员如此辽阔的国家。在通讯现代化实现以前，行政管理无论如何也不可能有高效率。统一的措施可以规定，全国性的体制可以建立起来，但若强求各地能把政务处理得一样好，那就难以保证了。"[①] 正是这一历史条件，为民间的宗族组织以及乡绅集团提供了生存的空间，从而使得乡村社会的控制组织并非仅依赖于单一的保甲或里甲组织，而呈现出和宗族、乡绅、会社等杂糅的多元复杂结构。

当然我们必须认识到，传统国家对于基层社会控制不力并非因为统治者不愿为，而是受历史条件的限制，不能为。这里涉及一个社

① 〔美〕吉尔伯特·罗兹曼主编：《中国的现代化》，江苏人民出版社 1995 年版，第 114 页。

会控制成本的问题。在以农业为主体的传统社会，国家财政收入主要依靠小农经济提供，可供支配的政治资源极其有限，国家不可能维持一支过于庞大的官僚队伍。也就是说，国家的权力不可能完全渗透到乡村。因为无论从征税或者管理的角度出发，中央集权都无法直接面对成百上千万分散的个体农户，其间的交易成本太高，远远超过了一个以农业税为主要财政收入的传统国家所能承受的范围。[①]于是在传统国家与基层社会之间就需要一些既不拿国家俸禄又要承担政府管理乡村职责（主要是维持治安、征收赋税）的半公务人员。这也就是里长、保正、乡约、地方等职役的产生的社会背景。不过这种低成本的投入必然带来基层控制的松散。

因此我们说，传统国家对基层社会实行间接管理是有其历史必然性的，也是在当时社会经济水平下最为可行的治理模式之一。当然这是以出让部分国家权力为代价的。即国家让士绅和宗族以及其他民间团体在民间发挥一定的作用，特别是在一些公益性的地方事务中。而后者则以中国传统农耕社会特有的血缘与地缘相结合所产生的民间权威而构成牢固的乡村权力网络，任何外来的权威力量要想在乡村社会发挥作用，都不可能忽视这一权力空间中地缘、血缘势力的存在。

但从乡村社会权力结构而言，尽管受政治资源的限制，国家只能对乡村社会实行一种“间接”管理模式，也就是说国家与代表民间权威的士绅阶层、宗族组织以及其他地方社会共同体之间有相互依赖的一面。但在中央集权体制下，皇权也不会容忍任何无视其权威的社会力量的存在。就明清而言，里甲、保甲制度就是国家将其政治权力渗入到基层社会的主要组织形式，政府通过它们来确保中央对农村基层社会的控制，并抑制其他地方势力的发展。

---

① 时至今日，政府在乡镇设立管理机构之后，虽说国家权力深入到基层，加强了对乡村社会的控制，但相对于社会经济发展水平而言，成本依然太高，造成了农民的财政负担过重。

明初，朱元璋在全国大部分地区推行一种由国家权力直接控制的社会基层组织——里甲制，试图以里甲为核心来整合整个乡村社会。在此里甲无疑具有准基层行政组织的性质，是国家权力在乡村中的体现。而且就当时的乡村权力结构而言，里甲组织的地位和权威在其他民间组织之上，成为权力的中心。这一方面是由于朱元璋对于里甲制度的重视，里甲长虽说只是一种职役，无薪俸可言，但社会地位较高，长吏待之甚优，粮长、里长、老人甚至能不时享受皇上接见、免刑、赐爵等待遇，因而在乡间的权势较重。如在湖北孝感，据史载："里有排年、里长，甲有甲长、花户。故传洪、永间，里排衣绮散，设竹板，到花户家，坐上座，催征用刑，花户不敢与齿。"[①]

另一方面也在于其他民间组织的势力还较弱小，以长江中游，特别是湖南、湖北而言，由于属于典型的移民社会，而移民家庭从迁入到重建宗族需要一个漫长的过程，因此，明前中期两湖宗族组织还处于萌芽阶段，其规模化、制度化、组织化的局面更多的出现于清代中后期。因此对于明初里甲组织的影响力较小。

同样，在长江中游地区，士绅阶层也以生员等中下层士绅为主体，而且乡绅作为一个阶层或集团对当地社会政治、经济产生重大影响也是明中后期的事情，因此绅权在明初亦处于萌发期，加之朱元璋颁布有"禁例"十二条，其中对于生员的规范管束尤为严格："除与自家有关的大事以外，生员不得轻率向衙门申诉。""有关地方之利害，许所有人建言，唯生员不许"等。[②] 结合当时朱元璋打击富户、

① 光绪《孝感县志》卷5《风土志》，光绪八年（1882年）刻本，第5页。

② 万历《明会典》卷78《学校·学规》，广陵书社2007年版，第1241页。另，清顺治年间朝廷也曾颁布类似的御制训饬士子生员的"卧碑"，其条例更为详尽，比如"生员不可干求官长，交结权要，希图进身"；"生员不许纠结多人立盟结社，把持官府，武断乡曲，所作文字不许妄行刊刻，违者听提调官治罪"；"军民一切利病不许生员上书陈言，如有一言建白，以违制论，黜革治罪"等。只是这些禁例随着时间的推移而逐渐失去其威严并形同具文，对生员并没有多大约束力。

抑制豪强的史实，建立在小农经济基础之上的里甲制以及它所代表的国家权威在乡村社会中的主导地位应是不容置疑的。

所以在明初，充任里甲职役并不是一个令人厌恶的差事，事实上由于里甲职役是按户等高下轮流担任，地方上的殷实大户都被纳入到里甲组织中，甚至士绅承充的事例也较常见。在湖北嘉鱼县，生员任子陟就曾因他家充裕的财力和本人聪慧的才干而被族众力推充任义丰乡正德九年之里正职役[①]。直至清初，在蕲州，"国初，康熙雍正间，不惟庶民应差，亦有生员充当总甲"[②]。

里甲组织在乡村中权威的下降主要出现于明中后期，随着里甲赋役的日益繁重，良善之辈充任里甲则倾家荡产，民户始视里甲职役为畏途。而士绅富户则设计躲避，细民则日益贫困而只有纷纷逃离里甲。里甲组织渐趋瓦解，以后随着赋税制度的改革，里甲的各项职能也大为削弱。而且我们知道明代的里甲实质是政府用来组织民众服役的役制单位，它对社会的控制主要是通过里老人等乡村教化体系来实现的。这种教化体系随着里甲制的废弛以及社会矛盾的激化而不可避免地走向崩溃。

至清代，政府不得不采用更为严密的保甲制控制地方。清初保甲隶属于兵部，表明它带有准军事的特征。保甲通过对所有人口，无论土著、流寓一体编查的方式，使高度分散的乡村居民整体上纳入国家控制体系之中，达到"制一人足以制一家，制一家亦足以制一乡一邑"[③]。同时，通过连保连坐的方式，达到使民众相互监视、互相控制的目的。但清廷在严饬保甲制、强化保甲长控制地方职责时，依然没有改变乡保低贱的职役地位，士绅良民多避之以为安，而

---

① （明）李教：《送义丰里正任君子陟序》，嘉靖《湖广图经志书》卷 2《武昌府 · 文类》，日本藏中国罕见地方志丛刊，书目文献出版社 1990 年影印本，第 250 页。

② 光绪《蕲州志》卷 5《赋役志》，光绪八年（1882 年）刻本，第 23 页。

③ 闻钧天：《中国保甲制度》，商务印书馆 1936 年版，第 14 页。

市井奸猾之徒则借此以谋私[①]。所以在大部分地区保甲实际陷入了有名无实的尴尬境地。于是当社会出现更大动荡之时，武装组织团练又在乡村形成并最终改变了以国家基层政权为主导的乡村社会权力结构。

从里甲的伦理教化，到保甲的连保连坐，再到团练的武装维护，表面上看基层控制体系逐渐呈强化上升趋势，但实质却昭示着国家权力在乡村社会中的逐渐“萎缩”。与此相应，建立在血缘与地缘基础上的地方社会共同体日渐增强，如宗族组织，它在庶民化的同时也更加政治化，尽管以前学者认为宗族势力是对国家权力的威胁和挑战。但从长江中游的实际情形来看，在家国一体的儒家文化价值体系中，双方具有更广泛的一致性。宗族在维护地方秩序、推行教化、督促赋税方面日益扮演着国家政权的基层组织的角色。从各地族甲、族团的设立也可表明国家对于宗族的日渐依赖性。族权和政权在矛盾中达到了更高程度的统一。

同样绅士在乡村中的作用日益明显，因其在地方所具有的乡土权威以及在沟通官民之间的所具有的特殊身份，当中央集权对基层社会控制力减弱或者失控时，士绅就会迅速填补基层权力的真空，国家实际也允许甚至鼓励士绅积极参与地方政治活动以维护传统社会统治秩序。因此在十九世纪的乡村社会权力的实际运作中，就会出现了政

---

① 据（清）丁柔克所撰《柳弧》中记载有一则“官气可笑”的故事：荆州府江陵县忽当堂派一人充当某乡地保。其人归，遍拜亲友，复用鼓乐祭祖坟，伏地大哭曰：“子孙如此贵显而双亲不得见也。”哭后又戴上眼镜，指坟谓众亲友曰：“此坟居然有如此大风水，竟出我为保正，何也？”又均州保正某，除夕送灶，欲行礼，恐亵尊，乃大言谓灶君曰：“君为一家之主，我乃一方之主，若行礼则恐君不敢当；不行礼，我又过意不去。”沉吟良久，曰：“有了，我作一揖，小娃子等磕头吧。”这些故事可能只是作者道听途说，不一定真实，但从中多少也可反映出在当时保正具有“准官僚“的性质，所以这些人才会有“光宗耀祖”的感觉。同时我们也发现这些充任保正者素质较差，很可能是些市井游惰之徒，他们只会籍保正之职，狐假虎威，危害乡里。（见（清）丁柔克撰：《柳弧》卷3《官气可笑条》，中华书局2002年版，第224页）

权、族权、绅权等共同作用、相互交融的局面。以下是湖北武昌东乡的乡里制度：

> 武昌居鄂省东南，为本省首邑，因地势而分东南北三乡。东乡二里，曰保安、曰永丰。里以下有村正、族正、族支出为房长。族正、房长协助村正者也。同宗者虽远嫁千里，族正皆有管理之责。任其事者，年有更代。民有争执之事，先经本系族正、房长暨村正与村之贤德者平之。不果，巨绅、里保再平之，而后上达。苛直接官府，必罚不赦。理曲者，则议罚于宗祠云。①

以上武昌东乡之乡里制度典型地体现出族权、政权、绅权交织在一起，共同管理乡村社会的局面。而到了咸同年间，随着太平天国运动的爆发，社会进入急剧动荡之时，国家政权面临崩溃的边缘，士绅通过组建团练镇压了叛乱，显示出传统政权依然具有极强的韧性。同时咸同军兴也使士绅获得了更大的地方权力，并进一步巩固了士绅对基层社会的控制能力，以乡绅为主体的支配体系最终形成。

（原载陈锋主编：《明清以来长江流域社会史论》，
武汉大学出版社 2006 年版）

① 胡朴安：《武昌东乡乡里制度》，《中华全国风俗志》下篇，河北人民出版社 1980 年版，第 314 页。

后 记

岁月如梭，从本人1999年在《中国农史》发表第一篇习作迄今已有15年，在武汉大学执教也将近12年了。兹受惠于国家“211工程”项目的资助，武汉大学历史学院决定将本院各位教授的个人学术论文结集出版，形成“珞珈史学文库”，拙作亦忝列其间，于是翻检此前发表的一些论文编成本集。因此前研究主要集中于明清时期地处长江中游地区的湖北、湖南的基层社会，尤其是乡村社会史研究，故名之曰《明清两湖地区乡村社会史论》。

对于乡村问题的关注，大概肇始于硕士阶段就读于中国农史研究的重镇——中国农业科学院暨南京农业大学中国农业遗产研究室，当时主要关注农业经济史，对明清山区开发进行过初步的研究。进入武汉大学攻读博士学位后，开始转入乡村社会史研究，主要围绕乡村基层组织，多维度探讨国家与基层社会的互动关系。博士毕业工作之后，因缘际会，参加了由香港科技大学、中山大学和北京师范大学共同举办的第一届“历史人类学高级研修班”，以此为契机，开始走向田野，展开田野考察活动，在搜集民间文献的同时，也不断加深对两湖乡村社会的认识。

本集所收录的论文，在一定程度上反映了本人此前的学术历程，内容主要涉及明清时期两湖地区乡村社会的土地、税收与赋役制度；保甲、团练与社会控制体系；水利纠纷与用水秩序；移民、生计与宗族管理等方面。背后的学术理路在于，从国家权力与民间社会互动的视野出发，在自上而下探讨官府对于乡村社会的控制与治理的同时，也从下而上，揭示乡村社会的自我管理与民间秩序的自我构建。以上论文在编辑整理之际，按照“珞珈史学文库”体例要求，进行了统一的编排。有些论文在发表之时，受限于篇幅、体例等所作的个别调整和删减，此次亦部分恢复原本。

在此不得不说的是，近十年田野考察所搜罗的各类民间文献，所感受的地方性知识，目前还未能充分体现在已有的成果之中。如何静下心来，去“解读”越来越多的民间文献，寻找零星的文献背后的逻辑体系，进而洞晓明清两湖区域社会的历史发展脉络，依然还有很漫长的路要走。但我会尽自己的一份力，扎根于地，勉力前行。

一部论文的合辑，相当于一次回顾和总结。对我而言，审视自己的过去是一个非常痛苦的过程，一则因为自己的愚钝和疏懒，成果寥寥无几，而且多半刍荛之论，艳羡他人硕果累累之时，自己唯有羞愧难当；二则人生四十，年届不惑，同辈学人俨然已登堂入室，满腹经纶，自己却于史学疑惑重重，久久踟蹰，不得其门而入。现在不揣浅陋，将旧作结集出版，内心实在是惴惴不安。倘若读者觉得有一二可采之处，自己就非常开心了。此文集仅仅是本人学术生涯的一个顿号，以后当努力写出更好的作品来回报学界前辈和同仁对我的关爱。

是为记！

杨国安

2014 年 8 月于武汉大学珞桂小区寓所